불교를
알면

삶이
자유롭다

BUDDHISM FOR ALL : The Joyful Path to Enlightenment
Copyright ⓒ 2023 by Chade-Meng Tan
All rights reserved.

Korean translation copyright ⓒ 2024 by BULKWANG MEDIA CO.
This translation published by arrangement with Chade-Meng Tan.

이 책의 한국어판 저작권은 저자와 독점계약한 주식회사 불광미디어에 있습니다.
저작권법에 의하여 한국 내 보호를 받는 저작물이므로 무단전재 및 복제를 금합니다.

불교를 알면 삶이 자유롭다

**차드 멩 탄
소류 포올**
지음

이재석
옮김

이해하고 실천하면 행복해지는 마음의 지혜

BUDDHISM FOR ALL

불광출판사

추천사

이 책은 전문가가 친절하게 쓴 불교에 관한 훌륭한 안내서다. 불교를 잘 모르는 사람은 물론, 평생 불교인으로 살아온 나 같은 사람에게도 매우 유용하다. _ **체링 토브게이**(부탄 총리)

불교에서 무엇을 가르치는지 알고 싶다면 훌륭한 안내서가 될 것이다. 이해하기 쉽고, 가슴 따뜻하고 지혜로우며, 훌륭하고 깊이 있는 이 책은 독자를 자유와 기쁨의 여정으로 초대한다. _ **잭 콘필드**(『마음의 숲을 거닐다(A Path with Heart)』 저자)

영감을 주는 이 책은 가장 값진 다르마 선물이다. 소류 스님과 멩은 방대한 불교의 핵심을 한 권의 책에 담아냈다! 유머러스하고 알기 쉬운 방식으로 불교를 소개한다. 내가 인도에서 처음 불교를 접했을 때 이 책이 있었다면 얼마나 좋았을까. 반드시 읽어야 할 책이다. _ **반떼 붓다락키따**(우간다 불교센터 주지, 『다르마의 씨앗을 심다(Planting Dhamma Seeds)』 저자, 컬럼비아대학 객원교수)

이 훌륭하고 용감한 책은 자세하고 유머러스하게, 그리고 깊이 있고 지혜롭게 붓다의 주요 가르침을 탐구한다. 깨어남을 열망하는 모든 사람에게 평생토록 소중한 참고 자료가 될 것이다. 독자들은 이 책을 계속 들춰보며 놀라움과 기쁨을 발견할 것이다. _ **로시 조안 할리팩스**(우파야 선센터 선원장, 『연민은 어떻게 삶을 고통에서 구하는가(Standing at the Edge)』 저자)

읽는 것이 즐거운 책. 그저 불교에 대해 조금 알고 싶든 더 깊이 파고들고 싶든, 읽으면 약이 되는 '무언가'가 있는 책이다. 공저자인 멩과 소류는 붓다가 전한 최초의 가르침에 신선한 목소리와 예리한 감성을 더한다. 활기차고 유머러스하며 진지한 이 책은 너그러운 가슴으로, 우리가 겪고 있는 괴로움의 뿌리와 진행, 소멸의 과정에 명료한 빛을 비춘다. 또한 평화와 기쁨, 깨어남으로 향하는 길이 우리 손안에 있음을 일깨워 준다. _ **족첸 폰롭 린포체**(나란다보디 니타르타 인터내셔널 창립자 겸 회장, 『감정 구조(Emotional Rescue)』·『완전한 깨어남(Wild Awakening)』 저자)

깨달음을 선사하는 아름다운 책. 불교의 복잡한 내용을 이토록 쉽고 친절하게 안내하는 책은 여태껏 보지 못했다. 많은 불교 책들이 쉽지 않았던 내게 멩과 소류 스님은 불교의 모든 것을 자연스럽고 쉽게 이해할 수 있도록 도움을 주었다. 명료함과 유머 덕분에 이 책을 읽는 것은 진정한 기쁨이었다.
_ **알레한드로 G. 이냐리투**(아카데미상 수상 영화감독)

유머 감각과 적절한 비유에 능한 최고급 컴퓨터 맨(초기 구글 엔지니어), 그리고 영민한 젊은 불교 지도자가 함께 쓴 이 책은 불교의 핵심 가르침에 관한 지혜롭고 깊이 있는 논의이다. 엄밀한 조사를 바탕으로 쓴 책으로, 나처럼 오래된 불교 독자에게는 주(註)를 따라가며 원문 자료를 직접 접하는 것이 매우 요긴했다. 동시에 불교 수행의 방법과 이유를 상냥하고 솔직하며 설득력 있는 언어로 소개해 오늘날 독자들에게도 매우 유용한 책이다. 다르마에 대한 멩과 소류의 열정과 다르마를 세상에 널리 전하고 싶은 그들의 바람을 책의 페이지마다 느낄 수 있다. _ **노먼 피셔**(선사, 선원장, 시인, '일상 선(禪) 재단' 창립자, 『당신이 나에게 인사할 때 나는 절합니다(When You Greet Me I Bow)』 저자)

이 책이 종교로서의 불교를 가르치려는 시도로 보일지 몰라도 그렇지 않다. 사실 불교는 종교라기보다 도덕적 삶을 살기 위한 철학이나 마음의 과학에 더 가깝다. 이 책에서 멩과 소류가 전하는 내용은 종교적인 관점보다는 철학적이고 과학적인 관점에서 나왔다. 나는 불교인으로 태어나 평생 불교를 공부하고 있지만, 이 놀라운 책에 담긴 내용은 나의 마음을 새로운 각도에서 들여다보게 했다. 나는 한쪽으로 치우친 불교인이 아니라, 살아 있는 모든 존재가 삶의 목표를 이루길 바라는 한 사람의 형제로서 이렇게 말한다. 우리가 사는 목적은 '행복'이다. 마음을 열고 이 책을 읽는다면 당신 내면의 행복을 찾을 수 있을 것이다. _**텔로 린포체**(칼미크 공화국 수석 라마, 달라이 라마의 러시아·몽골·CIS 국가 명예 대표)

멩과 소류는 이 책에서 불교의 방대한 영역을 다룰 뿐 아니라 더 중요하게는, 불교인이 된다는 것이 어떤 의미인지 이야기하고 있다. '불교를 곧 자신으로 동일시하지 않으면서 불교인이 되라'는 저자의 관점은 '무슬림이 된다'는 것이 어떤 의미인지에 관한 나의 신념과도 깊이 공명하는 부분이다. '불교인이 되는 것'이든 '무슬림이 되는 것'이든, 주변 사람을 친절하고 바르게 대하는 것이라는 점에서 다르지 않다. _**야콥 이브라힘**(학자, 전 싱가포르 장관, 미래에 '더 좋은 사람')

경쾌한 터치로 깊은 지혜를 전하는, 우리 시대에 꼭 필요한 책. 나는 멩이 평소 웃음을 신뢰한다는 것을 알고 있었지만(삶이 온통 고통으로 가득한 것은 아니므로), 이 책에서 나는 그의 기쁨의 원천이 그의 개인적 경험과 경전이 만나는 지점에 있다는 사실을 알게 되었다. 고급 포도주처럼, 이 책에 소개하는 경전의 가르침은 모든 수행자에게 더 많은 차원의 진실을 드러내 보인다. 멩이 소개하는 불교는 조금도 종파적이지 않다. 그것은 도그마(dogma)가 아니라 하나의 해답으로 우리에게 다가온다. 그리고 그 답은 그리스도가 '길'이라고 말한 것, 그리고 늘 같으면서도 우리를 변화시키는 붓다나 담마와 비슷하다. 초기불교 텍스트를 인용해 책의 내용에 풍부함과 신선함을 더한 이 책에서 독자들은 '배움의 기적'을 직접 체험할 수 있을 것이다. 우리 시대에 수행의 길과 가르침을 따르고자 하는 이들에게 기쁨을 주는 책이다. _**로렌스 프리먼 신부**(베네딕트 수도회, 기독교명상 세계 공동체 이사)

불교에 관한 놀라운 책. 무언가 차별점을 가진 책. 새로 깎은 아침 잔디처럼 신선하고 새로운 책. 재미와 유머가 담긴 경쾌하고 즐거운 책. 컴퓨터에 익숙한 오늘의 구글 세대라면 이 책의 목소리에 더 없이 공명할 것이다. 불교에 관한 훌륭한 입문서로서, 지나치게 학문적이거나 무겁지 않으면서도 불교의 사상과 개념을 깊이 있게 다룬다. 불교에 관해 알고 싶은 모든 사람에게 이 책을 강력하게 추천한다. 물론 나처럼 오랜 시간 불교를 수행하고 가르쳐온 사람이 읽어도 좋다. _ **다투크 세리 빅터 위 박사**(말레이시아 불보(佛寶) 펠로십 창립회원 겸 전 회장, 국제불교연맹 명예 사무총장)

만약 당신이 영적 기쁨을 구하고 있다면 이 책은 적절한 출발점이 되어 줄 것이다. 차드 멩 탄과 소류 포올은 우리에게 다르마를 알려주기 위해 고대 경전을 연구하는 노고를 아끼지 않았다. 그들은 이 책을 특별한 선물로서 우리 앞에 내놓았다. 깊이 있고 유머러스하며 똑똑하고 명료한 이 책을 통해 붓다가 가르친 기초적인 내용을 배우는 일이 그리 힘들지 않음을 알 수 있다. 불교의 다양한 차원과 정보가 담겨 있는 이 책은 누구나 애용하는 참고 자료가 될 것이다. _ **샤론 샐즈버그**(『행복을 위한 혁명적 기술, 자애』・『진정한 변화(Real Change)』 저자

차드 멩 탄과 소류 포올이 쓴 이 책은 초기불교에 관한, 당신이 놓쳐서는 안 될 책이다. 불교 수행의 길을 유머러스하고 겸손하게 다루는 이 책에는 초기 불교가 전하는 보석으로 가득하다. 붓다 당시와 오늘날의 재미있는 이야기도 다수 수록되어 있다. 한번 집어 들면 내려놓고 싶지 않을 것이다. _ **텐친 최랍 존자**(베리 커진, MD)(의료기관에서의 이타주의(AIMI) 창립자 겸 회장, 달라이 라마 주치의)

불교를 이토록 폭넓고 깊이 있게 소개하는 저자는 많지 않다. 이 책은 진정으로 '모두를 위한 불교(Buddhism for All)'다. 두 저자의 참된 지혜와 무한한 자비심, 독특한 유머가 책의 모든 페이지마다 빛을 발한다. _ **댄 지그몬드**(지조키 선센터 수석 지도자,『부처님 회사 오신 날(Buddha's Office)』 저자)

재미있고 쉽게 읽히는, 우리 시대에 꼭 필요한 책이다. 탄탄한 연구에 바탕을 둔 이 책은 수행의 초심자와 경험자 모두에게 유용하다. 책에 실린 동양과 서양, 불교와 비불교의 실제 이야기들은 고귀한 수행의 길을 걸어가며 인류에게 도움이 되고자 하는 모든 이에게 커다란 영감을 줄 것이다. 부디 차드 멩 탄과 소류 포올의 고귀한 열망이 실현되기를. _**반떼 마힌다**(알로까 재단 창립자 겸 영성 이사)

붓다는 무한한 자비와 친절의 마음을 가지셨지만 그의 가르침인 다르마에 관한 설명을 이해하는 일은 결코 쉽지 않다. 이 책은 누구나 쉽게 읽을 수 있고, 이 책을 따라 수행하는 것은 매우 즐거우며, 내용 또한 명료하다. 게다가 붓다 가르침의 탄탄한 기초를 그 깊이와 미묘함을 잃지 않은 채 훌륭히 담아내고 있다. 붓다의 가르침을 전혀 모르는 사람에게도 이 책을 진심으로 추천한다. _**미산 스님(김완두)**(KAIST 명상과학연구소 소장, 하트스마일명상 개발자, 『미산 스님 초기경전 강의』 저자)

불교의 지혜와 자비심을 배워 보고 싶은 모든 이에게 필요한 책. 우리는 모두가 서로 연결되어 있으며 이렇게 연결된 서로를 이해하는 것은 참으로 아름다운 일이다. 당신이 불교 수행자이든, 그저 불교에 관해 배워 보고 싶은 사람이든, 이 책에 담긴 가르침은 우리가 행복과 기쁨의 삶을 살아가는 데 필요한 도구가 되어 줄 것이다. _**도로 부스 코치**(『나의 아버지, 나의 회장님(My Father, My President)』 저자)

이 책은 일상의 쉬운 언어로 쓰인 동시에 다수의 빠알리 경전을 참고하여 책의 신뢰성을 더했다. 이 점에서 이 책은 특별한 선물이다. 초기불교에 강조점을 두는 두 저자는 '영원한 것이 곧 친밀한 것'임을 다시 한 번 확인해 준다. _**젠산 자쿠쇼 적조(寂照) 크옹 로시**(소노마 산(山) 선센터 선원장)

야심 찬 책이다. 다소 당돌한 대화체에 노련한 설명과 유머를 섞어 놀랍도록 깊이 있게 다르마를 탐구한다. 겉으로는 익살을 부리지만 속으로는 초기 경전에 기초한 불교의 근본적인 이해를 진지하고 정확하게 담아내고 있다. 브라보! _**게타노 카즈오 마이다**(불교영화재단 및 국제불교영화제 집행 이사)

꼼꼼한 연구를 바탕으로 한 이 책은 인간의 괴로움을 극복하는 데 있어 불교 수행이 어떻게 우리 마음의 한계를 넘어서게 하는지 보여 준다. 멩과 소류는 심오한 고대의 가르침을 유머러스하고 읽기 쉬운 글로 솜씨 좋게 엮어냈다. _**레이 커즈와일**(베스트셀러 저자, 선구적 발명가, 미래학자)

불교의 근본 측면에 관한 지적 엄정함을 갖춘 책. 경쾌함과 유머로 다르마의 영적 기쁨을 전하는 책. 심오하고 재미있고 사려 깊은 책._ **제임스 도티**(스탠포드대학 '연민과 이타심 연구 및 교육 센터(CCARE)' 창립자 겸 소장, 『닥터 도티의 삶을 바꾸는 마술가게』 저자)

멩과 소류는 불교를 접해 본 적 없는 이들을 위해 붓다의 가르침을 '공짜로' 받을 수 있는 특별한 선물을 준비했다! 순수한 의도로 커다란 노고를 기울여 준 두 저자에게 감사한다. 이 책이 두 저자가 들인 시간과 노력만큼 세상에 유익한 영향을 주기를 바란다. _**스캇 크리언스**('1440 재단' 공동 창립자)

삶의 심오한 주제를 두 저자의 관점에서 경쾌하게 다루는 방식이 특히 좋았다. 나는 이 책을 읽고 발견과 이해의 개인적 여정에서 큰 도움을 받았다. 그 여정을 가는 데 이 책보다 훌륭한 동반자는 없을 정도다! _**스티브 첸**(유튜브 공동 창립자)

일러두기

- 이 책에서 언급된 불교 경전 가운데 초기 경전(4부 니까야 등)에 속한 경전의 경우 〈 〉로, 이외의 경전 등은 『 』로 표기하였다.
- 불교 경전의 제목은 주로 국내에 통용되고 있는 제목을 달았으며, 초기 경전의 경우 초기불전연구원, 일아 스님, 이중표 교수의 번역을 참고하였다.

붓다, 다르마, 승가에 경의를 표합니다.

우리 두 저자와 이 책에 특별한 축복을 보내주신
14대 달라이 라마께 깊은 감사를 드립니다.

차례

프롤로그 – 책 한 권 값으로 두 저자를 만나다 ·············· 14

1장 **다르마 그리고 불교의 특징** ················· 31
2장 **그들은 붓다를 '친구'라 부른다** – 붓다는 누구인가 ·········· 57
3장 **사전 설치된 괴로움?** – 첫 번째 고귀한 진리 ············ 79
4장 **괴로움은 원인과 결과로 인해 생긴다** – 두 번째 고귀한 진리 ······ 101
5장 **열반의 향기** – 세 번째 고귀한 진리 ················ 127
6장 **고통 해제!** – 네 번째 고귀한 진리 ················ 149
7장 **바른 마음챙김** – 깊이 들여다보는 마음챙김 ············ 173
8장 **바른 삼매에 집중하라** – 명상 집중 상태의 놀라운 힘 ········ 205
9장 **계행이 중요하다** – 모든 불교 수행의 바탕 ············ 233
10장 **나의 업은 어디에?** – 더 깊이 들여다보는 다르마 ········· 265
11장 **어떻게 열반에 이를까** – 열반을 직접 보다 ············ 301

12장 어느 영웅의 열반 여행기 – 열반 사례 연구 ⋯⋯⋯⋯⋯⋯⋯⋯⋯⋯⋯⋯ 321

13장 신들은 그저 재미있게 놀고 싶을 뿐 – 불교는 기적과 신을 어떻게 보는가 ⋯ 359

14장 불교와 현대과학, 한자리에 앉다 – 불교와 과학의 놀랍도록 가까운 관계 ⋯⋯ 389

15장 초기불교가 보전되어 온 과정 – 붓다 제자들의 영웅적 이야기 ⋯⋯⋯⋯⋯ 409

16장 불교의 여러 종파 – 놀랍도록 다양한 불교의 종파 이해하기 ⋯⋯⋯⋯⋯⋯ 439

17장 '불교인'이 되기 위해 '불교인'이 될 필요는 없다 – 불교의 놀라운 포용성 ⋯ 467

에필로그 ⋯⋯⋯⋯⋯⋯⋯⋯⋯⋯⋯⋯⋯⋯⋯⋯⋯⋯⋯⋯⋯⋯⋯⋯⋯ 478

감사의 말 ⋯⋯⋯⋯⋯⋯⋯⋯⋯⋯⋯⋯⋯⋯⋯⋯⋯⋯⋯⋯⋯⋯⋯⋯ 482

이제부터 무엇을? ⋯⋯⋯⋯⋯⋯⋯⋯⋯⋯⋯⋯⋯⋯⋯⋯⋯⋯⋯⋯⋯ 489

주 ⋯⋯⋯⋯⋯⋯⋯⋯⋯⋯⋯⋯⋯⋯⋯⋯⋯⋯⋯⋯⋯⋯⋯⋯⋯⋯⋯ 490

| 프롤로그 | 책 한 권 값으로
두 저자를 만나다 |

멩의 이야기 – 불교는 어떻게 나의 생명을 구했나

나의 이름은 '멩'이다. 불교는 나의 생명을 구했다.

    나는 싱가포르의 '불교' 가정에서, 그리고 '불교' 문화에서 자랐다. '불교'를 따옴표로 강조한 이유는 내가 자라면서 접한 불교는 실제로 우상 숭배나 미신, 거창한 장례식과 다르지 않았기 때문이다. 평생 '불교 신자'였던 내 주변의 많은 어른 가운데 붓다의 핵심 가르침이 무엇인지 제대로 아는 사람은 거의 없었다.

    10대 초반에 나는 삶의 의미를 찾아 나섰다. 어른들은 나를 똑똑한 아이들이 으레 하는 것을 하는, 꽤 똑똑한 아이라고만 생각했다. 당시 내 아이큐는 156이었고, 생후 18개월 만에 글을 읽을 줄 알았으며, 12살에 혼자 컴퓨터 프로그래밍을 배웠고, 15살에 처음 나간 전국 컴퓨터 프로그래밍 대회에서 상을 타기도 했으니까. 나는 '똑똑한 아이'의 프로필에 들어맞았다. 그러나 내가 삶의 의미를 찾아 나선 진짜 이유는 당시 내가 앓던 심각한 우울증 때문이었다. 어린 나이에 똑똑하고 재능이 뛰어나다고 해서 행복한 것은 아니었다. 실제로 상황은 더욱 나빴다. 나는 자살 생각에 빠지곤 했다. 당시 내가 살 수 있었던 유일한 이유는 지나치게 겁이 많았기 때문이었다. 그렇지만 나의 비참함이 내 겁쟁이 기질을 넘어서는 것은 시간 문제였다. 그만큼 상태가 안 좋았다. 무언가 바뀌어야 했다.

나는 답을 찾아 사방팔방을 돌아다녔다. 과학과 철학을 기웃거렸다. 배우는 재미는 있었지만 과학과 철학은 당시 내가 겪던 괴로움을 해결하는 데는 도움이 되지 않았다. 종교를 이해하려고도 해 보았다. 불교, 도교, 힌두교, 기독교를 배웠는데 당시 내가 배운 불교는 선(禪)불교였다. 그런데 알 수 없는 화두를 틀어쥐는 선불교의 가르침을 도무지 이해할 수 없었다. 가령 이런 화두였다. "두 손이 마주치는 소리가 박수 소리라면, 한 손으로 치는 박수는 어떤 소리인가?" 그나마 당시 내가 가진 선택권 중 가장 매력적인 것은 기독교였다. 싱가포르의 기독교는 재정도 튼튼했고, 조직도 잘 갖춰져 있었다. 그러나 기독교도 내가 찾던 답을 주지 못했다. 더욱이 기독교는 과학을 거부하고 맹목적인 신앙을 요구했다. 나는 그것만은 정말로 하고 싶지 않았다. 고맙기는 했지만.

21살 때 전환점이 찾아왔다. 오순절 교회에 초대를 받았다. 이전에 알던 교회와는 사뭇 달랐다. 나는 싱가포르의 가톨릭 고등학교를 다녔는데, 우리 아버지가 나를 그 학교에 보낸 유일한 이유는 아버지 동창의 강력한 권고 때문이었다. 아버지의 그 친구는 나중에 싱가포르 총리가 되었다. 그렇게 해서 나는 가톨릭 학교에 다니게 되었고,

「주기도문」을 암송했으며, 교회 예배가 어떤 의미인지 안다고 생각했다. 그러나 그 교회는 내가 알던 것과는 달랐다.

오순절 교회의 예배는 지루할 틈이 없었다. 교회 음악은 에너지가 넘쳤고, 목사님의 설교는 유창했으며, 교회에 온 모든 사람이 '방언'을 하며 엄청 크게 울어댔다. 나는 교회가 어떤 식으로 움직이는지 직접 보았다. 사람들은 매주 감정적 고통에서 벗어나기 위해, 감정적 고통을 씻어내기 위해 교회에 온다. 훌륭하다. 그러나 내가 찾던 답은 아니었다. 이곳은 매주 일요일, 사람들이 그 주에 겪은 괴로움을 씻어내려고 찾는 장소에 불과했다. 나는 그것을 분명히 보았다.

다음 주에 나는 상예 카드로라는 이름의 티베트불교의 비구니 스님 한 분을 만났다. 나는 스님에게 물었다. "사람들이 교회에서 어떻게 고통을 줄이는지 보았어요. 불교에서는 고통을 어떤 식으로 다루나요?" 스님은 이렇게 대답했다. "불교의 '모든 것'이 고통을 다루는 법에 관한 것입니다."

그 답을 들은 나는 거대한 수문으로 수백만 톤의 물이 한꺼번에 쏟아지는 느낌을 받았다. 그 즉시 나는 알았다. 내가 찾던 답에 가까워지고 있음을.

우연히도 그다음 주에 내가 다니던 대학에서 스님의 강연이 예정되어 있었다. 반드시 참석하겠다고 다짐했다. 강연 도중 스님은 이런 말을 했다. "불교의 모든 것이 마음을 계발하는 것에 관한 것입니다." 그 말을 들은 순간, 내 삶의 모든 것이 이해되었다. 정말로 모든 것이. 나는 스스로에게 말했다. "지금 이 순간부터 나는 불교인이다." 그 뒤로 나는 한 번도 뒤돌아보지 않았다. 살면서 내가 내린 최고의 결정이었다.

이후 몇 개월에 걸쳐 나는 불교 명상을 배웠고, 그것은 내 삶을 바꾸었다. 진정으로 나의 삶을 변화시킨 첫 번째 경험은, 깨어 있고 편안한 상태로 앉아 있던 중에 부드러운 기쁨이 30분간 온몸과 마음을 휘감은 경험이었다. 나중에 알고 보니 그때의 경험은 조금도 신비스러운 것이 아니었다. 그저 끊임없이 요동치던 마음이 멈춘 상태를 경험한 것뿐이었다. 요동침이 사라지자 마음은 원래 상태로 돌아갔다. **마음의 원래 상태는 무엇일까? 그것은 기쁨이다.** 그 일로 나는 불교가 내가 겪던 비참함의 해결책이 될 수 있음을 분명히 알았다.

다행히도 그 경험으로 나는 우울증에서 벗어날 수 있었다. 더 이상 자살 생각에 빠지지 않았다. 나는 구글의 초창기 엔지니어로서 성공적인 커리어를 쌓아 갔다. 데스몬드 투투 주교는 내가 공동으로 주관하던 '10억 개의 평화 행동(One Billion Acts of Peace)' 캠페인을 노벨평화상 후보로 추천하기도 했다. 순조롭게 일이 풀려 갔다. 과학을 거부하지 않아도 되었고, 이해할 수 없는 것을 맹목적으로 믿으라며 나 자신에게 강요할 필요도 없었다. 불교는 살면서 내게 일어난 최고의 일이었다.

소류 스님의 이야기 – 모든 생명이 그것에 의존한다

나의 이름은 '소류'다. 불교는 지구상의 생명을 구할 수 있다.

아이 때부터 나는 인간에 의한 지구상 생명체의 파괴에 걱정이

많았다. 부모님은 지극한 배려심으로 나를 키워 주었다. 환경 파괴에서부터 위험한 신기술, 핵전쟁에 이르기까지 인류가 직면한 심각한 위기에 대해 설명해 주셨다. 나는 걱정이 되었다. 부모님은 또한 큰 사랑으로 나를 키워 주었고, 나는 그 사랑을 모든 살아 있는 생명체에게 보냈다. 4살이 된 나는 어머니에게 말했다. "사람들이 동물을 죽이는 것을 멈춰야 해요."

나는 지구상의 생명체를 파괴하는 사람들이 세상의 가장 큰 문제라는 점에 대해 매우 분명한 입장이었다. 그리고 그것을 알지 못하는 사람들에게 화가 나 있었다. 부모님은 지나치게 예민한 아들이 힘들었을 것이다. 한번은 아버지와 자전거를 타던 중에 길가의 뱀을 보았다. 멋진 생명체를 아버지에게 보이려고 가리키는 순간, 차 한 대가 뱀을 밟아 죽이고 지나갔다. 나는 길가 도랑에 자전거를 처박고는 한 시간을 엉엉 울었다. "안 돼, 안 돼…." 하면서.

외로웠고 슬펐고 화가 났다. 멘토가 필요했다. 이 문제를 어떻게 해결할지 알려 줄 사람이 필요했다. 주변을 찾고 또 찾았지만 찾을 수 없었다. 10살이 된 나는 세상에서 가장 절박한 이 문제에 대해 어른들이 할 수 있는 게 아무것도 없다는 사실을 알았다. 그러고는 직접 나서야겠다고 생각했다. 밤낮으로 궁리했다. 하지만 더 외롭고 슬펐고 화가 났다.

고등학생이던 어느 날 오후, 학교를 마치고 집에 돌아와 부엌 테이블에 놓인 텔레비전 잡지를 펼쳤다. 불교에 관한 기사가 눈에 띄었다. 기사는 사성제(四聖諦) 중 처음 두 가지에 대한 간략한 설명을 싣고 있었다. "삶은 고통이다. 그 이유는 우리가 가진 욕망 때문이다."

그 순간 누군가가 더러운 창문을 깨끗이 닦아낸 것처럼 갑자기 온 세상이 밝아졌다. 정말로 그랬다. 마침내 나는 인간의 마음이 가진 문제가 얼마나 심각한지, 그에 대해 우리가 무엇을 할 수 있는지 제대로 아는 사람을 찾았다고 생각했다. 그 말을 한 사람이 누구인지도 알았다. 이미 세상에 안 계신 고타마 붓다였다. 하지만 그의 가르침을 이해하는 사람들이 아직도 있다는 것을 알았다. 그들이 기꺼이 가르침을 편다는 사실도 알았다. 나는 그런 사람을 찾고 싶었다.

부모님은 내가 대학에 가길 원했다. 그러나 대학 수업은 내게 도움이 되지 않았다. 다만 수미 런던이라는 대학 2학년생이 이끄는 명상 모임이 있었다. 내게 필요한 걸 그녀가 주리라고 믿었던 나는 그녀가 지도하는 저녁 명상반에 들어갔다. 사람들과 함께 자리에 앉아 명상을 시작했다. 수미는 우리에게 호흡을 따라가며 수를 세라고 했다. 그러나 그 지침은 내게 다가오지 않았다. 완전히 쓸데없는 짓처럼 보였다. 나는 이렇게 생각했다. '아무 도움도 되지 않아. 나에게는 그것보다 훨씬 실제적인 문제가 있다고. 그게 안 보여?' 그러나 그녀는 내게 호흡을 따라가라고 시켰고, 나는 어떤 이유에서인지 그녀를 믿고 따라 했다.

수미가 명상 벨을 울리자 곧바로 상황이 나빠졌다. 호흡을 따라가려는 순간, 몸이 긴장했다. 피부가 근질근질했고, 온몸에 통증이 느껴졌다. 도망가고 싶었다. 그래도 계속 호흡을 따라갔다. 어떤 일이 일어나든 나의 반응은 같았다. 호흡을 따라가는 것이었다.

그러나 30초가 지나자 상황은 더 나빠졌다. 그다음 15분 동안 계속 더 나빠졌다. 그러나 어떤 일이 일어나든 수미가 전한 지침을 믿고 계속해서 호흡을 따라갔다. 호흡을 따라가느라 도망칠 수도, 숨을 수도, 내 느낌을 표현할 수도 없었다. 다시 한 번 종이 울렸다. 나는 내가 아는 가장 큰 고통으로 가득 차 있었다. 두려움 속에 주위를 둘러보았다. 사람들은 모두 미소를 지으며 고요한 상태로 앉아 있었다. 내게 뭔가 문제가 있음을 알았다. 자리에 앉은 내내 내가 하고 싶은 대로 했다. 이윽고 자리에서 일어나서는 바깥으로 나가 어두운 밤하늘을 바라보았다.

약간 흘린 듯한 상태에서 다시 방으로 돌아왔다. 명상실에서 내게 일어난 일을 이해할 수 없었다. 무서웠으며 마음이 부서졌다. 명상 수업에서 더없이 행복하고 완벽해 보이는 사람들에게 화도 났다. 그러나 그것은 문제가 아니었다. 방으로 돌아오는 걸음걸음마다 분노가 사그라졌다. 혼란도 없어졌다. 밤하늘의 풍경만이 오롯이 남았다.

방으로 돌아오던 중에 신기한 경험을 했다. 나무를 보았다. 이상한 나무였다. 밝게 빛나고 있었다. 불꽃이 튀고 있었고, 보석으로 덮여 있었다. 아니, 보석으로 된 나무였다. 나무는 어둠 속에 더없이 밝게 빛나고 있었다. 온 세상에 닿을 듯 가지가 사방으로 뻗어 있었다. 뿌리는 모든 생명체에 닿을 듯 시간을 초월해 뻗어 있었다. 나무는 우주처럼 거대했다. 가장 놀라운 것은 그 나무가 내 마음과 같은 크기였다는 점이다. 그 나무는 나의 마음이었다. 나의 마음이 그 나무처럼 커져 있었다.

경험하는 자와 경험하는 대상 사이의 구분이 사라졌다. 분리가 없어졌다. 구분과 분리가 없어지자 갈등도 사라졌다. 갈등이 사라지자 괴로움도 없어졌다.

그날 내게 일어난 일을 이해하는 데는 수십 년이 걸렸다(실은 지금도 이해하는 중이다). 지금 돌아보면 그날 그 순간, 나는 괴로움을 움켜쥐거나 회피하지 않고 직면할 때 괴로움을 끝낼 수 있다는 사실을, 말이나 정신적 이해가 아니라, 직접적으로 알았다. 나는 그 자리에 앉아 내게 일어나는 모든 일에 직면했다. 그러자 괴로움과 괴로움의 원인이 사라졌다. 그냥 사라져 버렸다. 괴로움을 움켜쥐거나 회피하지 않고, 있는 그대로 알아보고 직면하는 것, 이것이야말로 괴로움을 끝내는 길의 시작임을 알았다.

당시에는 누군가 나를 똑바로 보며 그렇게 말하더라도 중요하게 들리지 않았을 것이다. 가장 중요한 깨달음은, 호흡을 따라가자 마음에서 괴로움을 어느 정도 씻어낼 수 있다는 사실이었다. 나의 마음과 세상이 분리되지 않았고, 둘은 하나가 되었다. 그러자 온 세상에서 고통을 조금은 씻어낼 수 있었다. 나는 살면서 처음으로, 오랜 소망 끝에, 세상을 위해 가장 중요한 일을 했다고 느꼈다.

그것은 깨달음이 아니었다. 어림도 없는 일이다. 그러나 그 일로 깨달음을 향해 갈 수 있다는 생각이 들었다. 깨달음의 길을 갈 수 있다는 믿음이 생기는 순간, 나는 그 길을 가기를 무엇보다 열망했다.

방에 돌아온 나는 세 가지를 알게 되었다. 첫째, 그날 저녁의 수행이, 몇 분 전만 해도 최악이라고 여겼던 나의 수행이, 실은 내가 한 일 가운데 가장 잘한 일이라는 것을 알았다. 둘째, 수행이 바로 세상이 필요로 하는 것임을 알았다. 이것을 통해 우리가 가진 문제를 해결할 수 있다는 것을 알았다. 물론 수행 외에도 많은 행동이 필요하지만, 마음이 모든 행동을 움직인다면, 마음을 깨끗이 하지 않고서는 어떤 일도 제대로 할 수 없었다.

셋째, 계속해서 수행할 필요가 있다는 것을 알았다. 그날의 경험은 그저 한 차례의 합일적 경험에 불과했다. 물론 매우 좋았으며 그것은 내 삶을 바꿔놓았다. 하지만 나는 세상을 구해야 했다. 그러므로 진실한 길을 지속적으로 수련해야 했다. 그리고 가능한 한 빨리 시작해야 했다. 부모님께 대학을 그만두고 불교 사원에 들어가 수행하겠다고 말씀드렸다. 무엇도 나를 막을 수 없었다.

하지만 나는 여전히 화가 나 있었다. 그날 멋진 경험을 했지만, 인간의 이기심과 어리석음에 계속 화가 나 있었다. 화에 끌려가는 노예나 마찬가지였다. 화는 나를 이 사원, 저 사원으로 데리고 다녔고, 이 스승, 저 스승을 찾아다니게 했다. 내 마음속에 화가 계속 불타고 있었다. 결국 나는 일본까지 갔다. 열아홉 번째 생일 직후, 나는 쇼도 하라다 로시 선사를 만났다. 첫 만남에선 별다른 일이 일어나지 않았다. 그는 자리에 앉아 도움이 되는 말은 한 마디도 하지 않았다. 완전히 쓸모없는 사람으로 보였다. 그저 평범한 늙은이 같았다.

그러나 5년간 가슴속에 타오르던 분노가 그때부터 사라졌다. 감쪽같이, 완전히 사라진 것이다!

내가 4살 때 내린 선택을 자극했던 사랑은 이후 18살이 될 때까지 조금씩 증오로 바뀌어 가고 있었다. 로시 선사는 나에게서 증오를 훔쳐 갔다. 사실 내가 가진 사랑은 한 번도 부서진 적이 없었다. 결코 부서지거나 사라지지 않았다. 로시 선사는 나에게 아무것도 주지 않았다. 다만 나에게서 나의 삶을 앗아갔다. 삶이 사라지자 나는 오랫동안 잘못 살았다는 것을 알았다. 사실 그가 내게서 가져간 것은 삶이 아니었다. 그때서야 나는 삶을 다시 살 수 있었다.

　이후 나는 두 가지를 알았다. 첫째, 그 평범한 늙은이가 내게 삶을 다시 주었다는 사실을 알았다. 그는 내 삶을 가져갔다. 진실하지 않은 삶을. 진실하지 않은 생각, 거짓된 느낌, 해로운 습관을 가져간 것이다. 나는 그런 삶을 믿었고, 그것 없이는 살 수 없다고 생각했었다. 내가 가장 믿고 필요하다고 생각한 것을 내려놓을 수 있게 해 준 그는 실은 더없이 친절한 사람이었다. 나는 영적인 길이란 우리가 믿는 것, 필요하다고 생각하는 것을 지혜롭게 내려놓는 것임을 알았다. 그리고 우리가 이 힘든 일을 하도록 (그에 저항하는 성향이 있다 하더라도) 도와주는 사람이 있다는 사실도 알았다. 이보다 큰 선물이 있을까? 그러므로 나는 그의 아래에서 수행해야 했다. 갈애(渴愛)로 인해 괴로움이 일어난다고 한 붓다의 말을 이해할 수 있도록 말이다. 또 그렇게 해서 인류를 광기에서 구할 수 있도록 말이다. 둘째, 나는 이러한 종류의 상실, 이러한 종류의 내려놓음이 지금 세상이 필요로 하는 그것임을 알았다. 탐욕, 성냄, 광기는 사람들이 내려놓아야 하는 바로 그것이다. 우리가 물어야 할 궁극의 질문은 "우리는 무엇을 얻을 수 있는가?"가 아니라 "우리는 무엇을 잃어야 하는가, 즉 무엇을 내려놓아야 하는가?"이다.

　나는 그 스승 밑에서 몇 년을 수행했다. 그리고 다음 몇 년을 다른 전통의 다른 스승들 아래에서 수행했다. 그렇게 수행하며 날이 갈수록 분명해진 사실이 있다. 그것은 우리가 자신의 참된 마음을 실현하며 참된 삶을 살아간다면 지구상의 거대한 문제를 해결할 수 있다는 것이다. 그 반대도 분명했다. 지구상의 커다란 문제를 해결하려는 노력은 우리가 가진 연민의 마음을 실제 행동으로 표현하는 것이고, 그렇게 연민심을 표현할 때 우리는 참된 마음을 실현하며 참된 삶을 살게 된다는 사실이었다. 인간은 세상을 파괴하는 위험한 존재에서 평화롭고 사랑을 주는 존재로 변화할 수 있다.

내 삶을 잃은 것은 행운이었다. 내 삶이 그렇게 되지 않은 것은 행운이었다. 거짓된 삶을 만들어낸 나의 마음을 잃은 것은 행운이었다. 그토록 큰 행운을 받은 나는 이제 그것을 당신과 나누고자 한다. 누구나 자신의 마음을 정화시켜야 한다. 삶의 모든 것이 거기에 달려 있기에.

멩을 사면 소류를 덤으로

다시 멩이다.

불교를 만나 삶이 바뀌는 경험을 한 나는 소류 포올 스님과 함께 이 책을 써야겠다고 마음먹었다. 소류 스님은 내가 만난 불교 스승 가운데 가장 인상적인 분이다. 현명하고 지적이며, 계율에 철저하고, 수행이 깊으며, 다양한 불교 종파에 관한 풍부한 지식을 갖추었다. 불교 승려라면 으레 그렇듯 스님은 어떤 문제에 대해서든 커다란 연민심을 보낸다.

그러나 존경받는 승려의 '으레' 그런 모습을 넘어 소류 스님이 다른 스승들과 구별되는 특별한 점이 있다. 그것은 그가 가진 야망이다. 소류 스님은 혼자 영적 행복감을 즐기며 지내는 데 만족하지 않는다.

소수의, 그러니까 수백, 수천 명의 제자들을 영적인 해결책으로 이끄는 데 만족하지도 않는다. 스님은 전 세계에 도움이 되고자 한다. 수십억 명의 사람이 불교를 쉽게 이해하고 실제 삶에 적용할 수 있도록 돕고자 한다. 그리고 그 과정에서 인류가 가진 해로운 욕망으로부터 지구를 구하고자 한다. 스님은 나보다 젊다. 나는 종종 스님에게 '버몬트에서 온 금발의 아이'라고 농을 지껄인다. 실제로, 스님은 사랑스러운 친구이자 동생, 존경스러운 스승이며, 이 모든 것을 편리하게 하나로 합쳐놓은 사람이다.

고승(高僧)들이 쓴 불교 책은 깊이가 있지만 읽기가 쉽지 않다. 고승이 아닌 사람들이 쓴 불교 책은 쉽게 읽히지만 깊이가 얕다. 한 사람은 고승, 한 사람은 고승이 아닌 수행자가 쓴 이 책이 두 가지 장점을 모두 갖추었길 바란다. 우리는 이 책이 깨달음에 이르는 방법에 관한 깊이 있는 책인 동시에, 불교를 전혀 모르는 사람도 쉽게 읽을 수 있는 책이기를 바란다.

독자들은 이 책에서 두 가지 장점을 모두 얻을 수 있다. 책 한 권 가격으로 두 저자를 만날 수 있는 것이다!

이 책은 나(차드 멩 탄)의 목소리로 쓰였다(어느 기자는 내 목소리를 '바리톤의 중독성 있는' 목소리로 평했다. 에헴!).[1] 우리 두 사람은 펜 앤 텔러(Penn & Teller) 마술쇼의 두 주인공과 비슷하다. 두 사람이 마술을 하지만, 실제로 말은 한 사람만(텔러만) 한다. 나는 소류 스님에게 각 장의 마지막 부분을 '소류 스님의 한마디'로 마무리해 줄 것을 부탁했다. 만약 소류 스님이 이 책의 목소리를 맡았다면 계율과 연민심, 모든 생명체를 배려하는 삶을 더 강조했을 것이다. 그럼에도 스님의 목소리는 책 전체에 깊이 스며 있다. 스님은 또한 이 책에 담긴 주장 하나하나가 모두 정확하다는 데 만족해한다.

초기불교 텍스트에 탄탄히 근거한 이야기

이 책에서 당신은 초기불교 텍스트를 참조하는 다수의 주석을 발견할 것이다. 15장에서 자세히 이야기할 초기불교 텍스트는 붓다의 가르침을 최초로 기록한 텍스트 모음이다. 분량이 매우 방대해 실제로 경전을 다 읽은 사람은 그리 많지 않다. 하지만 소류 스님과 나는 다 읽었다. 스님은 12개월, 나는 16개월이 걸렸다. 초보 수준의 이해이지만, 우리 두 사람은 하루 종일 경전을 공부하며 모든 경전을 다 읽었다. 소류 스님과 내가 이 책에 많은 각주를 단 이유는 독자들이 우리 둘의 말을 곧이곧대로 받아들이지 말고, 우리가 붓다의 가르침을 정확하게 전하고 있는지 독자 스스로 주요 원전을 직접 확인해 보게 하려는 목적이다. 우리의 본래 의도는 우리가 틀렸음을 증명하는 편리한 메커니즘을 제공해 우리 두 저자가 붓다와 독자 여러분에게 온전한 책임을 지게 하려는 것이다. 그렇게 하면 '권위'라는 행복한 부작용이 따라온다. 우리는 초기불교 텍스트를 공들여 살피고 참조함으로써 '주지'라는 소류 스님의 권위에 기대지 않고, 주요 경전이 부여하는 완전한 권위로써 붓다의 가르침을 전할 수 있다. 이것이 이 책이 가진 설득력의 근거가 되기를 기대한다.

소류 스님과 내가 이 책을 초기불교 텍스트에 기초하기로 결정한 가장 확실한 이유는 초기불교 텍스트의 가르침이 모든 주요 불교 종파에 공통되기 때문이다. 그런데 그 밖에 또 하나의 이유가 있으니, 그것은 내가 불교를 처음 배울 때 느꼈던 좌절의 경험과 관련이 있다.

내가 처음 불교를 배울 때 맞닥뜨린 것은 극명하게 둘로 나뉜 불교였다. 당시 내가 접한 불교의 가르침은 양극단의 두 가지 유형뿐이었다. 한쪽 극단은 '거짓말하지 마라', '남의 물건 훔치지 마라', '착한 사람이 되어라' 같은 기본적인 도덕 계율에 관한 가르침이었다. 5살 때 엄마가 가르쳤던 그것이었다. 거기에는 물에 물 탄 듯 내게 전혀 영향을 주지 못하는 불교도 있었다. '삶은 고통이니 무엇에도 집착하지 말라', '모든 사람에게 선한 행동을 베풀라' 같은 가르침이었다. 당시 내가 접한 불교의 가르침의 또 한쪽 극단에는 기본적으로 이해할 수 없는 가르침으로 가득했다. 이를테면 '주체와 객체는 구분이 없다', '형상은 공이다', '늙음도, 죽음도 없다. 늙음의 끝도, 죽음의 끝도 없다' 같은 모호한 가르침이었다. 이런 가르침은 당시의 내게 조금도 도움이 되지 않았다.

그러다 마음챙김 명상을 배우며 상황이 바뀌었다. 마음챙김 명상은 나와 내 삶을 완전히 바꾸었다. 그 뒤 나는 초기불교 텍스트를 만났다. '우와!' 거대한 보물 창고를 발견했음을 알았다. 붓다는 초기불교 텍스트에서 가장 기본적인 가르침부터 완전한 깨달음에 이르는 모든 단계로 우리를 안내한다. 그 길 전체가 펼쳐져 있는 것이다. 무엇보다 인상적인 것은 초기불교 텍스트의 거의 모든 가르침이 완전히 이해 가능하다는 점이었다. '우와!' 초기불교 텍스트의 가르침이 이해 가능한 이유는 붓다가 물에 물 탄 듯 가르침을 희석했기 때문이 아니라 그의 놀라운 천재성 덕분이었다. 깨달음은 말로 설명할 수 없는 경지다. 말로 설명할 수 없는 경지를 말로 설명한다는 것은 상당히 어려운 일이다. 거기에는 진정한 천재성이 요구되며, 그런 이유로 역사상 그 정도의 천재성이 발휘되는 경우는 매우 드물다. 그런데 깨달음에 이르는 길을 모든 사람이 이해할 수 있도록, 그리고 모든 사람에게 유용한 방식으로 설명하는 것은 더더욱 어려운 일이다. 그렇게 하려면 천재 중의 천재가 필요하다. 그런 점에서 붓다는 천재 가운데 천재, '슈퍼 천재'였다. 마침내 나는 불교를 이해하는 데 필요한 것을 가졌다. 나의 가슴은 붓다에 대한 감사의 마음으로 넘쳤다.

지난 2천 년 넘는 시간 동안 다양한 문화적, 교육적, 역사적 이유로 불교의 가르침이 한편으로는 점점 더 신비적으로, 한편으로는 점점 더 범속한 가르침으로 변해 갔다. 내가 불교를 배우고 싶었을 때도 극명하게 양분된 불교가 놀려대듯 나를 빤하게 노려보고 있었다. 다행히 초기불교 텍스트는 모든 사람이 모든 스펙트럼의 불교 가르침에서 유익함을 얻도록, 양분된 불교의 다리를 놓는 데 필요한 모든 것을 전하고 있다. 이것이 소류 스님과 내가 초기불교 경전에 주로 의지하는 이유다.

너무 심각한 주제라면 웃을 수밖에

위대한 불교 스승들이 보이는 아름다운 특징의 하나는 자신의 존재에서 경쾌함을 지니고 있다는 사실이다. 가령 달라이 라마는 멋진 유머 감각을 지녔다.² 대중 강연에서 자주 농담을 던지고 재미있는 말도 곧잘 한다. 불교 스승인 아잔 브람은 청중들을 배꼽 잡게 만드는, 훨씬 더 재미있는 사람이다. 한편 베트남의 선승 틱낫한은 농담은 잘 하지 않는다. 늘 평온한 위엄을 갖춘 분이지만 그에게도 확실히 경쾌함이 넘쳐난다. 내면에서 스님이 언제나 미소 짓고 있음을 알 수 있다.

이것은 우연이 아니다. 이 책에서 보겠지만, 전하는 바에 따르면 붓다가 살아 계실 때에도 불교 수도승들은 '즐겁고 기쁘며, 평온하고 평화로운 사람들'이었다고 한다. 내면의 기쁨은 불교 수행의 지속적인 주제이며, 내면의 경쾌함은 그에 따른 당연한 결과다. 어떤 이들에게서 이 경쾌함은 외면의 커다란 미소와 웃음, 유머로 드러난다.

이 책을 쓰는 소류 스님과 나는 우리가 진지한 주제를 다루고 있음을 잘 안다. 이 책은 붓다의 가르침, 무수한 생명체가 당하는 고통, 삶과 죽음이라는 커다란 문제를 다룬다. 문제의 심각성에 비추어 이 책은 그에 합당한 신중함을 가지고 접근하고자 한다. 나에게 이것은 내가 책을 쓰는 동안 부드러운 명상 상태에 들어갔음을 의미한다. 그런데 이 명상 상태는 언제나 나에게 즐거운 것이었다. 나는 이 책을 쓰는 내내 명상적 기쁨이라는 따뜻한 온기 속에 있었다. 그 온기와 나의 유머가 더해지면 다소 위험한 조합이 만들어지는데, 그것은 내가 종종 경쾌함에 흠뻑 빠져 농담이나 말장난으로 글을 마무리한다는 점이다.

그렇지만 이 행복한 부작용으로, 이 책이 독자 여러분에게 중요한 내용일 뿐 아니라 재미있는 읽을거리가 되길 바란다. 재미가 없다면 책을 잘못 쓴 것이니까.

1장

다르마 그리고 불교의 특징

다르마란 '벽에 머리를 박지 않는 것'

불교의 가르침을 한 단어로 요약하면 다르마(Dharma)이다. 다르마는 다양한 의미를 갖는다. 다르마(dharma, 소문자로 시작하는 다르마)의 가장 넓은 의미는 '현상'이라는 뜻이다. 이런 의미에서 보자면 모든 것이 다르마이다. 세상에는 현상 아닌 것이 없기 때문이다. 한편 불교에서 말하는 다르마(Dharma, 대문자로 시작하는 다르마)의 가장 유용한 정의는 다음과 같다.

다르마란 고통과 고통에서 벗어남에 관한 보편적 법칙이다.

여기서 '보편적 법칙'이란 원인-결과의 법칙을 말한다. 물리학 법칙과 비슷하다. 가령 '힘=질량×가속도(F=ma)'라는 물리학 법칙이 있다. 1킬로그램의 물체에 10뉴턴의 힘을 가하면 $10m/s^2$의 가속도를 얻는다. 이것은 보편적인 법칙, 원인과 결과의 법칙이다.

우리가 다르마에 관해 말할 때도 원인-결과라는 보편적 법칙에 대해 말하는 것이다. 다만 우리는 이 법칙을 고통과 고통에서 벗어남이라는 영역에 한정해 다룰 것이다. 다르마를 다소 우스꽝스럽게 적용한 예는 다음과 같다.

- 벽에 머리를 박으면 머리가 아파 괴로울 것이다.
- 그러므로 머리를 벽에 박지 않으면 스스로 고통을 일으킬 일도 없다.

이런 의미에서 다르마는 '머리를 벽에 박지 않는 것'이다.

이 책에서는 다르마 중에서도 보편적 법칙의 다음 네 가지 하위 영역에 특히 관심을 갖고자 한다.

1. 고통이 가진 특성
2. 고통이 일어나는 원인
3. 고통의 소멸
4. 고통의 소멸에 이르는 방법

방금 말한, 벽에 머리를 박는 우스꽝스런 사례를 마음챙김 수행에 대입해 설명하면 이렇다. 우선, 나는 몸에 마음챙김을 가져가 몇 초마다 이마에 통증이 일어나는 걸 깨닫는다. '아야, 아야, 아야…' 이렇게 해서 나는 고통의 특성에 대해 안다(위의 1번). 그런 다음, 나의 행동을 마음챙김으로 관찰하며 내가 몇 초마다 벽에 머리를 박고 있다는 사실을 깨닫는다. 벽에 머리를 박는 나의 행동이 내 이마에 통증을 일으키고 있음을 알게 된다. 나는 이제 고통의 원인이 무엇인지 알았다(위의 2번). 다음으로, 나는 마음챙김 수행으로 나의 지각을 갈고 닦아 벽에 머리를 박는 사이사이에 통증을 조금도 경험하지 않는 순간이 존재함을 알게 된다. 고통이 사라질 수 있음을 알게 되는 것이다(위의 3번). 마지막으로, 나는 벽에 머리를 박는 행동을 멈춘다. 이로써 이마의 고통을 끝내는 방법이 있음을 알게 된다(위의 4번).

붓다가 제시하고 체계화한 다르마를 '붓다 다르마', 즉 불법(佛法)이라고 한다. 따라서 붓다 다르마는 붓다가 가르친, 고통과 고통에서의 벗어남에 관한 보편적 법칙이라고 할 수 있다. 불교에서는 '붓다 다르마'를 간단히 '다르마'라고 부르며, '다르마'라고 하면 일반적으로 붓다의 가르침으로 간주한다. (이 책을 포함한) 불교적 맥락에서 '다르마'라는 단어는 거의 언제나 '붓다 다르마'를 의미한다고 보면 된다. 다행히 이렇게 해도 혼동이 생기지 않는데 그 이유는 원인-결과의 보편 법칙이 가진 중요한 한 가지 특성 때문이다. 그것은 원인-결과의 보편 법칙은 누가 그것을 발견했든, 어떤 식으로 체계화했든 법칙 자체는 조금도 변하지 않는다는 사실이다.

이런 상황을 가정해 보자. 어느 날 영국에 사는 아이작 뉴턴이라는 젊은이의 머리 위에 사과 하나가 떨어졌다. 같은 날 또 다른 사과가 인도에 사는 디피카 찬드라 여인의 머리 위에 떨어졌다. 두 사람 모두 이 현상을 실험하고 싶은 영감을 받아 각자 개별적으로 중력의 법칙을 발견했다. 그런데 두 사람이 설명하는 방식은 서로 달랐다. 뉴턴은 '물체들 사이의 인력'이라고 설명했고, 찬드라는 '물체들 사이의 분리를 거스르는 보편적인 이끌림'이라고 표현했다. 이렇게 해서 중력 법칙에 관한 두 가지 설명이 만들어졌다. 그렇다고 해서 중력과 관련한 원인과 결과의 작용에는 조금의 변함도 없다. '뉴턴의 법칙'이라 부르던, '찬드라의 법칙'이라 부르던 문제가 되지 않는다. 어떻게 부르던 지구 중력은 동일한 힘으로 사과를 끌어당길 것이다.

마찬가지로 '붓다 다르마'(붓다가 설명한 다르마)든, '슈모 다르마'(조슈모라는 남자가 설명한 다르마)든 다르마는 다르마이다. 괴로움과 관련된 원인과 결과의 작용 방식은 변하지 않는다. 벽에 머리를 박으면 통증이 일어난다는 사실에는 변함이 없다. 이런 이유로 불교적 맥락에서 '다르마'와 '붓다 다르마'라는 단어는 서로 바꿔 쓸 수 있다. 또 하나 중요한 점은, 보편 법칙인 다르마는 불교의 전유물이 아니란 사실이다. 다르마는 어디에나 있다. 괴로움과 괴로움에서 벗어남에 관한 앎과 이해가 있다면 다르마가 존재한다고 말할 수 있다.

불교는 과학을 기꺼이 받아들인다

14대 달라이 라마는 이런 유명한 말을 남겼다.

> 과학적 분석을 통해 불교의 특정 주장이 거짓으로 판명된다면 우리는 과학의 발견을 수용하는 한편, 불교의 주장은 버려야 합니다.¹

그의 말에 대한 나의 첫 반응은 이랬다. '뭐야, 당연한 말 아냐?'

내가 회의주의자이고 과학자임을 아는 당신은 나의 이런 반응에 별로 놀라지 않을 것이다. 당신을 놀라게 만드는 것이 있다면, 달라이 라마의 이 말에 대해 불교 공동체에서 조금도 반감을 보이지 않았다는 사실이다. 불교 공동체의 어느 누구도 달라이 라마의 말을 모욕으로 여기지 않았다. 세계 주요 종교의 거물 지도자가 자신의 종교보다 과학이 우선한다고 선언하는 것은 충격적인 일임에 틀림없다. 만약 불교 아닌 다른 종교에서 이런 일이 일어났다면 커다란 분란이 일어났을 것이다. 그 종교의 지도자들과 추종자들이 크게 화를 냈을 것이다. 하지만 불교에서 이런 선언은 대단한 사건이 아니다. 당연하게 받아들인다. 불교에서 이런 일이 별것 아니라는 사실 자체가 대단한 일인지 모른다.

친구들이여, 내가 불교에 매력을 느끼는 부분도 이런 과학적 정신이다. 달라이 라마는 불교의 핵심 가르침을 '마음의 과학'이라고 부를 정도로 과학을 존중한다.[2]

불교의 과학 정신은 달라이 라마에서 시작된 것이 아니다. 그것은 붓다 자신으로부터 비롯한다. 붓다는 제자들에게 자신의 가르침을 맹목적으로 받아들이지 말라고 했다. 오직 신중한 조사와 탐구를 거친 뒤에 받아들이라고 한 것이다. 붓다는 자신의 가르침을 '지금 여기에서 확인 가능한 가르침'이라고 했다.[3] 그런데 이런 말을 하면 가르치는 사람은 불리한 입장에 놓인다. 이러한 점에서 이 말은 비단 붓다가 아니라 '어느' 종교 지도자의 입에서 나오든 놀라운 말이 아닐 수 없다. 만약 스승의 말이 참인지 거짓인지를 당신이 죽은 뒤에 판별할 수 있다면 당신이 살아 있는 동안에는 스승의 말이 틀렸음을 증명할 방법이 없을 것이다. 한편 스승의 가르침이 지금 여기에서 확인 가능하다고 하면 오늘, 바로 지금, 스승의 말이 틀렸는지 증명할 수 있으며, 이로써 지도자는 매우 불리한 입장에 놓인다. 바꿔 말하면, 자신의 가르침에 커다란 확신을 가진 영적 지도자만이 스스로를 불리한 입장에 놓일 수 있다. 붓다는 이 말과 함께 실제로 자신과 자신의 가르침을 시험해 보라고 제자들에게 자주 권했다.[4]

이와 관련해 소류 스님은 재미있는 경험을 한 적이 있다. 동양의 전통 수행을 닦은 불교 고승에게 수행을 배운 스님은 여느 훌륭한 제자처럼 스승의 말에 귀를 기울이며 고개를 끄덕였다. 그것이 발단이 되었다. 스승들은 자주 이렇게 말했다. "이걸 믿지 말라! 그대 스스로 찾으라. 그대는 나의 이 가르침을 이해했다는 듯이 고개를 끄덕였지만 그대 스스로 확인해 보았는가? 검증하지 않았다면 그대가 그것을 안다고 할 수 없다. 이 수행에서 중요한 부분은 그대가 불교를 의심하는 부분이다. 스스로 탐구하라! 오늘 저녁, 나를 다시 찾을 때는 그것이 진실인지 그대 스스로 알아야 한다."

스승의 말은 스님에게 충격으로 다가왔다. 그는 자신을 서양의 회의주의자로 여기고 있었는데, 진정한 회의주의의 관점에서 보자면 자신은 아직 애송이에 불과했다. 동양의 고승들은 그를 부끄럽게 만들었다.

'지금 여기에서 확인하라'는 태도에 깃든 진정한 중요성은 더욱 놀랍다. 그것은 교사-학생 관계의 무게 중심을 교사에서 학생으로 옮긴다는 점이다. 당신이 붓다의 제자라고 하자. 붓다는 당신에게 이것을 하면 이런 일이 일어날 것이고, 이것을 하지 않으면 그 일이 일어나지 않을 것이라고 말한다. 더욱이 지금 여기에서 당장 그것을 확인할 수 있다고 말한다. 만약 당신이 붓다의 말을 따랐음에도 그의 예측이 틀렸음을 알게 된다면 적어도 그 한 가지에서는 붓다의 말이 틀렸다고 해야 한다. 붓다는 당신을, 즉 학생을, 가르침의 중심에 두었다. 붓다의 말이 정확한지 판별할 권리를 가진 사람은 붓다가 아니라 학생인 당신이다! 이것은 학생에게 상당한 권한을 부여하는 태도다. 우리가 불교를 공부하면 힘을 얻는다고 느끼는 이유도 바로 이것이다.

경험주의와 믿음은 함께 갈 수 있다

불교가 매우 경험론적이라고 해서 (즉 자신의 경험에 토대를 둔다고 해서) 불교에서 믿음이 차지하는 자리가 전혀 없는 것은 아니다. 불교에서 믿음이 중요한 역할을 하는 경우도 분명 있다. 그것은 불교의 특정 주장의 진리성을 확인할 도구를 아직 갖추지 못한 때다. 가령 역학에 관한 뉴턴의 일부 주장을 증명하려면 스톱워치와 줄자, 줄을 단 무게추 등의 장비가 필요할 것이다. 지금 여기에서 증명 가능한 주장이라 해도 그 주장을 증명하기 위해서는 일정한 장비를 갖추어야 한다.

여기서 더 필요한 것이 있다. 실생활에서 일을 진행시키기 위해서는 내가 특정 주장을 직접 검증할 준비가 되지 않았다 해도 다른 사람들이 이미 그 주장을 검증했다는 것을 믿음으로 받아들여야 하는 경우가 많다. 예컨대 통계 작업을 할 때 나는 표준 통계 공식에 숫자를 대입해 상관 계수와 신뢰 구간을 도출한다. 통계 공식의 정확성은 이미 검증되었지만 나 스스로 그것을 증명할 수학적 능력은 아직 갖추지 못한 상태다. 이때 내가 연구 논문을 작성해야 한다면 어떻게 해야 할까? 나보다 수학적으로 뛰어난 사람들이 수고를 기울여 검증한 공식을 나의 연구를 진행시키는 데 사용할 수 있다고 믿어야 한다.

내가 표준 통계 공식을 신뢰할 수 있는 이유는 세 가지다. 첫째, 통계 공식의 정확성을 나 스스로 검증하고 싶으면 그렇게 하는 방법이 있음을 나는 알고 있다. 특정한 수학적 기술을 익혀야 하고, 그 기술이 무엇인지 알고 있으며, 적절한 노력을 기울이면 가능하다는 것을 나는 알고 있다. 둘째, 통계 공식은 지금까지의 실적이 좋다. 나 스스로 사용해 보았으며, 수많은 사람이 오랫동안 사용해 온 통계 공식은 지금까지도 제대로 작동하고 있다. 셋째, 통계 공식은 신뢰할 수 있는 출처, 즉 나의 교수님이 추천한 대학의 표준 교과서에서 나와 있다. 이러한 모든 이유로 나의 믿음은 맹신이 아니라 현명한 정보에 근거한 믿음이라고 할 수 있다.

마찬가지로 불교를 수행하다 보면 어떤 주장을 검증할 준비가 아직 되어 있지 않은 자신을 발견하게 될 때가 있다. 가령 고대의 불교 문헌에는 마음이 처음으로 완전한 평온에 도달하면 온몸과 온 마음을 가득 채우는 활기찬 기쁨을 경험하게 된다고 말한다. 하지만 아직 완벽한 정신적 평온에 이르지 못한 당신은 그 주장을 검증할 준비가 되어 있지 않은 자신을 발견한다. 이때는 어떻게 해야 할까? 다행히 통계 공식의 경우와 마찬가지로 당신이 믿음을 갖기에 충분한 세 가지 이유가 있다.

첫째, 필요한 장비를 얻을 수 있는 경로가 존재한다. 불교 수행의 경우, 당신의 스승은 당신에게 몸과 호흡에 집중해 마음을 안정시키는 방법을 알려 줄 것이다. 그리고 이를 방해하는 다섯 가지 장애물을 극복하는 방법도 가르쳐 줄 것이다(7장 참조). 둘째, 불교 수행은 과거 실적이 훌륭하다. 예를 들어, 이미 그 상태에 도달해 스스로 그 주장을 검증한 사람을 얼마든지 찾을 수 있다. 어쩌면 당신도 몸과 호흡에 집중하는 연습을 몇 시간 해 보고서 마음이 훨씬 평온해지고 행복해진다는 것을 직접 경험할지 모른다. 셋째, 그 주장은 신뢰할 수 있는 출처에서 나왔다. 즉 당신의 스승이나, 더 중요하게는 붓다가 직접 말한 것으로 알려진 고대 문헌에서 나온 주장이다.

이것은 업(業)이나 윤회(輪廻), 열반(涅槃)처럼 데이터를 수집하기가 더욱 어려운 고급의 불교 주제에 대해서도 마찬가지다. 하지만 이 주제들에 대해서도 그에 필요한 마음을 계발할 수 있다면 데이터를 수집하는 것이 가능하다. 다만 더 많은 마음 훈련이 필요할 뿐이다. 이 책에서는 이 모든 주제들을 다뤄 볼 것이다.

따라서 믿음과 경험주의는 결코 상충하지 않는다. 실제로 믿음과 경험주의는 둘이 함께 갈 때 가장 잘 작동한다. 불교는 믿음과 경험주의가 서로를 활용해 보완하는 법을 잘 보여 준다. 소류 스님은 스승으로서 자신의 경험을 바탕으로 말한다. "믿음이 있기에 의심이 일어나듯, 의심이 있기에 믿음이 작동한다."라고. 불교에서는 의심하는 사람을 칭송하는데, 이것은 의심의 결과로 탐구를 하게 되기 때문이며, 그런 사람은 결국 '배움을 넘어서기' 때문이다. 그런 사람은 가장 중요한 가르침에서조차 붓다에 의존하지 않는다.

세속 종교, 그것은 농담이 아닌가?

나의 친한 친구이자 스승인 노먼 피셔는 아주 특별한 분이다. 그는 전통 방식으로 수행한 선 스승들의 지도 아래, 오랜 시간 엄격한 수행을 닦은 선승이다(선은 불교의 주요 종파이다). 사실 노먼은 평범한 선승이 아니라 선원의 주지였다. 그것도 평범한 선원이 아니라 서구의 주요 선 센터 중 하나인 샌프란시스코 선 센터의 주지였다. 게다가 그는 지금까지도 독실한 유대교 신앙을 유지하고 있다. 전통 방식으로 수련하는 선 센터의 주지로서 유대인의 정체성과 신앙을 잃지 않은 채 한평생을 유대교인으로 살아왔다고 상상해 보라. 내가 아는 불교인 가운데 유대교인이 주요 선 센터의 선원장으로 있는 것을 문제로 여기는 사람은 거의 없다.

　이 정도의 포용력은 다른 종교에서라면 혀를 내두를 정도다. 나는 기독교인, 힌두교인, 무슬림, 유대인 가운데 불교인인 동시에 자신의 종교를 신앙하고 실천하는 사람들을 많이 만났다. 나의 친구이자 동료 불교 명상가인 스튜어트 로드 박사는 북미의 주요 불교 대학인 나로파대학교의 총장을 역임했다. 연합신학교에서 목회학 박사 학위를 받았으며, 기독교 목사로 봉사한 적도 있는 그는 자신을 기독교인인 동시에 불교인이라고 믿는다. 물론 신을 믿지 않는 불교인도 있다. 사실 나도 한때 무신론자였다. 요즘은 내가 '풀 타임 불교인'이자 '파트 타임 기독교인'이라고 농담을 던지기도 한다. 한번은 달라이 라마가 조용히 기도하듯 고개를 숙인 채 기독교 십자가를 이마에 대고 겸손하고 정중하게 기도하는 사진을 본 적이 있다. 이 사진은 소셜 미디어에 널리 공유되었는데(물론 나도 공유한 죄가 있다) 이 사진에 화를 내거나 불쾌하다고 느낀 불교인은 한 명도 보지 못했다. 나 또한 매우 기뻤다.

　이처럼 불교가 포용적인 이유는 다른 종교와 교리상의 차이가 없기 때문이 아니다. 사실 불교는 다른 종교와 매우 분명한 교리상의 차이점을 갖는다. 예를 들어, 책의 뒷부분에서 보겠지만, 붓다는 창조주 신이나 우주를 다스리는 전능한 신의 존재를 인정하지 않는다. 이것은 자연스럽게, 불교에서는 특정 민족이 신에 의해 '선택된 백성'의 지위를 가질 가능성이 조금도 없다는 의미이다. 또 신이 처음부터 정해놓은 계급 제도도 존재하지 않는다는 의미이다. 더 중요한 점은, 불교는 이러한 의견 불일치를 갈등으로 비화시키는 데 관심이 없다는 점이다. 많은 사람이 교리에 관한 의견 불일치가 곧 싸움으로 이어진다는 생각에 익숙해 있지만 불교는 다르게 본다. 붓다는 제자들에게 어떠한 의례나 의식, 견해에도 집착하지 말라고 가르쳤다. 또 그런 것 때문에 싸움을 벌이지도 말라고 하였다. 따라서 불교의 입장은 붓다의 가르침이 무엇인지 분명하고 확실하게 말하되, 모든 사람이 그 가르침을 배우도록 초대하며, 자신에게 유용하고 유익한 것은 무엇이든 가져가도록 두 팔을 활짝 벌리는 것이다. 이런 태도가 이 책에도 깊이 깃들어 있음을 당신은 알게 될 것이다.

　불교의 포용성은 나아가 종교적 믿음에 관한 중립성으로 확장된다. 이런 의미에서라면 불교를 '세속적'이라고 할 수 있다. 붓다의 가르침은 특정 신에 대한 믿음이나 의존을 요구하지 않는다. 붓다의 핵심 가르침은 마음의 본질과 고통에서 벗어남에 관한 것이며, 붓다의 핵심 수행법은 마음을 고요히 하고 통찰력을 키우며 기쁨과 친절이라는 긍정적인 마음의 성질을 키우는 정신 수행이다. 붓다가 가르친 수행법은 지극히 세속적이다. 예컨대 붓다는 주의 집중을 닦는 방법으로 제자들에게 호흡에 집중하라고 가르쳤다. 호흡에 주의를 기울이는 수행을 하기 위해 신을 믿을 (혹은 믿지 않을) 필요는 없다. 실제로 붓다는 '에너지'나 '차크라' 같은 신비적 대상에 대한 믿음을 요구하지 않았다. 붓다는 정신 수련의 대상을 차크라 같은 믿음의 대상이 아니라 몸과 호흡, 마음과 감정 상태 등 일상에서 누구든 경험할 수 있는 대상에 한정시켰다.

이처럼 세속적이고 포용적이며 과학을 수용한다는 점에서 불교는 내가 보기에 가장 멋진 종교이다. 하지만 이런 불교를 과연 '종교'라고 부를 수 있을까? '세속 종교'라는 말은 모순이 아닐까? 어불성설이 아닐까? 이에 대한 답은 불교가 처음 만들어진 토대에서 찾을 수 있다. 다른 주요 종교들은 예외 없이 특정 신에 대한 믿음과 숭배를 바탕으로 창시되었다. 하지만 **불교는 전적으로 '고통에서의 완전한 벗어남'이라는 토대 위에 세워졌다**. 신은 자신의 외부에 있으므로 우리는 신의 모든 것을 알 수 없다. 하지만 내가 고통받고 있다는 사실만큼은 누구나 분명히 알 수 있다. 그것은 추측할 필요가 없는 사실이다. 붓다는 깊은 마음 수행과 신중한 탐구, 고통의 본질에 대한 철저한 앎을 바탕으로 고통에서 완전히 벗어나는 길을 훌륭히 개척했다. 붓다는 그 길을 가르쳤으며, 그 길을 간단히 '담마-위나야(Dhamma-vinaya, 가르침과 계율)'라고 불렀다. 오늘날 우리가 알고 있는 불교는 바로 그 가르침이다. 붓다는 힘주어 이렇게 말했다. "내가 가르치는 것은 오직

고통과 고통의 소멸이다."⁵

신에 의존하지 않으며 맹목적인 믿음을 경계하는 불교의 특성 때문에 불교는 종교가 아니라고 주장하는 사람도 있다. 널리 존경받는 불교 대가인 족첸 폰롭 린포체가 그중 한 사람이다.⁶ 불교 승려이자 작가인 아잔 브람은 '불교는 신앙 체계가 아니라 객관적 관찰, 즉 명상 수행에 기초한 과학'이라고 말한다.⁷ 베트남의 선승 틱낫한은 이렇게 말한다.

> 불교가 종교이며 붓다를 숭배한다는 것은 오해이다. 불교는 요가와 마찬가지로 일종의 수행이다. 기독교인인 동시에 불교를 수행하는 것은 얼마든지 가능하다. 프랑스의 어느 불교 수행처에서 생활하는 가톨릭 신부를 만난 적이 있다. 그는 불교 덕분에 자신이 '더 훌륭한 기독교인'이 되었다고 말했다. 나는 그 표현이 마음에 든다.⁸

'종교'가 아니라는 점에서 어쩌면 불교는 가장 멋진 '종교'인지 모른다.

말장난은 이쯤에서 그만하자. 불교가 종교냐, 아니냐 하는 문제는 '그렇다, 아니다'라고 단정하기에 미묘한 문제이니까. 이 책의 2장에서 불교가 신과 초자연적인 힘, 그 밖의 신비적 요소에서 완전히 자유롭지 않음을 볼 것이다. 또한 불교는 그것을 적법하게 '종교'로 간주할 수 있을 만큼 종교적 특징도 상당히 갖고 있음을 볼 것이다. 그러나 중요한 것은, 붓다가 가르친 수행법은 신비한 대상에 의존하지 않아도 얼마든지 가능하다는 점이다. 당신은 불교의 신비적 요소를 받아들여도 좋고, 거부해도 좋다. 어느 쪽을 택하든 고통을 끝내는 붓다의 수행법은 당신에게 효과가 있을 것이다. 불교가 종교인가, 아닌가의 여부는 13장에서 자세히 다룰 주제이다. 다만 여기서 확실히 말할 수 있는 것은 붓다의 가르침은 신이나 신비한 대상에 의존하지 않는다는 것, 자신의 경험을 살펴보는 것에 분명히 기초하고 있다는 것, 따라서 대부분의 종교가 가진 거추장스러운 부분에서 상당히 자유롭다는 것이다. 내게는 이것이 불교가 가진 가장 큰 매력이다.

불교는 깊은 기쁨을 준다

붓다는 늘 미소를 지었다고 한다. 또 그의 제자들도 늘 기쁘고 활달하며 환희에 넘치는 사람, 영적인 삶을 즐기며, 감관이 즐겁고, 불안에서 벗어나 언제나 평온하고 평화로운 사람이었다고 한다.[9]

붓다가 가르친 수행의 길에서 가장 놀라운 점은 그 길을 걸어가는 일이 '매우 즐겁다'는 점이다. 우리는 흔히 심오한 영적 수련에는 오직 고통과 투쟁, 희생만이 따른다고 짐작한다. 그러나 붓다가 가르친 불교의 길에는 깊은 기쁨이 깃들어 있으며, 불교는 여러 수행의 경지에서 기쁨을 중시한다. 우선 불교의 계율 수행은 다른 사람의 비난을 살 일이 없는 결백함이라는 지극한 행복감을 선사한다. 또 불교의 길에는 평온하고 청정한 마음이라는 지속적인 기쁨도 있다. 현재 순간이 주는 평화로운 기쁨도 있으며, 친절과 연민심이라는 활달한 기쁨도 있다. 불안과 결핍, 미움에서 벗어난 맛있는 기쁨도 있으며, 환희로 가득한 강력한 명상적 상태의 기쁨도 있다. 그리고 이 모든 기쁨은 모든 고통에서 완전히 벗어나는 지극한 행복감에서 절정에 이른다.

나는 불교가 가진 깊은 기쁨에 대해 개인적으로 잘 알고 있다. 그것은 불교가 나의 생명을 구했기 때문이다. 불교 명상 수행으로 나는 자살을 생각하던 비참한 상태에서 벗어나 늘 웃는 사람으로 바뀌었다. 불교 수행으로 나의 삶이 가장 크게 바뀐 부분이 있다면, 아무 일이 일어나지 않아도 언제나 부드러운 기쁨을 경험하게 되었다는 것이다. 이런 이유로 나는 아무것도 아닌 일에도 늘 미소를 짓고 다닌다. 불교 수행이 내게 일으킨 변화가 어찌나 컸던지 나는 구글에서 '정말 유쾌한 친구(jolly good fellow)'라는 타이틀을 명함에 적고 다니는 사내가 되었다(그렇다. 내 직업상 많은 일들이 그렇듯, 이 직함도 처음엔 농담으로 시작했다).

이 책에서 당신은 불교 수행이 얼마나 큰 기쁨을 주는지 알게 될 것이다.

불교는 당신을 자유롭게 한다

불교는 자유와 벗어남에 관한 것이다. 불교 수행의 최종 목표는 모든 고통에서 완전히 벗어난 상태에 이르는 것이다. 그렇지만 최종 목표에 이르기 전에도 당신은 다양한 차원에서 다양한 방식으로 고통에서 벗어나는 자신을 볼 것이다.

가령 당신은 어느 순간 지루함에서 해방된 자신을 발견할지 모른다. 불교 명상가인 당신에게는 '아무 일도 일어나지 않는' 모든 순간이 명상의 달콤한 평화와 기쁨을 즐기는 기회이기 때문이다. 이렇게 해서 당신은 다신 지루함을 느끼지 않는다. 지루함에서 완전히 벗어난다. 이후에는 당신의 자아를 만족시키는 데서 벗어날 수도 있다. 지금껏 당신의 행복은 당신의 자아를 얼마나 만족시키느냐에 달려 있었다. 당신의 에고(ego)는 당신을 철저히 감시하는 포악한 노예주나 마찬가지였다. 그러나 수행을 하다 보면 어느 순간, 내면의 행복감이 자아를 만족시키는 데 달려 있지 않다는 것을 보게 된다. 그 순간, 당신은 에고라는 잔인한 노예주로부터 자신을 해방시키고, 자유를 얻는다! 깨달음을 향해 가는 길은 이런 족쇄들을 하나씩 끊어내는 기쁨으로 가득하다.

불교 명상으로 커다란 자유를 발견하는 또 하나의 차원이 있다. 그것은 자신의 생각에서 자유로워지는 것이다. '종교'라고 하면 당신은 이런저런 정체성과 맹목적인 믿음을 강요한다고 여길지 모른다. 그러나 불교는 마음을 자유롭게 두게 한다. 어쩌면 그 이상이다. 불교에서는 수행이 깊어질수록 당신 스스로 생각하며, 제시된 가르침을 비판적으로 살필 것을 요구한다. 다시 말해 불교는 당신이 마음을 자유롭게 두도록 요구한다.

이렇게 커다란 자유를 선사하는 종교가 존재한다는 사실은 매우 인상적이다. 그런데 더 인상적인 사실은 자유에 깊이 뿌리 내린 그 종교가 지닌 전파력과 생명력이다. 맹목적인 믿음과 정체성을 강요하는 종교가 있다고 하자. 극단적인 경우 그 종교는 타 종교로 개종하는 사람에게 사형을 내리고 교세 확산을 위해 전쟁을 일으킬 것이다. 우리는 흔히 그런 종교가 널리 전파되고 오랜 시간 지속될 거라고 생각한다.

그런데 수행자들이 스스로 생각하도록 독려하며 맹목적인 믿음을 조금도 강요하지 않는 종교가 있다고 하자. 교세를 확장하기 위해 전쟁을 치르는 일이 없음에도 수천 년 동안 전파되고 지속되었다. 그렇다면 그 종교의 가르침에 매우 특별한 무언가가 있음이 분명하지 않을까. 불교가 바로 그런 종교다.

세상에 필요한 불교

알베르트 아인슈타인이 했다고 전하는 유명한 말이 있다.

> 미래의 종교는 우주적 종교가 될 것이다. 미래의 종교는 인격적 신을 넘어서야 하며, 교리와 신학을 피해야 한다. 자연과 영혼을 모두 포괄하는 미래의 종교는 자연과 영혼의 모든 것을 경험하는 데서 비롯하는 종교 감각과 유의미한 일체감에 기초해야 한다. 불교는 이런 기준에 응답한다. 현대의 과학적 요구에 부응하는 종교가 있다면 그것은 불교일 것이다.[10]

아인슈타인이 실제로 이 말을 했는지는 누구도 입증하지 못했지만 사실과 부합한다는 점에서 오늘날 널리 인용되고 있다. 불교는 그 고유한 특성으로 인해 오늘날 과학 시대에 가장 적합하다.

누구나 고통을 겪는다. 모든 사람이 죽는다. 머지않아 우리는 괴로움과 죽음에 직면하게 된다. 다시 말해 조만간 우리 모두에게 영적인 필요성이 생길 것이다. 문제는 사람들이 영적 필요성이나 영성을 '종교'와 동일하게 여긴다는 점이다. 이런 사정은 오늘날 과학 시대에 큰 문제가 된다. 왜냐하면 많은 사람이 과학과 종교가 상충한다고 여기는 나머지, 둘 중 하나를 택해야 한다고 믿기 때문이다. 어떤 사람들은 종교를 택하고 과학을 도외시하는 한편, 어떤 사람들은 과학을 선택하고 종교와 영성을 내팽개친다.

그런데 종교를 갖든 갖지 않든, 불교는 사람들에게 깊은 영성을 느끼는 법을 알려 준다. 종교를 불편해하는 사람도 영적인 사람이 될 수 있다. 또 자신의 종교를 사랑하는 사람도 과학을 거부하지 않고 영적이고 종교적인 사람이 되는 법을 불교에서 찾을 수 있다.

더 중요한 것은 불교가 사람들에게 유익함을 줄 뿐 아니라 이 세상에도 이로움을 준다는 사실이다.

붓다는 마음이 우리의 생각과 행동보다 앞선다고 말했다. 마음이 주인이다.[11] 하나의 종(種)으로서 인간이 가진 파괴력은 자신의 마음의 질에 의해 결정된다. 이 말은 인류의 파괴력이 크게 증폭된 오늘날 과학 기술 시대에 더욱 진실이다. 지금은 인간이 가진 힘이 막대해져 지구상의 모든 생명체를 위협하고 있다. 하지만 인간이 깨달음에 가까이 이를수록, 내면의 평화와 기쁨, 연민심과 지혜를 계발할수록, 마음이 탐욕과 증오와 어리석음에서 벗어날수록 인간의 파괴적인 힘은 줄어들 것이다.

세상은, 그리고 지구상 모든 생명체는 인간이 가진 파괴적인 힘을 줄이도록 요청하고 있다. 세상은 인간이 더 깨어나도록, 다시 말해 붓다의 가르침을 배우고 닦을 것을 절실히 요청하고 있다.

깨달음으로 가는 즐거운 길

이제 즐거운 불교 탐구를 시작해 보자. 먼저 우리가 어떻게 괴로움에서 벗어날 수 있는지 이야기하자.

- 2장은 다르마를 발견하고 불교를 창시한 붓다라는 사람에 관한 이야기로 시작한다. 이 장에서 당신은 불교의 창시자에 대해 알게 될 뿐 아니라, 불교의 다음과 같은 매력적인 특징이 생겨나는 것도 볼 것이다. 이를테면 붓다의 깨달음에는 신이 들어설 여지가 조금도 없다. 이것은 불교가 가진 무신론적 특성을 말해 준다. 또 붓다의 깨달음에서 기쁨과 조사(탐구)가 중요한 역할을 한다는 사실도 볼 것이다. 이로써 기쁨과 탐구가 붓다의 최후의 가르침에서도 중요한 역할을 한다는 것을 알 수 있다.
- 3~6장에서는 네 가지 고귀한 진실, 즉 사성제라는 붓다의 핵심 가르침에 대해 상세히 살펴본다. 불교가 가진 과학적 특성은 사성제에서 여실히 드러난다. 사성제에서 얻을 수 있는 한 가지 핵심 통찰은 고통이 원인-결과 법칙의 지배를 받는다는 사실이다. 불교는 고통의 원인을 깊이 이해하고, 그 이해를 통해 고통으로부터 벗

어나는 것을 목표로 한다. 불교는 고통에서 벗어나는 작업을 종교의 영역에서 떼어내 원인-결과를 신중히 살피고 탐구하는 영역에 놓는다. 이것은 물론, 과학적인 태도다.

- 7~9장에서는 바른 마음챙김, 바른 집중, 계율이라는 세 가지 주요 주제에 대해 깊이 살펴본다. 여기서 불교가 가진 세속적(현실적) 특성이 드러나기 시작한다. 이 장들에서는 당신을 열반으로 데려가는 불교의 핵심 수행법을 설명할 것이다. 이를 통해 이 수행법에 종교적인 요소가 전혀 없음을 알게 될 것이다, 조금도. 또 불교의 수행법이 인종이나 성별, 계급, 정치, 종교와 관련된 믿음을 요구하지 않는다는 것을 알게 될 것이다. 불교가 그토록 포용적일 수 있는 이유도 이것이다.
- 10장에서는 업과 연기 등 불교의 근본 주제에 대해 더 깊이 살펴본다.
- 11장에서는 지금까지 배운 지식을 '열반을 직접 보는 데' 활용하는 법을 알아본다.
- 12장에서는 소류 스님의 한 제자가 열반을 직접 경험한 흥미진진한 이야기를 소개한다. 이 이야기를 통해 벗어남에 관한 더 깊은 이해를 갖게 될 것이다.

12장까지 읽었다면 이제 불교의 핵심과 열반에 이르는 직접적인 길에 관하여 상당한 이해를 갖추었을 것이다. 또한 불교가 얼마나 즐겁고 현실적이며 과학적이고 포용적인지, 또 얼마나 큰 자유를 선사하는지 알았을 것이다.

이미 불교를 잘 아는 독자는 2~12장을 건너뛰고 싶을지 모른다. 그러나 그러지 않길 바란다. 이미 불교를 아는 사람도 2~12장을 읽으며 소중한 보석을 많이 캐낼 수 있다. 소류 스님과 나는 이 주제에 관하여 매우 광범위하고 깊이 있게 접근했다. 어떤 이는 사성제를 대강 훑어도 좋은 '기본 중의 기본'으로 여길지 모른다. 그러나 이 책에서 스님과 나는 붓다가 초기불교 텍스트에서 제시한 것과 동일한 방식으로 사성제를 제시했다. 즉 우리 두 사람은 사성제를 붓다의 가르침 가운데 가장 중요하고 심오하며 탁월한 가르침으로 제시할 것이다. 당신은 소류 스님과 내가 방대한 초기불교 경전에 커다란 그물을 던지는 것을 볼 것이다. 이 책은 다양한 불교 종파에 관한 스님의 지식은 물론, 불교를 처음 배우는 사람이 쉽게 다가가는 동시에 깨달음에 이르는 길을 밝혀 줄 정도로 깊이 있고 광범위한 가르침을 제시할 것이다.

이어서 13~17장에서는 다음의 다섯 가지 주제와 관련해 불교를 살펴볼 것이다.

- 불교는 기적과 신을 어떻게 바라보는가(당신은 놀랄지 모른다). 또 '불교는 종교인가, 종교가 아닌가'의 질문에 답해 본다.
- 불교와 과학이 맺는 뜻밖의 친밀한 관계
- 소수의 훌륭한 수행승들이 초기불교를 보전해 온 역사적 과정
- 불교에서 여러 종파가 형성된 과정과 불교의 각 종파를 즐기는 방법
- '불교인이 되기 위해 불교인이 될 필요는 없다'는 말의 의미와 불

교의 포용성

　소류 스님과 내가 불교를 처음 만났을 때 우리 두 사람 모두 같은 결론에 닿았다. 그것은 불교가 삶을 크게 바꿀 수 있으며, 모든 괴로움에 대한 진정한 해결책을 제시한다는 점이었다. 그뿐 아니라 우리 두 사람은 불교가 지구 평화를 이루는 길이라고 생각했다. 많은 사람이 불교 수행을 한다면 세상에 기쁨은 더 커지고, 고통은 줄어들 것이다. 세상은 지금보다 훨씬 평화로워질 것이며, 사람들은 더 큰 배려심으로 지구를 보살필 것이다. 우리 두 사람은 불교가 여러분에게 커다란 유익함을 주길 바란다. 친구들이여, 이제 시작한다!

소류 스님의 한마디

세상의 고통에 대한 나의 끝없는 고민은 10살 때부터 시작되었습니다. 하지만 주변 사람들은 별로 걱정하지 않는 것 같았어요. 나더러 너무 걱정하지 말라고도 했지요. 그것이 내가 불교에 끌린 이유입니다. 불교는 다른 사람이 해결해 줄 테니 괜찮다고 말하지 '않은' 유일한 종교였습니다. 오직 불교만이 그랬지요.

대신 불교는 나에게 '맞아, 고통이 있어.'라고 말했습니다. 또 내가 할 일을 한다면 고통을 해결할 수 있다고 말해 주었습니다. '고통을 해결하기 위해 네가 할 수 있는 일을 해! 지금 당장!' 불교는 그렇게 말했습니다.

불교에서는 어느 날 갑자기 슈퍼 히어로가 나타나 당신이 겪고 있는 모든 고통을 없애 주지 않습니다. 불교에는 그렇게 해달라고 기도할 수 있는 존재가 없습니다. 진정한 의미에서 불교는 고통이 일어나는 원인과 결과의 관계를 탐구하는 영역입니다. 고통의 원인이 무엇이고, 어떻게 하면 최종적으로 고통의 원인을 해결할 수 있는지 탐구합니다. 여느 탐구의 과정과 마찬가지로 이때 우리가 가장 먼저 할 일은 사실을 바르게 직시하는 것입니다. 즉 고통이 존재한다는 사실을 인식하는 일이 가장 우선입니다. 만약 당신이 지금 고통에 대해 걱정하고 우울해한다면 그것은 당신이 그만큼의 용기와 정직함을 지녔기 때문이라고 할 수 있습니다. 이제 당신은 걱정과 우울을 넘어 더 큰 용기와 정직함을 지닐 때입니다. 문제를 직시하면 해결책을 찾을 수 있습니다.

다행히 고통이라는 심각한 문제에 대한 유쾌한 해결책이 존재합니다. 그렇다면 고통에 직면하는 일이 반드시 불쾌할 경험일 필요는 없습니다. 붓다는 고통에서 완전히 벗어나는 효과적인 길을 우리에게 가르쳐 주었습니다. 붓다가 제시한 길을 걸어가는 과정에서 여러분은 점점 더 정제된 즐거운 정신 상태를 경험할 것입니다. 그러므로 커다란 고통에 정직하게 직면하는 것은 훌륭한 태도입니다. 고통에 직면할 때 비로소 완전한 벗어남이라는 최종 목표에 이르려는 동기가 생깁니다. 그뿐만 아니라 그 길을 걸어가는 과정에서 당신 내면의 기쁨을 하나씩 경험하게 될 것입니다.

2장

그들은 붓다를 '친구'라 부른다

붓다는 누구인가

왕자로 살았던 붓다

'옛날 옛적, 신에 필적하는 엄청난 초능력을 지닌 존재가 세상에 태어나 모든 고통을 영원히 사라지게 만든 뒤 행복하게 살았다.' 그런데 이것은 붓다의 이야기가 아니다.

 붓다는 인간으로 태어났다. 평범한 인간의 몸과 마음으로 모든 고통에서 벗어난 자유를 성취한 기념비적인 일을 이루었다는 것은 놀라운 일이다. 그런데 더 놀라운 일이 있다. 그것은 당신과 나 또한 그렇게 할 수 있다는 사실이다! 우리가 해야 할 일은 붓다가 발견한 길을 걸어가는 것뿐이다. 지금부터 들려줄 이야기는 붓다가 어떻게 고통에서 벗어났는가에 관한 이야기다. 이 이야기는 당신과 내가 어떻게 고통에서 벗어날 수 있는지 그 방법에 관한 힌트를 줄 것이다.

 이 이야기는 불교 교과서에서 전통적으로 가르치는 내용이다.¹ 초기불교 경전에서 붓다는 가르침의 방편으로 꼭 필요한 경우가 아니면 자신에 대해 거의 이야기하지 않았다. 따라서 초기 경전에서 붓다의 생애에 관한 세부 정보를 찾기는 어렵다. 붓다의 생애에 관한 세부 사항은 대부분 후대 주석서에서 채운 것이다. 2,000년도 더 된 전기(傳記)들이 대부분 그렇듯, 사실과 전설이 뒤섞이는 경향도 보인다. 예컨대 현대의 학계는 붓다의 아버지가 왕이 아니라 족장이었다는 사실을 밝히는 등 붓다 이야기의 세부를 일정 부분 새롭게 조명하고 있다. 새로운 학문적 발견은 훌륭한 일이지만, 붓다의 이야기를 어떻게 받아들이고 사용해야 하는가는 여전히 우리의 몫이다.

    좋은 소식은 붓다의 생애에 관한 새로운 사실이 발견되었다고 해서 이야기의 핵심이 바뀌지 않는다는 점이다. 가령 붓다 이야기의 초반부가 가진 힘은, 세속적 특권을 지닌 부유한 젊은 귀족이 최상의 지혜를 찾아 세속의 부를 포기하는 모습에서 비롯한다. 그 힘은 붓다의 아버지가 왕이든 족장이든 상관없다. 더 좋은 소식은 이야기의 가장 중요한 부분, 즉 붓다가 실제로 깨달음에 이른 길이 초기 경전에 명확히 기록되어 있다는 점이다. 야호! 소류 스님과 나는 이 모든 사정을 감안해 붓다의 이야기를 전통적인 방식으로 전하기로 했다. 가장 오래된 경전을 인용한 곳에서는 독자가 직접 출처를 확인할 수 있도록 주석을 달았다.

    붓다의 이야기는 싯닷타(흔히 '싯다르타'라고도 한다)라는 인도 왕자의 탄생에서 시작한다.[2] 싯닷타는 기원전 623년경에 현재 네팔의 룸비니에서 사캬 가문(석가족)의 숫도다나 왕과 마야 여왕의 아들로 태어났다고 전한다.

    아마도 당신이 세상에 태어났을 때 이름 높은 위대한 현자가 당신을 찾아온 일은 없었을 것이다(나는 확실히 없었다). 하지만 싯닷타에게는 그런 일이 일어났다. 싯닷타가 태어나자마자 위대한 은둔의 현자 아시타가 왕궁에 도착해서는 아기를 보고 싶다며 청했다. 왕은 기꺼이 허락했다. 아시타 현인은 아기를 품에 안고 기뻐했지만 이내 낙담하고는 눈물을 흘렸다. 숫도다나 왕이 깜짝 놀라 물었다. "왕자에게 무슨 불행이라도 닥치는 겁니까?" 아시타 현인은 왕자에게 어떤 불행도 닥치지 않는다고 분명히 답했다. 그런 다음 앞으로 태자가 '최상의 깨달음'에 이르러 수많은 중생을 고통에서 해방시킬 '위없는 법'을 설한다는 생각에 처음엔 기뻤다고 했다. 하지만 이미 노인이었던 아시타 현인은 태자가 '비할 데 없는 법'을 설하기도 전에 자신은 생을 마감할 것이므로 법을 들을 수 없다는 생각에 '괴로워하고 낙담했다'고 말했다.[3]

아기가 태어난 지 닷새가 되자 지역의 전통에 따라 작명식을 열어 왕자의 이름을 '싯닷타 고타마'로 지었다. '싯닷타'는 '소원을 이룬다'는 의미이며, 고타마는 성(姓)이다.[4] 작명식의 일부로 여덟 명의 유명한 바라문 학자를 초빙해 아기의 미래를 예언하도록 했는데 여덟 명 가운데 일곱 명이 어린 싯닷타가 앞으로 세상을 다스리는 위대한 왕(轉輪聖王)이나 위대한 현자가 될 거라고 예언했다. 한편 여덟 명 중 가장 나이가 어린 꼰단냐는 싯닷타가 자라서 완전한 깨달음을 얻은 붓다가 된다고 자신 있게 예언했다. 그로부터 수년 후, 꼰단냐는 붓다의 최초의 제자가 되어 가장 먼저 깨달음을 얻는다.[5]

싯닷타가 어릴 적에 한번은 놀라운 사건이 일어났다. 싯닷타의 아버지가 신하들과 가족, 그리고 그들을 돌보는 사람들을 이끌고 농경제를 주관하고 있었다. 축제에 여념이 없었던 어른들은 어느 순간 어린 왕자를 혼자 두게 되었다. 어린 싯닷타는 잠부나무 아래에서 주변에 아무도 없는 것을 알고는 다리를 포개 앉아 호흡에 집중한 뒤 첫 번째 선정(禪定, jhāna. 이에 관해서는 8장에서 설명한다)의 깊은 집중 상태에 자연스럽게 들었다. 어른들은 깊은 집중 상태에 빠진 아이를 보고는 크게 놀랐다. 이 일은 일회성의 작은 기적이었다. 싯닷타는 성인이 되어 진리를 추구하는 자가 될 때까지 이와 같은 집중 상태에 들지 않았다. 하지만 이 사건은 붓다가 최종적인 깨달음에 이르는 데 커다란 영향을 준다.

귀족이었던 싯닷타는 최고급 교육과 무술 훈련을 받았으며 16살이 되자 미모의 동갑내기인 사촌 야소다라 공주와 결혼을 한다. 싯닷타는 감각적 쾌락으로 가득 찬 호화로운 삶을 살았다. 최고급 옷을 입었으며 '더위와 추위, 먼지, 나뭇잎, 이슬에 닿지 않도록' 늘 흰 양산이 머리 위에 드리워졌다.[6] 궁전도 겨울용, 여름용, 우기용의 세 가지로 구분되었고, 최고의 음식과 여성 유희들이 제공하는 오락과 유흥을 언제라도 즐길 수 있었다. 이렇듯 싯닷타의 삶은 더할 나위 없이 만족스러웠다. 진리를 찾아 나서기 전까지는.

네 가지 광경, 네 가지 신호, 네 가지 탄식

모든 것이 더없이 만족스러웠던 어느 날, 마부 찬나와 함께 마을로 나간 싯닷타는 안락한 삶 바깥의 냉혹한 현실을 직접 마주한 뒤 커다란 충격을 받는다. 싯닷타는 이 여정에서 자신의 삶을 통째로 바꾼 네 가지를 목격하는데, 불교에서는 이것을 '네 가지 광경'이라고 한다.[7] 첫째, 싯닷타는 쇠약한 노인을 보았다. 노쇠한 노인을 본 싯닷타는 자신도 늙음을 비켜 갈 수 없으며 이것은 모든 사람이 마찬가지라는 사실을 문득 깨닫는다. 다음으로 매우 아픈 사람을 보았는데, 싯닷타 자신도 반드시 병에 걸릴 것이며 다른 사람도 그러하다는 사실이 머리를 스쳤다. 세 번째 광경은 가장 충격적이었다. 시체를 보았는데 언젠가 자신도 이 시체처럼 될 것이라는 사실을 깨달았다. 싯닷타 자신도 언젠가는 죽을 것이며, 다른 모든 사람도 죽음에 이를 것이다.

이 세 광경은 싯닷타에게 충격과 우울함을 안긴 반면, 네 번째 광경은 그에게 희망을 전했다. 그것은 세속을 버리고 진리를 찾는 데 전념하는 고행자의 모습이었다. 싯닷타는 고행자가 풍기는 평온하고 기품 있는 태도에 깊은 인상을 받고는 자신도 그 길을 따르기로 결심했다. 세상의 고통을 두 눈으로 직접 목격한 싯닷타는 세상의 모든 고통에 대한 해결책을 찾는 일이 가장 고귀한 일이라고 확신했다. (깨달음을 얻은) 한참 뒤에 그는 제자들에게 '고귀한 탐구'란 태어남과 늙음, 질병, 죽음에 처한 자가 생로병사에 대한 해결책을 찾는 것이라고 말하곤 했다.[8] 어쨌든 싯닷타는 스스로 고귀한 탐구에 나서기로 결심했다. 그러나 고귀한 탐구에 나선 대가로 치러야 하는 일이 있었으니, 쾌락으로 가득한 가족 생활과 왕자의 삶을 포기하는 것이었다. 싯닷타는 기꺼이 그 대가를 치르고자 했다.

싯닷타가 출가하며 값비싼 대가를 치르기로 결심한 일은 주목할 만하다. 왕자로서 그는 당시의 여느 귀족과 왕자, 왕과 황제들처럼 성자를 고용해 자신을 가르치며 호화로운 삶을 계속 이어갈 수 있었다. 하지만 싯닷타는 자신이 가진 모든 것을 포기하고 거룩한 삶을 살기로 결심했다. 그 이유는 무엇이었을까? 바로 생로병사에 대한 해결책을 찾는 자가 생로병사에 지배받는 대상을 좇는다는 것은 모순이란 예리한 통찰을 얻었기 때문이었다.[9] 이러한 통찰은 지혜가 있어야만 가능하지만, 일단 보고 나면 너무도 명확해 이토록 당연한 것을 왜 몰랐을까 싶어질 정도로. 싯닷타는 이러한 통찰을 스스로 얻을 정도로 뛰어난 지혜를 가진 사람이었다. 그는 이러한 지혜 외에 용기도 있었다. 부와 권력을 가진 자가 고귀한 탐구를 위해 자신의 모든 것을 포기하려면 커다란 용기가 필요할 것이다. 싯닷타는 그런 용기를 지닌 사람이었다.

    싯닷타가 세속의 삶을 포기하고 고행자가 되기로 결심한 지 얼마 되지 않아 아들이 태어났다는 소식이 들려왔다. 전하는 이야기에 따르면, 싯닷타는 이 소식을 듣고 "깨달음에 이르는 데 장애가 되는 라후(rāhu)가 태어났다. 족쇄가 생겼다."고 말했다고 한다. 그리고 이에 따라 할아버지인 숫도다나 왕이 아기 이름을 '라훌라'로 지었다고 한다. 널리 알려진 이야기이지만 실제로 경전에서 확인되는 바는 없다. 현대의 학자들에 따르면 '라훌라'라는 이름은 '장애물'이 아니라 월식으로 달빛이 가려진 현상 때문에 붙인 이름일 가능성이 높다고 한다.

    싯닷타의 출가 결심을 연민심의 관점에서 보면 더 잘 이해할 수 있다. 가난에서 벗어나기 위해 오랜 시간 가족을 떠나 외국에서 일하는 오늘날의 아버지처럼, 싯닷타는 가족(그리고 모든 중생)을 모든 고통에서 구하기 위해 오랜 고행에 나서기로 결심했다. 아내와 갓 태어난 아들을 누구보다 사랑한 싯닷타였지만 가족을 포함해 모든 중생에 대한 연민심에서 집을 떠나 세상의 고통에 대한 답을 찾는 고귀한 여정에 나서기로 결심한 것이다. 아니, 그렇게 해야만 했다. 왕족인 아내와 아들은 그가 없어도 가족들이 보살펴 줄 것이라는 사정도 그의 출가에 도움이 되었다. 어느 날 싯닷타는 한밤중에 가족을 떠나기로 마침내 결심한다. 떠나는 날 밤에 침실 문을 열고 잠든 아내와 아들을 마지막으로 바라본 싯닷타는 조용히 길을 나섰다.

그의 나이 29살이었다.

고귀한 탐구, 구글 없이

머리와 수염을 깎고, 왕자의 옷을 벗어 누더기로 갈아입은 싯닷타는 무일푼에 집도 없이 떠돌이 고행자로 사람들의 자선에 기대어 살았다. 그로부터 얼마 되지 않아 알라라 칼라마라는 유명한 수행자를 만나는데[10] 그에게 배우는 과정에서 싯닷타가 명상의 귀재라는 사실이 드러난다. 알라라의 지도 아래 싯닷타는 무소유처(無所有處, 아무것에도 사로잡히지 않는 경지)라는 깊은 집중 상태를 빠르게 습득해 이내 알라라와 동등한 위치에 오른다. 그러자 더 이상 제자를 가르칠 수 없었던 알라라는 싯닷타에게 자신과 동등한 위치에서 공동체를 이끌며 함께 가르칠 것을 제안한다. 싯닷타는 알라라의 제안이 고마웠지만 무소유처가 자신이 구하던 고통으로부터의 완전한 자유가 아니라는 것을 알고는 정중하게 알라라를 떠나 자신의 고귀한 탐구를 이어간다.

알라라 이후 싯닷타는 웃다카 라마풋타라는 명망 있는 수행자를 또 다른 스승으로 만난다. 라마풋타는 '라마의 아들'이라는 뜻으로, 웃다카의 아버지 라마는 비상비비상처(非想非非想處)라는 깊은 집중의 경지에 이르렀다고 한다. 이것은 싯닷타가 알라라에게 배운 무소유처보다 한 단계 더 높은 (그리고 더 황홀한) 경지였다. 웃다카의 가르침에 따라 싯닷타는 짧은 시간에 비상비비상처를 습득한다. 이런, 이번에도 제자는 짧은 시간에 스승과 동등한 위치에 올라 스승은 제자에게 더 이상 가르칠 것이 없게 된다. 실은 이보다 더 심한 상황이었다. 경전에는 웃다카 자신도 비상비비상처를 제대로 얻지 못했음을, 명시적으로 말하지 않아도 강하게 암시하는 부분이 있다. 이것이 사실이라면 싯닷타는 스승을 뛰어넘은 것과 다름이 없었다. 실제로 웃다카는 싯닷타에게 알라라처럼 자신과 '동등한' 위치에서 공동체를 이끄는 것이 아니라 공동체의 '유일한' 지도자가 되어 달라고 부탁했다고 한다. 싯닷타는 알라라의 제안을 거절한 것과 같은 이유를 대며 웃다카의 제안을 거절한다. 비상비비상처 역시 싯닷타가 구하던 고통으로부터의 완전한 자유가 아니었다. 다시 한 번 싯닷타는 자신의 고귀한 탐구를 위해 정중하게 웃다카를 떠난다.[11]

그런데 싯닷타에게 커다란 문제가 생겼다. 비상비비상처는 고대의 현자가 성취할 수 있는 가장 높고 정제된 집중 상태였다. 게다가 알라라와 웃다카는 당시 최고의 명상 스승이었다. 그런 그들과 동등하거나 그들을 능가한 싯닷타는 자신을 가르칠 사람이 없어졌으며 앞으로 나아갈 길도 분명히 보이지 않는 상황에 처했다. 이제 싯닷타는 어떻게 해야 할까?

싯닷타는 우루웰라의 마을 근처 강가에서 숲을 발견하고는 그곳에서 수행하며 자신의 길을 찾아갔다. 마침내 그에게 다섯 사람의 추종자가 생겼다. 그중 한 사람이 아기 싯닷타가 나중에 붓다가 될 것이라고 예언한 꼰단냐였다. 나머지 네 사람은 밧디야, 와빠, 마하나마, 아싸지였다.

당시 싯닷타가 살던 고대 인도에는 엄격한 고행의 삶을 통해 구원을 얻을 수 있다는 믿음이 널리 퍼져 있었다. 싯닷타는 그 길을 걷고자 했으며, 누구보다 그 길을 제대로 걷고자 애썼다. 그는 그것이 지혜를 얻는 길이라 여기며 고행을 극단으로 밀고 가겠다고 다짐했다.[12] 6년간 극도의 금욕과 고행의 삶을 실천하며 자신의 몸을 혹사시켰다. 처음엔 하루에 죽 한 숟가락 정도의 음식만 먹었다.[13] 하루에 밥 한 알만 먹은 적도 있었다고 한다. 붓다는 농담처럼 이런 말도 했다. "당시의 쌀알이 컸다고 생각할지 몰라도 그렇지 않다. 기껏해야 지금과 같은 크기였다."[14] (그렇다. 실제로 고대 불교 경전에 기록되어 있는 내용이다. 정말이다. 붓다는 유머 감각이 뛰어났다.)

그런데 얼마 후 상황이 아주 안 좋아졌다. 싯닷타의 말에 따르면 "너무 적게 먹어 팔다리가 포도나무나 대나무 마디처럼 말라비틀어졌다. … 갈비뼈는 튀어나오고 눈구멍은 움푹 파였으며, 머리 가죽은 쪼그라들었다. 뱃가죽이 등뼈에 달라붙어 배를 만지면 등뼈에 닿고, 등뼈를 만지면 배에 닿았다. 너무 적게 먹어 똥오줌을 누는 즉시 그곳에 쓰러졌다. 몸을 쉬려고 팔다리를 손으로 문지르면 뿌리부터 썩은 머리카락이 우수수 떨어졌다." 아야.

싯닷타는 '숨을 참는 명상'도 시도했다. 오랜 시간 숨을 쉬지 않는 명상으로서 결국엔 산소 부족으로 극심한 두통과 신체 통증에 시달려야 했다. "힘센 남자가 단단한 가죽끈을 머리에 조이는 것처럼 극심한 두통이 일어났다. 몸이 불타는 듯했다. 마치 힘센 두 남자가 약한 사람의 양팔을 붙잡고는 뜨거운 석탄 구덩이 위에 굽는 것 같았다." 이 방법도 아니었다.

싯닷타는 6년이라는 긴 시간 동안 극도의 고행과 자기 학대 끝에 아무것도 얻지 못했다. 그러자 앞으로 어떻게 해야 할지 고민에 빠졌다. 몸을 혹사하는 방법으로는 모든 고통을 소멸시키는 커다란 지혜를 얻을 수 없다는 사실을 깨달은 것이다. 곰곰이 생각하던 중 문득 어렸을 때 농경제에서 있었던 일이 떠올랐다. 어른들이 축제에 온통 정신이 팔린 사이, 싯닷타는 혼자 남겨진 채 앉아 명상을 했다. 그때 내면의 기쁨으로 가득 찬 명상 집중 상태인 '첫 번째 선정'에 들었다. 그날의 일을 돌아보며 싯닷타는 '초선정(初禪定)이 가져다주는 내면의 기쁨을 두려워할 이유가 무엇인가?'라고 스스로에게 물었다. 그날 경험한 기쁨은 감각적 쾌락이나 불건전한 정신 상태와 관련이 없었으므로 두려워할 필요가 없다는 생각이었다. 8장에서 살펴보겠지만, 이것은 실제로 커다란 의미를 갖는 통찰이었다.

친구들이여, 시적으로 표현하자면, 이때가 바로 불교가 시작된 순간이라고 할 수 있다. 그 순간, 싯닷타는 자기 학대로부터 방향을 틀기로 판단했다. 더 중요한 것은 그때 싯닷타가 아주 특별한 종류의 기쁨을 향해 나아가기로 결심했다는 사실이다. 그것은 내려놓음에서 오는 건전한 영적 기쁨이었다.[15] 더욱이 이 기쁨은 누구든 누릴 수 있는 기쁨이었다. 심지어 어린아이도 경험할 수 있다! 싯닷타가 이후 완전한 깨달음을 얻을 수 있었던 것도 그날 경험한 기쁨의 바탕이 있었기 때문이었다. 독자들은 이 책에서 이런 건전한 영적 기쁨이 불교 수행 전체에 스며 있음을 보게 될 것이다. 그리고 이 기쁨은 당신과 나처럼 평범한 현대인도 쉽게 접근할 수 있다는 사실을 알게 될 것이다.

싯닷타는 첫 번째 선정이 완전한 깨달음을 향해 나아가는 여정에서 올바른 디딤돌이 된다고 판단했다. 그러나 명상 수행을 다시 시작하려면 몸에 적절한 영양을 공급해 건강을 회복하는 일이 우선이었다. 그래서 기부자들의 음식을 받기로 했다. 마을에 사는 젖 짜는 젊은 여인 수자타가 제공한 우유죽을 받아먹기로 한 것이다.

경전에서 확인되는 바는 아니지만 사람들의 입에 널리 회자되어 많은 불교 사원의 벽화에 등장하는 아름다운 신화 이야기가 있다. 그 이야기에 따르면 싯닷타는 고행 끝에 육체적으로 극도로 쇠약해진 나머지 강에서 목욕을 하다가 물 밖으로 나오지 못했다고 한다. 물에 빠져 허우적대던 그를 수자타가 발견하고는 강물 밖으로 끌어내 목숨을 구했다. 사실 수자타는 동네의 나무 신에게 우유죽을 공양하러 가던 중이었는데, 싯닷타를 물에서 구한 뒤에 깨달음을 향한 그의 결심에 감명받아 공양을 올리며 싯닷타의 수행을 도왔다고 한다. 이 설화에 따르면 수자타의 영웅적 행동이 없었다면 지금의 불교가 존재하지 않았을지 모른다. 이처럼 우리 주변에는 일상의 영웅들이 존재한다.[16]

싯닷타의 다섯 제자는 그가 단단한 음식을 먹는 것을 보고는 고귀한 구도를 포기했다고 여겼다. 실망과 혐오감을 느낀 제자들은 싯닷타를 떠나기로 결심했다. 어쩌면 싯닷타에게 속았다고(conned) 생각했을 수도 있다. 오늘날 꼰단냐(Koṇḍañña)가 살았다면 싯닷타를 두고 '꼰단냐를 속인 자(Conned-añña)'라고 비꼬았을지도 모른다.

그럼에도 싯닷타가 나선 진정한 구도의 길은 마침내 시작되었다. 무엇도 그를 막을 수 없었다. 그는 나무 아래 앉아 명상을 시작했다. 처음에는 마음이 집중되고 안정된 상태, 고요하고 평온하며 내면의 기쁨으로 가득한 첫 번째 선정에 머물렀다. 다음으로, 마음을 더욱 다듬어 더 깊은 선정으로 나아갔다(선정에 관한 자세한 설명은 8장 참조). 마침내 그는 네 번째 선정에 이르렀는데, 이것은 완전한 평정심과 '평정심으로 정화된 마음챙김'이 특징인 심오한 집중의 상태이다. 싯닷타는 고도로 정제된 이 마음 상태를 바탕으로 고통의 본질과 고통에서 벗어나는 것에 대해 더 깊이 탐구해 들어갔다.

당시에도 이미 명상의 집중 상태를 터득한 이들이 있었지만, 싯닷타는 명상적 집중 상태를 마음의 본질을 깊이 탐구하는 도구로 삼아 심오한 통찰을 얻는 길을 처음으로 개척한 사람이었다. 이것은 싯닷타의 천재적 발상으로, 위대한 선구적 혁신이라고 할 수 있다.[17] 이렇게 해서 싯닷타는 고통의 본질과 고통에서 벗어남에 관한 완벽한 통찰을 계발하였다.

밤 11시에서 새벽 1시 사이를 지날 무렵, 싯닷타는 세 가지 분명한 앎(빠알리어로 vijjā)을 얻는다. 자신의 전생에 대한 앎, 중생이 자신의 업에 따라 죽은 뒤 윤회하는 과정에 대한 앎, 정신적 번뇌(빠알리어로 āsava)의 소멸에 대한 앎이 그것이었다. 이를 통해 싯닷타는 고통의 본질을 완전히 꿰뚫어 보고 고통에서 완전히 벗어나는 길을 발견한다. "무지(無知)가 사라지고 참된 앎이 생겨났다. 어둠이 사라지고 빛이 일어났다." 이렇게 싯닷타는 완전한 깨달음을 얻는다. **이때부터 싯닷타는 붓다, 즉 깨달은 자로 세상에 알려진다.** 그의 나이 35살이었다.

'붓다(buddha)'라는 단어는 일차적으로 '알다', '이해하다'는 의미의 'budh'라는 단어와 관련이 있다. 이 단어는 그 밖에도 '꽃을 피우다' 또는 '잠에서 깨어나다'라는 의미도 있는데, 여기서는 일차적 의미가 더 적합해 보인다. 즉 '붓다'는 '안 자', '이해한 자'라는 의미이다.[18] 일반적으로는 '붓다'를 '깨달은 자' 또는 '깨어난 자'로 번역한다. 그리고 싯닷타를 대문자 'B'를 쓰는 '붓다(Buddha)'로 칭하는데 그 이유는 완전한 깨달음을 이룬 자가 매우 드물어 현 세계 역사상 한 사람밖에 나올 수 없기 때문이다. 그리고 붓다가 완전한 깨달음을 얻은 우루웰라는 그를 기리기 위해 훗날 '보드가야(Bodhgaya)'라는 지명으로 알려진다.

마라가 싯닷타를 만났을 때

종교를 공부하는 학생들은 붓다의 깨달음 이야기에서 한 가지 특이한 점을 발견한다. 그것은 신이 전혀 등장하지 않는다는 점이다. 예를 들어 성경에서는 신이 아브라함 앞에 직접 나타나 불타는 떨기나무를 통해 모세에게 자신을 드러낸다. 이와 대조적으로 불교에는 신의 계시를 찾아볼 수 없다. 붓다가 완전한 깨달음을 향해 걸어간 길은 오롯이 수행과 탐구의 길이었다. 여기에서 불교의 무신론적 성격을 확인할 수 있다.

그런데 신화적 요소가 담긴 붓다의 깨달음 이야기 하나가 널리 전해 온다. 실제로 젊은 불교인들이 기초 교육에서 배우는 이야기이다.[19] 하지만 이 신화 이야기 역시 깨달음을 이루는 데 신이 필요하지 않다는 점에서 무신론적이라고 할 수 있다. 이 이야기에서 싯닷타는 훗날 보리수나무로 알려진 나무 아래에 앉는다. 그러고는 완전한 깨달음을 얻기 전까지 일어나지 않겠다고 스스로 다짐한다. "피부와 힘줄, 뼈가 시들고, 몸의 살과 피가 마를지라도 완전한 깨달음을 얻기 전에는 결코 자리에서 일어나지 않겠다!" 이때 불교에서 모든 악의 화신이자 우두머리 악마를 상징하는 마라(Mara)가 등장한다. 마라는 지금 싯닷타가 깨달음을 얻으려 한다는 사실을 알고는 방해하기로 작정한다. 마라는 왜 그런 마음을 먹었을까? 죽음의 왕이자 악마의 우두머리, 불교의 악마에 해당하는 마라에게 '문제를 일으키는 것'은 자신이 할 일이다.

마라는 일본 애니메이션의 전투 장면과 비슷한 방식으로 싯닷타를 방해했다. 먼저 마라는 싯닷타에게 겁을 주려고 대규모 악마 군대를 동원해 그를 둘러쌌다. 하지만 싯닷타는 조금도 당황하지 않았다. 이에 마라는 작은 산 크기의 거대한 전투 코끼리에 올라타 천 개의 팔을 만들고는 각각의 팔에 서로 다른 무기 천 개를 장착했다. 그러나 이번에도 꿈쩍하지 않았다.

이번에는 마라가 초능력을 발휘해 싯닷타를 공격했다. 이에 싯닷타는 '열 가지 바라밀(십바라밀十波羅蜜)'이라는 지혜와 자비 수행으로 마라의 공격으로부터 자신을 보호했다.[20] 마라는 강력한 회오리바람을 일으켰지만 싯닷타에 이르자 옷자락이 살짝 일렁였을 뿐이었다. 강력한 비바람을 일으키자 싯닷타의 옷이 조금 젖는 데 그쳤다. 마라는 이제 싯닷타에게 돌을 쏟아부었다. 다음으로 칼과 창, 화살, 불덩어리, 마법 투창을 쏘아댔다. 그때마다 싯닷타는 그것들을 꽃으로 바꾸었다. 이런 일이 서너 번 반복되자 엄청난 양의 꽃이 싯닷타에게 쏟아졌다. 꽃 수출업을 해도 될 정도의 꽃이.

이윽고 마라는 우두머리 신으로서 자신의 권리를 내세웠다. 그는 싯닷타처럼 평범한 인간이 아니라 자신과 같은 주요한 신만이 깨달음의 자리를 차지할 권리가 있다고 주장했다. 그 증거로 마라는 큰 소리로 증인을 요청했다. 그러자 그가 동원한 군대의 모든 병사가 "내가 마라의 증인이다!"라고 외쳤다. 마라는 싯닷타에게 물었다. "그대의 증인은 누구인가?" 싯닷타는 오른손으로 부드럽게 땅을 만지며 "이 땅이 나의 증인이다."라고 답했다. 이에 동의한다는 듯이 땅이 흔들렸다. 이렇게 싯닷타는 마라를 물리쳤다. 마라는 자신의 군대와 함께 사라졌다. 많은 불상에서 붓다가 오른손으로 부드럽게 땅을 건드리며 명상 자세로 앉아 있는 모습도 이 이야기와 관련이 있다.

마라의 방해를 물리친 싯닷타는 명상을 계속 이어갔다. 밤 11시~1시 무렵에 완전한 깨달음을 얻는데, 그때부터 싯닷타는 '붓다'라는 이름으로 불린다.

그로부터 얼마 되지 않아 마라의 세 딸이 붓다를 유혹하려는 시도에 나선다. 하지만 붓다는 이미 모든 감각적 욕망을 초월한 상태이므로 그런 시도는 조금도 효과가 없었다. 그 후 세 딸은 각기 다른 나이의 아름다운 여인 백 명으로 변신해 붓다를 유혹하지만 그것 역시 효과를 보지 못한다. 결국 그들은 포기하고 집으로 돌아갔다. 백 배는 더 열심히 시도했지만 아무 소용이 없었다.

붓다의 깨달음에 관한 신화 이야기는 재미있는 요소로 가득하지만 소류 스님에 따르면 오랜 세월 전해 온 대부분의 신화처럼 이 이야기에도 중요한 교육적 목적이 있다고 한다. 그것은 깨달음을 향해 가는 길에서 맞닥뜨리는 두려움과 관련이 있다. 우리가 하는 수행은 열림과 자기 정직, 내려놓음 같은 마음에 머물기를 요구하는데, 깨달음에 다가갈수록 열림과 자기 정직, 내려놓음의 마음 성질이 더 커진다. 이때 우리가 평소 지닌 움켜쥐는 마음은 자신이 안전하다고 여기는 것을 잃는다고 느낄 수도 있다. 더욱이 내려놓음이 진행되는 과정에서 시각적·신체적 경험을 통해 자신의 취약성에 관한 깊은 기억을 처리하게 된다. 이때 우리가 지닌 움켜쥐는 마음은 이 모든 것에 두려움으로 반응한다. 마라와 그의 악마 군대 이야기는 이런 경험에 대한 비유라고 할 수 있다. 다행히도 우리는 이 두려움을 극복할 수 있다. 이 이야기에서 싯닷타는 지혜와 연민심을 일으키는 명상으로 마라의 공격을 물리친다. 당신도 실제 삶에서 지혜와 연민심을 일으킴으로써 두려움의 장벽을 넘어 깨달음으로 나아갈 수 있다.

고대 불교 문헌에서 붓다는 주로 다음과 같은 다양한 별칭으로 불린다. 여래, 아라한, 완전한 깨달음을 얻은 분, 참된 앎과 행동을 완벽히 갖춘 분, 윤회의 고통에서 훌륭히 벗어난 분, 세상을 잘 아는 분, 모든 사람을 더없이 훌륭히 이끄는 분, 신과 인간의 스승, 붓다, 고귀한 자가 그것이다.[21] 그러나 붓다가 오늘날 살아 있었다면 그의 친구들은 그를 그냥 '친구'로 불렀을 것이다.

붓다의 발견 – 중도와 사성제

붓다는 깨달음을 얻은 후 우루웰라에서 7주를 보냈다.[22] 7주 가운데 일부는 자신의 가르침을 정리하며 지냈다. 특히 둘째 주에는, 뒤에 자세히 살펴볼 연기(緣起)에 대한 가르침을 공식화했다. 그러나 7주 중 대부분의 시간을 '자유의 행복(빠알리어로 vimutti sukha)'을 즐기며 보냈다. 7주가 지나자 붓다는 이 법을 가르쳐야 하는지 고민했다. 처음엔 법을 가르치는 일이 '지치고 번거롭다'는 이유로 가르치지 않는 쪽으로 기울었다.[23] 하지만 세상의 모든 고통을 인식하고, 중생들이 고통을 해결할 수 있다는 사실을 알았던 붓다는 무한한 자비심으로 세상에 법을 전해야 한다는 의무감을 느꼈다. 소류 스님과 나는 그 순간 붓다가 흔쾌히, 그러나 진지한 의무감으로 붓다로서 자신의 책임을 받아들였다고 생각한다.

그렇다면 누구를 가장 먼저 가르쳐야 할까? 가장 유력한 후보는 붓다의 이전 스승이었던 알라라 칼라마와 웃다카 라마풋타였다. 그러나 안타깝게도 두 사람 모두 이미 세상을 떠난 뒤였다. 다음은 붓다의 다섯 제자였다. 붓다는 그들이 베나레스의 이시파타나 사슴동산(녹야원)에 머물고 있다는 사실을 알고 그들을 만나기 위해 베나레스로 향한다. 그곳에서 붓다는 최초의 주요 설법을 전한다.

붓다가 사슴동산으로 다가오자 다섯 수행자는 멀리서 그를 보고는 존경을 표하지 않기로 약속한다. 이유는? 그들이 보기에 붓다는 '풍요로운 삶으로 돌아갔으며' (열반을 이루기 위해 단단한 음식을 먹었다!) 고귀한 구도를 포기한 것처럼 보였기 때문이다. 이에 다섯 제자는 아무렇지도 않은 척하며 다가오는 붓다를 무시하려 했다. 그러나 가까이 다가온 붓다의 모습은 그들에게 깊은 감동과 감명을 안겼다. 다섯 수행자는 말없이 자발적으로 서로의 약속을 깨고 '붓다의 발우(鉢盂)와 가사를 받들고 자리를 마련했으며 발 씻을 물을 가져왔다'. 다섯 제자가 자리를 잡자 붓다는 최초의 설법을 시작한다.

> 비구들이여, 커다란 지혜를 추구하기 위해 집 없는 삶을 택한 자는 다음의 양극단을 피해야 한다. 우선 감각적 쾌락을 피해야 한다. 감각적 쾌락은 저열하고 비속한 세간의 길이다. 그것은 저속하며 아무 이익이 없는 길이다. 또 하나 피해야 하는 것은 자기 고행을 추구하는 것이다. 이것은 고통스럽고 저열하며 또한 아무런 이익이 없다. 나 여래는 이 양극단을 피해 중도를 깨달았다. 중도는 밝은 시야와 앎, 평화와 깨달음, 열반으로 이어진다.[24]

여래(如來, Tathāgata)는 붓다가 자신을 3인칭으로 지칭하는 시적 표현이다. 문자 그대로는 '이렇게 오다' 또는 '이와 같이 가다'라는 의미인데, 완전한 깨달음을 얻은 자의 여여(如如)함에 깃든 담대한 진정성과 단순성을 드러내는 표현이다.

붓다의 어떤 설법이든 그것이 설해진 상황을 알면 도움이 된다. 붓다의 가르침이 가진 특성 중 하나는 모든 맥락에서 유용하다는 점이지만, 원래 가르침이 설해진 상황을 알면 더 유용하게 활용할 수 있다. 이런 이유로 경전 편찬자들은 붓다의 가르침이 어디에서, 누구에게 설해졌는지 기록하는 것을 일반적인 관례로 삼았다. 다섯 수행자는 당시 유행하던 자기 고행의 방법으로 큰 지혜를 얻을 수 있다는 믿음을 갖고 있었으므로 붓다는 가장 먼저 그들의 미신을 깨뜨리고자 했다. 동시에 붓다는 감각적 쾌락을 추구하는 것 또한 더 큰 지혜를 추구하는 데 도움이 되지 않는다는 점을 말했다. 이러한 통찰은 우리 같은 현대인에게도 유용하지만, 당시의 다섯 수행자에게는 더 크게 도움이 되었을 것이다. 현대인들이 아침에 일어나 '오늘 하루 종일 몸을 괴롭혀 더 큰 지혜를 얻어야 해.'라고 생각하는 일은 거의 없다. 이후 붓다의 가르침은 **중도**(中道)로 알려지게 되는데, 육체적 쾌락에도, 또 육체적 고통에도 치우치지 않는다는 점에서 그렇게 부른다.

붓다는 최초로 설한 설법의 나머지 부분에서 고통의 본질, 고통의 원인, 고통의 소멸(열반), 그리고 고통에서 벗어나는 길 등 불교의 핵심이 되는 주제를 다룬다. 이것을 **네 가지 고귀한 진리**, 즉 **사성제**라고 한다.

앞서 다르마, 즉 법(法)은 고통과 고통으로부터의 벗어남에 관한 보편적인 법칙이며, 우리는 특히 다음 네 가지 하위 영역에 관심이 있다고 말했다.

1. 고통의 본질
2. 고통의 원인
3. 고통의 소멸

4. 고통을 소멸시키는 방법

사성제는 법의 네 가지 하위 영역 각각을 순서대로 다룬다. 지금부터 네 장에 걸쳐 네 가지 고귀한 진리를 하나씩 살펴볼 것이다.

소류 스님의 한마디

붓다의 이야기는 우리가 자신의 삶을 살아가는 방법을 안내하는 본보기로 도움을 줍니다. 그것은 우리가 존경할 사람에 대해 알게 되면 우리 자신에게 도움이 되는 것과 같습니다. 우리는 그들이 훌륭하게 사는 모습을 봅니다. 그들이 덕행을 실천하고 용기와 영감을 주는 모습을 보며 우리 자신도 그렇게 되기를 서원합니다. 붓다에 관한 이야기는 2,500년 전에 살았던 한 인물에 관한 역사적 재현입니다. 그것은 정확할 수도 있고, 정확하지 않을 수도 있습니다. 하지만 오늘날 우리가 어떻게 살아야 하는지 보여 준다는 사실만은 확실합니다. 불교를 가르치는 사람으로서 나는 붓다의 이야기를 역사적 사실보다 가르침의 방편으로 사용합니다. 붓다의 이야기는 현실을 사는 한 사람이 어떻게 깨달음을 얻는지 보여 줍니다. 우리는 누구나 현실의 사람입니다. 그리고 깨달음을 얻어야 합니다.

본질적으로 당신이 알아야 할 것은 다음 네 가지뿐입니다. 붓다는 사람이었고, 당신도 사람입니다. 그는 깨달음을 얻었으며, 당신도 깨달음을 얻을 수 있습니다.

3장

사전 설치된 괴로움?

첫 번째 고귀한 진리

지극히 행복한 태어남도 고통

어떤 이가 지극히 운 좋은 환경에 태어났다고 생각해 보자. 과연 그런 사람에게도 고통이라는 것이 있을까?

홍력(弘曆)은 세계 역사상 가장 큰 행운을 타고난 사람 중 한 명이었다. 할아버지가 중국의 위대한 황제 강희제(康熙帝)였던 그는 엄청난 부와 권력을 가진 집안에 태어났다. 어린 홍력은 손자로서 황제의 총애를 받았다. 또한 유전적 재능도 타고나 지능과 운동신경이 뛰어났으며 뛰어난 전사와 사냥꾼으로서도 이름을 날렸다. 아니, 그보다 더 좋은 일이 일어났다. 1735년, 홍력은 24살이라는 행운의 나이에 건륭황제(乾隆皇帝)가 되었다. 이제 성인이 된 홍력은 황제 자리를 원 없이 즐길 수 있는 젊은 나이였다. 게다가 중국의 최전성기에 황제의 지위에 올랐으니, 모두가 그의 아버지와 할아버지, 즉 전임 두 황제의 성실한 통치 덕분이었다.

젊고, 건강하고, 머리가 좋고, 운동신경이 뛰어나고, 매력적이며, 세계 인구의 3분의 1과 전 세계 GDP의 3분의 1을 차지하는 강대국을 절대적으로 통치하는 사람을 떠올려 보라. 잠깐, 이보다 더 좋은 점이 있었다. 건륭황제에게는 완벽한 아내가 있었다. 부찰황후(富察皇后)는 아름답고 친절하며, 총명하고 재능이 뛰어난 데다 덕이 높기로 유명했다. 건륭황제는 고대 통치자 중 드물게 아내와 진정한 사랑의 관계를 맺는 축복을 받았다. 그는 또한 수십 명의 후궁을 두었는데, 많은 사람이 그것을 행운으로 여겼다.

이렇게 모든 걸 가진 사람에게도 고통이 있을까? 결과적으로 그렇다고 할 수 있다. 건륭황제는 사랑하는 황후와의 사이에서 낳은 아들을 황태자라 칭할 정도로 끔찍이 아꼈다. 그러나 그 아들은 천연두로 8살에 세상을 뜨고 만다. 몇 년 후 부부는 또 다른 아들을 낳는데, 그 아들 또한 끔찍이 아꼈던 건륭은 그를 황태자로 명명한다. 그렇지만 그 역시 2살이 되기도 전에 천연두로 죽는다. 커다란 충격으로 우울증에 빠진 황후는 불과 3개월 만에 병으로 세상을 떠나고 만다. 이 일은 건륭황제에게 엄청난 충격을 주었다. 그의 성격이 크게 변한 것을 보면 알 수 있다. 황후가 죽기 전에 건륭은 현명하고 성실하며, 자비롭고 유능한 황제였다. 하지만 황후의 죽음 직후에 잔인하고 탐욕스러운 사람으로 변했다. 점점 더 부패하고 무능해졌다. 그러면서 남은 생애의 대부분을 아버지와 할아버지가 힘들게 쌓아 올린 국가적 번영을 낭비하는 데 썼다. 그러다 1799년 건륭제 자신도 87세의 나이로 죽음을 맞는다.[1]

세계 역사상 가장 행운아로 태어난 건륭황제조차 자신과 소중한 사람의 질병과 늙음, 죽음이라는 고통을 피하지 못하고 겪어야 했다. 자, 이제 충분히 알았을 것이다. 아무리 행운아로 태어나기를 빌어도 고통은 사라지지 않는다는 사실을. 고통에 관한 이야기를 들으러 온 당신을 환영한다.

'둑카'는 괴로움 그 이상

건륭황제를 비롯해 운 좋게 태어난 수많은 사람의 이야기에서 얻을 수 있는 교훈이 있다. 그것은 아무리 좋은 운으로 태어났다 해도 인간이라면 누구나 같은 고통을 당할 수밖에 없다는 사실이다. 그것은 늙음과 질병, 죽음, 헤어짐, 원하는 것을 얻지 못하고, 원하지 않는 것을 얻는 것 등이다. 예컨대 이집트의 위대한 파라오 람세스 2세는 절대 군주로서 엄청난 부와 명성, 권력을 누렸지만 말년에 치은염과 충치를 심하게 앓다 커다란 고통을 당하며 사망했다고 한다.

이런 이유로 붓다는 괴로움에 대한 처방을 내렸다. 우선 괴로움이 존재한다는 사실을 분명히 밝혔다. 자신의 첫 설법에서 붓다는 이렇게 이어간다(앞장에 이어).

보라, 수행승들이여. 이것이 둑카(dukkha, 괴로움)의 진리이다. 태어남이 괴로움, 늙음이 괴로움, 병듦이 괴로움, 죽음이 괴로움이다. 원하지 않는 것과 함께하는 것이 괴로움이며, 원하는 것과 헤어지는 것이 괴로움이다. 원하는 것을 얻지 못하는 것이 괴로움이다. 요컨대, 다섯 가지 집착의 대상(오온)이 모두 괴로움이다.

불교에서는 괴로움에 대한 진리(고성제)를 **첫 번째 고귀한 진리**라고 한다. 그렇다면 둑카란 무엇일까?

둑카는 일반적으로 '**고통**'으로 번역하지만 그보다 훨씬 넓은 의미를 갖는다. '고통'이라고 하면 대개 다음 두 가지 중 하나 또는 모두를 의미한다.

- 신체적 또는 감정적 고통의 경험
- 신체적 또는 감정적 고통에 대한 반응으로, 그것을 싫어하는 마음이 일어나는 경험

그런데 자극이 존재해야만 고통이 일어나는 것은 아니라는 점에 주목해 보자. 자극이 존재하지 않아서 고통이 일어나는 경우도 있다. 가령 무언가를 또는 누군가를 간절히 갈망하는 경우에 그것이 존재하지 않는다는 사실 때문에 감정적 고통을 느끼기도 한다.

둑카에는 분명 '고통'이라는 의미가 있지만, 삶에 대한 불만족과 불완전함이라는 보다 일반적인 의미도 포함되어 있다. 전통적으로 둑카는 바퀴의 차축 구멍에 문제가 생긴 상태를 가리킨다.[2] 마차의 차축 구멍 한가운데가 맞지 않거나 어떤 식으로든 정렬되지 못하면 승차감이 부드럽지 못해 마차가 덜컹거리는데, 이런 상태를 둑카라고 한다. 바퀴가 고장 난 것은 아니지만 만족스럽지 못하다. 이런 이유로 둑카를 종종 '**불만족**'으로 번역한다.

정확한 출처는 모르지만 나의 기억에 남아 있는 재미있는 이야기가 있다. 붓다가 시자(侍者)인 아난다를 데리고 마차가 오가는 인도의 도로를 걷고 있었다. 그런데 어떤 마차의 수레바퀴 축이 맞지 않아 마부가 불편해하고 있었다. 붓다는 마차를 가리키며 이렇게 말했다. "아난다야, 저것이 바로 둑카이다." 미국인 불교 교사 레이 브래싱턴은 농담 삼아 둑카를 '짜증'으로 번역하자고 제안한다.[3]

둑카의 또 다른 어원은 그와 밀접한 연관이 있는 산스크리트 두스타(duḥstha)에서 찾을 수 있다. 두스타는 'dus-(나쁘다)'와 'stha(서다)'의 합성어로, 말 그대로 '제대로 서 있지 못하다', '불안정하다'는 의미이다. 이것은 도공이 삐걱거리는 물레로 도자기를 만드는 상황을 연상시킨다. 만약 당신이 고대 인도에 살았던 도공인데 바닥이 흔들거리는 물레로 큰 도자기를 만들어야 한다면 좋은 시간을 보내지 못할 것이며, 짜증도 날 것이다.

그런데 둑카는 현재의 고통만이 아니라 미래의 고통에 관한 것이기도 하다. 예를 들어, 아무리 건강하고 멋진 몸을 가졌다 해도 언젠가 병에 걸리거나 늙어 더 이상 멋진 몸을 가질 수 없는 때가 온다. 사랑하는 사람이 있다 해도 언젠가 그의 마음이 변해(또는 나의 마음이 변해) 사랑이 끝날 수도 있다. 아니면 둘 중 한 사람이 죽음에 이르러 헤어져야 할지 모른다. 더욱이 인생의 모든 것이 절대적으로 완벽하다 해도(부유하고, 권력 있고, 건강하고, 외모 좋고, 가족과 직업이 완벽하다 해도) 언젠가는 그것 역시 변할 것이다. 그리고 최종적으로 당신은 죽음에 이를 것이다. 이것 또한 둑카에 포함된다.

즉 둑카는 단순히 고통만을 의미하는 것이 아니라 현재와 미래의 고통을 일으키는 조건을 포괄하는 말이다. 다시 말해 둑카는 보다 넓게, 삶의 대부분 조건에 내재되어 있는 불만족을 의미한다.

이처럼 우리 삶에 광범위하게 내재된 불만족은 불교 지도자들 사이에 흔히 통용되는 말을 낳았다. 그것은 "수카 또한 둑카다"라는 말이다. 이 말은 지혜의 말이지만 어떻게 보면 앞뒤가 맞지 않는다. 수카(sukha)는 행복, 축복, 편안함, 즐거움으로 번역한다. 그렇다. 더없이 좋은 것들이다. 둑카와 문자 그대로 정반대 의미이다. 둑카는 바퀴의 차축 구멍이 맞지 않아 차가 덜컹거리는 이미지인 반면, 수카는 차축 구멍이 완벽히 정렬되어 부드러운 승차감을 제공하는 상태이다. 그럼에도 일부 불교 교사는 "수카 또한 둑카이다"라는 말을 종종 한다. 번역하면 "행복 또한 고통이다"라는 의미가 된다. 행복이 고통이라고? 말이 안 된다. 그렇지 않은가?

수카가 둑카인 이유는 수카가 일어나는 조건은 그 어떤 것이든 결국 변하기 마련이라는 사실에 있다. 모든 수카가 영원하지 않다. 아무리 잘 맞춰진 바퀴도 결국엔 어긋나거나 마모되거나 부서진다. 따라서 수카조차 불만족스러운 둑카이며, 기껏해야 둑카에 대한 일시적 해결책에 불과하다. 수카는 둑카의 궁극적인 해결책이 될 수 없다. 만약 수카가 둑카에 대한 궁극적인 해결책이라면 이 책은 여기서 끝날 테고, 당신은 이토록 짧고 간단한 책에 괜한 돈을 써야 하는 이유가 (그렇게 해서 오늘 당신의 수카가 파괴되는 이유가) 궁금할 것이다. 그러나 수카는 둑카에 대한 해결책이 아니다. 둑카에 대한 진정한 해결책은 앞으로 살펴볼 세 가지 고귀한 진리에 있다.

편의상 책의 많은 부분에서는 '둑카' 대신 '괴로움(또는 고통)'이란 단어를 쓰고자 한다. '괴로움'이라는 단어가 나오면 고통뿐 아니라 둑카가 의미하는 '불만족'이란 넓은 의미도 함께 가리킨다고 보면 된다. 필요한 경우에는 '괴로움' 대신 '불만족'이라는 단어를 사용할 것이다.

다섯 가지 무더기

붓다는 첫 번째 고귀한 진리에 대한 설명을 다음의 문장으로 마무리한다. "요컨대 집착의 대상이 되는 다섯 가지 무더기(오온)가 모두 괴로움이다."[4] 다섯 가지 무더기란 다섯 가지의 신체적·정신적 요소를 말한다. 우리는 이 다섯 가지 요소를 조합해 '자아'로 경험한다. 다섯 가지는 다음과 같다.

1. 형상: 색(色)
2. 감각 또는 느낌: 수(受)
3. 지각: 상(想)
4. 의지적 형성 작용: 행(行)
5. 의식: 식(識)[5]

형상은 간단히 신체적 몸을 말한다.[6]

감각 또는 느낌은 감각 대상과 감각 기관이 만날 때 일어나는 경험이다. 가령 시각 대상이 눈과 만날 때, 소리가 귀와 만날 때 등이다.

그런데 '감각'으로 번역되는 웨다나(vedanā)라는 단어에는 중요한 측면이 한 가지 있으니, 감각 경험의 즐거운 면과 불쾌한 면, 즐겁지도 불쾌하지도 않은 면이다.[7] 실제로 불교가 괴로움에서 벗어나는 데 주로 (또는 전부) 관심이 있다는 점을 고려하면, 경험이 지닌 즐겁고 불쾌한 측면은 '감각' 무더기에 속한 모든 것 가운데 가장 중요한 부분이라고 할 수 있다.

지각은 이렇게 감각된 대상에서 중요한 특징을 짚어내고 과거에 지각한 대상을 알아보는 마음을 가리킨다. 고양이 사진을 인식하는 컴퓨터 프로그램과 비슷하다. 고양이 사진을 인식하는 프로그램은 사진의 어느 부분이 고양이의 눈과 발의 특징을 보이는지 알아낸다. 고양이의 전체 모습도 인식하며, '화이트 페르시안' 같은 종(種)뿐 아니라 사진의 어느 부분에서 고양이가 장화를 신고 모자를 쓰고 칼을 찼는지 등 중요한 특징도 짚어낸다.

의지적 형성 작용은 마음이 구성하는 내용을 말한다. 거기에는 마음이 지각한 대상에 대한 자신의 반응도 포함된다. 또 행동을 일으키는 생각과 감정(의도, 계획 등), 그리고 행동 자체도 의지적 형성 작용에 속한다.

싱가포르를 처음 방문한 미국인 친구가 있었다. 국경일 기념 행사 리허설이 진행되던 날, 행사의 일환으로 전투기 편대가 시내 상공에서 거대한 굉음을 내며 저공비행을 했다. 리허설 현장에서 꽤 떨어져 있던 친구는 리허설이 진행되는 사실을 몰랐다. 그러나 자신의 머리 위를 비행하는 F-15 전투기 편대의 굉음이 충분히 들리는 거리에 있었다. 그녀의 입장에서 보면 길을 걷던 중 갑자기 엄청난 굉음이 자신을 둘러싸는 바람에 몸이 얼어붙고 얼굴이 하얘졌다. '이렇게 죽는구나.'라는 생각이 들었다고 한다. 주변의 싱가포르 사람들이 하던 일을 멈추고 고개를 들어 큰소리로 환호성을 지르자 더 어리둥절했다. 우리가 상황을 설명해 주고 나서야 그녀는 긴장이 풀어졌다. '이렇게 죽는구나.'라는 생각, 공포와 혼란을 동반한 감정, 그리고 방금 일의 어이없음을 깨닫고 나서 지은 웃음, 이 모든 것이 의지적 형성 작용이다.

의지적 형성 작용은 우리가 지각하는 내용에도 영향을 미친다. 이 시스템에는 적어도 한 개의 피드백 고리가 존재한다고 할 수 있다. 예컨대 우리가 어떤 사람에게 좋은 감정을 가질 때는 그 사람의 매력적인 측면만 눈에 들어온다. 한편 같은 사람에 대해 나쁜 감정을 가질 때면 그 사람의 매력적이지 않은 측면만 인식하게 된다. 뒤 문장은 전 세계 대부분의 연애 관계를 요약하는 말이다. 감정을 비롯한 그 밖의 의지적 형성 작용은 언제나 지각에 영향을 미친다.

마지막으로, 의식은 '대상을 아는 주체', '대상을 구분하는 주체', '대상을 인지하는 주체'이다.[8] 불교 스승이자 저자인 아잔 브람은 의식을 다음과 같이 멋지게 표현한다. "의식은 어떤 지각 경험이든 그것이 펼쳐지는 화면과 같다."[9] 소류 스님은 이 비유가 멋진 비유이긴 하지만, 의식이 능동적인 과정이라는 통찰을 전달하지 못한다고 지적한다. 이 점에서 나는 의식이 LED 화면과 비슷하다고 말하고 싶다. 의식은 수동적으로 영화의 장면이 펼쳐지는 화면처럼 보여도, 실제로 화면 뒤에서는 능동적인 과정이 진행되고 있다.

어디에 선을 그어야 할까? – 다섯 무더기의 구분

다섯 가지 무더기와 관련해 조금 께름칙한 비밀을 하나 고백해야겠다. 그것은 형상을 제외한 각 무더기에 대한 정확한 정의에 관하여 불교 스승들 사이에 분명한 합의가 이뤄지지 않았다는 사실이다. 고대 문헌에 제시된 정의만으로는 다섯 무더기 사이에 명확한 경계를 긋기 어렵다. 따라서 불교 스승들이 내리는 다섯 가지 무더기에 대한 정의가 서로 비슷하기는 해도 100퍼센트 일치하지는 않는다.

예를 들어, 내가 아는 대부분의 불교 스승은 생각을 '의지적 형성 작용'의 범주에 넣지만, 어떤 스승은 대부분의 생각을 '지각'의 범주에 넣는다. 또 사물의 특징을 인식하는 작용이 지각 수준에서 일어나는지, 의식 수준에서 일어나는지, 아니면 둘 다에서 일어나는지에 대하여 불교 스승들 사이에 의견이 일치하지 않는다. 이 책에서 내가 제시한 다섯 가지 무더기의 정의는 여러 스승과 책에서 배운 내용을 직접 선별한 것이다. 따라서 어떤 불교 스승이 내가 다섯 무더기, 즉 오온(五蘊)을 정의하는 방식에 84퍼센트만 동의하더라도 너무 놀라지 않기 바란다. 그 스승도 내가 방금 당신에게 털어놓은 께름칙한 비밀에 대해 알고 있을 것이다. 그래도 상관없다.

형상을 제외한 정신적 무더기들 사이에 명확한 경계를 긋기는 실제로 쉽지 않다. 붓다의 가장 현명한 제자인 사리뿟따는 이 점을 지적하며 이렇게 말했다. "감각, 지각, 의식은 서로 연결되어 있다. 이것들의 차이를 설명하기 위해 각각의 상태를 다른 상태와 분리하는 것은 불가능하다."[10]

정신적 무더기들 사이에는 상호 의존성이 매우 크고 피드백 고리가 무척 많아서 그것들 사이에 분명한 경계를 긋는 것은 불가능할 수 있다. 지금 당장 확인할 수 있는 흥미로운 예가 하나 있다. 당신의 두피에 주의를 기울여 보라. 두피에 따끔거리는 감각이 느껴지는가? 조금 전 두피에 주의를 기울이지 않았을 때는 그런 감각이 느껴지지 않았다고? 왜 그럴까? 신경과학에 따르면 우리 몸에는 평소 따끔거리는 감각을 억제하는 뇌 회로가 있는데, 두피에 주의를 기울이는 순간, 이 회로가 일시적으로 작동을 멈춘다고 한다. 이 때문에 두피에 주의를 기울이면 따끔거리는 감각이 갑자기 느껴지는 것이다. 이것은 의식적 주의가 감각에 영향을 미치는 사례이다. 우리는 보통 감각을, 지각과 의식으로 연이어 처리하는 원 데이터로 생각하지만, 감각 자체도 피드백 고리의 영향을 받는다는 사실을 알 수 있다. 이처럼 피드백 고리는 어디에나 존재한다.

정신적 무더기들 사이에 분명한 경계를 긋는 것은 바다 사이에 명확한 경계를 긋는 것과 비슷하다. 예를 들어, 호주 동쪽의 산호해와 태즈먼해는 지도에서 분리해 표시할 만큼 위치적으로 구분이 된다. 하지만 정확한 선을 그어 이쪽은 산호해이고, 저쪽은 태즈먼해라고 말하기 어렵다. 머릿속에서 인공적인 선을 그을 수는 있어도 결국엔 이어진 하나의 거대한 바닷물 덩어리다. 이런 이유로 바다 사이에 자연적인 경계는 실제로 존재하지 않는다고 할 수 있다. 정신적 무더기도 마찬가지다. 대략적으로 구분될 정도의 차이는 있어도, 서로 긴밀히 얽혀 있어 명확한 경계를 긋기 어렵다.

어쨌거나 무더기에 대한 정확한 정의는 그다지 중요하지 않다.

불교는 고통에서 완전히 벗어나는 것을 주된 (또는 유일한) 관심사로 삼는다는 첫 번째 원칙을 기억하자. 고통은 다섯 가지 무더기에 집착하는 데서 생겨난다. 각각의 무더기 사이에 정확한 경계를 긋는다고 해서 집착의 본질이 변하는 것은 아니다. 따라서 우리가 할 일은, 다섯 가지 무더기의 측면 가운데 고통과 고통으로부터의 벗어남과 관련된 부분에 초점을 맞추는 것이다. 붓다는 이것을 정확하게 강조하며 설명했다.

오온에 대한 집착은 물을 움켜쥐는 것과 같다

붓다는 오온, 즉 우리가 집착하는 다섯 가지 무더기가 고통이라고 가르쳤다. 이 말은 무슨 의미일까? 이렇게 생각해 볼 수 있다. 물을 마시려고 손으로 물을 움켜쥐는 사람이 있다고 하자. 그는 아무리 움켜쥐려 해도 물을 마실 수 없다. 물은 손가락 사이로 흘러버린다. 이때 물을 붙잡으려는 절박함이 바로 집착이고, 고통이다.

　마찬가지로 우리도 어떤 것을 특정 방식으로 경험하기를 원한다. 우리는 자신의 외모(신체)가 매력적이고 건강하며 몸매가 아름답길 원한다. 또 특정한 감각(느낌)을 느끼고 싶어 한다. 특정한 방식대로 사물을 지각하기를 원한다. 또 특정한 감정을 갖고 싶어 한다. 자신을 바라보는 특정한 방식을 갖고 싶어 하며 영원한 행복 속에 살고 싶어 한다. 원하는 것 외에 우리가 원하지 않는 것도 있다. 우리는 특정한 신체적 모습이나 특정한 감각을 원하지 않는다. 특정 방식대로 사물을 지각하기를 원하지 않는다. 그러나 불행하게도 우리에게는 오온에 대한 완전한 통제권이 없다. 이 때문에 우리가 원하는 대로 언제나 될 수 없다. 이런 의미에서 다섯 가지 무더기는 신뢰할 수 있는 대상이 아니다.

이처럼 필사적으로 원하는 것 또는 원하지 않는 것, 이것이 집착이다. 의지할 수 없는 무언가에 집착할 때 고통이 일어난다.

그러나 해결책이 있다. 물을 움켜쥐는 사례에서 해결책은 물과 물을 붙잡는 행위의 본질, 그리고 손의 본질에 대한 앎을 갖는 데서 시작한다. 이러한 통찰을 가지고, 물을 움켜쥐는 행동이 도움이 되지 않음을 알고는 행동을 그치게 된다. 이제 물을 움켜쥐는 행동을 넘어서는 통찰을 바탕으로 해결책을 찾는다. 예컨대 손을 컵 모양으로 웅크리면 물을 마실 수 있음을 알게 된다.

마찬가지로 고통에 대한 해결책은 고통의 본질과 집착의 본질, 마음의 본질에 대한 앎을 키우는 데서 시작한다. 이러한 통찰이 생기면 집착이 자신에게 전혀 도움이 되지 않음을 알고는 집착을 그치게 된다. 이제 집착이 아니라 지혜롭게 무더기와 관계 맺는 법을 알게 된다.

삶이 오직 괴로움만은 아니다. 그것이 문제다

불교인들은 흔히 붓다가 첫 번째 고귀한 진리에서 "인생은 고통"이라는 주장을 펼쳤다고 잘못 이해한다. 그런데 이것은 충분히 납득할 만한 오해다. 나 역시 자주 그랬으니까.

그런데 "인생은 고통"이라는 주장에는 두 가지 문제가 있다. 첫째, 경전에 따르면 붓다는 실제로 그런 말을 한 적이 없다. 대신 붓다는 "집착의 대상이 되는 다섯 가지 무더기가 고통이다."라고 말했다.

둘째, "인생이 고통이다."라는 말은 인생이 오직 고통으로만 가득하다는 느낌을 준다. 그러나 실은 그렇지 않다. 인생에는 실제로 많은 즐거움이 있다. 그런데 인생에 고통과 즐거움이 섞여 있는 상황이 문제가 된다. 왜냐하면 인생의 많은 즐거움 때문에 우리는 고통을 보지 못하고, 미래에 불가피하게 고통을 당하는 상황에 놓이기 때문이다.

'인생은 고통'이라는 주제는 붓다와 마할리가 나눈 대화에도 등장한다. 마할리가 붓다에게 "중생들이 (고통으로) 더럽혀지는 이유"를 물었다. 이에 붓다는 이렇게 대답한다. "마할리여, 만약 다섯 가지 무더기가 오로지 고통뿐이라면 중생들은 거기에 유혹당하지 않을 것이다. 그러나 다섯 가지 무더기는 즐겁고, 쾌락에 젖어 있고, 쾌락에 빠져 있다. 따라서 중생들은 무더기에 유혹당한다. 유혹당하면 사로잡히고, 사로잡히면 더럽혀진다."[11]

다시 말해 삶이 오로지 고통뿐이라면 중생들은 고통에 대한 해결책을 찾을 것이다. 인생이 영원토록 쾌락만 있고 고통이 전혀 없다면 확실히 문제시될 건 없다. 하지만 우리의 삶에서 고통은 중생을 유혹할 정도의 쾌락과 섞여 있다는 게 문제다. 이 때문에 중생들은 고통을 보지 못하고, 미래에 고통을 당할 수밖에 없는 상황에 스스로 갇히고 만다.

붓다의 제자 가운데 가장 지혜로웠던 사리뿟따는 어느 설법에서 다소 끔찍한 비유를 들어 이 점을 예시한다.[12] 어느 살인범이 부자의 돈을 빼앗고 싶었다. 하지만 부자는 경호원의 철통같은 보호를 받고 있었다. 어떻게 해야 할까? 살인범은 부자의 충성스런 하인이 되기로 했다. 그는 부자보다 먼저 일어나고, 부자보다 나중에 물러나며, 부자가 원하는 것은 무엇이든 행하고, 행동은 예의 바르고 말은 사랑스럽게 했다. 결국 부자는 그를 친한 친구로 여기게 되었다. 부자의 전폭적인 신뢰를 얻은 그는 부자가 혼자 있을 때 목을 벤 뒤 돈을 훔쳐 갔다.

살인범이 부자의 하인으로 있는 내내, 부자는 살인범의 실체를 보지 못했다. 여러 면에서 훌륭했던 그를 친한 친구이자 충성스런 하인으로만 여겼다. 마찬가지로 사리뿟따는 다섯 가지 무더기가 즐거움을 주는 나머지 거기에 유혹당한 우리가 무더기의 실체를, 즉 그것이 고통의 원인이라는 사실을 제대로 보지 못한다고 말했다.

해결책은 지혜이다. 지혜를 통해 우리는 고통의 본질을 있는 그대로 보고, 거기에서 얻은 통찰을 고통에서 벗어나는 추진제로 삼을 수 있다. 붓다는 마할리와 대화를 이어가며 이렇게 말한다. "그런데 다섯 가지 무더기는 우리에게 괴로움을 가져온다. 따라서 [지혜로운] 중생이라면 무더기에 대한 미망에서 깨어날 것이다. 미망에서 깨어남으로써 그들은 욕망에서 벗어나고, 욕망에서 벗어남을 통해 [고통으로부터] 정화된다. 마할리여, 이것이 중생들이 정화되는 원인이자 조건이다."

자폭 버튼이 달린 차를 주문하지 않아도

자동차 자폭 버튼을 추가 옵션으로 주문할 수 있는 이상한 세상에 살고 있다고 상상해 보자. 차내 컵 홀더 바로 옆에 "자폭 버튼, 누르지 마세요"라고 적힌 커다란 빨간 버튼이 있다. 버튼을 누르면 당신이 탄 채로 차가 폭발한다. 물론 당신은 그런 차를 사지 않을 것이다.

이 상황에서 당신이 가진 힘은, 실제로 자폭 기능을 옵션으로 구매하지 않아도 된다는 점이다. 만약 자폭 기능이 이미 장착된 중고차를 구입했다 해도 당신은 이 기능을 제거할 수 있다. 왜냐하면 옵션이므로. 고통에 대해 우리가 가진 힘도 마찬가지다. 우리는 고통을 사전 주문하지 않겠다고 선택할 수 있다. 만약 고통을 옵션으로 이미 주문했다면, 그 옵션을 해제하는 일도 가능하다.

2장에서 우리는 삶에서 일어나는 다양한 고통과 그 원인에 대해 살펴보았다. 당신이 이 이야기에 귀를 기울였다면 고통이 우리의 경험 체계에 깊숙이 스며 있다고 잘못 생각할지 모른다. 그러나 실제로 고통은 우리의 삶에서 '옵션'이다. 선택 사항인 것이다. 우리의 경험 체계를 제대로 이해하고 (적절한 드라이버 등의) 적절한 도구를 갖춘다면 어떤 옵션이라도 해제할 수 있다. 불교는 당신의 마음과 고통을 제대로 이해하도록 돕는다. 그리고 이를 위한 적절한 도구를 당신에게 쥐어 주어 고통을 해제하도록 돕는다. 이 책의 나머지 부분에서 당신은 그러한 이해와 적절한 도구를 갖출 것이다.

그런데 자폭 기능의 제거법을 알기 전에 먼저 할 일이 있다. 그것은 자동차에 자폭 기능이 실제로 장착되어 있다는 사실을 직시하는 것이다. 만약 당신이 자폭 기능이 장착된 자동차를 구입했다고 하자. 당신은 왜 그 차를 구입했을까? (차 전체가 아닌 자폭 옵션만을!) 20퍼센트 할인 가격으로 판매하고 있기 때문이다. 20퍼센트 할인 혜택을 거부하기란 정말 어렵다. 나도 잘 안다. 하지만 자폭 버튼에 추가 비용을 들인 이유를 아내에게 설명해야 한다는 사실을 떠올린 당신은 얼마 지나지 않아 후회할 것이다. 어떻게 해야 할까? 글쎄, 자폭 기능이 없는 척, 버튼 위에 테이프를 붙여 아내에게 들키지 않게 할 수도 있다. 그러나 안타깝게도 자폭 기능이 없는 척한다고 해서 문제가 해결되지는 않는다. 컵 홀더에 커다란 음료병을 넣어 자칫하면 자폭 버튼을 누를 수도 있다. 이때 유일한 해결책은 자폭 기능을 제거하는 것이다. 그러려면 먼저 자폭 기능이 장착되어 있다는 사실을 직시해야 한다.

마찬가지로 고통을 제거하기 위해서는 고통이 존재한다는 사실을 직시하는 것이 반드시 필요하다. 이를 설득력 있게 표현하는 소류 스님의 말을 그대로 인용한다.

고통에서 벗어나는 길은 우리가 가진 문제를 기꺼이 직면하는 의지에서 출발합니다.
자신의 문제를 직시하는 것은 매우 어렵고 특별한 일이어서 붓다께서는 이것을 첫 번째 고귀한 진리로 삼았습니다. 붓다께서는 자신의 가르침의 출발점으로 고통을 직시하는 외에 다른 것을 택할 수도 있었습니다. 열반이라는 궁극의 목표에서 시작할 수도 있었습니다. 아니면 자신의 가르침이 사람들이 원하는 것을 얻는 데 도움이 된다고 말하는 것으로 시작할 수도 있었습니다. 그럼에도 사람들이 고통이라는 문제를 직시하도록 요청하는 것으로 가르침을 시작했습니다. 당신이 하루를 지내는 동안 어떤 문제가 일어나든 기꺼이 직면하고 이해하고자 해 보십시오. 그러면 첫 번째 고귀한 진리가 지닌 변화의 힘을 깨닫게 될 것입니다. 고통에 직면하는 것이야말로 고통을 행복으로 바꾸는 출발점입니다.

붓다가 말한 것처럼, 우리가 겪는 고통은 다섯 무더기, 즉 오온에 대한 집착으로 인한 직접적인 결과이다. 모든 것은 영원하지 않다. 그렇다. 그렇지만 우리가 당하는 고통은 모든 것이 영원하지 않다는 사실 때문에 생기는 것이 아니다. 고통은, 어떤 것은 영원하다는 희망에 필사적으로 집착하기 때문에 생긴다. 다섯 무더기는 어느 것이나 의지할 만한 것이 못 된다. 그렇지만 우리의 고통은 모든 것이 의지할 수 없어서가 아니라, 의지할 수 없음에도 그것을 붙잡으려는 집착에서 비롯한다. 반대로 다섯 무더기에 집착하지 않으면 완전한 자유와 지극한 안정, 최고의 행복을 얻을 수 있다. 다음 장들에서 이 주제에 대해 자세히 살펴볼 것이다.

소류 스님의 한마디

나는 사람들에게 세상은 신뢰할 수 없다고 말합니다. 외부의 어떤 것에 의존하면 그것이 신뢰할 수 없고, 충족감을 주지 못하며, 그것에 집착할 때 상처 입는다는 사실을 알게 될 것이라고 말합니다. 나는 사람들에게 자기 내면의 세계 또한 신뢰할 수 없다고 말합니다. 자신의 지적인 생각이나 강력한 감정에 의존하면 그것이 신뢰할 수 없고 충족감을 주지 않으며, 그것에 집착할 때 상처받을 것이라고 말합니다. 사람들은 종종 이런 나를 비관적인 사람, 심지어 비열한 사람이라고 생각합니다. 그러나 사실 나는 낙관적인 사람입니다. 집착을 멈추면 고통으로부터 자유를 얻을 수 있다고 말하기 때문입니다. 나의 말을 따른다면 무엇에도 의존하지 않는 진정한 행복을 찾을 수 있을 것입니다. 낙관적일 뿐 아니라 아주 신이 날 것입니다.

　당신 개인에 대해서도 멋진 부분을 발견하게 될 것입니다. 고통이 당신 안에 처음부터 내재되어 있지 않다면, 그것은 당신에게 본질적으로 문제가 없다는 의미입니다. 당신은 근본적으로 고장 나지 않았습니다. 당신에게 고통은 필요하지 않습니다. 고통은 당신의 것이 아닙니다.

　고통은 당신이 아니기 때문에, 당신은 고통에 대해 무언가를 할 수 있습니다. 고통에 대해 어떻게 해야 할까요? 해결해야 합니다. 이 점을 명확히 인식하면 삶이 바뀔 것입니다. 고통이 일어날 때마다 무엇을 해야 하는지 알기에 당신은 신이 날 것입니다. 무엇을 해야 하냐

고요? 고통을 해결해야 합니다! 고통을 해결할 수 있다는 사실을 알면 자신감이 생길 것입니다. 당신은 언제나 고통을 해결할 수 있습니다. 그것은 당신이 반드시 해야 하는 일입니다. 그리고 불교는 고통을 해결하는 방법을 제공합니다.

4장

괴로움은
원인과 결과로 인해 생긴다

두 번째 고귀한 진리

시한폭탄을 멈추는 법

영화의 마지막 클라이맥스 장면이다. 거대한 폭탄이 건물을 통째로 날리려는 순간이다. 폭탄의 카운트다운은 마지막을 향해 가고, 폭탄을 해제하려는 주인공의 시도는 수포로 돌아간다. 폭발하기까지 단 몇 초밖에 남지 않았다. 어떻게 해야 할까?

익살꾼인 나는 객석에서 소리쳤다. "플러그를 뽑아!" 물론 농담이었고 친구들은 낄낄 웃었다. 마지막 순간, 주인공이 달아나던 중 전선에 걸려 넘어지고 만다. 마침 폭탄 타이머가 전원 콘센트에 연결되어 있어 주인공이 실수로 플러그를 뽑아 카운트다운이 멈추었다. 모두가 살았다! 관객들은 웃음을 터뜨렸다. 코미디 영화 〈총알탄 사나이 2〉의 유명한 마지막 폭파 장면이다.

이 영화에서 이런 절체절명의 문제에 대해 그토록 간단한 해결책이 존재한다는 사실이 얼토당토않게 보인다. 그런데 바로 그 점이

유머 포인트다. 우리의 실제 삶에도 이와 비슷한 상황이 있지 않을까? 실제 삶에서 우리는 고통이라는 커다란 문제에 직면한다. 이때 붓다의 뛰어난 지혜로 고통의 원인을 찾아낸 뒤 실행 가능한 행동을 통해 고통이라는 거대한 문제를 해결할 수 있다면 어떨까? 이것이 이번 장에서 살펴볼 내용이다.

괴로움은 원인과 결과의 법칙에 관한 것

붓다는 최초의 설법에서 고통이 일어나는 원인에 대해 말했다. 실제로 그는 고통이 일어나는 원인을 딱 한 가지로 지목했다. 그것은 바로 갈애였다. 고통의 원인은 갈애라는 선언이 **두 번째 고귀한 진리**이다. 그런데 이 단순한 선언에는 우리의 삶을 변화시킬 수 있는 중요한 통찰과 천재적 발상이 담겨 있다.

여기에서 삶을 변화시키는 중요한 통찰이란 **고통엔 원인이 있다**는 것이다. 고통은 우리의 삶에 원래부터 존재하는 것도 아니고, 아무렇게나 일어나는 것도 아니다. 고통 역시 자연계의 모든 현상과 마찬가지로 원인과 결과라는 보편적인 법칙의 지배를 받는다. 만약 고통이 원인과 결과의 법칙을 따르지 않는다면, 우리가 할 수 있는 일은 별로 없을 것이다. 반면 고통이 실제로 원인과 결과의 지배를 받는다면 우리가 할 일은 고통의 원인을 찾아 제거하는 것뿐이다.

붓다는 고통이 일어나는 여러 원인 가운데 가장 결정적인 원인을 한 가지로 추려냈다. 그것은 바로 **딴하**(taṇhā)라는 것이다. 문자적

의미로는 '목마름' 또는 '갈증'인데 흔히 **갈애** 또는 **갈망**으로 번역한다.[1]

어떤 고통이든 그것이 일어나는 필요 조건을 한 가지로 추려낸 것은 붓다의 천재적 발상이었다. 가령 127가지 고통의 서로 다른 원인을 모두 알아내야 한다면, 고통을 없애려는 사람은 127가지 원인을 모두 다뤄야 할 것이다. 그러지 않고, 모든 고통이 일어나는 단 하나의 필요 조건을 찾아낸다면 어떨까? '필요 조건'이란 어떤 일이 일어나기 위해 반드시 존재해야 하는 조건을 말한다. 예를 들어 불이 나려면 산소와 연료가 필요하다. 이때 산소와 연료는 불이 일어나는 필요 조건이 된다. 불을 끄려면 불의 필요 조건인 산소와 연료 중 하나만 없애면 된다. 마찬가지로 고통이 일어나는 필요 조건이 있다면 그것을 제거하면 고통이 사라질 것이다. 붓다는 그 조건이 갈애 또는 갈망이라고 보았다.

잠깐, 아직 더 남았다. 고통을 끝내는 것이 목표라면 고통이 일어나는 필요 조건을 찾는 것에 더해 그것이 실행 가능한 필요 조건이어야 한다. 즉 고통의 필요 조건이 무엇이든 그것을 제거하기 위해 우리가 취할 수 있는 행동이 있어야 한다. 그렇지 않으면 시간 낭비에 불과할 것이다. 이런 고난도의 과제는 천재가 아니면 풀기 어렵다. 붓다가 그런 천재였다.

앞서 다르마, 즉 법은 '고통과 고통으로부터의 벗어남에 관한 보편적 법칙'이라고 말했다. 그런 맥락에서 소류 스님과 나는 두 번째 고귀한 진리가 네 가지 고귀한 진리, 즉 사성제 가운데 가장 핵심이라고 본다. 붓다는 '괴로움의 원인은 갈애'라고 분명히 밝힘으로써 괴로움으로부터의 벗어남을 종교와 신비주의의 배타적 영역에서 '원인-결과의 자연법칙'이라는 범주로 이동시켰다. 이것이 불교에서 원인과 결과에 대한 이해가 무엇보다 중요한 이유이다. 또 불교가 지극히 현실적이고 과학적인 태도를 취하는 이유이기도 하다. 고통이 일어나는 원인과 결과를 이해할 때 우리는 고통에 대한 보편적이고 현실적인 해결책을 마련할 수 있다. 고통에 대한 해결책은 네 번째 고귀한 진리에 포함되어 있다(6장에서 다룬다).

언제나 그렇듯 붓다는 유머러스한 방식으로 원인과 결과에 관한 핵심을 설명했다. 붓다는 젖소의 우유를 짜려는 사람이 소의 젖통이 아니라 뿔을 당기면 우유를 얻을 수 없다고 했다.[2] 우유를 짜는 일에도 원인-결과의 자연법칙이 작용하기 때문이다. 마찬가지로 고통에서 벗어나는 길도 고통에 관한 자연법칙을 이해하고 그에 따라 적합한 조치를 취하는 데서 시작한다.

붓다는 최초의 설법에서 갈애 또는 갈망에 대해 깊이 파고들며 갈망의 구체적인 유형을 세 가지로 구분했다. 그것은 다음과 같다.

1. 감각적 쾌락에 대한 갈망
2. 존재에 대한 갈망
3. 비존재에 대한 갈망[3]

감각적 쾌락에 대한 갈망

'감각적 쾌락에 대한 갈망'은 실제로 오늘날 우리가 생각하는 것보다 범위가 훨씬 넓다. 그렇다. '감각적 쾌락에 대한 갈망'에는 우리의 다섯 가지 감각이 좋아하는 것에 대한 집착('원해, 원해, 원해!')도 물론 포함되지만, 오감이 싫어하는 것에 대한 혐오('싫어, 싫어, 싫어!')의 측면도 포함된다. 그리고 불교심리학에서는 오감 외에도 생각하고 주의를 기울이는 마음의 측면인 마노(mano)를 또 하나의 감각 토대로 분류한다. 눈이 시각 대상을 인식하고, 귀가 소리를 감지하는 것처럼, 마노는 생각을 감지한다. 따라서 생각과 관련된 유쾌한 (또는 불쾌한) 느낌도 감각적 쾌락의 대상으로 간주해야 한다. 여기에는 '내가 저 사람보다 낫다', '나는 저 사람보다 못하다'처럼 자아와 관련된 유쾌하거나 불쾌한 생각, 그리고 '나는 그를 사랑한다', '나는 그를 미워한다', '그는 나를 사랑한다', '그는 나를 미워한다'처럼 다른 사람과 관련된 유쾌하거나 불쾌한 생각도 포함된다.

요컨대 '감각적 쾌락에 대한 갈망'의 영역에는 생각을 포함한 여섯 가지 감각에서 느껴지는 대상과 관련, 유쾌하고 불쾌한 경험에 대한 집착과 혐오가 모두 포함된다.

붓다는 조금 끔찍한 비유를 들어 감각적 쾌락에 대한 갈망에 따른 고통을 설명했다. 붓다는 감각적 쾌락에 대한 갈망을 "팔다리에 상처와 물집이 생기고, 벌레에 뜯기고, 상처 부위의 딱지를 손톱으로 긁어내고, 불타는 숯불 구덩이에 몸을 태우는"[4] 나병 환자에 비유했다. 환자는 숙련된 의사를 찾아가 나병을 치료한다. 나병을 치료한 환자가 깨달은 것이 있었다. 나병에 걸린 동안에는 피부를 긁고 불에 태우는 것이 기분 좋게 느껴졌지만, 나병을 치료한 뒤에는 피부를 긁거나 태우고 싶은 욕구가 사라진 상태가 훨씬 더 기분 좋다는 사실을 알게 된 것이다. 마찬가지로 감각적 쾌락에 대한 갈망에 시달리는 사람은 갈망을 충족시켜야 한다는 강박을 느끼는 나머지, 갈망을 충족시키면 기분이 좋을 것이다. 하지만 결국엔 갈망이 치료되어 감각적 쾌락에 대한 갈망이 사라진 상태가 훨씬 더 기분 좋다는 것을 알게 될 것이다.

    감각적 쾌락에 대한 갈망의 결과로 우리는 오감을 통한 즐거운 경험을 원한다(즐거운 광경, 즐거운 소리, 즐거운 냄새, 즐거운 맛, 즐거운 감촉 등). 또한 즐거운 생각을 하고 싶어 한다. 자신을 유능한 존재라 여기고, 의미 있는 삶을 살고 있다고 생각하며, 주변의 사랑과 존경을 받고 싶어 한다. 이런 것 중 어느 하나라도 없으면 고통을 받는다. 가령 불쾌한 냄새와 맛을 경험하거나 불쾌한 인간관계를 맺을 때 우리는 고통받는다. 설령 원하는 즐거움을 빠짐없이 가졌다 해도 그것을 유지하려면 열심히 일하고 희생해야 한다는 점에서 이것 또한 고통이다. 우리는 자신이 가진 것을 잃는 것을 두려워한다. 그래서 고통받는다. 즐거운 것을 계속 갖고 있더라도 결국엔 거기에 익숙해지므로 동일한 수준의 행복을 유지하려면 점점 더 강한 자극이 필요하다. 그리고 우리의 삶이 아무리 완벽하더라도 마침내 상황은 변할 것이다. 우리가 소중히 여기는 사람도 모두 죽을 것이고, 우리 또한 죽을 것이다. 이처럼 우리는 고통받는다.

    이렇듯 감각적 쾌락에 대한 갈망은 현재나 미래 또는 현재와 미래 모두에서 우리에게 고통을 일으킬 수 있다.

그런데 고통은 감각적 쾌락 자체가 아니라 그것에 대한 갈망으로 일어난다는 점에 유의할 필요가 있다. 우리에게 고통을 일으키는 요인은 까마(kama, 감각적 쾌락)가 아니라 까마-딴하(kama-taṇhā, 감각적 쾌락에 대한 갈망)이다. 우리의 일상에서 감각적 쾌락에 대한 갈망을 가장 극명히 확인할 수 있는 경우는, 행복이 오직 감각적 쾌락으로부터만 나온다는 잘못된, 그러나 널리 퍼진 믿음이다. '오직' 기분 좋은 광경, 냄새, 소리, 맛, 촉감, 기분 좋은 생각을 경험하고, 그 반대는 피해야만 행복할 수 있다는 믿음이다. 여기서 중요한 단어는 바로 '오직'이다. '오직'은 우리로 하여금 삶의 즐거운 것들을 필사적으로 붙잡도록 강요한다. 그리고 그런 집착은 고통을 유발한다. 이에 대한 해독제는 무엇일까? 즐거운 감각과 생각에 의존하지 않는 행복의 상태를 경험하는 것이 아닐까? 이에 대해서는 뒤의 8장에서 살펴볼 것이다.

이제 당신은 궁금할 것이다. '좋아. 고통이 감각적 쾌락 자체가 아닌 쾌락에 대한 갈망으로 생기는 것이라면 갈망 없이, 다시 말해 고통 없이 감각적 쾌락을 경험하는 것이 가능할까?' 대답은 '그렇다'이다.

붓다의 두 상수제자 중 한 사람인 목갈라나는 어느 설법에서 고통 없는 감각 경험이 어떤 것인지 설명했다. 마침 그날은 새로 지은 법당에 승려들이 처음 들어간 날이었다. 목갈라나는 새로 지은 법당을 가르침의 소재로 적절히 활용했다. 그는 고통 없는 감각 경험을 두고 '감각에 의해 타락하지 않는 것'이라고 말했다. 목갈라나는 승려들에게 이렇게 말했다. "친구들이여, 어떻게 감각에 의해 타락하지 않는가? 어느 수행승이 눈으로 형상을 본다고 하자. 그는 즐거운 형상에 집착하지 않고, 불쾌한 형상을 싫어하는 마음을 내지 않는다. 그는 몸에 대한 마음챙김을 확립한 채 한량없는 마음으로 머문다. 그는 마음의 해방과 지혜에 의한 해탈을 참되게 알고 있다. 해롭고 지혜롭지 못한 마음들은 그에게서 남김없이 사라진다."[5]

목갈라나는 시각 외의 다섯 감각에 대해서도 같은 설명을 반복한 뒤, 그 마음을 불에 견디는 튼튼하게 지어진 건물에 비유한다. "친구들이여, 점토를 두껍게 바르고 회반죽을 새로 칠한 높은 집이 있다고 하자. 어떤 이가 타오르는 횃불로 어느 방향에서 불을 놓더라도 이 건물은 불이 붙지 않을 것이다. 마찬가지로, 수행승이 마음챙김을 확립한 채 머무르면 (고통의 화신인) 마라가 어떤 감각을 통해 공격해도 그를 붙잡지 못할 것이다."

나쁜 소식은 감각 경험과 관련한 고통이 0이 되려면 집착과 혐오가 0이 되어야 하고, 그러자면 갈망이 0이 되어야 한다는 점이다. 게다가 갈망이 0에 이르려면 꽤 오랜 시간이 걸릴 수도 있다. 한편 좋은 소식도 있다. 그것은 집착과 혐오, 갈망이 완전히 0에 이르지는 못해도 어느 정도는 줄어들 수 있다는 사실이다. 집착으로 인한 쾌락과 혐오로 인한 불쾌감을 적게 경험할수록 고통은 줄어들 것이다. 그리고 그 효과는 매우 극적일 수 있다. 우리의 '내면검색(Search Inside Yourself, SIY)' 프로그램에 참여한 일부 참가자들은 몇 시간의 명상 수행만으로 집착과 혐오가 크게 줄어 고통에 대처하는 능력이 의미 있게 향상되었다고 말한다. 그들은 자신의 삶이 완전히 바뀌었다고 말한다.[6]

존재에 대한 갈망과 비존재에 대한 갈망

일상의 차원에서

다음으로 존재에 대한 갈망과 비존재에 대한 갈망은 일상의 차원에서 쉽게 이해할 수 있다. 존재에 대한 갈망은 필사적으로 계속해서 살고 싶은 마음을 말하며, 흔히 죽음에 대한 두려움으로 나타난다. 반대로 비존재에 대한 갈망은 삶이 너무 혐오스러운 나머지, 죽고 싶은 마음을 말하며, 흔히 자살에 대한 생각으로 나타난다. 그런데 두 가지 갈망 모두 고통을 일으킨다. 슬프게도 둘은 배타적이지 않다. 자살 생각에 빠져 있는 동안 언제나 이 두 가지 갈망을 동시에 경험한 나는 그 사실을 잘 알고 있다.

명상 경험의 차원에서

존재에 대한 갈망과 비존재에 대한 갈망은 일상의 차원이 아닌 명상 경험의 차원에서도 나타난다. 대부분의 사람이 인식하지 못하는 사실이 있다. 바로 우리의 마음은 감각 자극과 생각에 대한 반응으로 주관적 자아감을 끊임없이 만들어낸다는 사실이다. 그런데 명상 중에 마음이 지극히 고요해지면 주관적 자아감이 일어나지 않고 사라지는 때가 종종 있다. 명상 경험이 적은 이들은 이러한 경험에 대해 일반적으로 두려움이나 심한 공포감으로 반응한다. 자아감의 존재에 집착하는 마음은, 자아감이 사라지는 듯 보이면 깜짝 놀란다. 이것이 바로 존재에 대한 갈망이다. 그런데 경험이 풍부한 명상가 중에는 정반대의 문제를 겪는 이들도 있다. 그들은 주관적 자아감이 사라지는 데 익숙해 있어 그것이 사라지면 마음의 평온과 기쁨을 느낀다. 그러다 자아감이 다시 나타나면 시끄러운 소음처럼 거슬리는 느낌이 든다. 마치 라디오의 무음 상태에서 누군가 음소거 버튼을 다시 눌러 갑자기 최대 볼륨의 소리가 나는 것과 비슷하다. 이때 그들은 짜증을 내며 자아감이 다시 사라지기를 원한다. 이것이 명상 경험의 차원에서 나타나는 비존재에 대한 갈망이다.

우주적 차원에서

존재에 대한 갈망과 비존재에 대한 갈망이 나타나는 또 다른 차원은 불교의 세계관과 관련이 있다. 불교의 세계관에 관해 이야기하면 불교의 신비로운 측면 속으로 들어가게 된다. 앞서 나는 불교가 신비주의적 측면에서 완전히 자유롭지 않으며, 불교를 온전하고 깊이 있게 이해하려면 신비주의적 측면을 피해갈 수 없다고 말했다. 그런데 나는 붓다의 천재적 발상 중 하나가 그가 정립한 수행법이 매우 세속적(현실적)이고 보편적이어서 당신이 신비주의적 측면을 믿든 믿지 않든 효과가 있다는 점도 말했다. 어쨌든 불교의 신비주의적 측면에 대한 탐구가 당신에게도 커다란 즐거움이 되길 바란다. 내가 그랬던 것처럼.

그렇다. 불교에도 천국과 지옥의 개념이 있다. 실제로 불교우주론에서 천국은 하나만 있는 게 아니라 스물여섯 개나 있다. 각각의 천국은 이전 천국보다 더 정제된 세상이다.[7] 이 점에서 불교는 당신이 아는 어느 종교보다 '욕심이 많다'고 할 수 있다. 다행히 지옥은 하나뿐이다. 하지만 하나뿐이므로 매우 붐빈다.[8]

불교우주론의 가장 중요한 특징은 다른 종교의 우주론과 달리, 세상 모든 것이 영원하지 않다는 관점, 즉 무상(無常)의 보편성이다. 불교에서는 신들의 수명을 포함해 모든 생명체의 수명이 유한하다고 본다. 지구상의 모든 인간은 수명이 한정되어 있다. 그리고 어떤 사람은 선하다. 그들은 스스로 좋은 업을 지어(업에 대해서는 10장에서 자세히 살펴본다) 죽으면 천상에서 신으로 다시 태어난다. 또 어떤 사람은 동물, 지옥의 존재, 귀신으로 다시 태어나거나 지구상에 인간으로 다시 태어난다. 어떤 모습으로 다시 태어나든 수명이 유한한 것은 같다. 천상에 신으로 다시 태어나는 이들도 수명이 유한한 것은 마찬가지다. 천상의 신들도 태어나 수천 년, 수백만 년이 지나면 다른 존재와 마찬가지로 죽음에 이른 뒤 자신의 업에 따라 다시 태어난다. 여기서 불교의 농담이 떠오른다. "모든 신은 불멸한다, 죽기 전까지는."

사실 불교에서는 존재들이 태어나는 존재계 자체도 영원하지 않다고 본다. 불교에는 세계 주기(world cycle)라는 개념이 있는데, 우주가 생겨나 팽창하고 수축한 뒤 소멸하는 데 걸리는 시간을 말한다.[9] 우주에도 생명 주기가 있다고 보는 것이다. 인간 세상과 그 밖의 다양한 천상계는 우주 생명 주기의 서로 다른 단계에 있다고 본다. 이처럼 불교우주론에서는 천상의 신들만 영원하지 않은 것이 아니라 천상계와 우주 자체도 영원하지 않다.

불교인에게 있어 천국에 다시 태어나는 것이 고통의 최종 해결책이 될 수 없는 이유는 지금 보았듯이 어떤 것이든 영원하지 않다는 무상의 보편성 때문이다. 천국에 태어나면 수천, 수백만 년을 그곳에서 행복하게 지낼 수 있지만 그다음에는, 다시 원점으로 돌아간다. 붓다는 새로 깨달음을 얻은 뒤 자신의 옛 스승인 알라라와 웃다카에게 법을 가르칠 생각을 한다. 하지만 두 스승은 이미 세상을 떠난 뒤였다. 사실 두 사람은 깊은 수행과 흠잡을 데 없는 업으로 최고의 천상에 다시 태어나 있었다. 대중 설화에 따르면, 붓다는 두 사람이 '고작' 8만4천 세계 주기 동안만 그곳에 살 수 있다는 이유로 슬퍼했다고 한다.[10] 이것은 우주 온 수명의 8만4천 배에 달하는 기간을 가장 높은 천상에서 지극한 행복을 즐기며 산다는 의미다. 하지만 불교인에게는 이것조차 충분하지 않다. 앞에서 불교는 '욕심이 많다'고 했잖은가.

실제로 신들도 고통을 겪는다고 한다. 특히 수명이 다할 무렵, 자신이 죽어 간다는 사실을 알았을 때 신들은 고통을 느낀다고 한다. 몸에서 광채가 사라지고 다른 신들이 그들을 피하기 시작한다. 이렇게 죽음에 이른 신들은 자신의 임박한 죽음과 외로움으로 인한 공포가 한꺼번에 밀려와 실존적 위기를 겪는다고 한다. 신으로 태어나는 것은 좋은 일이지만 신으로 죽는 것은 끔찍한 일이다.

이러한 우주론적 세계관에 따라 불교에는 **삼사라**(samsara), 즉 **윤회**라는 중요한 개념이 있다. 문자 그대로는 '방황하다'라는 의미[11]인데 천상계와 지옥계, 인간, 동물, 귀신이 사는 온갖 존재계에서 태어남과 늙음, 죽음과 재생을 반복하는 것을 말한다. 가르침을 받지 못하고 깨달음을 얻지 못한 존재들은 존재계의 한 생에서 다음 생으로 정처 없이 방황하며 끊임없이 고통을 당한다. 일반적으로 윤회를 이렇게 설명한다. '시작도 끝도 없이 고통으로 가득한 삶과 죽음, 다시 태어남을 반복하는 것' 또는 '끝없는 고통의 반복'이라고 말이다.[12]

한번은 내가 명상 수행처의 대형 주차장에 차를 주차하려던 중이었다. 그런데 주차장이 완전히 만차였다. 근처에 텅 빈 임시 주차장이 있었지만, 안내 표지판이 없어 운전자들은 그 주차장이 있다는 것을 전혀 몰랐다. 진입 차량들은 주차할 곳을 찾아 끝없이 메인 주차장 주변을 맴돌았다. 그때 내가 아내에게 말했다. "이게 바로 윤회, 끝없는 고통의 반복이야."라고.

윤회의 맥락에서 볼 때 존재에 대한 갈망은 (형태가 있든 없든) 존재하고자 하는 갈애이자 욕망이며 강박이다. 존재하고자 하는 갈애를 일으키면 윤회에 영원히 머물러 끝없이 고통을 받아야 한다. 그렇다면 존재하지 않기를 원해서 존재하지 않게 되면 윤회에서 벗어날 수 있다고 생각할지 모른다. 그러나 존재하지 않으려는 소망 또한 존재하지 않으려는 '갈망'이며 이것 역시 고통의 원인으로 작용한다.

붓다가 비존재에 대한 갈망을 세 가지 갈망 중 하나로 꼽은 것은 중요한 의미를 갖는다. 왜냐하면 어떤 사람은 불교를 일종의 허무주의로 간주하며, 또 어떤 사람은 불교 수행의 목적이 결국엔 비존재가 되는 것, 즉 존재하지 않게 되는 것이라고 잘못 생각하기 때문이다. 이에 붓다는 비존재에 대한 갈망을 세 가지 갈망 중 하나로 꼽음으로써 두 가지 오해를 한꺼번에 불식시킨다. 사실 붓다는 자신이 자아의 소멸을 가르치는 것은 아니라고 분명히 말한다.[13]

붓다가 비존재에 대한 갈망을 세 가지 갈망 중 하나로 꼽은 데서 우리는 또 하나의 핵심을 알게 된다. '존재'와 '비존재'는 서로 반대되는 개념인데 두 가지에 대한 갈망을 동일한 참의 범주에 넣는 것은 언뜻 모순처럼 보인다. 그러나 이 둘의 공통점이 '갈망'이라는 데 주목해야 한다. 이것은 존재하거나 존재하지 않는 것 자체가 고통의 원인이 아니라, 존재하거나 존재하지 않는 둘 중의 하나 또는 둘 다에 대한 '갈망'이 고통을 유발한다는 점을 밝혀 준다. 존재에 대한 갈망이든 비존재에 대한 갈망이든 둘 다 엄연히 '갈망'이다. 붓다는 어느 설법에서 존재에 대한 갈망을 '올바른 상태에 이르지 못하는 것'으로, 비존재에 대한 갈망을 '올바른 상태를 지나쳐 버리는 것'으로 묘사한다.[14] 붓다의 가르침을 온전히 이해한다는 것은 올바른 상태에 이르지 못하는 것도, 올바른 상태를 지나쳐버리지도 않는 것이다.

셰익스피어가 던진 오랜 질문 "사느냐 죽느냐, 이것이 문제로다."에 대해 불교는 이렇게 답할 것이다. "고맙지만 그 질문 사양할게요."

내 것도 아니고, 나도 아니고, 나의 자아도 아닌

세 가지 갈애 그리고 집착의 대상이 되는 다섯 가지 무더기(오온)와 관련해 우리가 갖는 특히 강력한 집착이 있다. 그것은 '이것은 내 것이다. 이것이 나다. 이것이 내 영혼이다'라며 다섯 가지 무더기에 집착하는 것이다.

가령 우리는 이 몸을 내 몸이라고 안다. 이 몸을 내 것이라고 생각한다! 또는 이 생각과 감정을 나라고 여긴다. 나! 또는 이 의식을 내 영혼이라고 생각한다. 나의 영혼! 다시 말해, 우리는 자아를 붙들고 있다. 우리는 자아를 견고하고 의지할 수 있는 것이라고 생각하고 싶어 한다. 자아를 소유권과 주권을 가진 존재로 생각하고 싶어 한다. 그러나 자아는 우리에게 이런 것을 주지 못한다. 따라서 그것은 고통이다.

유명한 〈포말경〉에서 붓다는 육체를 강 위에 떠 있는 거품 덩어리에 비유한다. 언뜻 실체가 있는 것처럼 보여도 육체를 자세히 살펴보면 '공허하고 속이 비어 있으며 실체가 없음'을 알 수 있다고 한다.[15] 마찬가지로, 육체 이외의 다른 무더기들도 처음에는 실체가 있어 보여도 자세히 살피면 비어 있고, 실체가 없다는 사실이 드러난다. 감각(느낌)은 물방울에 비유되는데, 물방울은 실재하는 것처럼 보여도 금세 생겼다 사라진다. 지각은 신기루에 비유되며, 역시 실제처럼 보이지만 환상에 지나지 않는다.

의지적 형성 작용에 대한 비유는 내게 더욱 흥미롭게 다가왔다. 내가 몰랐던 사실, 즉 바나나 나무에 실제로 줄기가 없다는 사실을 가르쳐 주었기 때문이다. 바나나 나무는 '나무'가 아니라 커다란 잎이 단단히 말려 줄기처럼 보이는 거대한 초본 식물이다. 건축 재료로 쓸 심재(나무줄기 중심부의 단단한 부분)를 구하는 사람이 바나나 나무를 베어내면 커다란 잎만 말려 있다는 사실을 알게 된다. 쓸모 있는 심재를 찾을 수 없다. 마찬가지로 생각과 감정 등의 의지적 형성 작용 역시 실재하는 것처럼 보여도 자세히 살펴보면 실체가 없고, 그다지 유용하지도 않은 마음의 창조물에 불과하다는 사실이 드러난다.

마지막으로, 이것은 소류 스님이 좋아하는 비유인데, 붓다는 의식을 마술사의 환영에 비유했다. 마술사가 연기하는 마술은 어느 것이든 진짜처럼 보인다. 공이 순간 사라졌다가 다른 곳에 나타난다. 여자의 몸을 둘로 자른 뒤 다시 합친다. 정말 그렇게 보인다. 하지만 모두 우리를 속이는 착각일 뿐이다. 마찬가지로 의식도 실체가 있는 것처럼 보여도 살펴보면 실체를 가진 어떤 것도 찾을 수 없다.

어떤 무더기든 자세히 살펴보면 공허하고 비어 있으며 실체가 없는 것으로 드러난다. 불교의 신젠 영 스님은 자아에 대해 다음과 같이 훌륭히 설명한다. "자아에 대한 경험은 일련의 과정이며, 그 과정에서 자아라고 할 만한 실체는 존재하지 않습니다." 자아는 실체가 없으므로 자아를 구성하는 무더기를 '내 것, 나, 나의 영혼'으로 집착할 때 고통이 일어난다.

아직 완전히 이해하지 못하더라도 걱정하지 말라. 이것은 매우 심오한 내용으로 불교에 대해 더 자세히 알아보는 책의 후반부에서 다시 이야기할 것이다. 지금 말한 내용은 아주 깊이 있는 사람과의 첫 대면으로 생각하라. 오늘의 만남으로 충분하다. 나중에 더 많은 이야기를 나눌 기회가 있을 것이다.

어느 정도로 심오한 내용인가? 완전한 깨달음이 일어날 수 있을 만큼 심오하다. 붓다는 〈무아의 특징 경〉이라는 중요한 설법에서 이 주제에 대해 말했다.[16] 이 설법은 붓다가 깨달음을 얻은 뒤 두 번째로 설한 것으로, 다섯 제자를 상대로 한 설법이다. 붓다는 이렇게 말했다.

과거든 미래든 현재든, 내적이든 외적이든, 거칠든 미세하든, 열등하든 우월하든, 멀든 가깝든, 모든 종류의 형상과 감각, 지각, 의지적 형성 작용, 의식을 올바른 지혜로, 있는 그대로 보아야 한다. "이것은

'내 것'이 아니다. 이것은 '나'가 아니다. 이것은 '나의 자아'가 아니다."라고 바르게 보아야 한다.

그러면 더 이상 오온에 미혹되지 않는다. 미혹에서 깨어나면 벗어남(해탈)이 찾아온다. 법문이 끝날 즈음, 다섯 비구 모두 완전한 깨달음을 얻는다.

여기서 당신은 '나'와 '나의 자아'의 차이가 무엇인지 궁금할지 모른다. 둘은 같은 의미가 아닌가? 그러나 붓다가 사용한 앗따(atta)라는 단어는 오늘날 우리가 아는 '자아'와는 조금 다른 의미이다. 붓다가 살던 당시에는 누구에게나 영원하고 변치 않으며 본질적으로 행복한 핵심 자아가 있다는 믿음이 널리 퍼져 있었다. 많은 현대인이 '영혼'이라고 부르는 그것이다. 그런데 붓다 시대에는 영혼을 가리키는 '앗따'라는 말이 자아를 가리키는 말과 같았기 때문에 '자아'로 번역했지만 이 문맥에서는 '영혼'으로 읽어야 한다.

붓다는 신이나 우주, 자연조차 영원하고 불변하며 본질적으로 행복한 영혼을 갖지 못하며, 다섯 무더기를 어떻게 조합해도 영원하고 불변하며 본질적으로 행복한 영혼을 갖지 못한다고 말했다. 대신 고통에서 벗어나 진정한 행복을 실현하기 위해서는 자아에 대한 동일시에서 놓여나야 한다고 했다. 이것이 바로 **아낫따**(anatta), 즉 **무아**(無我)의 가르침이다. 무아는 불교 전체를 통틀어 가장 중요한 가르침 가운데 하나이다.

'집착'이라는 단어의 의미와 관련한 중요한 뉘앙스가 있다. 집착은 '단단히 붙잡다'는 뜻이지만 집착을 의미하는 빠알리어 단어 '우빠다나(upādāna)'에는 '연료'라는 의미도 있다.[17] 번역 과정에서 사라진 중요한 뉘앙스가 있는데 그것은 집착은 집착하는 사람에게 '연료'가 된다는 점이다. 집착의 대상은 거기에 집착하는 자가 딛고 서는 토대가 된다. 고대 인도에서는 이것을 불에 비유한다. 고대 인도의 관점에서 볼 때 불은 연료를 '붙잡는' 한편, 연료는 불을 계속 타오르게 한다.[18] 오늘날로 비유하자면 중독을 들 수 있다. 중독은 남용 물질을 '붙잡는' 행위이면서, 물질을 남용하는 행위 자체가 집착의 원료가 된다. 이런 깨달음이 중요한 이유는, 집착을 놓으면 집착 자체를 지속시키는 연료도 함께 내려놓을 수 있다는 점 때문이다. 따라서 집착을 내려놓을 때 고통을 지속시키는 원인 자체를 제거하는 선순환이 시작된다.

소류 스님에 따르면, 다섯 가지 무더기는 우리의 자아감을 키우는 연료와 같다. 오온을 자아를 위한 연료나 지지대로 사용할 때 그것에 집착하게 되는데, 그것이 바로 고통이다. 대부분의 사람은 붙들고 집착하는 것이 안전하다고 믿지만, 붓다는 집착이 실제로 고통이라는 점을 지적한다. 물에 빠진 사람이 있다고 하자. 그는 가라앉는 주변의 무거운 물건을 필사적으로 붙잡아야 안전하다고 믿지만 실제로는 손에서 놓는 것이 진정한 안전의 시작이다.

이 가르침이 전하는 중요한 의미는 당신의 힘이 어디에 있는지 말해 준다는 데 있다. 당신은 오온을 나의 것, 나, 나의 자아로 붙잡지 '않기로' 선택할 수 있다. 그리고 그 선택으로 모든 고통으로부터 자유로워질 수 있다. 책의 후반부에서 오온을 나, 나의 것, 나의 자아로 붙잡지 않는 능력을 어떻게 키울 수 있는지 살펴볼 것이다.

똥 덩어리에 금덩이가 들어 있다

만약 소류 스님이 두 번째 고귀한 진리에 대해 설법한다면 '고통이 일어나는 데는 원인이 있다'는 말로 시작할 것이다. 즉 고통은 본래부터 우리에게 주어진 것도, 아무렇게나 일어나는 것도 아니다. 고통은 원인-결과의 법칙에 따라 일어난다. 스님은 이어서 고통의 실제 원인을 이야기하기 전에 이렇게 이야기할 것이다. "잠시 이 점에 대해 깊이 숙고해 봅시다. '고통이 일어나는 데는 원인이 있다'는 점에 대해서요." 스님이 말을 그치면 길고 어색한 침묵이 흐르곤 한다. 그렇다. 불교 스승들은 으레 그렇게 한다. 어색한 침묵을 좋아하는데, 그것이 재미있다고 생각해서일까?

그러나 소류 스님은 재미 이상으로 근본 핵심을 짚고 있다. 사람들은 흔히 두 번째 고귀한 진리의 본질이 갈망이라고 생각하지만 실은 그렇지 않다. 두 번째 고귀한 진리의 본질은 '고통이 일어나는 데는 원인이 있다'는 사실이다. 붓다는 두 번째 고귀한 진리를 '둑카-사무다야(dukkha-samudaya)'로 요약했다. '고통의 근원'이라는 의미다.[19] '갈망'이 아니라 '근원'이라고 했다. 고통의 원인이 무엇인지 아는 것도 중요하지만, 고통이 일어나는 데는 근원, 즉 원인이 존재한다는 사실을 아는 것이 더 중요하다. 이것이 소류 스님이 어색한 침묵을 통해 전달하고자 하는 핵심이다.

두 번째 고귀한 진리에는 불교 수행에서 큰 의미를 갖는 또 하나의 통찰이 들어 있다. 그것은 우리가 고통을 없기 위해 새로운 것을 만들어내지 않아도 좋으며, 기존의 장애물을 없애기만 하면 된다는 점이다. 자연 상태 그대로의 마음은 이미 순수하고 완벽하며 괴로움을 겪지 않는다. 그러다 마음에 괴로움을 일으키는 조건이 생겨난다. 예를 들어 붓다는 이렇게 말했다. "비구들이여, 이 마음은 원래 밝게 빛나지만 외부의 더러움으로 더럽혀져 있다."[20] 이런 의미에서 이미 완벽한 상태의 마음을 '업그레이드'하기 위해 우리가 따로 해야 할 일은 없다. 고통을 일으키는 조건을 제거하기만 하면 된다. 어떤 불교 스승은 본래의 완전한 마음을 소똥에 숨은 황금 조각에 비유하여 유머러스하게 표현한다. 금을 만들어낼 필요는 없다. 소똥 속에 이미 들어 있다. 금을 발견하기 위해서는 소똥을 씻어내기만 하면 된다.

    소류 스님은 이것을 우리가 집착하는 대상인 오온에 대입해 설명한다. 즉 오온은 우리가 고통을 쌓아 가는 다섯 가지 방식이라는 것이다.[21] 이 관점에서 볼 때 고통을 겪지 않는 상태는 이미 존재하며, 우리가 할 일은 '오온'이라는 다섯 가지 방식으로 괴로움을 쌓지 않는 것뿐이다. 전생에 테니스 선수였던 소류 스님은 테니스의 비유를 들어 말한다. 테니스 시합에서 지는 방법은 다음의 다섯 가지 방법밖에 없다. 네트에 공을 맞히거나, 오른쪽으로 너무 멀리 치거나, 왼쪽으로 너무 멀리 치거나, 너무 길게 치거나, 공을 완전히 헛스윙 하는 경우다. 시합에서 이기기 위해서는 이 다섯 가지만 피하면 된다.

문제를 새로 만들지 않으면 문제는 해결된다

고통을 새로 만들지 않으면 고통을 해결할 수 있다는 통찰엔 놀랍도록 강력한 실제적 의미가 담겨 있다. 그것은 문제를 새로 만들지 않으면 문제는 결국 해결된다는 사실이다. 이것은 소류 스님과 신젠 영이라는 내가 아는 불교 스승이 공식화한 아이디어다. 동료이자 친구인 두 사람은 어느 날 대화를 나누던 중에 인류 역사상 인간이 일으킨 모든 문제가 이전 문제에 대한 해결책으로 시작했다는 사실을 통찰했다.

1894년에 '말똥 대란'이라는 재미난 사태가 벌어졌다.[22] 당시 도시들은 사람과 물자의 운송을 말에 의존하고 있었다. 그런데 말 한 마리당 하루 15~35파운드의 똥을 배설했고, 사람들은 길거리에 말똥을 그대로 버렸다. 뉴욕시에서만 10만 마리의 말이 하루 250만 파운드의 똥을 배설했다. 전문가들은 도시가 확장됨에 따라 거리는 엄청난 양의 말똥에 묻힐 것이라고 예측했다. 이런, 어떻게 해야 할까? 해결책은 바로 자동차였다(박수!). 그러나 안타깝게도 내연 기관이 발명되면서 화석 연료 소비가 엄청나게 증가했고, 이는 인류를 괴롭히는 주요 문제인 지구 온난화의 커다란 원인이 되고 있다. 만약 다음에 당신이 지구 온난화의 원인으로 내연 기관을 떠올린다면 그것이 이전의 문제, 즉 도시의 도로가 말똥에 묻히는 문제에 대한 해결책으로 시작되었다는 사실을 기억하라.

이전 고통에 대한 해결책으로 시작한 행동이 고통을 유발하는 이런 매커니즘은 개인적 차원에서도 미묘한 방식으로 일어난다. 예를 들어 알코올 중독자는 자신의 기분을 좋게 하려고 술을 마신다. 술을 마시지 않으면 기분이 불쾌해지기 때문이다. 그에게는 술을 마시는 것이 불쾌한 기분 문제에 대한 해결책이다. 그는 술을 마시면 자신과 사랑하는 사람에게 고통을 준다는 사실을 알면서도 술을 마신다. 현재 문제를 해결하기 위해 미래에 문제를 일으키는 행동을 하고 만다. 이것이 중독자가 생성되는 과정이다. 우리는 누구나 다양한 차원에서 이러한 고통을 겪는다. 예를 들어, 초콜릿 케이크 조각을 야금야금 먹은 뒤 건강에 해로움을 일으킨다(나의 죄를 인정합니다). 수백만 명의 사망자를 초래한 많은 전쟁도 애당초 국민들의 불쾌한 감정을 해결하려고 시도한 결과이다.

　나중에 고통을 일으킴에도 우리는 이런 해결책을 시도한다. 그런데 그 모든 해결책에는 한 가지 공통점이 있다. 그 해결책이 고통의 진짜 원인인 갈망을 무시한다는 점이다. 다시 말해, 이후에 고통을 유발하는 해결책은 어떤 것이든 문제의 진짜 원인을 피해 가므로 진정한 해결책이 될 수 없다. 물건을 치우지 않고 쌓아두기만 하는 여자가 있다고 하자. 그녀의 집에는 오래된 신문, 먹고 남은 피자 박스, 쓰다 만 치실, 썩은 음식물 쓰레기, 빈 음료수 캔 등 온갖 종류의 쓰레기로 가득하다. 쓰레기가 가득 쌓여 집 안을 걸어 다니기 힘들 정도다. 해결책은 간단하고 분명하다. 쓰레기를 버리면 된다. 그럼에도 그녀는 보기 흉한 문제를 해결하려고 쓰레기 위에 실크 보자기를 덮는다. 냄새 문제를 해결하려고 향수를 뿌리며, 쥐 문제를 해결하려고 집안 곳곳에 쥐덫을 놓는다. 이런 방법은 효과가 없다. 그녀의 집은 원래 상태에선 살 만한 환경이었지만 지금은 쓰레기로 가득해 살기 어려운 상태가 되었다. 진정한 해결책은 쓰레기를 치우는 것이지, 쓰레기 문제를 해결하려고 더 많은 물건을 들이는 것이 아니다.

　마찬가지로 우리의 마음이 고통을 겪는 이유도 갈망으로 더러워졌기 때문이다. 갈망이라는 원인을 무시한 해결책은 문제를 근원적으로 해결하지 못할 뿐 아니라 이후에 더 많은 문제를 일으킨다. 올바른 해결책은 갈망을 없애는 것이다. 갈망을 없애면 문제가 해결될 뿐 아니라 또 다른 문제를 일으키지 않는 행복한 부수 효과를 얻을 수 있다.

그렇다면 갈망에서 벗어나 고통으로부터 자유로워지는 것은 어떤 것일까? 다음 장에서 그 이야기를 하려 한다.

소류 스님의 한마디

모든 사람이 100파운드의 역기를 들 수 있는 것은 아닙니다. 어떤 사람은 들 수 있고, 어떤 사람은 들기 힘들어합니다. 아무리 노력해도 절대 들어 올리지 못하는 사람도 있습니다. 마찬가지로 어떤 사람은 10파운드의 역기를 들어 올릴 수 있지만, 어떤 사람은 들어 올리지 못합니다.

하지만 누구나 할 수 있는 일이 있습니다. 바로 역기를 내려놓는 일입니다.

고통은 갈망 때문에 일어납니다. 갈망은 고통이 일어나는 조건입니다. 갈망을 갖지 않으면 갈망으로 인한 고통도 일어나지 않습니다. 당신이 할 일은 그저 갈망을 내려놓는 것뿐입니다.

내려놓으세요. 끊으세요. 버리세요. 이것만으로 고통은 끝이 납니다.

5장

열반의 향기

세 번째 고귀한 진리

물고기에게 육지를 설명하다

옛날 옛적에 물고기와 거북이가 친구로 지냈다. 거북이가 육지를 돌아보고 왔다. 그러나 물고기는 거북이가 다녀온 육지를 도저히 이해할 수 없었다. 물고기는 연이어 질문을 던졌다. "온통 축축한 곳이니?", "지느러미를 흔들며 코를 밀어 넣어도 되니?", "파도 속에서 흰 거품을 내며 떠오를 수 있니?", "물줄기를 타고 갈 수 있니?" … 이 모든 질문에 거북이는 '그렇지 않다'고 답했다. 결국 물고기는 "그럼, 육지는 아무것도 아니구나."라고 자신 있게 결론 내렸다. 거북이의 설명은 물고기의 경험을 완전히 벗어나 있었다. 이에 거북이가 답할 수 있는 것은 아무것도 없었다.[1]

이것이 바로 이 장에서 맞닥뜨리는 가장 큰 어려움이다. 말로 설명할 수 없는 것을 말로 설명하는 것 말이다.

붓다는 첫 번째 설법에서 갈망을 끝내면 고통을 끝낼 수 있다고 말했다. 이 주장은 불교에서 **세 번째 고귀한 진리**로 알려져 있다. 구체적으로 붓다는 이렇게 말했다.

> 비구들이여, 이것이 바로 괴로움의 소멸이라는 고귀한 진리이다. 갈망이 남김없이 사라지고 소멸하는 것, 갈망을 버리고 포기하는 것, 갈망으로부터 자유로워지는 것, 갈망에 의존하지 않는 것이다.[2]

모든 고통으로부터 완전히 자유로워진 상태를 표현하는 단어가 **열반**이다.[3] 열반을 설명할 때 우리가 겪는 가장 큰 어려움은 기본적으로 그것을 말로 표현할 수 없다는 점이다. 거북이가 물고기에게 육지를 설명하려는 것과 같다. 평생 단맛을 맛보지 못한 사람에게 꿀의 맛을 설명하려는 것과도 같다. 제대로 설명할 방법이 없다. 소류 스님에 따르면 꿀은 적어도 '맛 경험'이라는 참조 기준이 있지만 열반은 그런 기준조차 없으므로 열반을 설명하기란 육지나 꿀의 경우와 비교할 수 없을 만큼 어렵다. 붓다는 이렇게 말했다. "열반은 심오하고 보기 어렵고 이해하기 어렵다. … 단순한 추론으로 열반을 얻을 수 없다."[4]

이처럼 열반을 말로 설명하기 어렵다는 점 때문에 물고기가 육지를 아무것도 아니라고 생각하듯 사람들은 열반을 '무(無)'로 착각한다. 그러나 다행히 희망이 없는 것은 아니다. 직접 관찰 불가능한 현상이라 해도, 그것의 이차적이고 파생적인 측면을 관찰함으로써 이해할 수 있는 경우도 있다. 한 가지 예가 블랙홀이다. 블랙홀은 빛조차 내부에서 빠져나갈 수 없을 정도로 강력한 중력 효과를 보이는 공간 영역이다. 블랙홀을 직접 관측할 수 있는 방법은 전혀 없다. 모든 빛과 전자기복사를 그곳에 가두기 때문이다. 그러나 적어도 두 가지 방법으로 블랙홀의 존재를 유추할 수는 있다. 하나는 블랙홀이 주변 천체에 미치는 중력 효과를 관찰하는 것이다. 빈 공간처럼 보이는 영역이 주변 천체에 강한 중력을 가한다면 그곳에 블랙홀이 있을 가능성이 높다. 블랙홀을 간접적으로 관찰하는 또 하나의 방법은 호킹 복사(Hawking radiation) 효과를 이용하는 것이다.

스티븐 호킹의 유명한 책 『시간의 역사(A Brief History of Time)』에 따르면 호킹 복사는 블랙홀의 사건 지평선(event horizon)● 바로 바깥에서 입자와 반(反)입자(입자와 동일한 질량을 가지며, 전하의 절댓값도 입자와 같지만 반대 부호를 갖는다) 쌍이 생성될 때 발생한다고 한다.[5] 예컨대 전자와 양전자가 생성되면 양전자는 블랙홀 안으로 빨려 들어가고 전자는 빠져나와 열복사 현상으로 관측된다. 이런 식으로 블랙홀 자체는 빈 공간처럼 보여도 블랙홀 주변 공간에서 복사가 발생하고, 이 복사를 관측함으로써 블랙홀의 존재를 유추할 수 있다는 것이다.

마찬가지로 열반 자체는 헤아리기 어렵고 말로 설명하기도 어렵다. 완전히 깨닫지 못한 사람은 열반을 제대로 이해할 수 없다. 하지만 깨닫지 못한 사람에게도 열반의 일부 측면을 설명할 수 있으며, 그에 따라 열반을 어느 정도는 이해할 수 있다. 붓다 역시 우리가 이해

● 사건 지평선(또는 사상 지평선事象 地平線)이란 일반 상대성 이론에서, 그 내부에서 일어난 사건이 그 외부에 영향을 줄 수 없는 경계면이다. 가장 흔한 예는 블랙홀의 바깥 경계, 즉 블랙홀 주위의 사상 지평선이다. 외부에서는 물질이나 빛이 안쪽으로 빨려 들어갈 수 있지만, 내부에서는 블랙홀의 중력에 의한 붕괴 속도가 탈출하려는 빛의 속도보다 커지므로 내부로 들어온 물질이나 빛은 사건 지평선으로 해서 외부로 빠져나갈 수 없게 된다(참조: 위키백과). – 옮긴이

할 수 있는 열반의 측면에 대해 이야기했다. 스스로 완전한 깨달음을 얻기 전까지 열반을 완전히 이해하는 방법은 없지만, 명상 수행과 열반에 관해 붓다가 말한 내용을 토대로 열반에 대한 대략적인 이해를 얻을 수 있다.

열반이란 무엇인가

먼저 열반, 즉 니르바나(nirvana)라는 단어가 가진 문자 그대로의 의미를 알아둘 필요가 있다. 이는 불꽃이 '꺼지는 것'을 의미한다. 이런 의미에서 열반은 '소멸'을 뜻한다.[6] 그렇다면 열반에서 무엇이 소멸되는 것일까? 가장 분명한 것은 갈망이다. 열반에 이르면 갈망이 소멸된다. 실제로 붓다는 열반을 '갈망의 소멸'로 간주한다.[7] 또 열반은 흔히 '**삼독**(三毒)'이라고 부르는 탐욕, 성냄, 어리석음을 소멸시키는 것이기도 하다(빠알리 원어는 운율을 맞추어 각각 lobha, dosa, moha이다).[8] 이것을 갈망과 연관지어 말하면 탐욕은 갈망의 집착 측면, 성냄은 갈망의 혐오 측면, 어리석음은 갈망이 일어나는 필요 조건이라고 할 수 있다. 따라서 어리석음을 소멸하면 현재와 미래의 갈망을 모두 소멸시킬 수 있다.

탐욕, 성냄, 어리석음의 세 가지 독을 '**세 가지 불**'이라고도 한다. 전법 초기, 붓다는 세 명의 깟사빠 형제가 이끄는 천 명의 수행자 무리를 만난다. 붓다와의 만남 이후에 천 명의 수행자 모두가 불교로 개종했다. 당시 그들에게 전한 설법은 붓다의 깨달음 이후 세 번째 설법이었다. 천 명의 수행자들은 출가하기 전부터 불과 관련된 희생 제의에 몰두해 있었으므로 붓다는 그들에게 친숙한 불을 소재로 설법을 폈다. 이것이 유명한 '불의 설법'(《불타오름 경》)이다.[9] 붓다는 이렇게 설법을 시작한다. "비구들이여, 모든 것이 불타고 있다. … 무엇으로 불타는가? 탐욕의 불, 성냄의 불, 어리석음의 불로 타고 있다." 이런 이유로 탐욕과 성냄, 어리석음을 '세 가지 불'이라고도 한다. 그리고 이 세 가지 불을 끄는 것이 고통에서 벗어나는 것이다. 법문이 끝날 무렵, 새로 불교 승려가 된 천 명의 비구가 모두 해탈을 얻었다고 한다. 맥주 회사 기네스가 기록을 남겼다면 이 사건을 붓다의 한 차례 설법으로 가장 많은 사람이 완전한 깨달음을 얻은 사건으로 기록했을 것이다.[10]

열반을 삼사라, 즉 윤회에서 벗어나는 것으로 설명하기도 한다. 앞서 윤회를 신, 지옥의 존재들, 인간, 동물, 귀신 등 다양한 존재가 태어남과 늙음, 죽음과 새로 태어남을 끝없이 반복하는 고통의 순환이라고 말했다. 열반은 이런 끝없는 순환에서 벗어나는 것이다. 이런 이유로 고대 불교 문헌에서 완전한 깨달음을 얻은 이들은 종종 이렇게 선언한다. "태어남이 파괴되었고, 거룩한 삶을 살았으며, 해야 할 일을 다 했노라. 지금과 같은 존재 상태는 앞으로 더 이상 존재하지 않을 것이다."[11]

그런데 열반이 윤회에서 벗어나는 것이라는 점에서 열반을 모든 것이 사라지는 절멸론으로 오해하기 쉽다. 실제로 붓다가 살아 있을 때도 그의 가르침이 절멸론이라고 주장하는 사람들이 있었다. 이에 대해 붓다는 이렇게 직접 질책했다.

일부 은둔자와 바라문들은 나에 대해 다음처럼 근거 없는, 헛되고 거짓되며 잘못된 평가를 내리고 있다. "은둔자 고타마는 잘못된 길로 인도하는 자이며, 존재의 소멸과 파괴, 절멸을 가르친다."[12]

열반이 윤회에서 벗어나는 것일 뿐, 모든 것이 사라지는 절멸론이 아니라면 (특히 깨달음을 얻지 못한 나 같은 어리석은 사람에게는) 난처한 질문이 생긴다. 그것은 '완전히 깨달은 자가 죽으면 그는 존재하는 것인가, 존재하지 않는 것인가'라는 질문이다. 놀랍게도 나는 붓다가 실제로 이 질문에 답을 주었다는 사실을 알았다. 붓다와 왓차곳따라는 유행승이 나눈 대화에 나오는 내용이다.[13] 이하는 관련 부분을 내가 번역한 것이다.

왓차곳따   "완전히 깨달은 자가 죽으면 그는 (1) 세상에 존재합니까? (2) 존재하지 않습니까? (3) 존재하기도 하고, 존재하지 않기도 합니까? (4) 존재하는 것도 아니며, 존재하지 않는 것도 아닙니까? 당신의 견해는 무엇입니까?"

붓다   "네 가지 중 어느 것도 나의 견해가 아닙니다. 게다가 이것들은 모두 사변적인 견해입니다. 사변적인 견해로는 고통에서 벗어날 수 없기에 나는 그것들을 모두 버렸습니다."

왓차곳따   "완전히 깨달은 자가 죽으면 (1) 세상에 다시 태어납니까? (2) 다시 태어나지 않습니까? (3) 다시 태어나기도 하고, 다시 태어나지 않기도 합니까? (4) 다시 태어나는

	것도 아니며, 다시 태어나지 않는 것도 아닙니까? 당신의 견해는 무엇입니까?"
붓다	"네 가지 중 어느 것도 나의 견해가 아닙니다."
왓차곳따	"흠, 정말 혼란스럽군요."
붓다	"그러면 이렇게 물어보겠습니다. 불이 났다고 하죠. 불은 무엇에 의지해 타오릅니까?"
왓차곳따	"불은 연료에 의지해 타오릅니다."
붓다	"연료가 떨어져 불이 꺼지면 불은 어느 방향으로 타들어 갑니까? 북쪽? 남쪽? 동쪽? 서쪽?"
왓차곳따	"네 방향 중 어느 것도 해당되지 않습니다."
붓다	"마찬가지로 완전히 깨달은 자는 형상, 감각, 지각, 의지적 형성 작용, 의식의 다섯 무더기에서 완전히 벗어납니다. 그는 바다처럼 심오하고 헤아릴 수 없는 존재입니다. 따라서 다시 태어나거나, 다시 태어나지 않거나, 둘 다이거나, 둘 다 아닌 것의 네 가지 명제는 여기에 해당되지 않습니다."
왓차곳따	"멋지네요."

물론 왓차곳따는 '멋지네요'라는 표현을 쓰지 않았다. 대신 그는 붓다를 크게 칭송하며 그의 제자가 되기를 청한다. 붓다를 칭송한 두 단락을 내가 간단히 '멋지네요'라고 줄였다.

붓다가 말한 핵심은 세상을 떠나 완전한 깨달음을 얻은 자는 존재 또는 비존재의 관점에서 파악할 수 없으므로 그에게는 존재와 비존재가 적용되지 않는다는 점이다. 이 점이 이해가 가지 않는 당신의 혼란을 줄여주는 (혹은 키우는) 몇 가지 가르침을 소개한다. 이 주제에 대해 붓다가 다른 맥락에서 말한 적이 있다. 까짜나고따라는 승려가 붓다께 '올바른 견해'란 무엇인지 설명을 청하자 붓다는 이렇게 답했다.

[깨달은 자를 제외한] 세상 대부분의 사람은 존재 또는 비존재라는 이원적 관념에 의존해 있다. 그러나 올바른 지혜로 세상의 생성을 있는 그대로 보는 자는 세상에 대해 비존재의 관념을 갖지 않는다. 그리고 올바른 지혜로 세상의 소멸을 있는 그대로 보는 자는 세상에 대해 존재의 관념을 갖지 않는다.[14]

위 구절과 관련해 중세 주석서에는 앗티따(atthita)라는 '존재의 관념'은 영원론을 의미하며("나는 영원히 존재할 것이다"), 낫티따(natthita)라는 비존재의 관념은 소멸론을 의미한다고("나는 영원히 사라질 것이다") 설명한다. 따라서 위 구절은 현상을 존재와 비존재의 관점에서 파악하는, 아직 깨닫지 못한 자의 마음이 지닌 한계를 가리킨다고 볼 수 있다.

그렇다면 존재와 비존재의 관념을 어떻게 이해해야 할까? 틱낫한 스님은 이를 바다의 파도에 비유해 말한다. 바다 수면의 파도를 생각해 보라.[15] 지금 치고 있는 이 파도를 자신의 개별적 자아로 간주하는 파도는 자신의 발생과 소멸, 존재와 비존재, 탄생과 죽음을 볼 것이다. 그러나 파도가 바닷물 자체를 경험할 수 있다면 어떨까? 존재와 비존재를 넘어서는 더 깊은 실재가 있음을 알게 될 것이다. 파도가 바다라는 더 큰 '자아'를 갖는 것이 아니라, 파도 자신의 존재와 비존재를 넘어서는 바닷물을 직접 경험할 수 있다. 이것이 열반에 대한 비유이다.

솔직히 붓다와 스승들의 설명에도 불구하고 나는 아직도 '존재와 비존재의 관점으로 헤아릴 수 없는 경지'가 어떤 것인지 제대로 알지 못한다. 완전히 이해하려면 깨달은 자가 되어야 할 것이다. 내가 마지막으로 확인한 바로는(지금이 아침 7시 13분이다) 나는 그런 사람이 아니다. 나의 수행이 그 정도 경지에 이르기까지는 부분적인 이해에 만족하는 수밖에 없을 듯하다.

지금 전화하면 열반을 50퍼센트 할인해 드립니다

잠깐, 아직 열반에 대해 할 얘기가 더 남았다. 열반은 단지 (탐욕과 성냄, 어리석음 같은 안 좋은 마음을) 꺼뜨린 상태에 불과한가? 아니면 실제로 존재하는 특정한 실재인가? 고대 문헌에는 열반이 삼독심을 꺼뜨린 상태인 동시에 특정한 실재라는 점을 암시하고 있다. 앞서 바다의 파도 비유가 보여주듯, 열반을 이해하는 유일한 방법은 표면 아래의 실재를 더 깊이 들여다보는 것뿐이다.

첫째, 붓다는 열반을 다르마(빠알리어로 Dhamma)라고 불렀다. 다르마는 '현상'이라는 의미이다. 따라서 열반은 단순한 개념이 아니라 현상, 즉 실재하는 현실이다. 실제로 붓다는 열반을 가리켜 '최상의 다르마'라고 했다. 그 밖에도 붓다는 열반을 다음과 같은 단어로 표현하기도 했다(괄호 안은 빠알리어). '무한한(ananta), 조건 지어지지 않은(asankhata), 비할 데 없는(anūpa-meya), 최상의(anuttara), 가장 높은(para), 초월한(pāra), 궁극의 목표(parāyana), 피난처(tāna), 안전(khema), 행복(siva), 전체의(kevala), 무집착(anālaya), 불멸(akkhara), 절대 순수(visuddha), 출세간(lokuttara), 불사(amata)'.[16]

붓다가 열반을 설명할 때 사용한 핵심 단어 중 하나가 '조건 지어지지 않은'이라는 말이다. 현상에는 두 종류가 있다. 조건 지어진 현상과 조건 지어지지 않은 현상이 그것이다. 조건 지어진 현상은 일정한 조건이 형성되면 그에 따라 발생하는 현상을 말한다. 조건 지어진 현상의 예로 의자를 들 수 있다. 의자가 존재하는 것은 의자 다리 네 개, 좌석, 그리고 등받이가 일정한 구성으로 결합되는 적합한 조건 때문이다. 그런데 조건 지어진 현상은 조건이 변하면 그에 따라 변화하거나 이전 상태가 사라진다. 예를 들어 의자에서 다리를 잘라내면 더 이상 의자가 아니게 된다. 마찬가지로 다섯 가지 무더기(형상, 느낌, 지각, 의지 형성, 의식)도 조건 지어진 현상이다. 태어남과 죽음도 마찬가지다.

조건 지어지지 않은 유일한 현상이 있으니 그것이 열반이다. 오직 열반만이 조건 지어지지 않은 현상이다. 이와 관련해 붓다는 이렇게 말했다.

> 비구들이여, 태어나지 않고, 존재가 되지 않고, 만들어지지 않고, 조건 지어지지 않은 상태가 있다. … 즉 태어남과 존재와 만들어짐과

조건 지어진 상태에서 벗어난 상태가 있다.[17]

다른 곳에서 붓다는 열반을 장소 또는 영역(āyatana, 處)으로 표현했는데 이것은 우리가 일상에서 경험하는 장소와는 조금 다른 의미다. 이 때문에 열반에 관한 붓다의 설명은 부정문으로 가득하다. 거북이가 물고기에게 육지를 설명할 때 '젖지 않았다', '파도가 일지 않는다'처럼 부정문으로 답한 것과 같다. 붓다는 열반에 대해 이렇게 말했다.

비구들이여, 땅도 물도 불도 공기도 없고, 무한한 공간도 없고, 무한한 의식도 없고, 무(無)도 없고, 지각도 비지각도 없고, 이 세상도 저 세상도 없고, 달도 태양도 없는 영역이 있다. 비구들이여, 그곳에는 오고 가는 것도 없고, 머무르고 사라지는 것도 없고, 다시 태어나는 것도 없다. 그곳에는 지탱하는 것도 없고, 움직이는 것도 없고, 대상도 없다. 그것이 바로 고통의 소멸이다.[18]

위 두 단락은 불교 책에 자주 등장하는 구절이다. 그런데 이 관점을 뒷받침하는, 잘 알려지지 않은 이런 구절도 있다.

태어나 존재하며 만들어지는 상태가 있다
조건 지어지고, 일시적인 상태가 있다
늙음이나 죽음과 결합된 상태
질병의 둥지인 곳, 사라지기 쉬운 곳

영양분과 갈망의 끈으로 생겨난 상태
즐거움을 누리기에 적절치 않은 곳

한편 그곳에서 벗어난 상태가 있다
평화롭고, 추론을 넘어선 영원한 상태
태어남이 없고, 만들어지지 않은 상태
티 없이 깨끗한, 슬픔 없는 상태가 있다
괴로움과 연결된 상태가 멈춘 곳
조건 지어진 것이 멈춘 곳, 축복인 곳[19]

붓다는 또 열반을 요소(dhātu), 특히 불사(不死)의 요소(amata-dhātu)로 부른다.[20] 붓다의 상수제자 중 한 명인 마하쭌다는 열반은 몸으로 경험할 수 있을 만큼 생생하다며 이렇게 말했다. "몸으로 불사의 요소와 접촉할 수 있다."[21]

마지막으로, 붓다는 열반을 '가장 큰 행복'으로 부른다.[22]

깨달음의 네 단계

완전한 깨달음을 얻는다는 것은 매우 벅찬 일일 수 있다. 다행히 좋은 소식이 있다. 게다가 더 좋은 소식도 있다. 좋은 소식은 완전한 깨달음에 이르는 길을 네 단계로 나눌 수 있으며, 첫 단계에 도달하는 일은 완전한 깨달음에 이르는 것보다 훨씬 수월하다는 점이다. 더 좋은 소식은 붓다의 말에 따르면 첫 단계에 도달하면 미래에 완전한 깨달음에 이르는 것을 '보장'받을 수 있다는 사실이다. 만약 그러지 못하면 '환불'받아야 한다. 따라서 나처럼 평범한 인간의 입장에서 볼 때, 완전한 깨달음에 이르는 벅찬 과제를 깨달음의 첫 단계에 이르는 과정으로 대폭 단순화할 수 있다면 참으로 좋은 일이 아닐 수 없다. 물론 이것조차 벅찬 일이지만 한번 도전해 볼 만한, 조금은 만만한 과제가 된다.

붓다에 따르면 완전한 깨달음에 이르는 데 방해가 되는 족쇄에 열 가지가 있다.[23] 이 열 가지 족쇄를 떨쳐내면 완전한 깨달음을 얻을 수 있다는 말이다. 열 가지 족쇄는 네 단계에 걸쳐 떨쳐내는데, 이를 깨달음의 네 단계라고 한다.

첫 번째 단계에서는 유신견(有身見, 자아가 존재한다는 믿음), 의심, 잘못된 의례와 맹세에 대한 믿음(계금취견戒禁取見)의 세 가지 족쇄를 버리게 된다.[24] 이들 족쇄에 대해서는 11장에서 자세히 살핀다. 이 세 가지 족쇄를 제대로 끊어낸 자는 깨달음의 첫 번째 단계에 도달하는데, 이런 사람을 '**흐름에 든 자**(수다원須陀洹, sotāpanna)'라고 한다. 이 단계에 들 경우, 앞으로 최대 일곱 번의 생을 살면 완전한 깨달음에 이를 수 있다고 한다. 또한 수다원은 다시 태어나더라도 더 이상 '악처(惡處)'에 태어나지 않는다. 즉 동물이나 지옥의 존재가 아닌 인간이나 신으로 다시 태어난다고 한다.

깨달음의 두 번째 단계에서는 감각적 욕망과 악의(惡意)라는 두 가지 족쇄를 크게 떨쳐낸다. 그렇지만 아직 감각적 욕망과 악의의 두 족쇄를 완전히 버리지는 못한다. 감각적 욕망과 악의를 크게 떨쳐내어 깨달음의 두 번째 단계에 이른 사람을 '**한 번 돌아오는 자**(사다함斯陀含, sakadāgāmī)'라고 한다. 완전한 깨달음에 이르기 전까지 감각 세계인 욕계(欲界)에 단 한 차례만 인간이나 신으로 다시 태어나기 때문에 그렇게 부른다.

깨달음의 세 번째 단계에서는 감각적 욕망과 악의의 두 가지 족쇄를 완전히 버리게 된다. 그렇다. 감각적 욕망과 악의는 버리기가 매우 어려워 그것을 완전히 버리자면 깨달음의 단계를 두 단계나 거쳐야 한다. 감각적 욕망과 악의를 버린 자는 깨달음의 세 번째 단계에 도달하는데, 그를 '**다시 돌아오지 않는 자**(아나함阿那含, anāgāmī)'라고 한다. 아나함은 '감각의 영역'인 욕계에 인간이나 신으로 더 이상 다시 태어나지 않는다. 다시 태어난 아나함은 '순수한 거처(色界, 無色界)' 중 한 곳에 태어나며 그곳에서 완전한 깨달음에 이르게 된다.[25]

한번은 내가 아잔 브람 스님과 함께 며칠간 진행된 불교 컨퍼런스의 첫날 강연을 한 적이 있었다. 강연 무대에서 내려온 뒤 아잔 브람 스님은 내게 자신의 여행 스케줄 때문에 하루를 다른 곳에서 머물다 돌아올 거라고 했다. 그러면서 스님은 평소처럼 농담을 던졌다. "딱 한 번만 돌아올 겁니다. 나는 '한 번 돌아오는 자(사다함)'거든요." 스님의 농담에 나는 이렇게 대꾸했다. "저는 다시는 돌아오지 않을 겁니다. '다시 돌아오지 않는 자'거든요."

위에 열거한 다섯 가지 족쇄(유신견, 의심, 계금취견, 감각적 욕망, 악의)를 '다섯 가지 낮은 단계의 족쇄'라고 한다. 한편 깨달음의 마지막 네 번째 단계에서는 나머지 다섯 가지 족쇄를 버리게 되는데, 이것을 '다섯 가지 높은 단계의 족쇄'라고 한다. 이 다섯 가지는 색계에 대한 탐욕, 무색계에 대한 탐욕, 자만, 들뜸, 무명(無明)이다. 열 가지 속박을 모두 끊어낸 사람은 완전한 깨달음에 이르며(야호!) 이들을 '**아라한**(阿羅漢, arahant)'이라고 한다. 아라한이 되면 이제 어디로 가는가? 갈 곳이 없다. 게임 끝이다. 더 이상 고통이 없다! 고대 문헌에 따르면 아라한에 이른 자는 그 순간 이렇게 선언한다. "해야 할 일을 다 했노라."[26]

깨달음의 네 단계

단계	버리는(줄이는) 족쇄
흐름에 든 자 (수다원)	버리는 족쇄: 1) 유신견, 2) 의심, 3) 계금취견
한 번 돌아오는 자 (사다함)	크게 줄이는 족쇄: 4) 감각적 욕망, 5) 악의
다시 돌아오지 않는 자 (아나함)	버리는 족쇄: 4) 감각적 욕망, 5) 악의
아라한 (완전히 깨달은 자)	버리는 족쇄: 6) 색계에 대한 탐욕, 7) 무색계에 대한 탐욕, 8) 자만, 9) 들뜸, 10) 무명

만만치 않은 최종 상대, 다섯 가지 높은 단계의 족쇄

완전한 깨달음에 가까워진 사람의 수준에서 볼 때 다섯 가지 높은 단계의 족쇄는 매우 미묘한 방식으로 작용할 수 있다. 이것을 보여 주는 이야기가 있다. 붓다의 십대제자 중 한 사람인 아누룻다가 완전한 깨달음을 이루지 못하도록 마지막까지 방해한 장애물의 이야기다.[27] 아누룻다는 그 자신이 매력적인 인물이었다. 그는 붓다의 사촌으로(붓다의 아버지와 아누룻다의 아버지는 형제였다) 매우 풍족한 삶을 살았다. 어렸을 때 원하는 것은 무엇이든 가질 수 있어 낫티(natthi), 즉 '더 이상 없다'는 말을 한 번도 들어 본 적이 없다고 한다.

어느 신화 이야기에 따르면 아누룻다는 친구들과 밖에서 놀던 중 떡이 먹고 싶어 하인을 집으로 보내 어머니에게 떡을 보내 달라고 부탁했다고 한다. 어머니는 떡을 보내 주었다. 그러자 아누룻다는 떡을 더 보내 달라며 하인을 어머니에게 다시 보냈다. 떡 요청이 세 번째에 이르자 짜증이 난 어머니는 '더 이상 떡은 없다(natthi pūvaṁ)'는 메시지와 함께 빈 접시를 보냈다. 아누룻다는 전생에서 매우 좋은 업을 쌓았던 터라 신들은 그가 실망하는 모습을 보기 안타까워 맛있는 천상의 떡을 접시에 담아 주었다. 아누룻다는 신들이 보낸 '더 이상 없는 떡'을 한 입 베어 물고는 이 떡이 지금껏 먹어 본 것 중 가장 맛있는 떡(말 그대로 '신들의 떡')임을 알고는, 하인을 보내 '더 이상 없는 떡'을 또 보내달라고 부탁했다. 신들은 매번 아누룻다의 부탁을 들어주었다.

아누룻다가 성장한 뒤 사촌 싯닷타 왕자가 붓다가 되었다. 아누룻다와 그의 형 마하나마는 형제 중 한 사람은 붓다를 따라 집을 떠나 수도승이 되어야 한다고 생각했다. 아누룻다는 승려 생활이 힘들 것 같아 집에 머물겠다고 했다. 이에 형 마하나마는 아누룻다에게 집주인으로서 해야 할 의무에 대해 알려 주었다. "우선 밭을 갈아야 하고, 씨를 뿌려야 하고, 물을 대야 해. … 게다가 한 해도 빼놓지 않고 그 일을 반복해야 하지." 아누룻다는 형의 말을 듣고는 일이 너무 많다고 생각해 승려가 되겠다고 결심했다. 아니다. 아누룻다가 승려가 된 이유는 그게 아니다. 내가 장난스럽게 이야기를 지어냈다. 실제로 아누룻다는 다음과 같은 순진한 질문으로 중요한 통찰을 얻는다. "농사일이 끝나는 때가 올까?" 이에 형은 "아니, 이 일은 끝이 없어. 아버지와 할아버지가 돌아가셔도 일은 멈추지 않아."라고 답한다. 이 말을 듣고 아누룻다는 별안간 윤회의 끝없는 고통과 무의미함을 통찰하고는 수행승이 되겠다는 결심을 굳힌다.

다행히도 아누룻다에게 있어 '불교 수행승'은 훌륭한 선택이었다. 그는 짧은 기간에 명상 집중 상태인 선정(8장에서 설명한다)을 얻는다. 또 육안(肉眼)을 넘어 볼 수 있는 천안통(天眼通)이라는 신통력도 얻는다. 아누룻다의 천안(天眼)은 천 개의 세상을 내려다볼 수 있을 정도로 강력했다. 마치 높은 탑에 오른 사람이 천 개의 농장을 내려다보는 것과 비슷했다.[28] 다만 불교에서 초능력과 기적은 경탄의 대상이 아니다(이에 대해서는 13장에서 다룬다). 하지만 아누룻다의 천안은 매우 강력해 오늘날까지도 그는 '천안제일(天眼第一)'로 알려져 있다. 아누룻다에게 '월리●를 찾는' 일은 식은 죽 먹기다.

아누룻다는 수행과 천안통에 통달했지만 아직 완전한 깨달음을 이루지 못했다. 무언가 그를 가로막고 있었다. 이에 아누룻다는 친구이자 붓다의 제자 중 가장 지혜로운 사리뿟따에게 물었다. "벗 사리뿟따여, 나는 청정한 신통의 눈으로 천 개의 세상을 내려다본다네. 나

● 『월리를 찾아라!』의 주인공. 커다란 한 장의 그림 속에 숨은 월리를 찾는 것이 이 책의 목표이다. – 옮긴이

의 내면에는 노력이 느슨해지지 않고, 마음챙김이 의심 없이 확립되었으며, 몸은 흐트러짐 없이 고요하고, 마음은 한곳에 집중되어 있다네. 그럼에도 나의 마음은 번뇌에서 벗어난 무집착의 경지에 아직 이르지 못했다네."

이에 사리뿟따가 대답했다. "벗 아누룻다여, 그대가 '청정한 신통의 눈으로…'라고 말할 때 그것은 자네의 자만이네. 그대가 '노력이 느슨해지지 않았다 … 마음이 한곳에 집중되어 있다'고 말할 때 그것은 자네의 들뜸이네. 그대가 '그럼에도 나의 마음은 아직 번뇌에서 벗어나지 못했다'라고 말할 때 그것은 자네의 후회이네. 자만, 들뜸, 후회, 이 세 가지 족쇄를 버리고 그것에 끄달리지 않아야 하네. 그 대신 불사의 요소(열반)에 마음을 기울이게나."[29] 사리뿟따의 말을 따르자 아누룻다는 완전한 깨달음에 이르렀다.

이 이야기를 하는 이유는 아누룻다에게 남아 있는 지극히 미세한 들뜸조차 깨달음에 이르는 데 방해가 된다는 점을 말하기 위해서다. 나는 적어도 두 사람의 스승에게서, 수행이 깊어지고 마음이 평온해질수록 더욱 미세한 들뜸이 일어난다는 이야기를 들었다. 아누룻다의 경우, 그가 실제로 자리에 가만히 앉아 있지 못한 것은 결코 아니다. 그의 마음챙김과 마음의 명료함, 노력, 평정심과 집중력, 마음을 한곳에 모으는 능력은 이미 높은 수준에 도달해 있었다. 당신은 이 정도 수준에 이른 자라면 산만한 생각을 일으키지 않고, 완벽한 정신적 고요함과 행복감 속에 몇 시간이고 자리에 앉아 수행한다고 생각할 것이다. 따라서 그런 사람은 조금의 들뜸도 경험하지 않을 거라고 생각할 것이다. 그러나 그런 아누룻다조차 아직 남아 있는 들뜸 때문에 완전한 깨달음에 이르지 못하고 있었다. 들뜸뿐 아니라 다른 족쇄도 마찬가지다. 어떤 족쇄든 매우 미세한 상태로 남아 있을 수 있다. 그런 미세한 족쇄가 완전한 깨달음을 방해하기도 한다. 지극히 미세한 족쇄마저 완전히 버렸을 때 아누룻다는 최종 목표인 열반으로 나아갈 수 있었다.

열반에 이르는 흐름에 들다

앞서 말했듯이 깨달음의 첫 번째 단계를 얻은 자를 '흐름에 든 자'라고 한다. 이런 의미에서 수행을 처음 시작한 사람을, 시적으로 표현하면 '흐름에 들고자 준비하는 사람'이라고 할 수 있다. 그렇다면 여기서 '흐름'이란 무엇인가? 그것은 여덟 가지 고귀한 길, 즉 팔정도(八正道)를 말한다. 그리고 '흐름에 든 자'는 '팔정도를 수행의 길로 삼는 자'라고 말할 수 있다.[30] 그렇다면 여덟 가지 고귀한 길에는 무엇이 있는가? 이 질문을 던져 주어 기쁘다. 팔정도는 사성제 가운데 네 번째의 고귀한 진리로서, 이것이 다음 장에서 살펴볼 내용이다.

소류 스님의 한마디

어떤 남자가 땅에 박힌 말뚝에 연결된 쇠사슬을 붙잡고 있습니다. 남자는 오랜 시간 말뚝 주위를 맴돌며 같은 자리에서 수천 킬로미터를 걷고 또 걷습니다. 남자는 감옥처럼 갇혀 있는 말뚝 주변에서 벗어나야 합니다. 더 나은 삶을 살고자 한다면 붙잡고 있는 쇠사슬을 놓아야 합니다.

마찬가지로 우리도 고통을 끝내야 합니다. 그래야만 행복하고 의미 있는 삶을 살 수 있습니다. 다시 말해 고통을 일으키는 원인을 내려놓아야 합니다.

세 번째 고귀한 진리는 우리에게 이렇게 말합니다. "당신은 고통의 원인을 내려놓을 수 있습니다."라고요. 세 번째 진리는 고통을 끝낸 상태가 진리임을 선언합니다. 갈망을 완전히 내려놓은 상태가 그것입니다. 그것은 탐욕과 성냄, 어리석음의 소멸입니다. 이것이 바로 열반을 실현하는 것입니다.

열반은 모든 것을 내려놓는 것입니다. 최고의 기쁨이자, 최고의 평화입니다. 맑고 빠르고 밝습니다. 열반은 최고의 목표입니다. 열반이라는 목표에 도달해 당신의 참된 삶을 세상에 선사해 보십시오.

6장

고통 해제!

네 번째 고귀한 진리

악을 삼가고 선을 행하며 마음을 깨끗이 하라

한번은 붓다의 시자 아난다가 붓다께 지극히 간단한 질문을 던졌다. 그것은 '과거와 현재의 모든 붓다께서 무엇을 가르쳤는가'라는 질문이었다. 이것은 "세상의 모든 지리 교사가 가르치는 것은 무엇인가?"라는 질문과 비슷하다. 이 질문에 대한 간결하면서 완벽한 답을 내놓으려면 해당 주제에 대한 깊고 철저한 이해가 필요하다. 붓다의 대답은 지극히 간단하면서도 훌륭했다. 붓다는 이렇게 답했다.

> 악을 삼가고, 선을 행하며, 마음을 깨끗이 하는 것, 이것이 모든 붓다의 가르침이다.[1]

이것은 불교, 특히 사성제를 훌륭하게 요약한 말이기도 하다. 네 가지 고귀한 진리를 가르친 붓다는 마치 네 단계로 진단을 내리는 의사와 비슷하다. 먼저 붓다는 질병의 본질을 설명한다. 다음으로 질병의 원인을 알려 준다. 이어 치료법이 존재함을 말하고는 질병이 사라진 상태가 어떠한지 말해 준다. 마지막으로 처방전을 써 준다.

네 가지 고귀한 진리에 대입하면, 질병은 고통(더 정확하게는 둑카)이고, 질병의 원인은 갈애이며, 질병이 사라진 상태는 열반이다. 이제 가장 중요한 질문이 남았다. 바로 '어떻게'라는 질문이다. 우리는 어떻게 괴로움을 치유해 열반에 이를 수 있을까? **네 번째 고귀한 진리**는 여덟 가지로 구성된 처방전이다. 마치 여덟 가지 약초로 구성된 동양의 전통 의학과 비슷하다. 또는 여덟 부분으로 구성된 수행 꾸러미라 생각해도 좋다. 그래서 **여덟 가지 고귀한 길**, 즉 **팔정도**라는 이름이 붙었다. 팔정도는 다음의 여덟 가지로 구성된다(괄호 안은 빠알리 원어다).

1. 바른 견해(sammā-diṭṭhi)
2. 바른 의도(sammā-saṅkappa)
3. 바른 말(sammā-vācā)
4. 바른 행동(sammā-kammanta)
5. 바른 생계(sammā-ājīva)
6. 바른 노력(sammā-vāyāma)
7. 바른 마음챙김(sammā-sati)
8. 바른 삼매(sammā-samādhi)[2]

온통 '바른(right)'이다. 그렇지 않은가(right)?
눈치챘겠지만 소류 스님과 나는 '사마디(samādhi)', 즉 '삼매(三昧)

는 번역하지 않았다. '삼매'에 해당하는 적절한 번역어를 찾을 수 없었기 때문이다. 삼매는 문자 그대로는 '한데 모으다', '수집하다' 정도의 의미를 갖는다. 대개는 '집중', '평온', '고요' 등으로 번역하지만 안타깝게도 세 번역어 모두 부분적인 의미만 전달한다는 점에서 그리 적합해 보이지 않는다. 삼매는 주의가 지극히 안정되고 고요한 상태, 평온하고 편안하며 마음이 한 대상에 집중된 상태를 말한다. 또 삼매 상태에서는 기쁨이 마음에 스며들고 평정심이 확립되며 지각이 또렷해진다. 가장 중요한 것은, 삼매 상태의 마음은 날카로운 칼이 종이를 베듯, 무명과 어리석음을 잘라낸다는 점이다. 감사하게도 메리엄-웹스터(Merriam-Webster) 영어사전은 'samadhi'를 표제어로 수록해 마치 영어 단어처럼 취급하고 있다(발음 기호도 달지 않았다). 그러니 내가 번역을 하지 않아도 큰 문제는 없겠다.

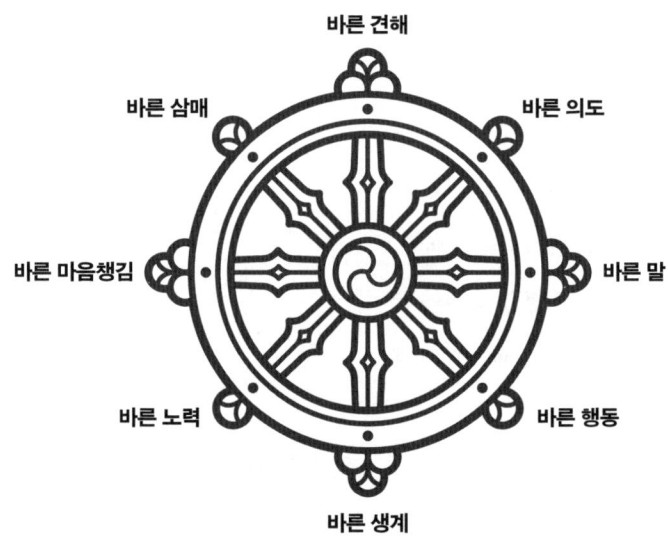

위 그림은 팔정도를 구성하는 각 요소를 전체적으로 보여 준다.[3] 이어지는 장에서 이 여덟 요소가 열반으로 직접 이어지는 과정을 자세히 살펴볼 것이다.

바른 견해

바른 견해는 고귀한 여덟 가지 길을 앞에서 이끄는 요소라는 점에서 붓다는 바른 견해를 여덟 가지 가운데 가장 앞에 두었다.[4] 바른 견해는 수행의 길잡이 역할을 한다. 이는 바른 지도를 갖는 것과 같다. 나머지 일곱 가지는 적합한 교통수단을 갖는 것과 같다. 바른 지도는 우리를 올바른 방향으로 안내한다. 잘못된 방향으로 가고 있다면 아무리 좋은 교통수단을 타도 소용이 없다. 이런 의미에서 바른 견해는 팔정도의 여덟 가지 가운데 가장 중요한 요소인지 모른다. 좋다. 바른 견해가 그토록 중요하다면 '무엇'이 바른 견해인가? 붓다는 바른 견해란, 고통의 본질, 고통의 원인, 고통에서 벗어남의 본질, 고통의 벗어남에 이르는 길을 아는 것이라고 했다.[5] 다시 말해 사성제를 아는 것이 바른 견해다.

제대로 살피자면, 바른 견해는 매우 광범위한 주제다. 붓다의 제자 가운데 가장 지혜로운 사리뿟따가 설한 유명한 설법도(두구두구두구-. 놀랄 준비가 되었는가) 바로 〈바른 견해 경〉이라는 제목의 설법이다. 사리뿟따는 이 설법에서 바른 견해와 관련된 여러 가지 주제를 다루고 있다. 선업(善業)과 불선업(不善業), 영양분, 사성제, 늙음과 죽음, 태어남, 존재, 집착, 갈애, 느낌, 접촉, 육처(六處), 정신-물질, 의식, 형성, 무지, 번뇌 등이 그것이다.⁶ 이런, 너무 많다. 바른 견해에 관한 사리뿟따의 설법에는 아무 문제가 없다. 실제로 아주 훌륭하고 유용한 설법이다. 그렇지만 붓다가 다시 한 번 내놓은 천재적인 발상이 있었으니, 그것은 바른 견해와 관련된 모든 주제를 하나의 주제로 요약했다는 점이다. 그 한 가지가 바로 사성제이다. 내가 보기에 사리뿟따와 붓다의 차이점은, 사리뿟따는 천재이고, 붓다는 천재 중의 천재라는 점이다. 붓다가 바른 견해에 관한 주제를 상세히 설하지 않은 것은 아니다. 붓다는 실제로 매우 여러 곳에서 상세히 설했다. 예를 들어, 유명한 〈범망경〉에서 붓다는 62가지 잘못된 견해에 대해 열거하고 있다. 바른 견해와 관련한 주제를 상세히 설할 수 있었음에도 붓다는 바른 견해라는 전체 주제를 단 네 단어로 요약했다. 그것은 '네 가지 고귀한 진리'였다.⁷

사성제를 다르마의 '가르침'으로, 팔정도를 다르마의 '수행'으로 생각할 수 있다. 바른 견해를 사성제로 정의함으로써, 가르침(사성제)이 수행을 통해 완성되고, 수행(팔정도)은 가르침에서 출발하는 구도가 만들어진다. 이로써 가르침(교학)과 수행의 내적 일관성이 한층 강화되는 부가적인 장점이 생긴다.

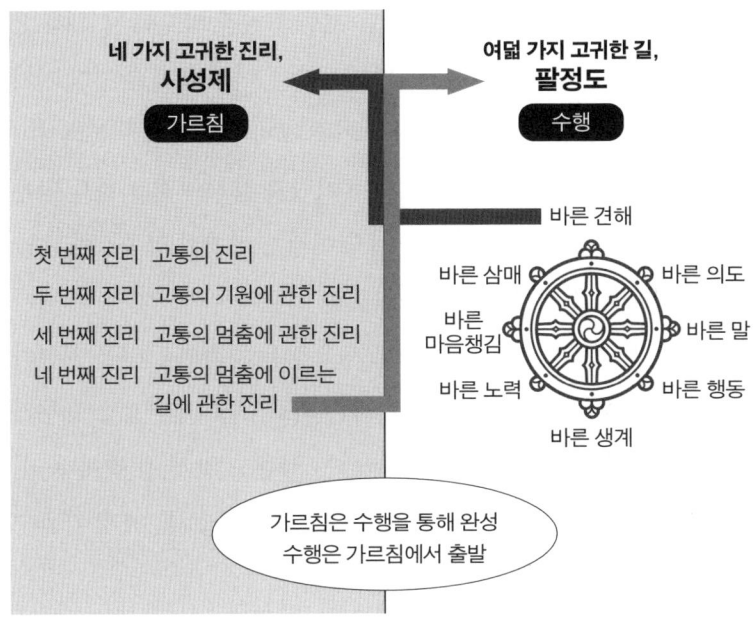

바른 의도

바른 의도는 버림(포기), 나쁜 의도를 품지 않음(선의), 해를 입히지 않음의 세 가지 의도를 말한다.[8] 이것은 고통을 부르는 세 가지 의도, 즉 불건전한 욕망, 나쁜 의도, 해를 입힘의 반대이다. 버림은 단순히 모든 것을 포기하고 수행처에 들어가는 것을 의미하지 않는다. 버림은 내려놓음이라는 더 넓은 의미를 갖는다. 중독에서 벗어나는 것, 안 좋은 습관을 버리는 것, 자발적으로 수행처에 들어가는 것, 윤회를 버리는 것이 모두 버림에 속한다.

수행 초보자들은 버리는 것이 기쁨의 크기를 줄인다고 생각할지 모른다. 그러나 역설적이게도 버림을 포함한 바른 의도의 세 가지 요소 모두 우리의 기쁨을 키우도록 만들어졌다. 어떻게 기쁨이 더 커지는가. 바로 덜 고상한 기쁨을 고상한 기쁨과 바꾸는 방식을 통해서이다. 이를 보여 주는 '유치한' 예로 나는 어렸을 적 싸구려 과자를 먹는 데서 큰 즐거움을 느꼈지만, 어른이 되어서는 그것이 만족스럽지 않아 싸구려 과자를 버리고 고급 초콜릿을 먹는다. 마찬가지로 이 책에서 당신은 불교 수행이 우리 내면에 자리 잡은 기쁨의 근원을 발견하게 한다는 것을 알게 될 것이다. 또 바른 의도의 세 가지 요소 모두가 내면의 기쁨에 더 쉽게 다가가게 한다는 사실도 알게 될 것이다. 버림, 선의, 해 입히지 않음이라는 바른 의도의 세 요소를 크게 키울수록 내면의 기쁨에 더 쉽게 다가갈 수 있다.

바른 의도가 기쁨에 다가가게 한다는 점도 중요하지만 바른 의도가 중요한 이유는 또 있다. 의도는 생각을 낳고, 생각은 마음의 성향을 변화시킨다는 점에서 그렇다. 생각은 마음을 열반을 향해 가게 할 수도 있고, 열반에서 멀어지게 할 수도 있다. 붓다는 어느 설법에서 자신이 깨달음을 얻기 전에 두 가지 종류의 생각이 일어났다고 말했다. 하나는 잘못된 의도에서 일어나는 생각, 또 하나는 바른 의도에서 일어나는 생각이다.[9] 붓다는 잘못된 의도에서 일어나는 생각은 '자신과 타인에게 고통'을 안기며, 지혜를 가로막고, 곤란을 일으키며, 열반에서 멀어지게 한다는 사실을 알았다. 한편 바른 의도에서 일으킨 생각은 그와 반대의 효과를 낸다는 사실을 알았다. 나아가 붓다는 '무엇이든 자신이 자주 생각하는 그것이 마음의 일정한 경향성으로 자리 잡는다'는 점도 깨달았다. 이로써 붓다는 잘못된 의도에서 일어나는 생각을 버리기로 결심한다.

늘 그렇듯 붓다는 유쾌한 비유를 든다. "가을 곡식이 익으면 목동은 막대기로 소 떼를 이쪽저쪽 두드리고 찌르며 곡식밭에 들어가지 못하도록 한다. 왜일까? 만약 소가 곡식밭에 들어가면 자신이 처벌받는다는 것을 알기 때문이다. 마찬가지로 나는 불건전한 생각에서 위험과 타락, 더럽혀짐을 보았다." 싯닷타는 불건전한 생각을 버림과 동시에 버림과 선의, 해 입히지 않음에서 비롯하는 건전한 생각을 키웠다. 이로써 열반에 이르기 위한 마음의 조건이 만들어졌다. "나의 내면에 지칠 줄 모르는 활력이 일어났다. 퇴보하지 않는 마음챙김이 확립되었으며, 몸은 고요하고 편안하며, 마음은 집중되어 하나로 모아졌다." 친구들이여, 이것이 바른 의도가 중요한 이유이다.

소류 스님은 바른 의도와 관련해 독특한 관점을 갖고 있다. 그는 바른 의도를 누구나 꿈꾸는 이상적인 삶, 즉 '아메리칸 드림'의 불교식 버전으로 본다. 이 '불교 버전의 아메리칸 드림'은 세 가지를 의미한다. 1) 모든 것을 내려놓는 것이 우리의 이상이라면 자신의 육체적·물질적 환경이 어떠하든 즐겁고 행복할 것, 2) 어떠한 미움도 품지 않는 것이 우리의 이상이라면 언제나 모든 사람을 사랑하는 즐거운 마음을 가질 것, 3) 누구에게도 해를 입히지 않는 것이 우리의 이상이라면 늘 모든 사람을 기쁘고 유익하게 할 것 등이다. 다시 말해, 세 가지 바른 의도를 일으키면 기쁨과 의미, 충만한 삶을 약속받을 수 있다.[10]

이 말의 중요성을 놓친 사람을 위해 다시 말하지만, 바른 의도를 일으키며 사는 사람은 기쁨의 삶을 살 수 있다.

소류 스님에 따르면, 바른 견해가 사실에 대한 진술, 즉 사물의 있는 그대로의 모습을 말한다면, 바른 의도는 좋은 삶의 이상, 즉 사실에 대응해 어떻게 행동해야 하는가에 관한 것이다(그는 이것을 각각 '바른 현상'과 '바른 의무'라고 부른다). 그리고 팔정도의 나머지 여섯 가지는 이러한 '불교적 이상'을 실현하는 방법이다.

바른 말

바른 말에 관해서는 다음처럼 아주 간단하게 생각해 볼 수 있다. 즉 바른 말이란 자신과 타인에게 평화와 행복을 일으키는 말이라는 점이다. 이런 의미에서 바른 의도를 말에 적용한 것을 바른 말이라고 할 수 있다. 말하는 동안 바른 의도를 지니는 한, 당신은 기본적으로 바른 말을 하고 있는 것이다.

여기서도 붓다는 유용한 가이드 라인을 제공한다. 붓다는 수행승들에게 거짓말, 이간질하는 말, 거친 말, 한가한 잡담 등의 네 가지를 삼가함으로써 바른 말을 실천하라고 했다.[11] 앞의 세 가지 말은 곧장 이해가 되는데, 마지막의 한가한 잡담은 약간 고개를 갸우뚱하게 한다. 불교 수행승이 한가한 잡담을 삼가야 하는 이유는 늘 마음의 고요함과 마음챙김을 유지해야 하는 수행승에게 방해가 되기 때문이다.

다른 설법에서 붓다는 말을 할 때 두 가지 기준을 참고해야 한다고 말했다. '그 말이 진실인가', 또 '듣는 사람에게 이익을 주는가'라는 기준이다.¹² 진실이며 이익을 주는 말만을 해야 한다는 것이다. 거기에 더해 붓다는 말에도 '적절한 때'가 있다고 조언한다. 듣는 사람이 그 말을 기분 나쁘지 않게 받아들이는지 살펴야 하는데, 진실되고 듣는 이에게 이익을 주지만 상대가 달가워하지 않는 말을 해야 하는 때도 있다. 그것은 말의 적절한 타이밍을 찾아야 하는 문제이다.

바른 말이라는 주제는 붓다와 아바야 왕자가 나눈 대화에도 등장한다. 아바야 왕자가 붓다를 자신의 집에 식사 초대를 했다. 그러나 그의 실제 의도는 대중들 앞에서 붓다에게 창피를 주려는 것이었다. 이전에 붓다가 데와닷따라는 악한 남자가(그에 대해서는 13장에서 이야기한다) 악한 행동으로 지옥에 떨어질 운명이라고 말한 적이 있었다. 데와닷따는 그 말을 듣고 크게 화를 냈다고 한다. 이에 왕자는 붓다에게 '듣는 사람이 달가워하지 않고 무례하게 여기는 말'을 하는지 질문할 계획이었다. 만약 붓다가 그렇다고 답하면 아바야 왕자는 이렇게 말할 작정이었다. "당신도 여느 범부(凡夫)와 다르지 않군요." 만약 붓다가 아니라고 답하면 이렇게 말할 요량이었다. "지금 당신은 거짓말을 하는군요. 데와닷따에 관해 이런저런 말을 했었잖아요." 붓다가 어떤 식으로 답하든, 그는 걸고넘어지며 붓다에게 창피를 줄 계획이었다.

식사 후 아바야 왕자는 붓다 곁에 앉은 뒤 질문했다.

"존자여, 당신은 듣는 사람이 달가워하지 않고 무례하게 여기는 말을 합니까?"

이때 아바야 왕자는 어린 아기를 (아마도 자신의 아들을) 무릎 위에 올려두고 있었는데, 중세 주석서에 따르면 이것은 얄팍한 논쟁 트릭이었다. 만약 그가 자신이 논쟁에서 졌음을 알게 되면 아기를 핑계로

서둘러 논쟁을 끝내고 자리를 뜰 것이었다.

이런 상황을 알고 있었던 붓다는 그의 아기를 가르침의 도구로 활용하기로 했다. 붓다가 왕자에게 물었다. "만약 당신이나 유모가 한눈을 파는 사이, 아이가 막대기나 돌을 입에 넣었다면 어떻게 하겠습니까?" 왕자가 대답했다. "존자여, 당장 막대기나 돌을 아기의 입에서 빼낼 것입니다. 한 번에 빼내지 못하면 왼손으로 아이의 머리를 잡고, 오른손 손가락을 구부려서 피가 나더라도 빼낼 것입니다. 왜냐하면 아이가 가엽고 불쌍하기 때문입니다."

이에 붓다는 이렇게 대답했다. "마찬가지입니다. 나는 진실이며 듣는 사람에게 이익을 준다면 상대가 달가워하지 않고, 무례하다 여기더라도 그것을 말할 것입니다. 왜냐고요? 중생에 대한 연민심 때문입니다."

대화를 마칠 즈음, 왕자는 스스로 붓다의 제자가 되겠다고 맹세한다.

바른 행동

바른 말과 마찬가지로 바른 행동도 간단히 생각해 볼 수 있다. 즉 바른 행동이란 자신과 타인에게 평화와 행복을 주는 행동을 말한다. 바른 말이 바른 의도를 말에 적용한 것이라면, 바른 행동이란 바른 의도를 행동에 적용한 것이다.

늘 그렇듯 붓다는 바른 행동에 대해서도 유용하고 실제적인 지침을 전한다. 붓다에 따르면 바른 행동은 다음의 세 가지를 삼가는 것이다. 생명을 죽이는 행동, 남의 것을 훔치는 행동, 잘못된 성적 행동이 그것이다.[13]

바른 말과 바른 행동을 합치면 붓다가 권하는 일련의 도덕적 행동이 만들어지는데, 이것을 다섯 가지 계율, 즉 **오계**(五戒)라고 한다.[14] 오계는 불교에서 윤리 도덕의 중심이 된다. 수행승과 일반 재가자 모두가 지켜야 하는 오계는 다음과 같다.

    1. 살아 있는 생명을 죽이지 않을 것
    2. 남의 것을 훔치지 않을 것
    3. 잘못된 성적 행위를 삼갈 것
    4. 거짓말을 하지 않을 것
    5. 정신을 취하게 하는 술이나 약물을 마시지 않을 것

처음 세 가지는 바른 행동을 실천하는 것이다. 바른 말에 속하는 네 번째는 그 중요성 때문에 계율에 포함시켰다. 이 네 가지 계율은 쉽게 이해가 가지만, 다섯 번째 계율은 조금 의아하게 여기는 사람이 있을지 모른다. 많은 수행승과 재가자를 상대로 한 어느 설법에서 붓다는 다음의 시로 술과 약물을 삼가는 목적을 설명한다.

    정신을 취하게 하는 술과 약물 때문에
    어리석은 자는 악행을 저지른다.
    게다가 주변의 부주의한 자들이 악행을 저지르게 만든다.

술과 약물이라는 흠결의 토대를 피해야 한다.

어리석은 자는 술을 즐기지만, 그것은 광기와 미혹을 낳는다.[15]

오늘날로 보자면 현대인들은 다른 사람이 나쁜 행동을 저지르게 하려는 목적으로 술을 마시지는 않는다. 그런데 이것을 넘어, 술과 약물에 관한 계율이 존재하는 더 깊은 이유가 있다. 그것은 불교에서는 마음과 행동, 괴로움이 밀접하게 연결되어 있음을 예리하게 인식하고 있기 때문이다. 이런 이유로 마음을 티 없이 청정하게 유지하는 것은 불교 수행에 반드시 필요한 부분이다.

오계를 일종의 선물로 생각해 보는 것도 유용하다. 붓다는 다섯 가지 계율을 지키는 것을 자신과 타인에게 **다섯 가지 훌륭한 선물**을 주는 것으로 생각해 보라고 한다. 붓다는 이렇게 말한다. "고귀한 수행승은 헤아릴 수 없이 많은 존재에게 두려움과 원한, 괴로움에서 벗어난 자유를 선사한다. 그리고 이로써 수행승 스스로도 두려움과 원한, 괴로움에서 벗어난 자유를 누린다."[16]

이런 맥락에서 오늘날 불교 스승들은 계율에 담긴 적극적인 측면을 강조하고는 한다. 각각의 계율은 특정 행동을 삼가라는 요청에 그치지 않고, 특정한 아름다운 마음의 자질을 닦는 기회가 된다는 것이다. 가령 위대한 선사 틱낫한은 살아 있는 생명을 죽이지 말라는 첫 번째 계율을 연민심을 닦는 기회로 삼으라고 조언한다. 남의 것을 훔치지 말라는 두 번째 계율은 관대함을 닦는 기회로, 잘못된 성적 행동을 삼가는 세 번째 계율은 참된 사랑을 수련하는 기회로, 거짓말하지 말라는 네 번째 계율은 사랑이 담긴 말과 깊이 경청하는 태도를 수련하는 기회로, 술과 약물을 마시지 말라는 다섯 번째 계율은 영양과 치유를 수련하는 기회로 삼으라는 것이다.[17] 다시 말해, 다섯 가지 계율을, 아름다운 삶을 사는 기회로 삼을 수 있다는 것이다.

잠깐, 더 있다. 오계는 계행(戒行)의 핵심이며, 계행은 자신과 타인에게 계속해서 주는 선물과 같다. 붓다는 특별히 재가자를 위해 계율을 지키는 계행의 다섯 가지 이익을 열거한다.

1. 계율을 지키는 자는 부주의로 인해 재산을 잃는 일이 없다.
2. 계율을 지키는 자는 주변의 좋은 평판을 얻는다.
3. 계율을 지키는 자는 어떤 모임이든 자신감 있고 편안한 모습으로 나타난다.
4. 계율을 지키는 자는 죽을 때 평안한 모습으로 죽는다.
5. 계율을 지키는 자는 죽음 이후에 좋은 곳에 다시 태어난다.[18]

이런 이유로 붓다는 다섯 가지 계율을 잘 지키는 재가자를 두고 자기 확신에 머무는 자라고 했다.[19]

종교를 배우는 학생들은 오계를 일종의 '도덕적 제약'으로 여길지 모른다. 신이 사람들에게 부여한 행동 규칙 같은 것 말이다. 그러나 비(非)신론인 불교에는 인간에게 그런 규칙을 부과하는 신이 존재하지 않는다. 따라서 신이 내린 도덕적 제약 또한 존재하지 않는다. 그 대신 불교에서 계율을 지키는 계행을 닦는 이유는 계행이 우리로 하여금 행복한 삶을 사는 데 도움을 주기 때문이다.

불교 수행승이자 작가인 아잔 무닌도는 이 점을 멋지게 표현한다. 그는 붓다의 말을 살짝 바꾸어 이렇게 말한다. "더 큰 행복을 위해 작은 행복을 내려놓을 줄 아는 것이 지혜입니다."[20] 불교에서 계행을 닦는 목적은 계행과 무관한 자기 탐닉이라는 작은 행복을 내려놓는 대신, 당당한 자신감이라는 더 큰 행복을 누리기 위해서다. 나아가 연민심, 삼매, 열반으로부터 더 큰 행복이 생겨날 수 있다.

바른 생계

바른 생계를 여덟 가지 고귀한 길에 포함시킨 것은 나에게 다소 놀라운 일로 다가왔다. 나는 붓다처럼 세상을 초월한 위대한 현자가 사람들의 생계에 신경을 썼다는 사실이 놀라웠다. 그런데 다시 보면 그것은 앞뒤가 맞는 이야기다. 생계는 우리의 생존을 위해 의지하는 것이라는 점에서 생사가 달린 문제이다. 한 사람의 생사가 달린 문제는 그 사람의 행동과 마음 상태에 커다란 영향을 미치게 마련이다. 정말 그렇다.

특히 문제가 있는 직업들은 당신에게 다섯 가지 계율 중 적어도 하나를 어기도록 계속 요구할 수도 있다. 이렇게 되면 당신의 수행은 좋지 않은 영향을 받을 것이다. 문제적인 생계는 또한 탐욕과 성냄, 어리석음이라는 세 가지 불꽃에 불을 지핀다(가령 당신이 직업상 어린 소녀의 평생 저축을 갈취하는 일을 해야 한다면, 인종 차별을 부추기는 일을 해야 한다면, 환경 파괴를 일삼는 회사가 법적 책임을 피하도록 새빨간 거짓말을 해야 한다면 말이다). 탐사 저널리스트 업튼 싱클레어의 뼈아픈 통찰을 전하는 현대의 격언이 있다. "어떤 사람에게 어떤 것을 이해시키기는 어렵다. 특히 그가 그것을 이해하지 못하는 데 그의 봉급이 달려 있는 경우에는." 이런 이유로 소류 스님은 붓다가 바른 생계를 여덟 가지 필수적인 영적 수행에 포함시킨 것에 조금도 놀라지 않는다. 자신의 생계마저 기꺼이 바꿀 의사가 있을 때 우리는 영적 수행의 초월적 측면에 들어가는 자신감을 얻는다.

붓다는 생계가 미치는 영향이 매우 크다는 사실을 인지하고는 바른 생계를 팔정도의 한 가지 요소로 넣었다. 그리고 생계에 관한 구체적인 지침을 다시 제안했다. 재가자는 무기, 생명체, 육류, 술과 약물, 독극물 등 다섯 가지를 거래하지 않도록 했다.[21] 한편 수행승에게 있어 바른 생계란, 물질적 소유물을 거의 갖지 않고, 아주 적은 것만을 필요로 하며, 보시하는 자의 관대함에 의존해 음식과 옷 등의 기본적 필요를 해결하는 것을 말한다. 다시 말해, 수행승에게 바른 생계란 탁발로 생활을 이어가는 것이다. 흔히 '수행승'으로 번역되는 비구(bhikkhu)라는 단어 역시 문자 그대로는 '탁발승'이라는 의미다. 그 밖에 붓다는 수행승이 점술에 종사하거나 부적을 판매하는 것을 특별히 금했다.[22]

간단히 말해, 재가자의 바른 생계란 탐욕과 성냄, 어리석음을 줄이도록 해 주는 생계이며, 수행승의 바른 생계란 탐욕과 성냄, 어리석음을 완전히 없애도록 해 주는 생계이다.

바른 말, 바른 행동, 바른 생계는 당신과 주변 사람에게 행복을 선사할 뿐 아니라, 열반을 직접 보는 당신의 길에서도 중요한 역할을 한다. 이것에 대해서는 9장에서 자세히 살펴본다.

바른 노력

바른 노력을 닦는 자는 다음 네 가지의 열망을 일으키며 노력을 기울인다.

1. 아직 일어나지 않은 바람직하지 않은 상태를 일으키지 않기
2. 이미 일어난 바람직하지 않은 상태를 버리기
3. 아직 일어나지 않은 바람직한 상태를 일으키기
4. 이미 일어난 바람직한 상태를 계속 유지하고 키우기[23]

네 가지가 너무 많아 기억하기 어렵다면 붓다는 50퍼센트 덜고 두 가지만 기억하도록 요청한다.

1. 바람직하지 않은 것을 버리기
2. 바람직한 것을 키우기[24]

붓다는 언뜻 대단해 보이지 않는 이 가르침을 다른 어떤 가르침보다 강조했다. 붓다가 이에 대해 언급한 횟수만 보아도 알 수 있다. 이제 당신은 불교가 얼마나 목록을 좋아하는지 알았을 것이다. 그렇다. 목록은 목록을 낳는다(그것은 '목록의 목록'을 낳고… 이것을 세 번 반복해보라). 붓다는 깨달음에 이르도록 돕는 일곱 가지에 관한 상위 목록을 이야기한다.[25] 이것을 깨달음에 이르게 돕는 37가지 법(37보리분법 또는 37조도품)이라고 한다.[26]

노력은 일곱 가지 목록 가운데 각 목록에서 매번 언급되는 유일한 항목이다(동의어로 '활력'과 '열의'가 있다).²⁷ 노력이 얼마나 중요한지 알 수 있다. 당신의 차가 아무리 힘이 좋아도 집에 가려면 연료가 필요한 것처럼, 당신이 다르마를 아무리 잘 이해하더라도 수행을 하려면 노력과 활력을 일으켜야 한다. 자동차의 비유가 도움이 되었기를.

바른 노력은 또한 수행을 하는 중에 온전히 거기에 전념하는 것을 말하기도 한다. 맞다. 평소처럼 붓다는 여기서도 멋진 비유를 든다. 붓다는 아름다운 여가수가 노래 부르고 춤추는 무대를 떠올려 보라고 한다. 그곳에는 많은 관중이 모여 있다. 이때 어떤 남자가 기름을 가득 담은 그릇을 머리에 인 채 관중 속을 걸어가고 있다. 바로 뒤에는 남자가 기름을 한 방울만 흘려도 그의 목을 베겠다고 위협하는 칼을 찬 병사가 따라오고 있다. 붓다는 수행승은 이 정도의 열의와 전념으로 자신의 몸에 대한 마음챙김을 닦아야 한다고 말한다.²⁸

소류 스님은 우리의 생각을 일깨우는 방식으로 이 점을 전한다. 스님은 이렇게 말한다.

바른 노력이란, 생각이든 말이든 행동이든, 바른 것을 실천하고, 잘못된 것을 삼가는 데 주저함 없이, 타협하지 않고 자신을 온전히 던져 넣는 것입니다. 이렇게 하십시오. 결코 물러서지 마십시오. 거리에서 싸움이 벌어졌을 때 당신은 절반만 노력을 기울이겠습니까? 당연히 아닐 것입니다. 아이를 출산할 때 당신은 절반만 힘을 쓰겠습니까? 물론, 아닐 것입니다. 당신은 100퍼센트 온전히 노력을 기울일 것입니다. 왜 그럴까요? 지금 닥친 상황이 중요하기 때문입니다.

지금 당신에게 닥친 이 상황이 중요합니다. 당신 삶의 모든 날들이 중요합니다.

삶은 짧고 소중합니다. 이 귀한 기회를 놓치지 마십시오. 활용하십시오. 바른 노력의 기쁨에 대해 알아보십시오. 매 순간 당신의 삶이 얼마나 중요한지 알아보는 기쁨을 누리십시오. 모든 무관심과 냉담을 떨쳐내는 기쁨을 알아보십시오. 세상 모든 존재의 이로움을 위해 당신이 할 수 있는 일을 하는 기쁨을 누려 보십시오. 하루하루를 이것에 대해 더 깊이 알아 가십시오.

바른 마음챙김과 바른 삼매

불교의 명상 수행 체계는 평온(사마타)과 통찰(위빠사나, '분명하게 본다'는 의미)이라는 두 축으로 되어 있다. 기본 전제는 간단하다. 평온이든 통찰이든 각각의 과제에 적합한 도구를 갖춰야 한다는 점이다. 자기 얼굴을 보려면 거울이 있어야 한다. 미생물학을 연구하려면 현미경이 있어야 하고, 천문학을 하자면 망원경이 있어야 한다. 마찬가지로, 괴로움에서 벗어나는 데 필요한 지혜를 얻고자 한다면 평온과 통찰이라는 도구를 마음에 갖춰야 마땅하다.

실제로 붓다는 평온과 통찰의 중요성을 명시적으로 강조하고 있다. 깨달음을 얻고자 하는 수행승이라면 '계행을 갖추어야 하며, 내면의 평온에 전념해야 하며, 선정(삼매)을 닦는 데 게으르지 말아야 하며, 통찰을 얻어야 하며, 부지런히 수행해야 한다'고 붓다는 말했다.[29] 평온과 통찰은 수행에서 빠뜨릴 수 없는 필수적인 부분이다. 또 다른 경전에서 붓다는 수행승들에게 터번에 불이 붙은 남자처럼 긴박한 마음으로 평온과 통찰을 계발해야 한다고 말한다.[30] 그리고 이미 평온과 통찰을 계발한 수행승이라면 그것을 활용해 깨달음에 이르러야 한다고 말한다.[31]

2장에서 말했듯이, 평온과 통찰의 결합은 붓다가 새롭게 발견한 가장 중요한 부분이었다. 싯닷타가 붓다가 되기 전에는 평온을 계발하는 명상(사마타)과 그에 가까운 사촌 격인 삼매가 이미 널리 알려져 있었고, 많은 사람들이 수행하고 있었다. 이것은 싯닷타 자신이 두 사람의 유명한 스승에게 사마타 명상을 배운 사실에서도 알 수 있다. 수행자는 처음에 평온으로 자신의 마음을 고요하게 한 뒤, 마음이 충분히 고요해지면 어디에도 끄달리지 않는 지극한 행복감을 경험한다. 마침내 주의가 한곳에 가만히 모아지면서 마음은 삼매에 이른다. 그러나 싯닷타는 이처럼 지극히 행복한 명상 상태 역시 조건 지어져 있어 영원하지 않다는 것, 따라서 모든 고통에 대한 궁극의 해결책이 될 수 없다는 것을 알았다. 그렇지만 삼매의 마음 상태가 지닌 강력한 힘을 고통의 본질을 깊이 들여다보고, 모든 고통에서 최종적으로 벗어나는 데 사용할 수 있다는 점도 바르게 알았다. 이것이야말로 붓다의 천재적 발상이었다. 평온과 통찰을 결합함으로써 붓다는 완전한 깨달음을 얻어 붓다, 즉 깨달은 자가 되었다.

'평온+통찰'이라는 이 표준적 방법은 팔정도의 마지막 두 요소인 바른 마음챙김과 바른 삼매에 반영되어 있다. 바른 마음챙김은 마음을 고요하게 하고 통찰을 계발하는 수행을 모두 포함한다. 바른 삼매는 마음을 깊은 평온의 상태에 둠으로써 그것이 가진 힘을 극대화한다. 그렇게 해서 심오한 통찰을 계발하는 데 바른 마음챙김을 사용한다.

붓다는 바른 마음챙김을 '네 가지 마음챙김의 확립'으로 정의한다. 네 가지 마음챙김의 확립이란 몸, 감각(느낌), 마음, 법에 대한 마음챙김을 말한다.[32]

바른 삼매는 네 가지 자나(jhāna), 즉 네 가지 선정의 명상 상태를 말한다.[33] 첫 번째 선정, 즉 초선정(初禪定)에서는 감각적 욕망과 불건전한 상태에서 벗어난다. 붓다는 이것을 '벗어남에서 비롯한 환희심과 행복을 경험하는 것'이라고 말한다. 두 번째 선정에서는 모든 생각이 잦아들고, 그에 따라 마음은 차분해지며 하나로 모인다. 붓다는 이것을 '삼매에서 비롯한 환희와 행복감'을 경험하는 것이라고 말한다. 세 번째 선정에서 마음은 두 번째 선정보다 더 고요해져 환희심마저 버리게 되며 부드러운 행복감만이 남는다. 이로써 수행자는 '평온하고 깨어 있고 또렷이 아는' 상태에 머문다. 네 번째 선정에서는 마음이 부드러운 행복감마저 놓아버린 뒤 기쁨과 고통을 넘어선다. 자신이 원하는 것을 좋아하는 상태와 원치 않는 것을 싫어하는 상태마저 넘어선다. 이렇게 평정심이 완성에 이른다. 이 상태에서 마음은 평정심에 의해 정화된 마음챙김을 완전히 지니게 된다. 붓다는 이것을 '순수하고 밝은 마음'이라고 불렀다.

바른 마음챙김과 바른 삼매는 각각에 하나의 장을 할애해야 할 만큼 중요한 주제이다. 다음 두 장에서 바른 마음챙김과 바른 삼매에 대해 자세히 살펴본 뒤, 이 두 가지가 팔정도의 나머지 여섯 가지와 더불어 우리를 어떻게 열반에 이르게 하는지 이야기할 것이다.

소류 스님의 한마디

나는 팔정도에서 가장 많이 등장하는 단어가 우리의 주목을 가장 적게 받는다는 사실이 약간 신기합니다. 그것은 '바른'이라는 단어입니다. (맹이라면 이렇게 농담했을 겁니다. "난 알아요. 바른right이라는 단어죠, 그렇죠right?")

'바른'에 해당하는 빠알리어 단어는 삼마(sammā)입니다. 삼마에는 '정확하다', '완전하다', '적절하다', '완벽하다'는 의미도 있습니다. 멋진 단어입니다. 팔정도의 길은 우리에게 정확하게 보고, 정확하게 사는 법을 알려 줍니다. 그런데 어떤 것이 '바르다', 또는 '틀렸다'고 말할 때 무엇이 바르고, 무엇이 틀린 것일까요? 거기에는 표면적인 교리보다 더 깊은 무엇이 있을 것입니다. 올바른 교리의 원천은 무엇일까요?

이에 대해 불교는 명확하게 답을 합니다. 우리를 고통에 이르게 하는 것이라면 그것은 틀린 것이라고 말입니다. 또 우리를 고통의 소멸로 이끄는 것이라면 그것은 바른 것이라고 말합니다. 그런데 불교에서 우리는 단어의 주어진 정의에 만족하지 않습니다. 우리는 옳은 것을 실현하기 위해 노력합니다. 옳은 그것을 우리 스스로 직접 확인하고자 합니다. 팔정도의 길을 바른 길, 정확하고 완전하고 적절하며 완벽한 길로 만들어 주는 그것은 무엇일까요?

팔정도의 길을 직접 걸을 때 이 질문에 대한 답을 알게 됩니다. 그저 말로써 답할 수 있는 질문이 아닙니다. 우리의 삶으로 답해야 하는 문제입니다.

7장

바른 마음챙김

깊이 들여다보는 마음챙김

왼발인가, 오른발인가

옛날 옛적에 명상에 재능이 있는 어느 수행자가 위대한 선승을 만날 기회가 생겼다. 스승에게 잘 보이고 싶었던 수행자는 자리에 앉자마자 자신의 수행 경지를 자랑하기 시작했다. 수행자의 장광설이 끝나자 스승은 미소를 지으며 물었다. "한 가지만 묻겠네. 이 방에 들어올 때 자네의 어느 발이 바닥에 먼저 닿았나? 왼발인가, 오른발인가?"

제자는 답하지 못했다. 그 순간 제자는 몸에 대한 기본적인 마음챙김조차 하지 못하는 자신을 깨달았다. 스승에게 절을 한 뒤 방을 나간 수행자는 그 후 10년을 더 부지런히 마음챙김 수행한 뒤 다시 스승을 찾았다.

이번 장에서는 마음챙김의 명확한 정의에서 시작해 바른 마음챙김에 대해 자세히 살펴본다.

마음챙김의 명확한 정의

"내가 말하노니, 마음챙김은 어디에나 유용하다." 붓다의 이 말은 매우 유명하다.[1] 불교를 통틀어 가장 중요한 가르침 중 하나가 마음챙김이라고 할 수 있다. 마음챙김은 붓다가 가르친 수행 체계를 떠받치는 주요 기둥이다.[2] 더욱이 마음챙김은 일곱 가지 깨달음의 요소(칠각지七覺支) 가운데 첫 번째이며, 다섯 가지 마음의 힘(오력五力)에서 나머지 네 가지의 균형을 잡아 주는 요소이다. 또한 팔정도의 여덟 가지 가운데 하나로서, 나머지 일곱 가지에 언제나 따라붙는 요소이다. 붓다는 마음챙김에 대해 매우 여러 곳에서 언급한다.

마음챙김이 이토록 중요하다면, 당신은 마음챙김에 대한 공식적인 정의를 제시하는 것이 쉬운 일이라고 생각할 것이다. 나도 그러고 싶다. 그러나 고대 경전에서 붓다가 마음챙김에 대한 공식적 정의를 명확하게 제시한 부분은 찾을 수 없다. 그 대신 경전에는 마음챙김이 불교 수행에서 어떤 방식으로 작동하는지에 관한 예시가 많이 나와 있다. 따라서 불교에 관한 책을 쓰는 나 같은 사람들은 그 예시들로부터 마음챙김의 정의를 만드는 일을 떠맡는 수밖에 없다(투덜, 투덜, 투덜…).

'마음챙김'으로 번역하는 빠알리 원어 사띠(sati)는 원래 '기억하다'라는 의미다. 실제로 붓다는 일부 설법에서 '사띠'라는 단어를 '기억'의 의미로 사용하고 있다.[3] 그러나 불교 학승인 빅쿠 보디에 따르면, 붓다는 '사띠'라는 단어를 '현재에 대한 주의 기울임'[4] 또는 더 넓게 '현상 세계에 대한 분명한 알아차림'이라는 의미로 더 자주 사용한다고 한다.[5] 이런 의미에서 사띠는 현재 순간에 대한 알아차림으로, 우리가 쉽게 놓치고 있는 현재 순간을 기억하도록 도와준다고 할 수 있다.

마음챙김을 기능적으로 이해하는 가장 좋은 방법은 두 개의 빠알리 단어와 연관 지어 이해하는 것이다. 아누빠사나(anupassanā)와 우빠타나(upaṭṭhāna)라는 단어가 그것이다. 아누빠사나는 흔히 '묵상', '숙고' 등으로 번역하는데 '가까이서, 반복적으로 본다'는 의미다(anu는 '가까이에서, 반복적으로'라는 의미이고, passanā는 '본다'는 뜻이다).[6] 다시 말해 찬찬히 반복적으로 관찰한다는 의미다. 한편 우빠타나는 '살핌', '시중 듦', '돌봄', '보살핌' 등을 의미한다.[7] 문자 그대로는 '곁에 서다'라는 의미다(upa는 '곁에', ṭhāna는 '서다'라는 뜻이다). 누군가를 제대로 보살핀다는 것은 그들 곁에 온전히 존재하는 것이다. 따라서 우빠타나는 당신의 현존을 온전히 세우는 것을 의미한다. 기능적으로 말해, 마음챙김은 '가까이서 반복적으로 관찰하는 것'이며[8] '(호흡이나 신체 감각 등의) 명상 대상 곁에 온전히 존재하는 것'이다.[9]

이것이 마음챙김이다. 그런데 바른 마음챙김을 수련하자면 한 가지 중요한 자질이 요구된다. 현명한 분별력(wise discernment)이 그것이다. 현명한 분별력은 붓다가 사용한 빠자나띠(pajānāti)라는 빠알리 단어에서 확인할 수 있다. 빠자나띠는 '있는 그대로 안다'는 뜻으로 (jānāti는 '알다', pajānāti는 강력한 힘이 실린 jānāti, 즉 앎이다) 지혜(paññā)라는 단어와도 관련이 있다. 여기서 붓다가 가르치는 것은, 어떤 마음챙김의 대상이든 있는 그대로 알라(pajānāti)는 것이다. 이런 현명한 분별력이 중요하게 대두되는 지점이 있는데, 그것은 윤리적 숙고와 관련한

176

마음챙김 수련이다. 예컨대 붓다는 어느 설법에서 제자들에게 잘못된 의도와 잘못된 말, 잘못된 행동을 '마음챙김으로 버리고', 바른 의도와 바른 말 등을 '마음챙김으로 얻고 거기에 머무름으로써' 바른 마음챙김을 닦으라고 가르쳤다.[10] 이때 바른 마음챙김을 닦기 위해 바른 것과 잘못된 것을 구분해야 하는데, 이때 요구되는 것이 현명한 분별력이다. 이처럼 마음챙김은 수동적인 상태가 아니라 적극적인 활동이라는 사실을 기억해야 한다.

또 하나 중요한 것은, 두부는 거기에 어떤 양념을 얹느냐에 따라 그 양념의 맛을 내는 것처럼, 마음챙김 수행도 마음챙김의 대상에 따라 서로 다른 색깔을 띤다는 점이다. 가령 신체 감각에 마음챙김을 가져가면, 그때의 마음챙김은 순수한 주의에 가까운 마음챙김이다. 한편 무상을 면밀히 관찰하는 데 마음챙김을 적용하는 경우에 마음챙김은 숙고나 묵상의 성격에 가깝다. 그리고 바른 의도와 잘못된 의도를 구분하는 등 팔정도의 요소에 마음챙김을 적용한다면 이때의 마음챙김은 윤리적 차원의 성격을 띤다.[11] 불교를 가르치는 사람들이 마음챙김이 순수한 주의냐, 아니냐 등에 관해 논쟁하는 이유도 이런 사정 때문이다. 이처럼 불교를 가르치는 사람은 초기불교 경전을 공부함으로써 도움을 받을 수 있다.

어느 경우든 모든 형태의 마음챙김 수행에 공통적으로 요구되는 것은 다음의 세 가지다. 1) 선택한 명상 대상에 온전히 확립된 현존감을 가지고 지속적으로 주의를 기울일 것, 2) 명상 대상을 순간순간 가까이서 반복적으로 관찰할 것, 3) 현명한 분별력을 가지고 그렇게 할 것. 이것은 명상 대상이 신체 감각이든, 묵상 주제이든, 현재 순간 자체이든, 아니면 지나간 과거에 대한 기억이나 다가올 미래에 관한 생각이든 마찬가지다.

이상의 논의를 종합해, 나는 마음챙김을 이렇게 정의한다. '**명상 대상에 주의 기울일 것을 기억하는 것, 명상 대상에 대해 온전한 현존감을 확립한 상태로 그것을 가까이서 반복적으로, 현명한 분별력으로 관찰하는 것**'. 아니면 소류 스님의 조금 더 짧은 정의도 좋아 보인다. '**주의 기울일 것을 기억하는 것, 그리고 어떻게 하면 제대로 주의를 기울일 수 있는지 기억하는 것**'.

바른 마음챙김을 확립하는 법

마음챙김의 확립에 관한 붓다의 설법은 주로 〈마음챙김의 확립 경(염처경)〉에 수록되어 있다.[12] 〈마음챙김의 확립 경〉이라는 경전 하나에 대해서만도 수많은 책과 박사 학위 논문이 쓰였다.

바른 마음챙김을 확립하기 위해서는 마음챙김 외에도 다음 세 가지 마음 자질이 필요하다.

1. 열의 또는 열심
2. 분명한 앎
3. '세상에 대한 탐욕과 슬픔'을 버림[13]

첫째, 열의를 갖는다는 것은 확고한 결심으로 부지런히 **바른 노**

력을 기울이는 것을 말한다. 붓다의 상수제자 중 한 명인 마하까사빠(마하가섭)는 이렇게 말한다. "수행승은 다음처럼 생각하며 수행에 대한 열의를 일으켜야 한다. 즉 '일어나지 않았던 불선한 마음 상태가 내 안에 일어나면, 또는 이미 일어난 선한 마음 상태가 더 이상 일어나지 않으면 나에게 해롭다'라고 생각해야 한다. 그는 이렇게 생각함으로써 열의를 일으켜야 한다."[14]

둘째, 분명한 앎에 대해 붓다는 다음과 같이 유용한 정의를 내린다. **'감각, 생각, 지각의 일어남과 지속, 사라짐을 보고 이해하는 것'**.[15] 그런데 분명한 앎에는 **'지혜를 계발시키는 알아차림'**이라는 더 넓은 의미도 있다. 내가 존경하는 네 분의 불교 스승은 분명한 앎에 대해 이렇게 설명한다. '온전한 알아차림'(빅쿠 냐나몰리)[16], '상황에 맞는 알아차림'(빅쿠 수자토)[17], '내면을 들여다보는 알아차림'(달라이 라마와 툽덴 초드론).[18]

또 분명한 앎을 마음챙김이 지닌 현명한 분별력의 측면으로 생각해도 좋다. 마음챙김과 분명한 앎은 함께 수행해야 한다. 마음챙김과 분명한 앎 사이의 명확한 경계가 무엇이냐에 관하여 불교 스승들 사이에 의견을 달리하는 것을 보았을 것이다. 더욱이 마음챙김과 분명한 앎 사이에는 명확한 구분이 없으며, 둘을 하나로 다루는 스승도 있다. 괜찮다. 어쨌거나 마음챙김과 분명한 앎은 함께 병행해 수행하는 것이니까. 불교 스승들은 이론보다 실제 수행을 훨씬 중요시한다.

셋째, '세상에 대한 탐욕과 슬픔을 버린다'는 마음 자질은 수행의 다섯 가지 장애(이 장의 뒤에서 다룬다)를 일시적으로 버리게 하는 정도의 삼매를 말한다.[19] 여기에서 바른 삼매와 바른 마음챙김이 서로를 강화시키는 밀접한 관계에 있음을 알 수 있다. 바른 삼매를 튼튼히 닦을수록 바른 마음챙김을 제대로 닦을 수 있고, 그 반대도 마찬가지다.

열의와 분명한 앎, 세상에 대한 탐욕과 슬픔을 버린다는 세 가지 마음 자질을 반드시 가져야만 마음챙김을 확립할 수 있는 것은 아니다. 이 세 가지는 마음챙김 수행의 결과로 점점 더 자라날 수 있기 때문이다. 이런 의미에서 이 세 가지는 마음챙김이 확립되어 감에 따라 더 강화되는 선순환을 형성한다.

마음챙김의 네 가지 확립

의자의 네 다리가 의자를 받치는 것처럼, 마음챙김도 다음 네 가지 토대 위에 세워진다.

1. 몸에 대한 마음챙김
2. 감각(느낌)에 대한 마음챙김
3. 마음에 대한 마음챙김
4. 다르마에 대한 마음챙김

실제로 붓다가 위와 같이 이름을 붙이지는 않았다. 사실 붓다는 마음챙김의 네 가지 확립을 '몸, 감각, 마음, 다르마에 대해 아누빠사나(anupassanā) 하는 것'이라고 말했다. 기억하는가, '아누빠사나'라는 단어가 '가까이서 반복적으로 관찰하는 것'이라는 의미임을. 이것을 흔히 '묵상', '숙고' 등으로 번역하는데 그리 적절한 번역은 아니다. 그렇지만 존경받는 현대의 많은 불교 스승들은 '(대상)에 대한 마음챙김'이라는 이름으로 가르친다. 이것도 틀린 말은 아니다. 붓다가 마음챙김의 또 다른 핵심 요소인 현존(우빠타나)과 온전한 앎(빠자나띠)을 자신의 가르침에 실제로 포함시키고 있다는 점에서 그렇다.[20] 이 책에서는 편의상 그리고 혼란을 피하기 위해 오늘날 보편화된 관행, 즉 '대상에 대한 마음챙김'으로 부르는 방식을 따르기로 한다.

몸에 대한 마음챙김

몸에 대한 마음챙김은 마음챙김의 확립에서 꽤 많은 부분을 차지한다. 수행 초보자였을 때 나는 붓다가 몸에 대한 마음챙김을 매우 강조하는 것에 조금 놀랐다. 예를 들어 붓다는 이렇게 말했다.

> 마음으로 대양을 감싸는 자는 바다로 흘러드는 지류를 모두 알듯이, 몸에 대한 마음챙김을 계발하는 자는 누구든 참된 앎과 관련된 선한 마음 자질을 모두 얻을 수 있다.[21]

몸에 대한 마음챙김이 이토록 중요하다. 그전까지 나는 모든 영적(spiritual) 수련에서 마음과 '영(spirit)'이 주요 자리를 차지하는 한편, 몸은 부차적인 것이라고 순진하게 생각하고 있었다. 그러나 그렇지 않았다. 붓다는 몸에 대한 마음챙김을 영적 수행에서 가장 앞에 두었다. 나는 붓다가 몸에 대한 마음챙김을 강조한 이유가, 불교가 무엇보다 통찰 전통이라는 점에 있다고 본다. 즉 불교는 고통의 본질을 알고 고통에서 벗어나기 위해, 우리가 경험하는 무엇이든 있는 그대로 보는 직접적인 통찰을 계발하는 데 관심을 둔다. 그런데 우리가 하는 많은 경험이 몸으로부터 오며, 따라서 몸과 관련한 통찰을 얻지 않고서는 괴로움을 직접적으로 이해할 수도, 괴로움에서 제대로 벗어날 수도 없다.

붓다가 몸에 대한 마음챙김을 강조한 또 다른 이유는 몸은 만질 수 있는 물리적 실재를 가지고 있어, 마음의 대상 등 다른 대상보다 주의를 두기가 훨씬 용이하다는 점이다.

더욱이 몸에 대한 마음챙김으로 계발한 명상 기술은 다른 마음챙김의 확립에도 적용할 수 있다. 가령 호흡에 주의를 기울이면 편안함과 안정된 주의력을 키울 수 있는데, 이렇게 키운 편안함과 안정된 주의력은 감각에 대한 마음챙김과 마음에 대한 마음챙김을 키우는 데도 도움이 된다. 이런 이유로 붓다는 몸에 대한 마음챙김으로 '참된 앎과 관련된 모든 선한 마음 자질을 얻을 수 있다'고 말했다.

붓다는 몸에 대한 마음챙김과 관련해 여섯 가지 수행법을 제시한다. 첫째, 가장 중요한 수행법으로 호흡에 대한 마음챙김이 있다. 호흡에 대한 마음챙김에 경전 하나를 통째로 할애할 정도로 그것은 중요한 수행법이다(경전의 이름도 〈들숨 날숨에 대한 마음챙김 경〉이다). 이 경전에서 붓다는 호흡에 대한 마음챙김만으로 열반에 이를 수 있다고 말한다![22] 호흡에 대한 마음챙김 수행의 방법은 지극히 간단하다. 지금 이 순간의 호흡을 아는 것이다. 몸을 편안하게 하면서 호흡이 시작되어 끝날 때까지의 전 과정을 경험하는 것이다. 이것이 전부다.

몸에 대한 마음챙김과 관련한 두 번째 수행법도 지극히 간단하다. 현재 자신의 몸의 자세를 알아차리는 것이다. 붓다는 평소 우리 몸이 취하는 네 가지 기본 자세에 대해 말했다. 그것은 행주좌와(行住坐臥), 즉 걷고 서고 앉고 눕는 자세이다. 몸에 대한 마음챙김의 세 번째 수행법은 어떤 자세를 취하고 어떤 활동을 하든, 그 자세와 동작을 분명하게 아는 것이다. 잠에 떨어질 때도, 잠에서 깰 때도 그 자세와 동작을 놓치지 않고 분명하게 안다.

몸에 대한 마음챙김과 관련한 다음 두 가지 수행법은 신체의 각 부분을 하나씩 살피는 것이다. 이렇게 함으로써 신체의 매력적이지 않은 측면을 보게 되어, 몸에 집착하지 않는 마음을 키울 수 있다. 몸을 32부분으로 나누어 스캔하듯이 하나씩 관찰한다(머리털, 몸털, 손톱, 치아, 피부, 살, 힘줄, 뼈, 골수, 신장, 심장, 간, 횡격막, 비장, 폐, 내장, 장간막, 위장의 내용물, 대변, 담즙, 가래, 고름, 피, 땀, 지방, 눈물, 기름기, 침, 콧물, 관절의 기름, 소변, 뇌 등). 이로써 '더러운 것'으로 가득한 신체 부위들이 매력적이지 않다는 사실을 알게 된다. 또 하나의 수행법은 고대 인도에서 정의한 네 가지 요소인 흙, 물, 공기, 불로 구성된 신체를 관찰하면서 신체의 매력적이지 않은 측면을 다시 한 번 보는 것이다.

몸에 대한 마음챙김과 관련한 마지막 수행법은 앞의 두 수행법의 '극한 버전'이라고 할 수 있다. 이를 '시체 안치소 수행'이라 할 수 있는데, 고대 인도에는 사람의 시체를 두고 썩히는 시체 안치소가 있었다. 이 마음챙김 수행법은 시체 안치소에서 (부풀어 오르고, 검푸르게 변하고, 진물이 흐르는 등) 시체의 다양한 부패 상태와 새와 동물, 벌레가 시체를 먹어 치우는 장면을 두 눈으로 직접 확인하는 수행법이다. 해골과 분해된 사람 뼈를 보고 자신의 몸과 비교하며 '내 몸도 저렇게 될 것이다. 나도 저 운명에서 예외가 아니다'라는 생각을 떠올린다. 이것은 자신의 죽음과 끔찍한 부패라는 충격적인 진실에 직면하는 수련이다. 맞다, 진실은 끔찍하다.

몸에 대한 마음챙김과 관련한 위의 마지막 세 가지 수행법을 부정관(不淨觀, asubha practice)이라고 한다. 아수바는 원래 '아름답지 못하다'는 의미인데 보통 '더러움', '혐오감'으로 번역한다. 아수바 수행, 즉 부정관은 종종 욕정에 대한 해독제, 자기 몸에 대한 집착을 떨쳐내는 해독제로 처방한다.

붓다 시대에 시리마라는 아름답고 유명한 창녀가 살았다. 어느 날 시리마가 몸이 아픈 상태로 실려 가고 있었는데 어느 젊은 수도승이 실려 가는 시리마를 우연히 보고는 속으로 생각했다. '시리마는 아파도 매우 아름답구나.' 수도승은 시리마에게 강한 욕정을 느꼈다. 그날 밤 시리마는 병으로 죽었고 나흘 후, 그녀의 시신은 부풀어 오르고 구더기가 끓기 시작했다. 붓다는 이 일을 가르침의 기회로 삼았다. 붓다는 빔비사라 왕에게 시리마를 동전 1천 냥으로 살 수 있다고 널리 알려달라고 부탁했다. 그렇지만 동전 1천 냥이 아니라 5백 냥이나 250냥, 심지어 공짜로도 죽은 그녀의 시신을 가져갈 사람은 아무도 없었다. 붓다는 수행승들에게 말했다. "시리마를 보라. 살았을 때는 하룻밤을 보내려고 1천 냥을 주겠다는 남자들이 줄을 섰던 시리마였다. 이제 보라. 지금은 공짜로라도 데려가려는 사람이 아무도 없다. 이처럼 사람의 몸은 변하고 썩기 마련이다." 그런 다음 붓다는 다음과 같은 시를 읊었다.

> 온갖 것으로 치장한 몸을 보라.
> 그러나 몸은 종기 덩어리, 뼈로 겨우 지탱할 뿐, 늘 아픈 것.
> (감각적 욕망에 관한) 생각에 끄달리는 몸.
> 진실로, 이 몸은 영원하지도 견고하지도 않으니.[23]

젊은 수도승은 시리마의 시체를 보고 붓다의 말을 들은 다음, 수다원을 얻었다.

감각(느낌, 웨다나)에 대한 마음챙김

빠알리어 웨다나(vedanā)는 '감각' 또는 '느낌'으로 번역할 수 있다. 사실 나는 어떤 번역어를 쓸지 나 자신과 오랜 논쟁을 벌였다(나 자신과 벌이는 여느 논쟁처럼 나는 결국 이 논쟁에서 이겼다). 여기서 웨다나는 감각 기능과 감각 대상이 접촉할 때 일어나는 감각을 말한다. '느낌'으로 번역한다고 해서 웨다나에 반드시 감정이 포함되는 것은 아니다. 감정은 느낌과 사고 과정이 합해져 만들어지는 복잡한 과정인 반면, 웨다나는 감정 경험 가운데 느낌의 요소만을 따로 떼어내 가리킨다.

감각에 대한 마음챙김은 지극히 짧고 단순하면서도 강력하다. 감각에 대한 마음챙김은 단 두 부분으로 이뤄져 있다.

1. 지금 경험되는 감각이 즐거운지, 불쾌한지, 즐겁지도 불쾌하지도

않은지 마음챙김할 것.

2. 그 감각이 세간의 것인지, 출세간의 것인지 마음챙김할 것.

이것이 전부다.

당신은 감각(느낌)이 세간의 것이니, 출세간의 것이니 하는 말이 무슨 의미인지 궁금할 것이다. 세간(worldly)에 해당하는 빠알리 원어는 사미사(sāmisa)인데, '살(flesh)'을 의미하는 아미사(āmisa)와 관련이 깊다. 따라서 세간의 감각(느낌)이란 살과 관련된 감각을, 출세간의 감각(느낌)이란 버림이나 포기와 관련된 감각을 가리킨다고 할 수 있다. 출세간의 즐거운 감각이나 출세간의 즐겁지도 불쾌하지도 않은 감각은 선정에서 경험하는 감각을 가리킨다. 그렇다면 출세간의 불쾌한 감각이란 무엇일까? 내가 알기로 붓다는 출세간의 불쾌한 감각에 관한 사례를 든 적이 없지만, 이와 밀접히 관련된 다른 설법에서 이에 관한 힌트를 얻을 수 있다. 그 설법에서 어느 제자는 모든 감각 현상의 무상함과 불만족스러운 성질에 대한 앎을 얻는다. 그런 뒤 그는 고귀한 벗어남에 대한 갈망을 품는데, 이 갈망이 그에게 슬픔과 비탄을 일으킨다. 붓다는 이것을 '버림으로 인해 일어나는 슬픔'이라고 부른다.[24] 이처럼 출세간의 불쾌한 감각이란, 버림으로 일어나는 슬픔과 관련된 감각이다. 소류 스님은, 이 슬픔이 깨달음에 대한 열망에서 비롯하는 것이 아니라, 아직 깨달음이라는 목적을 달성하지 못한 상태에서 앞으로 깨달음을 얻을지 알 수 없는 불안감에 비롯하는 슬픔이라는 점을 분명히 한다.

감각(느낌)에 대한 마음챙김은 얼마나 큰 힘을 갖는가? 붓다에 따르면, 감각의 성질에 대한 깊은 통찰의 지혜를 계발하는 자, 그리고 1) 즐거운 느낌과 관련한 탐욕의 근원적 경향성, 2) 불쾌한 느낌과 관련한 혐오의 근원적 경향성, 3) 즐겁지도 불쾌하지도 않은 느낌과 관련한 무지의 근원적 경향성을 버리는 자는 갈망을 완전히 끊을 수 있다고 한다. 그리고 자만을 완전히 끊어냄으로써 그는 '괴로움을 완전히 끊는다'.[25] 다시 말해 그는 열반을 얻는다. 그렇다, 감각에 대한 마음챙김을 통해 열반으로 직행할 수 있다. 붓다는 말한다. "감각을 완전히 이해하는 자는 바로 이 생에서 번뇌로부터 완전히 벗어날 수 있다."[26] 정말이지 신나지 않는가!

마음(찟따)에 대한 마음챙김

마음에 대한 마음챙김은 의식의 전반적 상태나 의식 수준에 대한 알아차림을 말한다. 그리고 의식의 전반적 상태와 수준은 탐욕, 증오, 어리석음 같은 의식의 정신적 요소에 의해 결정된다. 이런 이유로 마음에 대한 마음챙김의 지침에서는 마음의 정신적 요소에 주의를 기울이도록 가르친다. 특히 마음에 대한 마음챙김에서 수행자는 지금 자신의 마음이 탐욕과 증오, 어리석음에 영향을 받고 있는지 알고자 해야 한다. 그리고 자신의 마음이 지금 집중되어 있는지, 번뇌에서 벗어나 있는지도 알고자 해야 한다.[27]

마음에 대한 마음챙김을 하는 주요 목적은 깨끗하고 정직하며 객관적인 자기 점검을 하기 위해서다. 붓다는 별도의 설법에서 마음에 대한 마음챙김을 '자신의 마음이 작동하는 방식을 능숙하게 아는 것'이라고 표현하면서, 자신의 아름다운 모습을 다듬기 위해 깨끗하고 밝은 거울을 들여다보며 먼지와 티가 없는지 살피는 젊은이에 비유한다.[28] 거울을 들여다보는 행위가 젊은이의 아름다운 외모를 가꾸는 데 도움이 되는 것처럼, 자기 점검은 수행자가 바람직한 마음 자질을 키우는 데 도움을 준다.

    몸에 대한 마음챙김에서 감각에 대한 마음챙김, 이어서 마음에 대한 마음챙김으로 나아가는 과정은 점점 더 미세한 명상 대상으로 옮겨 가는 과정이라고 할 수 있다. 아날라요 스님에 따르면, 마음에 대한 마음챙김을 할 때 일어나는 또 하나의 변화가 있다. 그것은 '어떤' 대상을 경험하느냐에서 그 대상을 '어떻게' 경험하느냐로 무게 중심이 옮겨 간다는 점이다. 예컨대 감각에 대한 마음챙김에서는 즐거운 특정 감각을 (즉 어떤 감각이 즐거운지를) 알아차리는 반면에, 마음에 대한 마음챙김에서는 즐거운 그 감각을 경험하는 동안 당신의 마음이 '어떤' 상태인지를 알아차리게 된다. 즉 당신의 마음이 즐거운 감각을 탐욕의 마음으로 경험하고 있는지, 아니면 탐욕의 마음 없이 경험하고 있는지를 (즉 마음이 즐거운 감각을 '어떻게' 경험하고 있는지를) 알아차린다는 것이다. 또 마음에 대한 마음챙김을 이렇게 생각해 볼 수도 있다. 당신의 마음 상태는 지금 이 순간 당신의 경험 밑바탕에 깔린 저류이며, 이때 마음에 대한 마음챙김은 이 저류에 주의를 기울이는 것이라는 점이다. 이것이 마음에 대한 마음챙김의 가장 유용한 측면이다. 이처럼 마음에 대한 마음챙김은 자기 점검을 위한 훌륭한 거울이다.

다르마에 대한 마음챙김

마음챙김의 네 가지 확립 가운데 마지막은 다르마(빠알리어로 dhamma, 산스크리트와 영어로는 dharma라고 한다)에 대한 마음챙김이다. 여기서 '다르마'를 흔히 '정신적 대상', '마음의 대상'으로 번역하는데, 그리 적절한 번역어로 보이지는 않는다. 왜냐하면 다르마에 대한 마음챙김 외에 다른 두 가지 마음챙김(감각에 대한 마음챙김과 마음에 대한 마음챙김)의 확립도 정신적 대상을 대상으로 삼기 때문이다. 다르마를 '현상'으로 번역하기도 하는데, 표면적으로 틀린 번역은 아니지만, '현상'이라는 말이 의미하는 범위가 너무 넓다는 문제가 있다. 여기서 다르마에 대한 마음챙김은 고통과 고통에서 벗어남의 본질에 관한 보편적 법칙과 관련된 경험에 대해 묵상하는 것을 말한다. 이런 맥락에서 내가 가장 좋아하는 다르마의 번역어는 '존재의 조건(conditions of being)'인데 이것조차 그리 만족스럽지 못하다. 이런 이유로 여기서는 다르마를 번역하지 않고 그냥 '다르마'로 놓아둔다.

다르마에 대한 마음챙김은 다음을 포괄한다.

- 다섯 가지 장애
- 다섯 가지 무더기
- 여섯 가지 감각 토대
- 일곱 가지 깨달음 요소
- 네 가지 고귀한 진리

다섯 가지 장애는 주요 주제로서 다음 단락에서 자세히 살펴볼 것이다.

다섯 가지 무더기는 형상, 감각, 지각, 의지적 형성 작용, 의식의 다섯 가지로 앞서 3장에서 살펴보았다.

여섯 가지 감각 토대는 감각 기관과 감각 대상의 여섯 쌍을 말한다. 그것은 1) 눈과 시각 대상, 2) 귀와 소리, 3) 코와 냄새, 4) 혀와 맛, 5) 몸과 촉각 대상, 6) 마음과 정신적 대상[29] 등의 여섯 쌍이다.

일곱 가지 깨달음 요소는 깨달음으로 이끄는 데 반드시 필요한 정신 요소이다.[30] 마음챙김, 법에 대한 조사, 노력 또는 정진, 환희심, 고요함, 삼매, 평정심이 그것이다. 이 책의 마지막에 이르면 이것들에 대해 잘 알 수 있게 될 것이다. 그리고 12장에서 사례 연구를 통해 이 일곱 가지 요소가 어떤 식으로 함께 작용해 영적 성취를 촉진하는지 살펴볼 것이다.

네 가지 고귀한 진리는 이미 알듯이, 괴로움의 성질, 괴로움의 기원, 괴로움의 소멸, 괴로움의 소멸에 이르는 길의 네 가지를 말한다.

아날라요 스님에 따르면, 다르마에 대한 마음챙김이 다른 마음챙김의 확립과 다른 중요한 점이 있다. 그것은 처음 세 가지 마음챙김의 확립(몸, 느낌, 마음에 대한 마음챙김)이 마음챙김 수행의 대상을 제시하는 데 반해, 다르마에 대한 마음챙김은 (앞의 세 가지 마음챙김의 확립을 포함한) 당신이 경험하는 모든 현상을 들여다보는 렌즈를 제공한다는 점이다.[31] 가령 호흡에 대한 마음챙김 수행에 이 렌즈를 적용한다고 해 보자. 그러면 호흡에 주의를 기울이는 동안 당신은 다섯 가지 장애를 확인하게 될 것이다. 또 호흡과 관련된 다섯 가지 무더기를 관찰할 수도 있고, 호흡 경험과 관련한 여섯 가지 감각 토대를 관찰할 수도 있다. 이렇게 함으로써 당신은 마침내 순간순간 무상을 직접 경험할 것이고, 이어서 탐욕이 떨어져나가고 그침으로써 탐욕을 내려놓게 되고, 마침내 깨달음으로 이어질 수도 있다.[32]

다섯 가지 장애

다섯 가지 장애는 마음이 명상 집중 상태에 이르는 데 방해가 되는 정신적 장애물을 말한다. 다섯 가지 장애는 집중을 방해할 뿐 아니라 일반적으로 지혜를 얻는 데도 방해가 된다. 따라서 다섯 가지 장애는 명상 중에 작용할 뿐 아니라 일상에서도 작동한다. 다섯 가지 장애는 다음과 같다.

    1. 감각적 욕망
    2. 악의
    3. 나태와 혼침
    4. 들뜸과 후회
    5. 의심[33]

감각적 욕망은 '다섯 종류의 감각적 즐거움'에 대한 탐심을 말한다. 다섯 종류의 감각적 즐거움은 다섯 가지 감각에 즐거움을 주는 대상을 가리킨다. 즉 즐거운 형상, 소리, 냄새, 맛, 감촉이 그것이다. 한편 바른 삼매에서 일어나는 즐거움은 다섯 가지 감각에 의존하지 않는 즐거움이므로 감각적 즐거움에서 제외시킨다는 점에 주목할 필요가 있다.[34]

감각적 즐거움에 맞서는 최상의 해독제는 아무 일이 일어나지 않아도 현재 순간에 즐거움을 경험하는 능력을 키우는 것이다. 이렇게 할 수 있는 한 가지 방법이 있다. 당신이 편안한 마음으로 깨어 있을 때마다 그 상태가 미세하게 즐겁다는 사실을 알아보는 것이다. 편안한 마음으로 깨어 있는 상태는 무덤덤한 상태가 아니다. 경쾌하고 즐거운 상태다. 이런 미세한 즐거움이 일어날 때면, 거기에 온전히 주의를 기울이면서 당신이 할 수 있는 한 오래도록 그 기쁨에 머물러 보라. 기쁨에 오래 머물수록 그 기쁨에 더 친숙해질 것이고, 결과적으로 그런 기쁨을 더 쉽게 발견할 수 있다. 당신은 그 기쁨을 당신 마음대로 불러올 수 있음을 알게 될 것이다. 이로써 당신은 자리에 앉아 명상을 할 때마다, 아무 일이 일어나지 않아도 그 기쁨을 발견할 수 있다! 이런 기쁨이 일어나면 감각적 욕망은 점점 더 당신에게 달라붙기 어려워질 것이다. 다행히도 바른 삼매에 들면 기쁨을 발견하는 이 능력을 완전히 통달할 수 있다.

감각적 즐거움에 대한 또 하나의 해독제는 당신의 내면에 일어나는 집착과 혐오의 마음에 주의를 기울이는 것이다. 감각을 느낀 뒤에는 언제나 지각이 따라온다. 지각이 일어난 뒤에는 집착하는 마음이나 혐오하는 마음이 일어날 수 있다. 집착과 혐오의 마음이 일어나는 이때가 바로 고통이 존재하는 순간이다. 따라서 특정 감각을 집착이나 혐오의 마음을 일으키지 않고 경험할 수 있다면 (일시적으로) 고통 없이 그 감각을 경험할 수 있다. 감각뿐 아니라 모든 생각과 감정도 마찬가지다. 따라서 우리가 해야 하는 수행은 감각과 생각, 욕망을 경험할 때 일어나는 집착하는 마음과 혐오하는 마음을 관찰하는 것이다. 이때 집착하는 마음을 줄이는 한 가지 방법이 있다. 그것은 관찰 대상이 지닌 영원하지 않고 매력적이지 않은 성질에 대해 명상하는 것이다(앞서 말한 '부정관' 참조). 대상의 이런 성질을 제대로, 많이 관찰할수록 감각적 욕망이 당신에게 휘두르는 통제력도 줄어든다.

악의는 혐오감에서 비롯하는 마음 상태로서 분노, 증오, 후회, 질투, 시기 등을 포함한다. 우리는 이런 감정들을 타인에게, 사물에, 특정 상황에, 심지어 자기 자신에게 향하는 경우가 있다.

악의를 해결하는 해독제는 자애(慈愛)의 마음이다. 여기에 큰 도움을 주는 수행이 자애의 기쁨을 계발하는 수행이다. 지금 바로 해 보자. 지금부터 10초간 당신이 소중하게 여기는 사람을 마음에 떠올린 뒤 그 사람이 행복하기를 빌어 준다. 이때 미소 짓고 있는 자신을 보았는가? 자애를 주는 쪽에 선다는 것은 나름의 고유한 기쁨을 준다. 자애 수행은 사람들이 잘되기를 많이 빌어 준 다음, 그런 자애의 마음에 따라오는 기쁨에 온전히 주의를 기울이는 것이다. 마음은 이러한 자애의 기쁨을 아주 좋아한다. 그러니 당신이 자애 수행을 많이 할수록 자애의 마음이 더 커져 악의를 더 멀리 몰아낼 수 있다.

나태와 혼침은 두 가지 별개의 마음 상태를 하나의 장애로 뭉뚱그린 것이다. 나태는 게으름 또는 활력의 부족이라는 성질을 띠는 반면, 혼침은 졸림이나 숨 막히는 통제 불능의 성질을 갖는다.[35] 나태와 혼침은 졸린 마음 상태, 정신적 무기력에 휩싸인 '무거운' 마음 상태를 말한다.

　나태와 혼침에 대한 가장 분명한 해결책은 활력을 일으키는 것이다. 활력을 일으키는 방법에는 활력의 양을 증가시키는 것과 활력의 질을 향상시키는 두 방법이 있다. 그런데 현대인의 상당수는 만성적인 수면 부족에 시달리고 있으며, 이는 수행을 하기에 충분한 양의 활력이 부족하다는 의미다. 명상을 하면 고요함과 이완의 상태에 들어가는데, 수면 부족에 시달리는 사람이 고요함과 이완 상태에 들어가면 어떻게 될까? 당연히 잠들고 싶을 것이다. 이런 이유로 오늘날 명상을 하는 많은 사람이 명상 중 깨어 있는 상태를 유지하는 데 큰 어려움을 겪는다. 이에 대한 간단한 해결책은 충분한 수면을 취하는 것이다. 예컨대 특정 호흡법과 같은 보완적 수행을 통해 잠시나마 활력을 보충할 수는 있어도 만성적인 수면 부족 상태라면 그 또한 효과를 보기 어렵다. 이때는 충분한 수면을 취하는 것이 가장 좋은 방법이다.

　잠을 충분히 잤음에도 나태와 혼침이 문제가 된다면 이제 활력의 질을 관리해야 한다. 활력의 질을 관리하는 가장 좋은 방법은 명상 수행에 임하는 자신의 동기를 살피는 것이다. 가령 인간으로 태어나 다르마를 배우는 기회를 갖게 된 것이 얼마나 귀한 행운인지 스스로 상기해 본다. 아니면 나 또한 언젠가 반드시 늙음과 병듦, 죽음의 괴로움을 겪을 것이므로 열반을 직접 보기 위해 지금 열심히 수행하지 않으면 나중에 틀림없이 후회할 거란 사실을 떠올려도 좋다. 이런 사실을 떠올리면 당신의 엉덩이 근육에 불이 붙은 것처럼 수행에 필요한 활기를 일으킬 수 있다.

들뜸과 후회 또한 두 가지 서로 다른 마음 상태이지만 하나로 묶어 설명하는데, 왜냐하면 가만히 있지 못하는 특성을 두 가지가 공유하기 때문이다. 들뜸이 있으면 바람에 물결이 일 듯 마음이 안정되지 못한다. 한편 후회는 과거에 자신이 행한 일 (또는 행하지 않은 일)에 대한 회한과 슬픔을 말한다.[36] 이 두 가지는 동요하는 마음 상태, 쉽게 안정되지 못하는 마음 상태를 가리킨다.

들뜸에 대한 가장 좋은 해결책은 현재 순간의 기쁨을 경험하는 능력을 키우는 것이다. 감각적 욕망에 대한 해결책과 마찬가지다. 수행을 위해 자리에 앉는 것에서 고요한 기쁨을 찾을 수 있다면 들뜸을 극복할 수 있다.

후회는 그것이 좋은 의도에서 나온다는 사실을 이해하면 다룰 수 있다. 즉 히리(hiri)와 옷땁빠(ottappa)라는 두 가지 마음 상태에서 나온다는 사실이다. 붓다는 히리와 옷땁빠를 가리켜 '세상의 수호자'라고 불렀다. 세상을 선한 상태로 유지시키는 슈퍼 히어로라는 것이다.[37] 멋지지 않은가! 그렇다면 히리와 옷땁빠란 무엇인가? 각각 양심과 염려를 말한다.[38] 붓다는 사람들이 자신들에게 가해지는 해악으로부터 보호받을 수 있는 이유는 다른 사람들이 양심과 염려를 갖기 때문이라고 말했다. 그러므로 모든 사람이 양심과 염려를 갖는다면 어느 누구도 해악을 입지 않을 것이다. 더욱이 붓다는 양심과 염려를 가진 자는 괴로움에서 벗어난 상태로 이끄는 주의 깊음, 좋은 친구, 덕행 등의 선한 것을 모두 갖게 된다고 말했다.[39] 만약 당신에게 후회가 있다면 양심과 염려의 능력을 갖추었다는 뜻이므로 그것은 좋은 일이다.

후회를 이렇게 생각해 볼 수도 있다. 잘 알듯이 영적인 길은 지혜와 덕성을 조금씩 키워 가는 과정이다. 이것은 당신이 제대로 수행을 해 왔다면 오늘의 당신은 이전의 당신보다 더 지혜롭고 더 덕스럽다는 의미다. 그런데 바꿔 생각해 보면 이것은 당신은 오늘에 비해 이전에 더 어리석었고 덕성도 더 적었다는 의미이기도 하다. 그래서 오늘 당신이 가진 지혜의 관점에서 본다면 이것은 당신의 과거 행동이 지금 당신에게 후회를 일으킬 가능성이 높다는 의미이기도 하다.

따라서 우리가 깨달아야 하는 것은 후회는 좋은 의도에서 나온다는 사실이다. 즉 후회는 양심과 염려라는 '세상의 수호자'가 시간의 흐름에 따른 당신의 영적 성장과 결합해 일어난다. 이 사실을 인식한다면 후회는 당신이 더 좋은 사람이 되는 데 동기 부여가 될 것이다. 당신은 자신의 과거를 보완하면서 미래에 다른 사람에게 더 큰 이로움을 줄 것이다. 이것이 후회라는 수행의 장애물을 다루는 방법이다.

의심은 붓다, 다르마(법), 승가(수행 공동체)에 대한 믿음이 없는 것을 말한다.[40] 또한 수행법과 수행을 지도하는 스승에 대한 믿음이 부족한 것을 의미하기도 한다.[41] 나아가 자기 자신에 대해 의심하는 것도 포함된다. 가르침과 지도자에 대한 믿음이 확실하다 해도 자신에게 그 가르침을 실천할 능력이 있다는 확신을 갖지 못한다.[42] 이 관점은 나에게 특히 해당되었는데, 실제로 나 자신이 그러했기 때문이다.

붓다는 자신의 가르침을 지적으로 조사하고 검토해 보도록 제자들에게 강하게 촉구했는데, 어째서 의심을 수행의 장애로 든 것일까? 이에 대한 답은 의심에 두 가지 유형이 있다는 점에서 찾아야 한다. 건강하지 못한 의심은 수행을 방해하는 반면, 건강한 의심은 수행에 도움을 준다. 여기서 의심은 건강하지 못한 의심을 가리킨다. 건강한 의심과 건강하지 못한 의심의 차이점은 밑바닥에 깔린 태도에 있다. 건강한 의심의 바탕이 되는 태도는 열린 마음, 지적인 호기심으로, 그것은 현상을 분명히 이해하고자 한다. 한편 건강하지 못한 의심의 바탕이 되는 태도는 강한 부정적 편견으로, 이것은 사실이나 이성에 의해서도 바뀌지 않는 어리석음이다. 불교에서는 맹목적 믿음이 아닌 더 많은 배움과 탐구로 의심을 극복할 수 있다고 본다(의심에 관해서는 11장에서 더 자세히 살펴볼 것이다).[43]

그런데 건강한 의심이라도 '잘못된 장소, 잘못된 시간'의 상황에서는 수행의 장애물이 될 수 있다. 가령 자전거 타는 법을 배우는 상황을 생각해 보자. 이미 자전거를 타고 페달을 밟고 있는 상황이라면 스스로 이런 질문을 던지는 것은 적절치 않다. '물리학 법칙이 내가 실제로 두 바퀴의 균형을 잡게 해 줄까?' 페달을 밟는 중에 이런 질문을 던져서는 안 된다! 이 순간 당신이 해야 할 일은 그저 페달을 밟으며 두 바퀴의 균형을 잡는 것뿐이다. 물리학 법칙에 관한 질문은 바람직하고 바른 질문이지만, 페달을 밟고 있는 순간에 던져야 하는 질문은 아니다. 페달을 밟는 순간에 이 질문을 던진다면 자전거 타는 데 방해가 되어 오히려 역효과를 낼 것이다. 마찬가지로 당신이 명상 수행을 하는 중에 '인간의 마음이 실제로 고요해질 수 있을까?', '붓다는 역사적으로 실존했던 인물인가?' 같은 질문을 던지는 것은 수행을 방해하는 역효과를 부른다. 질문 자체로는 훌륭하지만 그 질문을 던지는 적절한 때는 따로 있다. 명상 수행을 하는 동안은 대개 그런 질문을 던질 적절한 때가 아니다.

여느 때처럼 붓다는 여기서도 재미있는 비유를 제시한다. 붓다는 다섯 가지 장애를 교살무화과에 비유한다. 교살무화과나무는 새나 동물이 숙주 나무에 떨어뜨린 씨앗으로 생명을 시작한다. 그런 뒤 숙주 나무의 줄기를 따라 땅속까지 뿌리를 내리고 자란다. 그러면서 결국엔 숙주 나무를 감싸 목을 졸라 죽인다. 마찬가지로 다섯 가지 장애는 마음을 둘러싸고 목을 졸라 지혜를 약화시킨다.[44] 그렇다. 아주 설득력 있는 비유이다.

또한 붓다는 다섯 가지 장애를 이해하는 데 도움이 되는 비유를 든다. 그는 다섯 가지 장애 각각을 여러 가지 곤란한 상황에 처한 사람에 비유한다.[45] 가령 감각적 욕망에 사로잡힌 사람은 빚을 진 사람과 같다. 어떤 빚이든 이자를 물고 갚아야 한다. 아니면 만기를 연장해야 한다. 그러지 않으면 나중에 더 크게 이자를 물어야 한다. 마찬가지로 모든 감각적 쾌락은 나중에 상실과 이별, 죽음이라는 더 큰 고통으로 되갚아야 한다. 아니면 미래에 더 큰 감각적 욕망을 불러일으킨다. 감각적 욕망으로부터 자유로운 사람은 마치 사업이 번창해 많은 돈을 벌어 빚이 전혀 없는 사람과 같다. 그는 감각적 욕망이 없는 상태를 기뻐한다!

악의에 시달리는 사람은 병에 걸린 사람과 같다. 악의는 심각한 질병과 같아서 고통을 유발하고 사람을 안에서 바깥으로 파괴한다. 악의에서 벗어난 사람은 병에서 회복한 사람과 같다. 그는 악의에서 벗어난 상태를 기뻐한다!

나태와 혼침에 시달리는 사람은 감옥에 갇힌 사람과 같다. 그는 자신이 하고 싶은 일을 하지 못한다. 가령 감옥 근처에서 축제가 열려도 그는 축제를 조금도 즐기지 못한다! 나태와 혼침에서 벗어난 사람은 감옥에서 풀려난 사람과 같다. 그는 나태와 혼침에서 벗어난 상태를 기뻐한다!

들뜸과 후회에 시달리는 사람은 주인이 이것저것 명령하는 노예의 처지와 같다. 그에겐 주체성도, 자율성도 없다. 쉬고 싶어도 쉬지 못한다. 들뜸과 후회에서 자유로운 자는 노예 상태에서 해방된 노예와 같다. 그는 들뜸과 후회에서 벗어난 상태를 기뻐한다!

의심에 시달리는 사람은 먹을 것이 부족하고, 위험으로 가득한 사막에서 길을 잃은 여행자와 같다. 의심에서 벗어난 자는 길을 잃은 여행자가 마을 어귀에 무사히 도착한 것과 같다. 그는 의심에서 벗어난 상태를 기뻐한다!

이상의 모든 비유에 한 가지 중요한 공통점이 있음을 눈치챘는가? 바로 자신이 처한 곤란한 상황에서 벗어난 자는 그렇게 벗어난 상태를 기뻐한다는 사실이다. 그가 느끼는 기쁨은 자신이 바라던 바를 이루었다는 사실을 보여 주는 내면의 척도이다. 이것은 아주 중요한 포인트인데, **다섯 가지 장애에서 벗어난 자유는 중립적 상태가 아니라 즐거운 기쁨의 상태**라는 점에서 그렇다. 다섯 가지 장애에서 벗어난 자유의 기쁨은 매우 바람직한 기쁨이다. 다음 장들에서 살펴보겠지만 이 기쁨은 우리가 열반을 향해 가는 데 중요한 추진력으로 작용한다.

'잘못된 마음챙김'도 있는가?

그렇다. '잘못된 마음챙김'도 있다. 팔정도의 각 요소에는 모두 '잘못된'이라는 상대역이 있다. 가령 '바른 견해'와 대비되는 '잘못된 견해'가 있으며, '바른 의도'와 견주어 '잘못된 의도'가 있다. 팔정도의 하나인 마음챙김도 예외는 아니다.

　안타깝게도 붓다는 불교에 관한 책을 쓰는 사람들을 위해 잘못된 마음챙김에 대한 공식적인 정의를 내리지는 않았다. 더 곤란한 점은 붓다가 잘못된 마음챙김을 독립된 주제로 정해 설한 설법은 하나도 없다는 사실이다. 물론 나는 고대 불교 경전에서 붓다가 잘못된 마음챙김에 관해 언급한 65개의 법문을 발견했다. 하지만 붓다는 이들 법문에서 팔정도의 여덟 부분을 잘못 수행하는 것을 설명하는 맥락에서 '잘못된 마음챙김'을 언급할 뿐이었다. 가령 어느 설법에서 붓다는 이렇게 말한다.

> 수행승들이여, 잘못된 길에 의지한다면 성공이 아닌 실패에 이른다. 어떻게 실패에 이르는가? 잘못된 견해는 잘못된 의도를 낳고, 잘못된 의도는 잘못된 말을, 잘못된 말은 잘못된 행동을 낳는다. 잘못된 행동은 잘못된 생계로 이어지고, 잘못된 생계는 잘못된 노력을 일으키며, 잘못된 노력은 잘못된 마음챙김으로 이어진다. 잘못된 마음챙김은 잘못된 삼매로 이어진다. 잘못된 삼매는 잘못된 앎을 낳으며, 잘못된 앎은 잘못된 자유를 낳는다. 이것이 잘못된 길에 의지할 때 성공이 아닌 실패에 이르게 되는 과정이다.[46]

다행히 잘못된 마음챙김에 대한 정의를 알아내는 것은 간단한 문제다. 붓다는 바른 견해, 바른 마음챙김, 바른 노력이 팔정도의 다른 부분들과 함께 작용한다고 가르치는 설법에서 커다란 힌트를 주었다.[47] 다시 말해 팔정도의 각 부분은 바른 견해, 바른 마음챙김, 바른 노력과 함께 수행해야 한다. 이것은 당연히 바른 마음챙김을 수행할 때는 바른 견해와 바른 노력도 함께 닦아야 한다는 의미다. 그렇다면 바른 견해와 바른 노력이란 무엇을 의미하는가? 앞서 보았듯이, 바른 견해는 기본적으로 사성제에 대해 아는 것을 말하며, 바른 노력은 바람직한(선한) 마음 상태를 키우고 바람직하지 않은(불선한) 마음 상태를 버리는 데 전념하는 것을 말한다.[48] 이것은 바른 마음챙김을 닦기 위해 다음의 세 가지가 필요하다는 의미다.

1. 전념
2. 당신의 최종 목표가 괴로움에서 완전히 벗어난 상태라는 것을 지혜롭게 인식하기
3. 도덕적 배려

잘못된 마음챙김의 적절한 예는 자신의 목표물을 마음챙김으로 조준하는 암살 저격수를 들 수 있다. 암살 저격수는 마음챙김으로 호흡하며 마음챙김을 지니고 방아쇠를 당길 것이다. 또 냉혹한 살인범을 '마음챙김으로' 교수형에 처하는 것도 명백히 잘못된 마음챙김이라고 할 수 있다. 마음챙김 수행과 관련한 더 현실적인 예는 자신이 일을 하는 직장에서 찾을 수 있다. 만약 당신이 직장에서 일하는 목적

이 자신의 행복과 고객, 동료, 모든 생명체의 행복을 위해 스스로 더 평화로운 사람이 되는 것이라면 올바른 마음챙김으로 간주할 수 있다. 그러나 당신이 일을 하는 목적에 도덕적이며 연민의 마음을 담은 배려가 들어 있지 않다면 잘못된 마음챙김이라고 할 수 있다.

바른 마음챙김을 마음챙김으로 바르게 이해하기

요약해 보자. 바른 마음챙김이란 마음챙김의 네 가지 확립을 가리킨다. 그것은 다음과 같다.

1. 몸에 대한 마음챙김에는 다음 여섯 가지가 있다.
    a. 호흡에 대한 마음챙김
    b. 몸의 자세에 대한 마음챙김
    c. 신체 동작에 대한 분명한 앎을 닦음
    d. 신체 32가지 부위에 대한 마음챙김
    e. '네 가지 요소(四大)'와 관련한 신체 경험에 대한 마음챙김
    f. 시체 안치소 명상
2. 감각에 대한 마음챙김
3. 마음에 대한 마음챙김
4. 다르마에 대한 마음챙김
    a. 다섯 가지 장애
    b. 다섯 가지 무더기

c. 여섯 가지 감각 토대

d. 일곱 가지 깨달음 요소

e. 네 가지 고귀한 진리

우리는 바른 마음챙김을 가지고 깨끗하고 환하며 다섯 가지 장애에서 벗어난 마음을 계발한다. 이렇게 해서 우리는 바른 삼매에 들어간다. 삼매는 다음 장에서 살펴볼 주제이다.

소류 스님의 한마디

마음챙김은 언제, 어디에서나 유용하다고 합니다. 이 말은 언제든 마음챙김을 사용할 수 있다는 의미입니다. 우리는 어떤 상황에 처해서도 마음챙김을 닦을 수 있습니다.

너무도 자주, 사람들은 마음챙김 수행을 하자면 호흡과 같은 특정한 주의 집중의 대상을 붙들어야 한다고 생각합니다. 그러나 우리는 어떤 경험에 대해서도 마음챙김으로 경험할 수 있습니다. 지금 당신이 통증을 경험하고 있다고요? 그렇다면 호흡에 집중이 잘 되지 않을 것입니다. 그렇지만 당신은 마음챙김으로 통증을 경험할 수 있습니다. 지금 기쁨을 느끼고 있다고요? 그렇다면 호흡에 잘 집중하지 못할 것입니다. 대신 마음챙김으로 그 기쁨을 경험할 수 있습니다. 지금 당신이 무엇을 경험하든, 다른 것이 아닌 바로 그것이 마음챙김을 확립하기에 가장 적합한 대상입니다.

마음챙김은 언제 어떤 상황에서든 적합합니다. 마음챙김은 지금 이 순간을, 괴로움의 소멸에 이르는 다음 단계로 활용하는 방법입니다.

8장

바른 삼매에 집중하라

명상 집중 상태의 놀라운 힘

세상을 바꾼 과학자가 된 직물점 주인

1600년대 네덜란드에 안토니 반 리우벤호크라는 직물점 주인이 살았다. 품질에 신경을 많이 썼던 그는 직물을 꼼꼼히 확인하고 싶어 렌즈 제작에 관심을 가졌고, 결국 고성능 현미경 제작 기술을 발전시켰다.

우리 모두에게 잘된 일은, 안토니의 관심이 직물의 품질 확인을 넘어 자연 세계를 현미경으로 관찰하는 데까지 나아갔다는 사실이다. 그는 한 방울의 물속에서 돌아다니는 작은 생명체의 세계를 보고는 크게 놀랐다.[1] 1670년대에 안토니는 곰팡이와 이 등의 아주 작은 생물과 박테리아, 기타 단세포 미생물에 대한 관찰 결과를 발표해 질병에 관한 사람들의 이해를 바꾸는 데 크게 기여했다. 오늘날 우리는 질병이 세균에 의해 전염된다는 사실을 당연하게 여긴다. 이것을 질병의 세균 유래설이라고 하는데 안토니의 시대에는 세균 유래설이 받아들여지지 않았고, 그 때문에 오늘날 기준으로 볼 때 충격적인 의료 관행이 널리 퍼져 있었다. 가령 의사들은 시체를 만진 뒤 손도 씻지 않은 채 신생아 분만에 임했다.

안토니의 선구적인 업적 덕분에 질병의 세균 유래설이 마침내 자리를 잡았고, 이로써 모든 것이 바뀌었다. 오늘날 안토니 반 리우벤호크는 미생물학의 아버지로 기억되고 있다.

현미경이 없던 당시에는 육안으로 보이지 않는 작은 입자에 의해 질병이 전파된다고 생각했다. 그러던 것이 현미경을 통해 박테리아와 기타 단세포 미생물을 직접 눈으로 관찰하게 되자 모든 것이 바뀌었다.

현미경이 미생물학자에게 필요한 도구이듯, 바른 삼매는 수행자에게 유용한 도구이다. 소류 스님은 바른 삼매가 현미경처럼 현상들의 차이를 드러내고, 한쪽으로 편향되지 않으며, 실제 존재하는 현상에 무엇도 덧붙이지 않는다는 점에서 매우 적절한 비유라고 말한다. 바른 삼매는 가장 중요하고 강력한 수행자의 도구이다. 바른 삼매가 없으면 마음의 본성에 관하여 개념화하는 수밖에 없다. 그러나 바른 삼매가 있으면 수행의 다섯 장애물에 방해받지 않고, 완벽한 평온과 명료함, 평정심을 갖춘 마음을 깊이 들여다볼 수 있다. 마음을 있는 그대로 보게 되는 것이다. 바른 삼매는 모든 것을 바꾼다.

이 장에서는 바른 삼매에 대해 살펴볼 것이다.

고귀한 다섯 요소로 된 바른 삼매

바른 삼매는 네 가지 자나(jhāna), 즉 선정을 가리킨다. '자나'라는 단어는 문자 그대로 '명상'을 뜻하는데, 붓다는 점점 더 정제된 명상 집중 상태를 가리키고자 이 단어를 사용했다. 그리하여 종종 '몰입'이나 '명상'으로 번역하기도 하지만, 이 책에서는 '선정'으로 쓰기로 한다. 네 가지 선정은 각각 첫 번째 선정(초선정), 두 번째 선정(2선정), 세 번째 선정(3선정), 네 번째 선정(4선정)이다.

네 가지 선정은 열반에 이르는 강력한 디딤돌이다. 붓다는 선정을 매우 자주 언급하는데, 그중에서도 〈다섯 가지 구성 요소 경〉이 내게 특히 도움이 되었다. 이 경에서 붓다는 선정과 열반에 이르게 하는 '직접적인 앎'의 관계를 명시적으로 밝히며, 이 점을 강조하기 위해 다양한 비유를 사용한다.[2]

첫 번째 선정

첫 번째 선정에 들면 감각적 쾌락과 바람직하지 않은 마음 상태에서 벗어나게 된다. 첫 번째 선정에서는 붓다가 '벗어남에서 비롯한 환희심과 행복감'이라고 부른 것을 느낄 수 있다. 감각적 쾌락에 의존하지 않는 내면의 기쁨을 분명히 경험할 수 있다는 점에서 첫 번째 선정은 수행자에게 매우 중요한 디딤돌이다. 첫 번째 선정에 이르기 전에 당신은 감각적 쾌락을 통해서만 기쁨을 느낄 수 있었을 것이다. 이 점에서 당신은 감각적 쾌락의 노예나 마찬가지였다. 그러나 첫 번째 선정에 이른 당신은 즐거운 감각 경험이 전혀 없어도 기쁨을 느낄 수 있다는 사실을 알았을 것이다. 그저 자리에 앉은 채 '아무 일이 일어나지 않아도' 지극한 기쁨을 느낄 수 있다.

사실은, 많은 능숙한 수행자들이 첫 번째 선정에 이르기 한참 전에도 일련의 기쁨을 분명히 경험한다. 그러나 내 경험으로 볼 때 선정에 이르기 전에 느끼는 기쁨은 미세하다. 가령 초콜릿에 대한 갈망을 누그러뜨릴 만큼 강하지는 못하다. 한편, 첫 번째 선정에 이르렀을 때 느끼는 기쁨은 마음을 한곳에 모아 자신에게 이렇게 말할 정도로 강한 기쁨이다. '이게 지금 나에게 필요한 전부야. 다른 건 아무것도 필요 없어.' 물론 첫 번째 선정에서도 마음이 완전히 하나로 모아지지는 않는다(완전한 집중은 두 번째 선정에서 일어난다). 그러나 강력한 기쁨에 집중하기에는 충분하다. 이때의 기쁨은, 만약 당신이 지금껏 한 번도 선정을 경험하지 못했다면, 당신의 수행 경험 중 가장 깊은 집중 상태일 것이다.

첫 번째 선정에서부터 즐거움을 경험할 수 있다는 점에서 붓다는 선정을 '지금 여기에 즐겁게 머무는 것'이라고 표현했다. 현대인이라면 간단히 '더없는 행복'이라고 표현할 것이다. 그런데 첫 번째 선정은 행복을 느끼게 하는 것을 넘어 그보다 훨씬 중요한 일을 한다. 그것은 열반으로 향하는 문을 열어 주는 '필수적인' 통찰을 첫 번째 선정이 제공한다는 사실이다. 당신이 처음 불교를 배울 때 붓다가 감각적 욕망을, 괴로움을 일으키는 '불'과 '독'으로 표현하는 것을 보았을 것이다. 당신은 이것이 말이 되지 않는다고 생각했을지 모른다. 감각적 욕망을 충족시키면 커다란 즐거움이 따라오지 않는가? 왜 감각적 욕망의 충족이 고통을 일으킨다는 것인가? 감각적 욕망은 우리에게 행복을 주는 원천이 아닌가? 그러나 첫 번째 선정의 환희심과 행복감을 경험하고 나면, 감각적 욕망에 관한 붓다의 가르침이 별안간 납득이 될 것이다. 그 이유는 이렇다.

첫째, 당신은 감각적 욕망에서 벗어났을 때 느끼는 기쁨이 감각적 욕망을 채우는 데서 생기는 기쁨보다 더 정제된 기쁨이며, 더 지속 가능하고 더 큰 만족감을 주는 기쁨이라는 사실을 알게 될 것이다. 둘째, 이것이 더 중요한데, 감각적 욕망에서 벗어났을 때 느끼는 기쁨은 문제적인 부작용이 없다는 사실을 알게 될 것이다. 감각적 욕망을 충족시킬 때 일어나는 행복감은 앞서 3장에서 보았듯이 어느 것이나 미래에 괴로움을 일으키는 씨앗을 심는 것과 같다. 즐거운 감각 대상을 아무리 많이 누려도 결국 (낡거나 썩는 등) 좋지 않은 방향으로 변하게 마련이다. 아니면 즐거운 감각 대상에 점점 익숙해져 무덤덤해진다(동일한 감각 대상이라도 시간이 지나면 즐거움이 줄거나, 심지어 불쾌해지기도 한다). 또한 우리는 즐거운 감각 대상을 어쩔 수 없이 잃거나, 우리 자신의 불가피한 질병과 노화, 죽음으로 인해 그것들을 즐길 수 없게 된다. 더 나쁜 것은, 감각적 욕망을 충족시키는 방식은 감각 대상에 대한 의존과 중독을 심화시킨다는 사실이다. 피부 발진 부위가 가려워 계속 긁는 것과 같다. 긁으면 더 가렵고, 그러면 더 긁게 된다. 피부 발진 부위를 긁는 것은 치료에 전혀 도움이 되지 않는다.

따라서 감각적 욕망에서 행복을 얻는 것은 당신을 파산으로 몰아가는 고리대금업자에게 돈을 빌리는 것과 같다. 당장은 즐거움을 누릴지 몰라도 장기적으로는 더 큰 대가를 분명히 치르게 된다. 반면 감각적 욕망을 일으키지 않고 행복을 경험하는 것은 부유한 조부모가 당신이 매일 마음껏 쓸 수 있는 넉넉한 신탁 재산을 남긴 사실을 알게 되는 것과 같다. 이런 수입원이 있다는 사실을 알면, 그리고 마음껏 쓸 수 있는 돈이 고리대금업자에게 빌릴 수 있는 돈보다 훨씬 많다는 사실을 알면 다시는 고리대금업자에게서 돈을 빌리지 않을 것이다. 마찬가지로 감각적 욕망에서 벗어났을 때 느끼는 환희심과 행복감에 언제든 다가갈 수 있다면 붓다가 감각적 쾌락을 가리켜 '저열하고 천박하고 거칠고 무지하며 무익하다'고 말한 이유를 알 것이다.[3] 그러면 마음은 자연스럽게 감각적 욕망을 내려놓을 수 있다. 붓다는 이렇게 말했다. "언제든 물을 마실 수 있다면 우물은 필요하지 않다."[4]

이것이 붓다가 첫 번째 선정에서 감각적 욕망이 일시적으로 악의, 잔인함과 함께 '남김없이 멈춘다'고 말한 이유이다.[5] 또 이런 이유로 붓다는 첫 번째 선정을 '마라와 그의 무리들이 따라오지 못하는 장소', '수행자가 마라의 눈을 가린 장소'라고 표현했다(2장에서 마라는 온갖 나쁜 것의 화신이라고 말한 것을 기억하는가).[6] 붓다의 이 표현이 가진 의미는 첫 번째 선정이 다음 두 가지 방식으로 도움을 준다는 사실이다. 그것은 선정에 머무는 것은 즐거운 일일 뿐 아니라, 마라로부터 확실하게 보호받는 안전한 피난처가 되어 준다는 사실이다. 첫 번째 선정에 든 수행자는 이렇게 안다. '나는 위험으로부터 안전하다. 이곳에서 마라는 내게 어떤 영향도 주지 못한다.'[7]

이런 이유로 첫 번째 선정은 매우 중요하다. 다시 말해, 첫 번째 선정에서 우리의 마음은 내면의 기쁨에 접속해 탐욕과 감각적 욕망에서 완전히 벗어난 상태가 된다. 그리고 그렇게 함으로써 지혜와 모든 괴로움에서 벗어난 상태로 나아간다.

첫 번째 선정에 대한 붓다의 비유는 이런 내면의 기쁨을 가장 중심에 둔다. 붓다는 이렇게 말한다. "능숙한 목욕 관리인은 목욕 가루를 가득 담은 쇠그릇에 조금씩 물을 뿌려 목욕 가루에 물기가 촉촉하게 스밀 때까지 주무른다. 마찬가지로 수행자는 감각적 욕망에서 벗어났을 때 느끼는 환희심과 행복감이 자신의 몸 가득 스며들게 한다. 그의 몸에는 환희심과 행복감이 스며들지 않는 부위가 조금도 없다."

두 번째 선정

두 번째 선정은 첫 번째 선정의 토대 위에 성립한다. 두 번째 선정에서는 모든 생각이 잦아들고 마음이 평온해지고 하나로 모아지며, 붓다가 말한 '삼매에서 생기는 환희심과 행복감'을 경험한다. 두 번째 선정에서 느끼는 환희심과 행복감은 첫 번째 선정에서 느끼는 것보다 더욱 정제되고 고상한 환희심과 행복감이다. 그런데 두 번째 선정이 지닌 가장 중요한 점은 마음이 평온해지고 하나로 모아지는 삼매의 힘이 첫 번째 선정보다 훨씬 강력하다는 것이다.

마음이 하나로 모아지면 무지를 부수고 지혜를 계발시키는 강력한 힘으로 작용한다. 마치 햇볕에서 불을 지피는 것과 같다. 부싯깃을 햇볕에 그냥 두면 불이 붙지 않지만, 돋보기로 햇볕을 한곳에 모아 부싯깃에 비추면 불이 붙는다. 또는 폭군의 지배 아래 억압당하고 있는 노예들을 한곳에 규합하는 것과도 같다. 노예들이 서로 흩어져 있으면 폭군의 억압에 대항하기 어렵다. 하지만 그들의 힘을 하나로 모으면 폭군으로부터 자유를 얻을 수 있다. 마찬가지로 내면이 흩어져 있으면(즉 마음이 한곳에 모아지지 않으면) 마라에 대항해 힘을 쓰지 못한다.

그러나 마음을 한곳에 모으면 강력한 힘을 낼 수 있다. 삼매(samadhi)라는 단어는 문자 그대로 '모으다'라는 의미인데, 이렇게 마음이 모인 상태가 지혜를 일으키는 진짜 힘으로 작용하기 시작하는 단계, 그것이 바로 두 번째 선정이다.

두 번째 선정에 대해 붓다는 호수의 비유를 든다. "바닥에서 물이 솟는 호수는 사방에서 물이 흘러들지 않아도, 또는 소나기가 퍼붓지 않아도 시원한 물이 호수 전체를 가득 채운다. 호수의 어느 곳도 시원한 물이 가득하지 않은 곳이 없다. 마찬가지로 수행자의 몸에는 삼매에서 생기는 환희심과 행복감이 가득, 완전히 스며든다. 이렇게 그의 몸에는 환희심과 행복감이 스며들지 않은 부위가 하나도 없다." 이 비유에서도 환희심과 행복감이 주요하게 등장한다. 외부에서 물이 흘러들지 않아도 바닥에서 물이 샘솟는 호수의 이미지는 내면의 기쁨이 가진 광대한 폭과 깊이, 평온함과 집중의 경험을 가리키는 비유로 볼 수 있다.

이 비유에서 첫 번째 선정과 두 번째 선정의 핵심적인 차이가 드러난다. 첫 번째 선정에서는 기쁨이 온몸에 스며들 때까지 기쁨을 '뿌리고 주물러야' 하지만, 두 번째 선정에서는 기쁨이 자연스럽게 온몸을 가득 채운다.

세 번째 선정

세 번째 선정은 두 번째 선정의 토대 위에 성립한다. 세 번째 선정에서는 환희심이 사라지고 행복감이 남는다. '환희심', '행복감'으로 번역하는 빠알리 단어는 각각 '삐띠(pīti)'와 '수카(sukha)'이다. 삐띠는 '흥분감', '들뜬 기쁨', '활기찬 기쁨'으로, 수카는 '지복', '기쁨', '차분한 기쁨'으로 번역할 수 있다. 삐띠와 수카는 질적으로 다른 성격의 기쁨이다. 삐띠는 활기와 흥분의 성격을, 수카는 차분한 기쁨의 성격을 갖는다. 세 번째 선정에 이르면 두 번째 선정에서보다 마음이 더 고요해지며, 이러한 마음의 고요함으로 인해 삐띠가 불편하고 거슬리게 느껴진다. 이제 수행자의 마음은 부드럽게 삐띠를 버리며, 수카만이 남게 된다. 이 상태에 관하여 붓다는 이렇게 말했다. "이때 수행자는 평정하고 깨어 있는 상태로 분명한 앎을 유지하며 지낸다." 세 번째 선정에 이르기 전에도 수행자의 마음에는 평정심, 깨어 있음, 분명한 앎 등의 마음 요소가 있었지만 세 번째 선정에 이르면 마음이 더욱 고요해지고 집중되면서 이 요소들이 의식의 전면에 더 분명히 드러난다.

이처럼 세 번째 선정이 수행자의 수행에 가장 크게 기여하는 부분은 마음이 고요해져 삐띠를 버리게 된다는 점이다. 더 중요하게는, 세 번째 선정에서 수행자는 평온하고 집중된 마음에 이르러, 우리를 지혜로 직접 이끄는 평정심과 마음챙김, 분명한 앎 등의 마음 요소가 의식의 전면에 더 확실하고 두드러지게 나타난다는 점이다. 이런 이유로 붓다는 세 번째 선정에 머무는 자를 가리켜 '평정하고 깨어 있는 상태로 행복하게 지내는 자'라고 했다.

붓다는 세 번째 선정을 이렇게 비유한다. "푸른색과 붉은색, 흰색 연꽃으로 가득한 연못이 있다. 어떤 연꽃은 물속에서 자라 물 밖으로 떠오르지 않고 물속에 잠긴 채 시원한 물이 연꽃의 줄기와 뿌리를 모두 적시고, 채우고, 스며들어 가득 차지 않는 부분이 없다. 이와 마찬가지로, 수행자도 환희심을 떨쳐낸 행복감이 자신의 몸에 가득 스며들게 한다. 이처럼 그의 몸에는 환희심을 떨쳐낸 행복감이 스며들지 않는 부위가 하나도 없다."

이 비유는 두 번째 선정에 대한 호수의 비유와 유사하지만 한 가지 다른 점이 있다. 그것은 연꽃을 추가했다는 점이다. 연꽃의 이미지는 어떤 의미일까? 붓다는 연꽃을 깨달음의 경지를 가리키는 상징으로 사용한다. 붓다는 바라문 도나와 나눈 대화에서 다음과 같은 유명한 시를 읊었다.

물에 젖지 않는
아름다운 흰색 연꽃처럼
여래는 세상의 때가 묻지 않는다네.
그러므로, 오, 바라문이여, 여래는 깨어난 자라네.[8]

세 번째 선정에 관한 붓다의 설명을 내가 이해한 바로, 이 비유에서 연꽃은 지혜의 요소가 의식 전면에 드러나는 것을 가리킨다. 이것이 세 번째 선정이 수행에 가장 중요하게 기여하는 부분이다.

여느 때처럼 소류 스님은 연꽃의 비유를 보완하면서 이것을 더 깊이, 더 구체적으로 이해한다. 연꽃 비유의 핵심 포인트는 연꽃의 생생함에 있다고 보는 스님은 지혜란 연꽃의 생생함이라고 본다. 스님은 평소의 시적인 선 스타일로 이렇게 말한다. "해야 한다고 배운 것을 그저 행하는 것이 아닙니다. 영적인 길은 스스로 어떻게 걸어야 하는지 아는 것입니다. 죽은 지식에서 생생하게 살아 있는 지혜로 옮겨 가는 것과 같습니다." 나아가 이 기쁨은 생생함과 지혜로 인해 더 넓게 확장된다. 연꽃의 안과 밖 어디에나 시원한 물이 연꽃을 적시듯, 이제 우리는 내면과 바깥 어디에서나 기쁨을 경험할 수 있다.

네 번째 선정

네 번째 선정은 세 번째 선정 위에 성립한다. 네 번째 선정에서 마음은 수카(행복감)마저 버리고 즐거움과 고통, 기쁨과 낙담을 완전히 넘어선다. 평정심의 완성에 이른다. 네 번째 선정에 이르면 아주 중요한 일이 일어나는데, 그것은 이제 평정심으로 깨끗해진 마음챙김을 지니게 된다는 사실이다. 이제 수행자는 '깨끗하고 밝은 마음이 몸에 가득한 상태로 자리에 앉는다. 수행자의 몸은 깨끗하고 밝은 마음이 스며들지 않는 부위가 하나도 없다'. 열반에 이르게 하는 '직접적인 앎'을 직접 통찰하게 하는 것이 이처럼 평정심으로 깨끗해진 마음챙김이다.

네 번째 선정에 대한 붓다의 비유는 마음챙김이 지닌 이런 깨끗한 면을 직접적으로 가리킨다. "목욕을 하고 머리에서 발끝까지 흰 천을 덮어 쓴 남자가 있다고 하자. 그의 몸에는 흰 천으로 덮이지 않은 부분이 하나도 없다. 마찬가지로 네 번째 선정에 이른 수행자는 순수하고 밝은 마음으로 자신의 몸을 가득 채운다. 그의 몸에는 깨끗하고 밝은 마음이 스며들지 않는 부위가 하나도 없다."[9]

선정을 가르치는 레이 브래싱턴에 따르면 이 비유는 사람들이 생각하는 것보다 훨씬 더 문자 그대로의 의미에 가깝다. 즉 강한 집중력을 확립해 네 번째 선정에 든 사람은 눈을 감고 있어도 실제로 시각이 매우 밝아진다고 한다. 레이는 햇볕이 환한 화창한 오후에 활짝 트인 야외에 자그마한 흰색 텐트를 치고 그 안에 앉아 있는 장면을 상상해 보라고 한다. 이때 당신의 시각은 사방에서 들어오는 밝은 빛으로 인해 매우 밝아질 것이다. 소류 스님도 이처럼 시각이 밝아지는 데 동의하지만, 더 중요한 것은 마음이 밝아지는 것이라고 말한다. 이때 시각뿐 아니라 의식의 모든 측면이 밝아진다. 우리가 해야 하는 수행은 이렇게 밝아진 마음이 신체 경험의 모든 측면에 스며들게 하는 것이다.

직접적인 앎

마지막 단계는 이렇게 순수해진 밝은 마음을 '직접적인 앎'을 얻는 데 사용하는 것이다. 그 방법은 이렇게 강한 힘을 지닌 마음을 가지고 수행 대상에 주의를 기울이는 것이다. 그것은 완전한 주의력으로 대상과 하나가 된 마음이다. 완전한 마음챙김으로, 지극한 고요함에 평온해진 마음으로, 즐거움과 고통, 좋아함과 싫어함 등 수행의 장애물에 방해받지 않는 마음으로 대상과 하나 된 마음이다. 바로 이것이 지혜를 일으키기에 가장 적합한 마음이다.

붓다는 이렇게 말한다. "마음이 이런 힘을 가질 때 수행자는 대상을 제대로 관찰하고, 그것에 제대로 주의를 기울이며, 대상을 잘 유지시키고, 지혜로 꿰뚫어 본다." 여기에서 붓다는 높은 곳에서 아래에 있는 다른 사람을 내려다보는 비유를 든다. 높은 곳에 있는 사람은 아래에 있는 사람보다 더 잘 볼 수 있다. "서 있는 사람이 앉아 있는 사람보다, 앉아 있는 사람이 누워 있는 사람보다 잘 보듯이, 대상을 제대로 관찰하고 대상에 주의를 잘 기울이고 유지시키며, 대상을 지혜로 꿰뚫어 보는 수행자는 그렇게 하지 않는 수행자보다 더 잘 볼 수 있다."

그렇다. 선정은 지극한 행복감을 만끽하면서 '지금 여기에 머무는 즐거움'을 즐기기에 적합한 경지다. 실제로 붓다는 '오로지 즐겁기만 한 세상'을 실현할 수 있느냐는 물음에 "그렇다. 오로지 즐거움만 존재하는 세상이 있다. 그것은 네 번째 선정이다."라고 말했다.[10] 실제로 붓다는 네 번째 선정을 권장하기도 했다. 붓다는 이렇게 말했다. "네 번째 선정은 버림의 행복, 벗어남의 행복, 평화의 행복, 깨달음의 행복이다. 이런 종류의 즐거움을 추구하고 계발해야 한다. 그것을 두려워해서는 안 된다."[11] 그러나 더 중요한 것은 선정을 이용해 마음을 지혜에 이르게 하는 경지로 가져가는 것이다. 그런 다음, 열반에 이르는 직접적인 앎을 얻는 것이다. 붓다는 이것을 '**다섯 가지 고귀한 요소를 갖춘 바른 삼매**'라고 부른다. 이때 네 번째 선정을 이용하여 직접적인 앎을 얻는 것이 일종의 '작전 기지'가 된다.

요약하면 다섯 가지 요소를 갖춘 바른 삼매를 구성하는 다섯 가지 부분이 있다. 이 다섯 가지 각각이 제공하는 필수 디딤돌은 당신에게 열반으로 향하는 길을 알려 줄 것이다.

1. 첫 번째 선정에 이르면 감각적 쾌락에 의존하지 않는 환희심과 행복감에 머무는 능력을 처음으로 얻는다.
2. 두 번째 선정에 이르면 생각이 완전히 사라지고 마음이 평온해지며 하나로 모아진다.
3. 세 번째 선정에 이르면 마음은 더욱 고요해지고, 환희심이 떨어져

나간다. 지혜 요소(마음챙김, 분명한 앎, 고요함)가 의식 전면에 두드러지게 나타난다.
4. 네 번째 선정에 이르면 마음이 온갖 기쁨과 고통을 넘어 평정심을 완성한다. 가장 중요한 점은 평정심에 의해 마음챙김이 완성된다는 것이다. 붓다는 이것을 '순수하고 밝은 마음'이라고 부른다.
5. 이 순수하고 밝은 마음을 사용해 지혜와 직접적인 앎을 얻음으로써 열반에 이를 수 있다.

붓다는 이 과정의 마지막 결과와 관련한 비유를 세 가지로 들었다. 첫 번째 비유는 받침대에 올려놓은 물이 가득한 항아리를 힘센 남자가 살짝만 기울여도 물이 쏟아지는 내용이다. 선정을 얻은 수행자는 항아리를 기울이는 힘센 남자처럼 어떤 통찰력도 쉽게 깨닫는 튼튼한 마음을 갖는다. 두 번째 비유도 이와 비슷하다. 평평한 땅에 물이 가득 찬 네모난 연못이 있다. 그런데 힘센 남자가 연못 사방의 벽 가운데 하나를 트면 어느 방향으로든 물이 쏟아져 나온다는 비유이다. 세 번째 비유는 능숙한 마부가 말에 마구를 맨 채 평평한 땅에서 마차를 모는 비유이다. 마부는 자신이 원하는 어느 방향으로든 마차를 몰 수 있다. 선정을 얻은 수행자는 이 능숙한 마부와 같다.

같은 설법에서 붓다는 강력한 선정의 마음을 적절히 사용하면 번뇌를 소멸하고 바로 이번 생에서 직접적인 앎으로 마음의 완전한 벗어남과 지혜에 의한 벗어남을 실현해 거기 머물 수 있다고 말한다.

다시 말해, 친구들이여, 열반에 이를 수 있다는 말이다.

기쁨으로 가득한 불교의 길

붓다는 세계 역사상 가장 뛰어난 천재라고 할 수 있다. 불교 스승과 학자들 사이에 의외로 잘 알려지지 않은, 붓다의 가장 혁신적인 면 중 하나가 불교에서 기쁨이 차지하는 중요한 역할이다. 깨달음에 이르는 길은 길고 힘들지만, 기쁨이 그 길의 중요한 일부가 된다면 훨씬 수월할 수 있다. 기쁨이 수행의 일부가 되도록 수행 프로그램을 설계하기 위해서는 천재성이 요구되는데, 붓다가 그런 천재성을 지닌 사람이었다.

우리는 붓다가 코살라 왕국의 파세나디 왕과 나눈 대화에서 그가 기쁨이 수행의 일부가 되도록 만들었음을 알 수 있다. 파세나디 왕이 붓다를 찾았을 때는 두 사람 모두 늙은 노인으로, 세상을 떠나기 얼마 전이었다(실제로 두 사람이 살아서 만난 것은 그때가 마지막이었다). 왕은 붓다에게 말하기를, 자신이 다른 종파의 고행자들을 보았을 때 그들은 비참하고, 가련하며, '불만족한 상태로 신성한 삶을 살고' 있는 것처럼 보인다고 말했다. 한편 불교 수행승들은 '미소를 짓고 활기차며 진정으로 즐겁고, 감관은 신선하고 안정되고 동요하지 않으며, 다른 사람이 주는 것에 의지해 살며, 야생 사슴의 마음으로 살고 있는' 것처럼 보인다고 말했다.[12]

붓다는 여러 설법에서, 수행에서 기쁨의 역할에 대해 말하고 있다. 그런 설법 중 하나가 붓다가 현명한 재가자 페사와 나눈 대화에서 시작하는 설법이다. '코끼리를 모는 마부의 아들'로만 알려져 있는 페사가 친구와 함께 붓다를 찾아온다(역사는 이런 식으로 대충 기억한다. 미안

해요, 페사).[13] 두 사람이 떠난 뒤 붓다는 주변에 둘러앉은 수행승들에게 이렇게 말한다. "페사는 현명한 자다. 만약 페사가 조금만 더 여기에 머물러 지금부터 내가 하는 말을 들었다면 흐름에 든 자(수다원)의 경지를 얻었을 것이다." 약간 코미디 같은 설정이지만 붓다가 그다음에 한 말은 기쁨으로 가득한 수행의 길에 관한 로드맵이었다.

수행자는 먼저 다르마를 듣는 것으로 시작한다. 그런 다음 그는 다섯 가지 계율에 따라 살고자 노력할 것을 다짐한다.[14] 이제 그는 '고귀한 덕성'과 만족감, 깨끗한 양심을 얻는다. 이렇게 해서 수행자는 **'비난받지 않는 행복'**이란 첫 번째 기쁨에서 유익함을 얻는다. 이때 수행자는 자신의 도덕적 행동을 희생으로 여기지 않는다. 도덕적 행동은 그에게 행복감을 선사하는 원천이다. 나에게는 이런 관점이 그 자체로 매력적으로 다가온다.

다음으로 수행자는 붓다가 말한 '감관의 제어'를 수련한다. 여기서 감관의 제어란, 수행자가 인지한 감각 대상의 니밋따(nimitta, 표상)나 이차적 성질에 집착하지 않는 것을 말한다. 불교 학승인 아날라요 스님에 따르면 이때 '표상(sign)'이란 감각 대상에 대해 수행자가 맨 처음 내리는 평가를 가리키며, '이차적 성질'이란 그렇게 내린 평가 데이터에 기초해 일으키는 연상 작용이나 정신적 확산을 의미한다. 다시 말해, 감관의 제어란 '감각에 입력되는 정보를 차단하는' 것이 아니라 '입력 정보에 대한 평가를 기초로 일어나는 정신적 확산을 일으키지 않는 것', 그리고 '건전하지 않은 방식으로 반응하지 않는 것'을 말한다.[15] 또다시 말하면 감관의 제어란 '감각으로 들어오는 정보를 원래의 것이 아닌 다른 것으로 바꾸지 않는 것'을 의미한다. 이런 이유로 감관 제어를 수련하면 실제로 감각이 더 또렷해지고, 더 확장된다. 왜냐하면 이때 수행자는 감각 대상에 집착하지 않으며, 감각을 통해 들어오는 데이터를 왜곡시키지 않기 때문이다. 붓다는 말한다. 이로써 수행자는 그다음의 기쁨, 즉 '**때 묻지 않은 순수한 행복감**'을 경험할 수 있다고 말이다.

다음으로 수행자는 마음챙김과 분명한 앎을 닦는다. 그는 명상을 통해 다섯 가지 장애를 버리고 선정에 들어간다. 이때 수행자는 선정과 관련된 기쁨을 경험한다. 선정의 기쁨에는 '**감각적 욕망에서 벗어나는 데서 일어나는 환희심과 행복감**', '**삼매에서 일어나는 환희심과 행복감**', 즐거움과 고통을 넘어 '**평정심에 즐겁게 머무는 느낌**' 등이 있다. 마지막으로 수행자는 선정을 이용해 깨달음에 이른다. 이제 그는 '배고픔이 사라졌으며, (불을) 꺼뜨렸고, **시원한 상태로 행복감을 경험하면서 머물며, 스스로 신성해진다**.'

불교의 영적 길에는 이처럼 무료로 기쁨을 제공하는 휴게소가 곳곳에 있다.

여기서 당신은 멋진 사실을 알게 된다. 그것은 당신이 불교의 수행 길을 걸어갈수록 더 많이 내려놓게 되며, 그에 따라 기쁨이 더 커진다는 사실이다. 이것은 거의 코미디처럼 들리는 고대 경전의 대화로 우리를 이끈다. 붓다의 제자 중 가장 지혜로운 사리뿟따가 한 무리의 수행승들과 머물고 있었다. 사리뿟따가 수행승들에게 이렇게 말했다. "친구들이여, 이 열반이 바로 행복이다. 이 열반이 행복이다." 수행승 우다이가 이렇게 대답했다. "그러나 친구 사리뿟따여, 열반은 아무것도 느껴지지 않는 경지인데 무엇이 행복이란 말인가?" 이에 사리뿟따가 대답했다. "아무것도 느껴지지 않는 곳, 바로 그곳에 행복이 있다네."[16]

열반에 쉽게 이르도록 돕는 바른 삼매의 기쁨

선정에 들었을 때 느끼는 내면의 기쁨은 즐거운 수행의 길에서 중요한 역할을 한다. 실제 선정의 기쁨은 붓다의 천재성을 확인할 수 있는 대목이다. 바른 삼매는 본래 즐거운 상태이므로 수행자는 삼매의 기쁨에 집착해 거기 머문 채 더 높은 지혜로 나아가지 못할 수 있다는 두려움이 생길 수도 있다. (붓다가 되기 전의) 싯닷타 태자도 그런 걱정을 하고 있었다. 그래서 붓다는 깨달음을 이룬 날 밤 선정에 들기로 결심하기 전에 스스로 이렇게 물었다. "첫 번째 선정에서 일어나는 내면의 기쁨을 두려워할 이유가 무엇인가?" 그러면서 그는 깨달았다. "그 기쁨은 감각적 쾌락이나 불건전한 마음 상태와는 관련이 없다. 그러므로 두려워할 필요가 없다." 이런 통찰을 얻은 싯닷타는 지혜를 추구하는 목적으로 기꺼이 선정에 들었다.

 붓다는 쭌다라는 초보 수행자와 나눈 대화에서 이 문제와 그 밖의 몇몇 주제를 본격적으로 다룬다.[17] 붓다는 쭌다에게 네 가지 선정의 즐거움을 즐기는 것은 '미혹에서 깨어나고, 미혹을 떨치며, 평화와 통찰, 깨어남과 열반에 이르는 데 큰 도움이 된다'고 말한다. 왜 그런가? 선정의 즐거움은 '모든 감각적 쾌락이나 불건전한 마음 상태와는 무관한 즐거움'이기 때문이다. 이어 붓다는 쭌다에게 말한다. "다른 종파의 추종자들이 그대가 선정의 즐거움에 푹 빠져 산다며 그대를 비난한다면 이렇게 답하라. '바로 그렇다!'라고." 쭌다에게 더 큰 놀라움을 안기려는 듯 붓다는 이렇게 덧붙인다. "선정의 즐거움에 빠져 사는 자는 누구라도 다음 네 가지 결과를 기대할 수 있다. 얽어맨 족쇄가 부서지면서 흐름에 든 자(수다원)가 되거나, 한 번 돌아오는 자(사다함)가 되거나, 돌아오지 않는 자(아나함)가 되거나, 아니면 아라한이 된다."[18] 쭌다는 이 말을 듣고 깜짝 놀란다.

그렇다. 이렇게 말하기는 했지만 수행자는 선정이 선사하는 기쁨에 집착해 영적 수행의 길에서 더 이상 앞으로 나아가지 못하는 상태가 될 수도 있다. 붓다는 이에 대해 경고한다. 그는 이것을 '내면에서 꽉 막힌 상태'로 칭하며 이렇게 표현한다. "수행자의 의식이 명상의 기쁨을 좇으면 그것이 주는 만족감에 얽매이는 상태가 될 수 있다."[19] 붓다는 수행승들에게 네 가지 선정의 기쁨을 즐길 때는 그것이 주는 만족감에 얽매이지 않은 채로 즐겨야 한다고 했다.

소류 스님은 그러나 선정의 기쁨에 집착하는 것을 조심해야 한다는 가르침에 대해 너무 걱정할 필요는 없다고 말한다. 두 가지 이유 때문이다. 첫째, 선정의 즐거움이 감각적 쾌락보다 더 큰 만족감을 주기는 하지만, 선정의 즐거움 자체가 중독적인 성격이 적다는 점이다. 재미있게도, 선정의 기쁨이 덜 중독적이라는 사실은 대부분의 사람이 선정에 들기 어려워하는 이유이기도 하다. 우리 대부분은 중독의 노예이다. 따라서 훨씬 덜 중독적이며 깊고 광대한 선정의 기쁨이 아니라, 매우 중독적인 생각의 작은 즐거움 속에서 길을 잃고 헤맨다. 둘째, 선정이 주는 기쁨에는 치유력이 있다. 선정이 주는 기쁨은 고착된 상태에서 우리를 해방시키며 몸을 편안하게 이완시켜 줌으로써 우리를 붙잡고 있던 긴장이 풀어진다. 이런 이유로 소류 스님과 나는 제자들이 선정의 기쁨에 중독될까 봐 바른 삼매를 닦는 것을 반대하는 오늘날의 명상 지도자들에 동의하지 않는다. 그 지도자들에게 우리는 이렇게 말한다. "친애하는 친구들이여, 붓다는 바른 삼매가 선택 사항이라고 말한 적이 결코 없습니다. 바른 삼매가 수행승들이 열반에 이르도록 밀어주는 힘은, 바른 삼매에 걸려 앞으로 나아가지 못하는 위험보다 훨씬 유익합니다. 더욱이 그 위험은 훌륭한 지도자를 만나면 충분히 해결할 수 있습니다."

다른 설법에서 붓다는 깨달음에 도움이 되는 선정의 힘을 다른 방식으로 설명한다. 붓다는 벗어남에 이르는 데는 의지적 노력을 통한 힘든 길과 의지적 노력을 사용하지 않는 상대적으로 수월한 길이 있다고 한다. 상대적으로 수월한 길이 바로 선정의 길이다. 붓다는 말한다.

수행승들이여, 수행자는 어떻게 의지적 노력을 통해 열반을 얻는가? 그는 사물의 매력적이지 않은 부분, 혐오성, 불만족, 영원하지 않음, 죽음에 대한 인식을 묵상하며 지낸다. 그는 신심(信心), 도덕적 부끄러움, 악행에 대한 두려움, 노력, 지혜라는 수행자의 다섯 가지 힘에 의존하며 지낸다. 이렇게 지내다 보면 그의 내면에서 다섯 가지 능력이 강해진다. 신심, 노력, 마음챙김, 삼매, 그리고 지혜가 그것이다. 이 다섯 가지 힘으로 인해 그는 열반을 얻는다.

수행승들이여, 수행자는 어떻게 의지적 노력 없이 열반을 얻는가?

그는 네 가지 선정에 든다. 그런 다음 그는 신심, 노력, 마음챙김, 삼매, 그리고 지혜의 다섯 가지 힘에 의존해 지낸다. 이 다섯 가지 힘으로 인해 그는 열반을 얻는다.[20]

오늘날 불교 스승들은 위 구절을 다음 두 가지 방식 중 하나로 해석한다. 첫 번째는 선정 없이도 열반에 이를 수 있지만 선정 없는 길은 힘들고 고통스러운 길이라고 보는 해석이다(만약 당신이 의지적 노력을 기울이는 것을 (소류 스님처럼) 재미있다고 여기지 않는다면). 두 번째 해석은 (이것은 소류 스님이 더 좋아하는 해석인데), 당신이 열반을 보기 전에 잠시만 바른 삼매를 경험하든 아니면 바른 삼매를 계속 지닌 채 가든, 바른 삼매는 열반에 이르는 길에서 빠뜨릴 수 없는 요소라는 해석이다. 어쨌거나 당신은 바른 삼매를 경험할 것이므로 바른 삼매를 지닌 채 길을 가는 것이 더 나을 것이다. 왜냐하면 그것이 더 수월한 길이니까.

어느 해석이든 결론은 동일하다. 선정을 경험하면서 걸어가는 풍광 좋은 길이 훨씬 재미있고 수월하다는 점이다. 선정을 동반한 풍광 좋은 길이야말로 붓다의 천재성을 확인할 수 있는 대목이다.

그렇다고 힘든 길을 갈 때 경험할 것이라고 붓다가 열거한 즐겁지 않은 것을, 수월한 길을 가는 수행자들이 겪지 않는 것은 아니다. 가령 선정을 닦는 수행자 역시 결국엔 사물의 매력적이지 않은 부분, 혐오성, 불만족, 영원하지 않음, 죽음에 대한 인식에 대해 묵상해야만 한다. 그렇지만 수행자의 마음에 선정을 장착하면 그 과정이 훨씬 수월하고 즐거워진다. 12장에서 보겠지만, 선정에 숙달한 현대의 수행자 수잔은 무상을 온전히 체험하고는 자신의 경험을 이렇게 표현했다. "무섭기도 했지만 지금까지 내 인생에서 가장 즐겁고 멋진 경험이었어요."

이런 의미에서 바른 삼매가 주는 기쁨은 열반으로 가는 여정에서 당신이 탄 자동차의 엔진에 오일을 바르는 것과 같다. 그 자동차는 당신을 열반으로 데려다 주는데, 당신은 엔진에 오일을 바를 수도 있고 바르지 않을 수도 있다. 엔진에 오일을 바르지 않을 경우, 엔진이 삐걱거리다 과열되어 끔찍한 소리를 낼 수도 있다. 아니면 완전히 고장 날 수도 있다. 반면 엔진에 오일을 바르면 같은 여행이라도 훨씬 즐거울 것이다.

소류 스님과 나는 초기불교 텍스트 전체를 공부했지만, 붓다가 바른 삼매를 포함시키지 않은 수행 체계를 언급한 곳은 발견하지 못했다. 다시 말해 수행에서 바른 삼매가 그저 선택 사항에 불과하다고 붓다가 언급한 사례는 하나도 없다. 이 점에서 붓다는 늘 엔진에 오일을 바르는 엔지니어였다. 붓다를 보면 이 늙은 엔지니어의 마음도 따뜻해진다.

이것이 열반이 아니라니, 믿을 수 없어

바른 삼매에 관하여 모든 불교 종파의 스승들이 동의하는 중요한 가르침이 있다. 그것은 명상 체험과 깨달음이 다르다는 것이다. 다시 말해 당신의 선정 체험이 아무리 숭고한 체험이라 해도 그것은 열반이 아닐 가능성이 높다는 것이다.

싯닷타는 붓다가 되기 전에도 그 사실을 알고 있었다. 싯닷타는 무소유처라는 높은 선정 상태에 이르렀고, 이후에는 비상비비상처라는 고귀한 선정 상태에 이르러 자신의 스승인 알라라와 웃다까에 필적하거나 능가하기도 했다. 그러나 싯닷타는 이런 선정 상태를 경험한다고 해서 모든 괴로움에서 벗어날 수 없다는 사실을 아는 지혜도 있었다. 이런 이유로 그는 모든 현상의 참된 본질에 대한 깨달음을 얻어야 했다. 그리고 그런 통찰을 바탕으로 구도를 지속해 마침내 붓다가 되었다. 이렇듯 고귀한 선정 상태는 열반에 이르는 발판이 될 수는 있어도 그것 자체가 열반은 아니다.

한번은 아난다 존자가 이 점을 강조하는 법문을 앗타까나가라에 사는 다사마 장자에게 설했다. 아난다는, 수행자는 첫 번째 선정에서 무소유처까지의 어느 선정에서든 깨달음으로 도약할 수 있다고 말한다. 그런데 깨달음으로의 도약은 오직 통찰, 이 경우엔, 선정 자체의 영원하지 않은 성질에 대한 통찰을 통해서만 일어날 수 있다고 한다. 수행자는 자신이 어떤 선정에 있든, 다음과 같이 숙고하며 완벽히 알아야 한다. "이 선정 또한 조건 지어지고 의도적으로 만든 것이다. 그러나 조건 지어진 것, 의도적으로 만든 것은 어느 것이나 영원하지 않으며, 결국엔 소멸하기 마련이다."[21] 아난다는 수행자가 이런 통찰을 지속적으로 일으킬 때 깨달음을 얻을 수 있다고 말한다.

선정의 한 가지 단점은 조건 지어진 상태라는 점이다. 조건 지어진 상태이므로 조건이 변하면 선정도 사라진다. 영원하지 않은 것은 어느 것이든 열반이 아니다. 붓다의 상수제자 중 한 사람인 마하 꽂티따는 이 점을 나타내는 재미있는 비유를 여러 가지 들었다.[22] 그는 찟따 하티사리뿟따라는 수행승의 이야기로 시작한다. 찟따 하티사리뿟따는 선배 수행승들이 다르마에 대해 이야기할 때면 늘 간섭하고 끼어들었다. 이에 마하 꽃티따는 찟따 하티사리뿟따에게 선배 승려들이 법담(法談)을 마칠 때까지 끼어들지 말고 기다리게 했다. 그러자 그를 따르던 승려들은 모욕감을 느끼고는 찟따가 선배 승려들만큼 수행의 경지가 높다고 주장하며 거세게 반발했다.

이에 마하 꽃티따는 후배 승려들에게 선정의 단계만으로 승려를 평가해서는 안 된다는 설법을 전한다. 마하 꽃티따는 매우 높은 선정 상태에 든 승려라도 이전 상태로 결코 돌아가지 않는 것은 아니라고 말한다. 그러면서 이에 대한 여러 가지 비유를 든다.

먼지 날리는 길에 비가 내리면 더 이상 먼지는 나지 않지만, 그렇다고 이 길에 다시 먼지가 나지 않는다고 할 수 없다. 조개와 자갈이 깔린 얕은 연못에 폭우가 쏟아지면 수위가 높아져 조개와 자갈이 안 보이지만 그렇다고 조개와 자갈이 다시 눈에 보이지 않는다고 할 수 없다. 맛있는 식사를 마친 사람이 배가 불러 남은 음식을 먹고 싶은 마음이 사라졌다 해서 다시는 음식을 먹고 싶지 않을 거라 말할 수 없다. 이런 식이다.

이후 찟따는 어떻게 되었을까? 마하 꽃티따가 암시했듯이, 찟따는 선정에 숙달했지만 여전히 깨달음을 얻지 못한 상태였다. 이후 이에 만족하지 못해 마침내 가사를 벗고 속세로 환속한다. 다행히도 좋은 소식이 전해 온다. 찟따는 수행승으로 지내던 동안에 선정을 얻었던 터라 그 강력한 체험이 가사를 벗고 환속한 뒤에도 계속 남아, 재가자로 지내는 동안에도 출가를 잊지 않고 기억한다. 머리를 깎고 수행승으로 불교 교단에 다시 돌아온 찟따는 이번에는 마침내 깨달음을 얻는다.

바른 마음챙김과 바른 삼매도 중요하지만 그에 못지않게 중요한 것이 계율을 지키는 것이다. 계율을 지키는 계행은 바른 마음챙김과 바른 삼매에 힘을 실어 준다. 다음 장에서 우리는 계행에 대해 자세히 살펴본다. 그런 다음 다르마 속으로 더 깊이 들어가 열반에 이르는 최종 여행을 탐구해 볼 것이다.

소류 스님의 한마디

삼매는 모든 것을 바꿉니다. 삼매를 통해 우리는 행복과 평화를 직접적으로 바르게 보고 발견할 수 있습니다. 삼매를 통해 온갖 어리석음을 떨쳐내는 명료함을 우리 마음속에 받아들일 수 있습니다. 삼매를 통해 모든 트라우마를 치유하는 기쁨을 우리 몸 안에 받아들일 수 있습니다. 삼매를 통해 우리는 진실을 그저 믿는 데 그치지 않고 진실을 직접 실현합니다.

오늘날 현대인들이 이것을 믿기란 매우 어려운 일입니다. 우리는 삼매를 잊어버렸습니다. 우리는 머릿속에서 길을 잃었습니다. 영적 구도의 길에서조차 우리는 무엇이 '옳은지' 알아낸 다음 자신이 그렇게 되어야 한다고 생각합니다. 그러나 그런 방법으로는 깊은 진실과 참된 기쁨에 이를 수 없습니다.

음식을 요리하는 것과 같습니다. 음식을 만들려면 부엌에 가서 스토브를 켜야 합니다. 욕실에 가서 변기를 사용해서는 안 됩니다. 한편 식사 후 용변을 해결하기 위해서는 화장실에 가서 변기를 사용해야 합니다. 부엌에 가서 스토브를 켜서는 안 됩니다.

마찬가지로 깨어나고 싶다면 삼매에 들어야 합니다. 그저 삼매에 관해 생각만 해서는 소용이 없습니다.

9장

계행이 중요하다

모든 불교 수행의 바탕

이제 당신은 사성제를 모두 알았다

사성제를 다시 정리해 보자. 사성제를 간단히 정리하면 다음과 같다.

첫 번째 고귀한 진리   태어남, 늙음, 질병, 죽음이 고통(둑카)이다. 원하지 않는 것과 함께하는 것, 원하는 것과 헤어져야 하는 것, 원하는 것을 얻지 못하는 것이 고통이다. 특히 다섯 가지 집착의 무더기가 고통이다.

두 번째 고귀한 진리   고통은 원인 없이 일어나지 않는다. 고통이 일어나는 필요 조건은 갈망 또는 갈애(딴하)이다.

세 번째 고귀한 진리   갈망이 완전히 그치면 열반, 즉 고통의 완전한 소멸에 이른다.

네 번째 고귀한 진리   고통이 완전히 소멸한 상태에 이르는 길이 있다. 여덟 가지 고귀한 길(팔정도)이 그것이다.

팔정도를 요약하면 이렇다.

바른 견해	사성제에 대한 이해
바른 의도	버림(포기), 악의 없음, 해입지 않음이라는 의도
바른 말	거짓말, 이간질하는 말, 거친 말, 쓸데없는 말을 삼가는 것
바른 행동	생명을 죽이는 행위, 도둑질, 잘못된 성적 행위를 삼가는 것
바른 생계	바른 행동에 따라 생계를 꾸리는 것
바른 노력	불건전한 마음 상태를 버리고 건전한 마음 상태를 계발하는 노력
바른 마음챙김	네 가지 마음챙김의 확립
바른 삼매	네 가지 선정

깨달음을 얻은 붓다가 최초의 법문을 설한 직후부터 법의 수레바퀴, 즉 법륜(法輪)이 구르기 시작했다. 이 때문에 이 법문을 〈초전법륜경〉(최초로 법의 수레바퀴를 굴리는 것에 관한 경)이라고 한다.¹

법문이 끝나자마자 꼰단냐는 수다원이 되었다. 꼰단냐는 붓다의 제자 중 처음으로 '눈에 먼지가 씻겨나간 티 없이 맑은 눈으로 법을 알아보는 자'가 되었다. 그때부터 그를 '안냐 꼰단냐', 즉 법을 이해한 꼰단냐로 칭송한다(영어권 독자라면 그의 이름을 '안나'로 착각할지도).

이로써 불교의 세 가지 중요한 구성 요소, 즉 **붓다**(교사, 佛), **다르마**(가르침, 法), **승가**(수행 공동체, 僧)가 완성되었다. 불·법·승 세 가지를

'세 가지 보배'라는 의미의 **삼보**(三寶)라고 한다. 불교인은 삼보에 귀의하는 자이며, 이런 이유로 삼보를 '세 가지 귀의처', **'삼귀의처**(三歸依處)'로 부르기도 한다.

계·정·혜

〈위대한 마흔 가지 경〉에서 붓다는 팔정도의 처음 일곱 가지를 마지막 요소인 바른 삼매를 돕는 '필요 조건'으로 생각해도 좋다고 가르친다.[2] 붓다는 또한 팔정도의 여덟 가지 요소를 일련의 인과 관계로 파악할 수 있다고 말한다. 즉 바른 견해는 바른 의도를, 바른 의도는 바른 말로 이어진다는 것이다. 그렇다고 해서 반드시 직접적인 연결을 맺는 것은 아니다. 팔정도의 여덟 가지는 서로를 지지하기도 한다. 예컨대 〈위대한 마흔 가지 경〉에서 붓다는 바른 견해, 바른 마음챙김, 바른 노력의 세 가지는 팔정도의 나머지 요소들 주위를 '맴돌며 달린다'고 말한다. 예컨대 바른 견해와 바른 마음챙김, 바른 노력을 닦지 않으면 바른 행동을 닦을 수 없다.

바른 견해, 바른 마음챙김, 바른 노력은 말하자면 과거 군대에서 말을 모는 기병에, 팔정도의 나머지 요소들은 보병에 비유할 수 있다. 기병은 군대의 취약한 지점을 방어한다. 적의 기습 공격을 방어하기 위해 주기적으로 정찰을 나가며, 적의 급습에 대비해 후방을 자주 살펴야 한다. 이런 의미에서 기병은 군대 전체의 주위를 '맴돌며 달려야' 한다. 마찬가지로 바른 견해와 바른 노력, 바른 마음챙김은 팔정도 주위를 맴돌며 달린다. 이 세 가지는 기민함, 방어, 상황적 인식을 제공해 전체 팔정도가 본연의 역할을 다하게 한다.

여기서 배울 중요한 교훈은 팔정도의 여덟 가지 부분은 서로를 강화시키며, 여덟 가지 모두를 함께 닦아야 한다는 점이다. 열반으로 가는 길에서는 여덟 가지 중 어느 것 하나도 빠트릴 수 없다.

여덟 가지 모두를 기억하기 버겁다면 세 가지 항목으로 요약해도 좋다. 계행·삼매·지혜, 즉 계(戒)·정(定)·혜(慧)의 세 가지로 묶는 방식이다.[3] 이것을 세 가지 공부, 즉 **삼학**(三學)이라고 한다.[4] 계·정·혜 삼학은 기억하기도 쉽고, 누구나 쉽게 이해할 수 있는 수행 체계라는 점에서 널리 알려져 있다. 먼저, 계를 지킴으로써 도덕적 삶을 닦는다. 다음으로 삼매를 닦음으로써 명상과 관련한 마음을 계발시킨다. 마지막으로 지혜를 계발한다.

이 방식은 합리적이다. 계를 지키며 사는 사람은 적어도 증오, 죄책감, 수치심 같은 해로운 마음 상태에 끄달리지 않는다. 또 그것을 넘어 스스로 현명한 선택을 내릴 수 있고, 더 바람직한 방식으로 살아가는 용기가 생긴다는 점에서 행복감을 느낄 것이다. 그리고 이런 유형의 기쁨은 마침내 벗어남에 이르는 길을 걷겠다는 확신으로 바뀐다. 더욱이 이때의 마음은 내면의 평화와 기쁨을 더 쉽게 일으키며, 이것은 삼매를 닦는 강력한 토대가 된다. 삼매가 충분히 강해지면 현상을 꿰뚫어 보는 통찰이 생기는데, 이런 통찰을 통해 지혜를 계발하게 된다.

붓다는 이것을 다음과 같이 간단히 표현했다. "삼매에 계행이 더해지면 매우 유익하다. 지혜에 삼매가 더해지면 그것 또한 매우 유익하다."⁵ 지금까지 이 책에서 말한 모든 내용이 붓다의 최초 법문을 설명하는 목적이었다면, 위 인용구는 붓다가 열반에 들기 직전에 한 마지막 설법의 요약이라고 할 수 있다.

팔정도를 세 가지 훈련, 즉 삼학으로 정리한 것은 붓다의 제자인 담마딘나가 제안한 방법이었다. 담마딘나는 부유한 상인 위사카의 아내였는데, 두 사람 모두 붓다의 제자가 되어 위사카는 '돌아오지 않는 자(아나함)'가 되었고, 아내인 담마딘나는 불교 승려가 되어 아라한이 된다. 아내는 완전한 깨달음을 얻었고, 남편은 아내보다 한 수 아래였던 것이다. 역사상 거의 모든 부부처럼 이들도 아내가 남편보다 영적으로 앞서 있었다. 두 사람이 나눈 대화에서 담마딘나는 팔정도를 다음 세 가지로 정리할 수 있다고 제안한다.⁶

계행(계)	바른 말, 바른 행동, 바른 생계
삼매(정)	바른 노력, 바른 마음챙김, 바른 삼매
지혜(혜)	바른 의도, 바른 견해

담마딘나의 제안은 즉시 붓다의 귀에 들어갔다. 붓다는 담마딘나의 방법을 100퍼센트 승인하며 이렇게 말했다. "나라도 (담마딘나와) 같은 방식으로 설명했을 것이다." 이렇게 해서 삼학은 팔정도를 간단히 정리하는 방법으로 지금까지 통용되고 있다. 먼저 바른 말, 바른 행동, 바른 생계로 계행을 닦는다. 다음으로 바른 노력, 바른 마음챙김, 바른 삼매로 삼매를 닦는다. 마지막으로 바른 의도와 바른 견해로 지혜를 키운다.

당신은 이렇게 말할지 모른다. "잠깐만요! 뭔가 틀렸어요." 6장 앞부분에서 우리는 바른 견해에서 시작해 다른 일곱 가지는 바른 견해의 인도를 받아야 한다는 붓다의 말을 인용했었다. 그런데 지금은 바른 견해가 맨 마지막에, 다른 일곱 가지의 결과물로 자리 잡고 있다. 어떤 것이 옳은가? 결론부터 말하면 두 가지 모두 옳다. 이 장 앞에서 말했듯이, 팔정도의 여덟 가지는 서로를 지지하는 관계에 있다. 바른 견해는 나머지 일곱 가지를 인도하는 역할을 하는 동시에, 일곱 가지가 바른 견해를 강화시키기도 한다. 예컨대 당신이 바른 마음챙김을 잘 닦아 일상에서 즐거움과 고통의 상호 작용을 분명히 보게 되면 사성제에 대한 당신의 이해는 더욱 깊어질 것이고, 이로써 당신은 바른 견해를 갖게 된다. 이런 이유로 바른 견해는 다른 일곱 가지에 선행하는 요소인 동시에, 일곱 가지를 닦은 결과물이 될 수도 있다.

앞서 말한 중요한 교훈(팔정도의 여덟 가지는 서로를 강화시키며, 그중 어느 것도 빠뜨릴 수 없다는 점)에 더해 우리가 배워야 할 또 하나의 중요한 교훈이 있다. 그것은 다르마와 불교를 배울 때는 어떤 가르침이든 기계적으로 집착하지 않아야 한다는 점이다. 이 경우에도 중도의 정신을 이 가르침에(설령 붓다가 직접 말한 가르침이라 해도) 적용하면 어떨까. 붓다의 가르침이 서로 충돌하는 듯 보인다면 우선 왜 그렇게 보이는지 알아야 한다. 알고 보면 많은 경우 그것은 동일한 사실을 여러 가지 방식으로 분석한 결과임을 알게 될 것이다. 그러므로 언뜻 모순되어 보이는 가르침이라도 동일한 사실을 다양한 관점에서 보는 방식이라는 점을 기억할 필요가 있다.

계행에 담긴 놀라운 힘

만약 계율을 지키는 계행은 명상 수행의 준비 단계에 불과하며, 명상 수행이야말로 '본격적인 불교'라고 느낀다면 제대로 설명하지 못한 나를 꾸짖고 욕해야 마땅하다. 실제로 계행은 수행의 모든 단계에서 매우 강력하고, 필수적인 요소이기 때문이다.

계행은 우리의 삶을 바꾼다

우선 계율을 지키는 계행은 그 자체로 우리의 삶을 바꾼다. 삼매와 지혜를 계발하지 않고, 단지 계율만 지켜도 그 자체로 지속 가능한 행복의 원천이 될 수 있다. 더욱이 계율을 지키는 것은 여러 가지 차원에서 효과를 낸다. 베풂(보시)이라는 간단한 계행을 보자. 붓다는 가장 단순한 차원에서 보아도 베풂을 실천하면 적어도 사람들에게 사랑을 받고 훌륭한 평판을 얻는다고 말한다.[7] 또 그것을 넘어 다른 사람에게 이로움을 주고, 자신에 대해서도 뿌듯한 마음이 생긴다고 한다. 또 그것을 넘어 친절과 연민심을 계발하는 데 도움이 되어 악한 의도를 정화하는 데 '직접적으로' 도움을 준다. 더욱이 그것마저 넘어 갈애를 약화시키고, 내려놓는 능력을 키움으로써 열반에 이르는 데도 '직접적으로' 도움을 준다.

어떤 것이든 계율을 지키는 것은 우리의 삶을 변화시키는 유익함을 준다. 그 유익함은 사회적 지위 향상 등의 지극히 세속적인 이익에서부터 내면의 행복을 얻고 마음을 정화시켜 열반에 이르는 고귀한 이익에 이르기까지 다양하다. 거기에 계행은 주변 사람들에게도 이익을 준다. 따라서 다른 것은 제쳐두고 오직 계행만 닦아도 당신은 자신과 주변 사람에게 행복을 가져다줄 수 있다.

계행을 통해 삼매를 수월하게 닦을 수 있다

계행은 그 자체로도 가치가 있지만, 삼매의 준비 단계로서도 중요한 역할을 한다. 이것은 두 가지 점에서 그렇다. 첫째, 계를 지키면 덤으로 탐욕과 질투심, 분노, 증오, 후회 등 마음이 일으키는 거친 괴로움을 깨끗이 청소할 수 있다. 마치 농부가 쟁기질을 하기 전에 바위와 커다란 돌멩이를 솎아내면 쟁기질이 한결 수월해지는 것과 같다. 마찬가지로 당신의 마음이 탐욕 등이 일으키는 거친 괴로움에서 크게 벗어날수록 삼매에 들어가는 일도 더 수월해진다. 둘째, 내면의 기쁨은 삼매에 더 수월하게 들게 한다. 붓다는 삼매의 직접적인 원인이 행복이라고 말할 정도였다. 특히 탐욕이나 분노 등 괴로운 마음 상태에 오염되지 않은 건전한 원천에서 일어난 부드러운 행복감이 삼매의 직접적인 원인이라고 했다.[8] 계율을 지키는 계행은 이러한 유형의 행복감을 안기는 풍부한 원천이 된다. 따라서 계율을 잘 지킬수록 당신은 건전한 행복감을 더 많이 느끼게 되며, 이로써 당신의 삼매에도 더욱 큰 힘을 실린다.

계행은 갈애를 떨치게 한다

지금 말한 내용도 설득력이 있지만, 계율을 지키는 계행은 더 깊은 차원에서도 효과를 보인다. 붓다가 두 번째 고귀한 진리에서 괴로움을 일으키는 필요 조건으로 갈애를 지목한 사실을 기억하는가? 그런데 계행은 갈애를 떨치는 데도 훌륭한 도구가 된다. 계행을 통해 지금 당신이 갈애를 얼마나 제대로 다루고 있는지 솔직하고 객관적으로 알 수 있다. 행동은 우리의 내면 상태보다 객관적 관찰이 더 용이하다. 사례를 들어 보자. 당신은 평소 모기를 잘 잡는다. 하지만 계율을 지켜야 한다는 말에 첫 번째 계율, 즉 살아있는 생명을 죽이지 말라는 계율을 지켜야겠다는 마음이 생긴다. 한동안 명상 수행을 배운 당신에게 내가 이런 자기 인식(self-perception) 질문을 던진다. "이제 모기를 잡고 싶은 갈망이 조금 줄었습니까?" 이 질문에 자기를 속이기란 무척 간단하다. 대신에 내가 이런 행동 질문을 던진다면 어떨까? "이제 당신은 모기를 잡지 않습니까?" 이 질문에 대해서는 객관적인 답을 하는 수밖에 없다. 당신은 실제로 모기를 잡았거나, 잡지 않았거나 둘 중 하나를 했을 테니까. 행동에는 주관적 해석의 여지가 없다. 이런 의미에서 행동은 우리의 마음을 가장 객관적으로 보여주는 지표다.

모기를 잡지 않으려고 애쓰는 당신은 이제 모기를 잡고 싶은 마음이 들게 하는 마음 밑바닥의 갈망을 다루어야 한다. 아마도 이때 당신이 느끼는 주요한 갈망은 모기에 물린 가려움이라는 신체적 불편감을 겪지 않으려는 갈망일 것이다. 모기에 물린 가려움은 무척이나 성가시다! 거기다 내가 모기보다 더 힘을 가졌다고 느끼고 싶은 갈망, 모기를 때려잡는 순간 느끼는 짜릿한 복수심도 한몫할 것이다. 이렇게 여러 종류의 갈망을 다루는 과정에서 당신은 가려움의 감각을 그저 하나의 '감각'으로 경험할 수 있다. 그렇게 해서 적어도 명상 수행을 하는 동안에는 당신의 삼매가 깊어져 가려움이 더는 괴롭지 않을 수 있다.

이 과정을 간단히 정리하면 이렇다. 처음에 당신은 모기를 잡아 죽이지 말라는 계율을 지키고자 노력했다. 그 과정에서 당신 내면의 여러 가지 갈망을 다루고 떨쳐냄으로써 당신이 겪는 괴로움을 크게 줄였다. 지금부터 당신이 잡은 (또는 잡지 않은) 모기의 숫자는 당신이 이 과정을 제대로 해내는지 보여주는 유용한 지표로 작용한다.

이런 과정은 예컨대 술과 약물의 남용, 거짓말하고 싶은 유혹, 도둑질, 잘못된 성적 행위 등 계율과 갈망이 충돌하는 지점 어디에나 적용된다.

그렇다면 계행이 갈애를 떨치는 데 도움이 된다는 점이 왜 중요할까? "측정할 수 없는 대상은 관리할 수 없다"는 유명한 말이 있다. 조직 관리와 공학 분야에서는 어떤 과정이든 가장 먼저 하는 단계가 관리 대상을 측정하는 것이다. 갈애를 떨치는 과정도 마찬가지다. 당신이 갈애를 얼마나 잘 떨치고 있는지 아는 가장 좋은 방법이 있다면 그것이 당신의 행동에서 어떻게 나타나는지 보는 것이다. 어떤 대상이든 더 잘 측정할수록 더 잘 관리할 수 있다.

계행은 성장에 필요한 노력을 일으킨다
옛날 옛적에 어느 소년이 고치를 벗고 나오려고 몇 시간이나 애쓰는 나비를 보고는 도와주고 싶은 마음에 가위로 고치에 기다란 자국을 냈다. 나비는 고치에서 나왔지만 날지 못했다. 왜 그럴까? 날 수 있도록 날개에 혈액이 차고 힘이 생기려면 나비 스스로 고치를 벗어나려 애쓰는 노력이 필요한데 그걸 하지 못한 나비는 날 수 없는 상태로 나오게 되기 때문이다.

자연계의 많은 과정이 그러하다. 성장하려면 스스로 애쓰는 노력이 필요하다. 나비는 한 가지 예에 불과하다. 또 다른 예는 신체 단련이다. 이두박근을 키우려면 해당 부위 근육을 강화시키는 덤벨을 반복해 들어야 한다. 그렇게 해서 이두박근이 단련된다.

영적 성장에도 노력과 애씀이 필요하다. 이 점에서 계행은 이러한 노력과 애씀을 우리에게 제공한다. 계행을 진지하게 닦으려는 사람이라면 누구나 계율을 지키는 일이 쉽지 않다는 사실을 알 것이다. 옛날 어느 도시에 경찰 부패가 만연했다. 어느 해, 홀로 부패에 물들지 않은 어느 경감이 경찰학교를 막 졸업한 신참내기 경찰들을 부하로 들였다. 경감은 신참들에게 한 명씩 물었다. "앞으로 완전한 청렴함으로 그대의 직무를 수행할 수 있겠는가?" 모든 신참 경찰들이 "네! 그렇게 하겠습니다, 경감님!" 하고 자신 있게 답했다. 그런데 샘만은 예외였다. 샘은 이렇게 답했다. "잘은 모르겠지만, 노력하겠습니다. 그렇지만 꽤 어려울 것 같습니다." 경감은 머리를 흔들었고 그 자리에 있던 모든 동료가 웃음을 터뜨렸다. 몇 년이 지난 뒤 그날의 신참들 가운데 샘만 제외하고 모두가 부패에 연루되었다. 경감은 샘에게 말했다. "자네가 나를 처음 만난 날, 내가 던진 질문을 기억하는가? 그날 나는 자네를 믿을 수 있다는 걸 알았네. 자네는 완전한 청렴함으로 직무를 수행하는 것이 꽤 어려울 것 같다고 대답했었지. 그 대답은 자네가 다른 신참들과 다르게, 청렴을 유지하고자 노력하겠다는 의미로 나는 받아들였다네. 경찰 일을 수십 년 해 온 나는 잘 알고 있지. 매일 지극한 청렴함으로 업무를 수행한다는 게 지금의 내게도 여전히 어려운 일이라는 걸 말이야."

어려움은 또 있다. 계율을 완벽하게 지키고자 하는 사람이라도 문제가 흑백을 가르듯 간단치 않다는 사실을 금세 알게 된다는 점이다. 즉 아무리 계율을 잘 지킨다 해도 계율을 지킨다는 것의 기준이 분명하지 않으며, 적합한 해결책을 찾지 못하는 곤란함을 계속 안고 가야 하는 경우도 있다. 가령 살아 있는 생명을 죽이지 말라는 첫 번째 계율을 보자. 언뜻 아주 명백한 계율처럼 보인다. 나는 살면서 지금껏 벌레를 죽인 적은 가끔 있어도 그 밖에 다른 생명체를 죽인 적은 없다. 그러므로 나는 이 계율을 아주 잘 지켰다고 생각할지 모른다! 그러나 잠깐, 벌레는 생명체가 아닌가? 물론 생명체다. 또 내가 먹는 고기나 생선은 어떤가? 나 대신 다른 사람이 고기와 생선을 죽이지 않았는가? 그래, 그건 그렇다 치자. 만약 내가 채식주의자라면? 그렇다면 나는 불살생(不殺生)의 계율을 철저히 지켰다고 자부할 것이다. 그러나 나의 티베트불교 스승 중 한 분은 농사를 지을 때 수많은 '해충'을 죽이게 되므로 채소를 먹는 것만으로 생명을 죽이는 일에 간접적으로 참여하는 것과 마찬가지라고 말한다. 결국 이런 문제에는 적절한 답을 찾기 어려워 보인다. 나의 티베트불교 스승이 내놓은 답은 식사 때마다 이렇게 경건한 기도를 올리는 것이다. "내가 밥을 먹어야 하는 한 다른 생명체가 죽게 됩니다. 그러므로 나 자신이 고통에서 벗어나고 다른 모든 생명체가 고통에서 벗어나는 일에 나의 삶을 바칩니다." 내가 보기에 아름다운 대답이다.

소류 스님이 보기에 이것은 멋진 대답이지만, 여기서 핵심은 조금 다른 데 있다. 즉 고치 속의 나비와 마찬가지로, 여기서의 핵심은 스스로 애쓰는 노력, 그 자체이다. 즉 아무리 '비현실적으로' 보일지라도 계율을 최대한 지키며 살겠다는 열망, 그리고 철저한 정직함으로 다음 질문과 기꺼이 마주하는 용기가 핵심이다. '완벽히 계율을 지키지 못하게 방해하는 내 내면의 장애물은 무엇인가?' 이 질문이 중요한 이유는 이 질문에 대한 답을 통해 지금 당신이 잘라내야 할 갈애가 무엇인지 알 수 있기 때문이다. 더 정확히 말하면, 지금 당신이 계율을 지키지 못하게 방해하는 장애물을 통해 당신이 지금부터 어떻게 성장할 수 있는지 알 수 있다는 점이다. 여기서도 계행은 갈애를 떨쳐내는 데 도움을 준다. 갈애를 하나씩 줄이거나 잘라낼 때마다 당신은 삼매와 지혜가 깊어지고, 더 행복해지며, 계율을 더 잘 지키는 삶을 살게 된다. 당신이 완벽하게 계율을 지키는 삶을 계속해서 살고자 한다면 당신은 다음 장애물에 맞닥뜨려야 한다. 이렇게 해서 계율을 지키고자 지속적으로 애쓰고 노력할 때 우리는 영적 성장을 위한 새로운 기회를 계속해서 얻게 된다.

먹는 것만이 아니다. 건물을 짓는 일도 생명체를 죽이고, 환경을 파괴할 가능성이 있다. 공산품을 소비하고, 교통수단을 이용하는 것도 마찬가지다. 게다가 생계와 관련된 질문도 있다. '무기를 생산하는 군수산업에 종사해도 괜찮은가?', '환경 파괴를 야기하는 산업에 몸담아도 좋은가?' 같은 질문이다. 물론 소류 스님도 밥을 먹고, 건물에 살며, 옷을 입고, 노트북을 사용하며, 교통수단도 이용한다(내가 확인했다). 이런 것을 하지 말라는 것이 아니다. 하되, 다만 자신이 할 수 있는 최대한으로 계율을 지키는 삶을 살겠다고 늘 다짐하자는 것이다. 계율을 지키는 삶을 방해하는 요인을 어떻게 극복할지 몰라도 괜찮다. 내면에서 그 어려움을 기꺼이 경험하면서 최대한 계율을 지키는 삶을 살고자 하는 의지가 더 중요하다. 이렇게 애쓰고 노력하는 과정에 정직하게 임할수록 우리의 영적 성장은 더 크게 촉진될 것이다.

소류 스님은 우리가 생각해 볼 깊은 핵심을 이렇게 전한다.

계율을 지키고자 노력하는 애씀의 깊이가 곧 깨달음의 깊이를 결정합니다. 계율을 지키려고 애를 쓸수록 당신은 더 깊은 차원에서 깨어날 것입니다. 지금 당장은 당신이 이것을 믿음으로 받아들여야 할지 모릅니다. 하지만 내가 확실히 말할 수 있는 것은, 이렇게 애를 쓰는 것을 통해 당신이 전에 몰랐던 새로운 기쁨을 발견할 수 있다는 것입니다. 그리고 이 기쁨은 당신이 깨달음에 이르도록 도와줄 것입니다. 윤리적 문제에 관하여 애를 쓰고 고민하는 과정에서 느끼는 기쁨은 자신이 원하는 것을 얻는 데서 느끼는 세속적인 기쁨보다 훨씬 큽니다. 이런 기쁨을 경험할 때 우리는 깊은 삼매에 들어갑니다. 깊은 삼매에 들어갈 때 지혜를 발견합니다. 지혜를 발견할 때 괴로움에서 벗어납니다. 이처럼 계율을 지킬 때 얼마나 큰 기쁨을 느끼는가에 따라 우리가 얻는 지혜의 깊이가 결정됩니다. 그러므로 계율을 지키고자 애쓰는 노력의 깊이가 곧 깨달음의 깊이를 결정한다고 보아도 좋습니다.

계율을 지키면 수행의 길을 갈 수 있다는 확신이 생긴다

계율을 지키는 것은 여러 가지 강력한 효과를 내므로, 어느 하나를 콕 집어 "이것이 계율을 지킬 때 당신에게 일어나는 가장 중요한 효과이다"라고 말하기 어렵다. 그러나 꼭 한 가지를 택해야 한다면 계율을 지킬 때 이 길을 걸어갈 수 있다는 확신이 생기는 점이라고 말하고 싶다.

나는 마음챙김을 실제 현실에서 널리 알리는 운동에 나선 멤버 중 한 사람이었다. 친구 몇 명과 함께 나는 실직한 취약 계층 여성들을 상대로 마음챙김을 배우면 취직 면접을 더 잘 볼 거라는 생각에 무료로 마음챙김을 가르치는 고귀한 프로젝트를 시작했다. 몇 주 후 교육이 끝나자 많은 여성이 후기를 남겼다. 그중 어느 여성은 눈물이 날 정도로 감동적인 후기를 남겼는데 구직과는 전혀 무관한 내용이었다. 그 여성은 이렇게 말했다. "마음챙김을 배운 뒤로 더 이상 아이를 때리지 않아요."

불교 수행이 갖는 강력한 특징 중 하나는 계율을 지키는 삶을 살 수 있는 능력을 우리에게 선사한다는 점이다. 이 여성의 경우, 아이를 때리지 않는 것은 당연한 일이었다. 하지만 그 계율을 지키는 것은 그녀에게 매우 힘들었다. 그런 그녀가 몇 주 동안의 간단한 마음챙김 수행으로 계율을 지킬 수 있었다. 그리고 이로써 그녀뿐 아니라 아이의 삶도 바뀌었다.

이처럼 수행은 계율을 더 잘 지키게 해 준다. 그리고 계율을 잘 지키면 수행을 계속할 수 있다는 자신감이 생긴다. 선순환이 만들어지는 것이다.

많은 사람이 다르마를 이해하고 받아들이면서도 정작 수행은 하지 않는다. 이것은 수행의 길을 걸어갈 수 있다는 확신이 부족하기 때문이다. 그래서 시도조차 하지 않는다. 이때 계행이 도움을 준다. 계행은 당신이 수행의 길을 걸어갈 수 있음을 보여 준다. 두 가지 방식으로 계행은 당신이 수행의 길을 가도록 돕는다.

첫째, 계율을 지킬 때 당신은 당신이 알던 것보다 더 큰 힘을 갖고 있음을 알게 된다. 위 사례의 여성은 자신에게 아이를 때리지 않을 수 있는 힘이 있음을 알았다. 그것은 그녀 자신이 가지고 있다고 미처 생각하지 못한 힘이었다. 다른 사례를 하나 더 들어 보자. 당신이 군것질 중독이라고 하자(사실 이 사례는 이 책의 공저자 중 한 사람의 부끄러운 실제 이야기인데, 소류 스님이 아니다). 의사를 찾아갔더니 군것질 때문에 건강상 문제가 생겼다며 반으로 줄이라고 한다. 이런. 당신은 의사의 말을 충실히 따른다. 그러지 않으면 죽을 수도 있으니까. 6개월 뒤 혈액검사를 받아 보니 건강상 문제가 사라졌다. 와우, 이 노력으로 당신은 건강이 좋아졌을 뿐 아니라 자신감도 얻는다. 6개월 동안 군것질을 절반으로 줄임으로써 당신은 욕망을 제어하는 힘이 자신에게 '어느 정도' 있음을 보여 주었다. 당신이 반드시 욕망의 노예가 될 필요는 없음을 스스로 증명했다. 자신을 이겨낼 수 있는 힘이 있음을 알았다. 이것은 당신에게 자신감을 부여한다.

실제로 무엇이 옳은 일인지 아는 것은 어렵지 않다. 어려운 것은 아는 것을 실천하는 것이다. 예컨대 군것질에 중독되었던 나는 군것질을 절반으로 줄이는 것이 옳은 일이라는 것을 분명히 알고 있었지만 실제로 실천하는 일은 너무 어려웠다. 곤란한 상황에서 벗어나려고 거짓말을 하는 등의 다른 상황도 마찬가지다. 이때 계율을 지키면, 옳은 일을 할 때마다 자신을 극복할 수 있다는 자신감을 선물로 받게 된다. 자신을 이길 수 있다는 자신감은 영적 수행의 길을 꾸준히 걸어가는 데도 가장 중요한 조건이 된다.

나 역시 위 사례의 여성처럼 내가 가진 미처 몰랐던 힘을 발견했다. 내가 처음에 수행을 시작한 동기는 순전히 실제적인 목적이었다. 내가 원했던 것은 당시 내가 빠져 있던 비참한 상태에서 벗어나고 싶은 게 전부였다. 그런데 수행을 통해 그 목적을 달성할 수 있었을 뿐 아니라 놀라운 '부수 효과'도 거두었다. 그것은 내가 더 좋은 사람이 되었다는 사실이다. 그것은 전혀 예상하지 못한 효과였다. 사실 나는 스스로를 유혹과 최악의 충동 앞에서 힘을 쓰지 못하는 쓸모없는 약골로 여기고 있었다. 그런데 수행을 하면서 쓸모없는 약골의 모습은 나에게서 조금씩 줄었다. 아이였을 때 덩치 큰 아이들에게 놀림당하는 허약한 약골이었던 내가 가라테(손발을 이용해 싸우는 일본 권법)를 배우면서 조금씩 더 튼튼해지고 스스로에 대한 자신감이 붙은 것과 비슷했다.

계행이 우리에게 선사하는 두 번째 이익은 당신이 실은 좋은 사람이라는 사실을 보여 준다는 데 있다. 보라, 우리는 누구나 행복을 원한다. 그런데 많은 사람에게 있어 그들이 행복해지는 가장 확실한 방법은 계행에 아랑곳하지 않고, 감각적이고 이기적인 쾌락을 충족하는 것이다. 그러던 어느 날 당신은 계율을 지키는 것이 더 큰 행복을 가져온다는 사실을 알게 되었다고 하자. 예컨대 당신은 자신이 이기적인 사람인 줄 알았지만 자선 행위를 몇 번 하고 보니 생각보다 큰 행복감을 느낀 것이다. 이것은 무엇을 말하는가? 이것은 당신이 스스로 생각했던 것보다 더 좋은 사람이라는 것을 말해 준다. 당신은 본성상 이기적인 행동보다 자선 행위를 통해 더 큰 행복감을 느끼는 사람이었던 것이다. 이것은 당신의 본성에 관하여 당신이 처음에 내렸던 가정이 잘못되었다는 것을 말한다. 자신을 탓하려고 어떤 이야기를 지어내든 당신은 본성상 '좋은 사람'이었다. 이제 당신이 자신에 대해 지어내는 이야기는 '나는 그저 감각적 쾌락이나 탐닉하면 그만인 형편없는 인간이야'에서 '불완전하지만 본성은 선한 사람이야. 아직 완전하지 않아도 나의 선한 본성을 넓히고 드러내는 법을 계속 배워갈 거야'로 바뀐다. 이로써 모든 것이 바뀐다. 계행은 우리에게 이런 선물을 선사한다.

뒤의 12장에서 우리는 직접 열반을 본 오늘날의 어느 구도자 이야기를 함께 나눌 것이다. 그 이야기를 들으면 당신은 그녀가 수행의 길에서 얼마나 자주 막혔는지 알고는 놀랄 것이다. 수행의 길이 막힐 때마다 그녀를 앞으로 나아가게 만든 것은 계율 훈련이었다. 그것은 계행이 자기 정직을 요구하며, 계율을 지킬 때 또한 자기 확신이 일어나기 때문이다. 계율을 지키는 훈련이 깊어질수록 자기 정직과 자기 확신이라는 두 가지 자질도 함께 커진다. 수행의 길에서 막힐 때마다 그녀는 자신이 처한 상황을 정확히 인식하는 자기 정직이 필요했고 "앞으로 나아갈 수 있다."라고 스스로에게 말하는 자기 확신도 필요했다. 그녀는 계율을 지키는 훈련으로 수행의 길에서 막힐 때마다 거기서 벗어나 앞으로 나아갈 수 있었다.

계율은 모든 일에 반드시 필요하다

계율이 지닌 놀라운 힘에 대해 당신이 충분히 알았다 해도 이런 말을 해야겠다. "잠깐, 아직 할 말이 더 남았다!"고.

계율을 지키는 것은 영적 수행의 길에서 도움을 주는 강력한 도구라고 했다. 그런데 계행은 사실 영적 수행의 길 '전체'에서 반드시 필요한 요소다. 후기 불교 경전에서 이것을 멋지게 표현하고 있는데, 그 경전에 따르면, 계율을 충분히 잘 지키면 당신은 더 이상 평범한 속인이 아니라 다른 사람들이 존경하는 사람이 된다.[9] 계율을 더 잘 지키면 속인에서 업그레이드가 되는 것이다. 왜냐하면 죽은 뒤 천상계에 다시 태어나게 하는 수행의 길을 걸어가기 때문이다. 여기서 계율을 더 열심히 닦으면 흐름에 든 자(수다원)가 될 정도로 강력한 삼매와 지혜를 얻는 토대가 마련된다. 나아가 계율을 더 잘 닦으면 이제 당신은 강력한 삼매와 지혜의 토대 위에서 완전한 깨달음을 얻을 수 있다.

계행에 대해 딱 한 가지만 기억해야 한다면 그것은 계행이 타인으로부터 비난받을 일이 없는 행복감을 우리에게 선사한다는 점이다. **타인의 비난을 살 일이 없는 행복감은 감각적 쾌락이 주는 행복감을 훨씬 넘어선다.** 비난받을 일이 없는 행복감을 느낄 수 있다면 다른 모든 것은 제자리를 찾아간다.

이처럼 우리는 영적 수행의 길 전체에서 계행의 도움을 받을 수 있다.

계행은 당신을 변화시키며, 그럼으로써 사회도 변혁시킨다

앞서 6장에서 우리가 불교에서 계율을 닦는 이유는 그것이 우리 자신의 행복에 크게 도움이 되기 때문이라고 말했다. 실은 더 큰 도움이 된다. 계율 수행은 우리 자신의 행복을 키울 뿐 아니라 그 이익은 사회 전체에 물결처럼 퍼져나간다.

우선 바른 생계가 있다. 바른 생계는 팔정도의 하나로서 진실한 불교 수행에 빠뜨릴 수 없는 부분이다. 예컨대 진실하게 수행을 하는 불교인이라면 사기나 부패와 관련된 직업, 땅과 물을 오염시키는 직업에 종사해서는 안 된다. 이처럼 바른 생계를 지키는 사람은 사회에 분명한 이로움을 준다.

다음으로 붓다가 계속 강조하는 계율에 베풂이 있다. 계율에 관해 말할 때 붓다는 매우 자주 베풂을 별도로 언급한다. 예컨대 어느 설법에서 붓다는 다섯 가지 재산에 대해 이야기하는데 신심, 계율, 배움, 베풂, 지혜가 그것이다.[10] 베풂을 계율 아래 두지 않고, 동등한 중요성을 지닌 덕목으로 따로 언급한 점에 주목할 필요가 있다.[11] 또한 베풂을 재산을 잃는 것이 아니라 쌓는 것으로 보는 관점도 훌륭하다.

베풂을 이토록 강조하는 이유는 그것이 바른 의도와 연결되기 때문이다. 6장에서 바른 의도란 버림(포기), 악의 없음, 해 입히지 않음이라는 세 가지 의도라고 말한 것을 기억하는가? 베풂을 바르게 실천한다면 베풂이라는 한 가지 수행만으로 바른 의도를 구성하는 세 가지 요소를 한 번에 닦을 수 있다. 즉 버리고 포기하는 데서 기쁨을 느끼며 그것을 수행하고, 친절의 마음으로 주변에 나누어 줌으로써 악의 없음과 해 입히지 않음을 수행하게 된다.[12] 따라서 실제적 의미에서 베풂은 다른 모든 덕목으로 연결되는 덕목이다. 이 점에서 베풂을 실천하는 것은 매우 중요하다. 불교에는 십바라밀(十波羅蜜)이라는 가르침이 있다. 열 개의 바라밀은 따로, 또는 서로 연결지어 수련하는

데, 신실한 불교 수행자라면 끊임없이 완성하고자 노력해야 하는 열 가지 덕목을 말한다. 그것은 베풂(보시), 지계, 버림(포기), 지혜, 노력, 인내, 진실함, 결정심, 자애, 평정심의 열 가지다.[13] 베풂을 가장 앞의 바라밀로 든 것도 그리 놀랍지 않다.[14]

베풂이 지닌 특별한 중요성에 비춰 볼 때 그것은 신실한 불교인이라면 누구나 실천해야 마땅한 핵심 덕목이다. 베풂을 실천하는 사람이 많아질수록 사회 전체가 더 큰 이익을 누린다는 것은 명백하다. 베풂이라는 한 가지 덕목만으로 사회 전체를 변화시키는 효과가 생긴다.

또 하나의 논점이 있다. 그것은 불교가 지극히 개인적인 활동처럼 보인다는 사실이다. 많은 사람은 '불교 수행자'라고 하면 나무 아래 혼자 앉아 수행하는 모습을 떠올린다. 틀린 이미지는 아니지만 사실 불교는 공동체의 중요성 또한 크게 강조하고 있다. 이것은 경전의 분량만 보아도 알 수 있다. 붓다는 계율을 정리한 경전의 상당 부분을 공동체의 조화를 유지하는 법에 할애하고 있다. 붓다는 우정, 좋은 인간관계, 구성원 상호 간의 의무, 수행승들이 '조화를 이루며, 싸우지 않고, 마치 우유와 물이 섞이듯이, 서로를 사랑의 눈으로 바라보는' 공동체를 만들고 유지하는 법에 관하여 수많은 설법을 했다.[15]

그 설법들 중에는 오늘날을 살아가는 재가자들에게 적용되는 것도 많다. 예컨대 붓다는 조화로운 인간관계를 유지하는 네 가지 방법을 가르쳤다.[16] 자기 것을 내어 주는 것, 사랑이 담긴 말을 하는 것, 이로움을 주는 행동을 하는 것, 상대를 공정하게 대하는 것이 그것이다.[17] 다시 말하면,

1. 누군가 선물이 필요하면, 그 사람에게 선물을 준다.
2. 누군가 친절한 말이 필요하면, 그 사람에게 친절한 말을 건넨다.
3. 누군가 관심과 도움이 필요하면, 그 사람에게 관심과 도움을 베푼다.
4. 누군가 공정하고 동등한 대우가 필요하면, 그 사람을 공정하고 동등하게 대우한다.

후기 불교에서는 이 네 가지 방법을 더욱 강조한다. 가령 대승불교에서 이 네 가지는 이상적 수행자의 모델인 '보살(菩薩)'의 수행에서 핵심적인 부분으로 자리 잡는다.[18]

많은 사람들이 이 네 가지를 수행한다면 사회에 얼마나 큰 영향을 미칠지 생각해 보라.

잠깐, 한 가지가 더 있다. 타인과의 관계에 관한 붓다의 가르침에서 가장 중요한 것은, 인간관계는 불교 수행에서 빠뜨릴 수 없는 핵심 부분이라는 점이다. 만약 당신이 불교가 지극히 개인적인 활동이라는 인상을 갖고 있다면, '진짜 불교'는 나무 아래 혼자 앉아 있는 것이라고 생각할지 모른다. 그리고 타인과 맺는 관계는 수행 이외의 한가한 시간에 하는 일이라고 생각할지 모른다. 그러나 실은 정반대다. 붓다의 시자인 아난다는 한때 붓다에게 "신성한 수행 생활의 절반은 좋은 우정을 유지하는 데 달려 있는 것 같습니다."라고 말했다. 놀랍게도 이 말에 붓다는 이렇게 대답했다. "그렇지 않다, 아난다여. 신성한 수행 생활의 (절반이 아니라) 전부가 좋은 우정을 유지하는 데 달려 있다."[19]

왜 좋은 우정이 수행 생활에 그토록 중요한가? 좋은 우정은 수행의 길에 들어선 우리로 하여금 계속해서 그 길을 걸어가도록 돕기 때문이다. 붓다는 이렇게 말했다. "새벽이 오면 곧 해가 뜬다는 사실을 알 수 있듯이, 좋은 우정은 팔정도가 일어나는 전조가 된다."[20] 어느 설법에서 붓다는 좋은 우정을 '깨달음의 요소를 계발하는 데 가장 중요한 첫 번째 조건'으로 든다.[21]

좋은 우정이 어떻게 이 모든 일을 하는 걸까? 우선, 좋은 친구란 계율을 잘 지키고, 배움이 있는 사람이다. 또한 활기가 넘치고, 깨어있으며, 현명한 사람이다.[22] 그런 사람이 좋은 친구다. 좋은 친구는 기쁨을 주고, 사람들의 존경을 받으며, 상대에게 너그럽게 도움을 베풀고, 상대를 저버리지 않는다.[23] 좋은 친구는 '깊은 대화'를 나누고, 다른 사람이 잘못된 일을 하도록 유도하지 않는다.[24] 이런 친구를 가질 때 당신은 1) 스스로 더 좋은 사람이 되고, 2) 좋은 가르침을 받을 수 있으며, 3) 불건전한 것을 버리고 건전한 것을 계발하는 노력을 일으킬 수 있으며, 4) 지혜를 얻을 수 있다.[25] 그렇다. 소류 스님은 수행자로서, 또 수행 지도자로서 자신의 경험으로 좋은 우정이 이토록 중요함을 증언한다.

이렇게 해서 좋은 친구는 수행의 길에 들어선 우리가 계속 그 길을 걸어갈 수 있게 해 준다. 이것이 좋은 친구가 곧 신성한 수행 생활에 필요한 이유이다. 물론 신성한 수행 생활에서 당신 또한 상대에게 좋은 친구가 되어야 한다. 다행히도 좋은 우정이란 상대로부터 받는 것인 동시에 상대에게 주는 것이다.

아직 한 가지가 더 남았다(이미 눈치챘는가?). 붓다가 공동체에 관해 가르친 것은 단지 수행자 서로의 수행을 돕기 위한 것만은 아니었다. 그것은 더 넓게, 모든 생명체에게 이로움을 주기 위함이었다. 붓다는 자신의 이익과 다른 생명체의 이익을 위해 수행하라고 가르쳤다.[26] 따라서 불교 수행자라면 정신이 또렷이 깨어 있어야 할 뿐 아니라(mindful) 따뜻한 마음을 갖기 위해(heartful) 노력해야 한다.

이런 따뜻한 마음의 중심에는 불교에서 흔히 '네 가지 무한한 마음(사무량심四無量心)' 또는 '신성한 거처(brahmavihara)'라고 부르는 네 가지 마음 성질이 있다.[27] 그것은 다음과 같다.

자애 모든 생명체가 행복하기를 바라는 마음
연민 모든 생명체가 고통에서 벗어나기를 바라는 마음
이타적 기쁨 상대의 행복에 대한 이타적인 기쁨
평정심 삶의 기복에 흔들리지 않는 마음 상태[28]

이들 따뜻한 마음 성질을 계발할 때 우리는 기분이 좋아질 뿐 아니라, 그것은 우리를 괴로움에서 벗어나게 한다. 명상 수행에서 이 네 가지 사무량심을 계발하면 곧바로 선정에 들 수 있다. 이 네 가지 사무량심 중 하나가 마음에 가득 차면 무상에 대한 깊은 통찰을 얻을 수 있고, 그럼으로써 최종적 깨달음에 이를 수도 있다.[29] 이처럼 사무량심은 강력한 힘을 발휘한다.

여기서 핵심은 불교 수행이 타인에 대한 깊은 관심을 일으키는 작업이라는 점이다. 여느 때처럼 붓다는 이 점을 다음과 같이 훌륭하게 표현한다. 붓다는 수행을 '자신을 보호함으로써 상대를 보호하는

것', 그리고 '상대를 보호함으로써 자신을 보호하는 것'이라고 말한다.[30] 어떻게 자신을 보호함으로써 상대를 보호하는가? 그것은 네 가지 마음챙김의 확립을 닦는 방법을 통해서이다. 그렇다면 어떻게 상대를 보호함으로써 자신을 보호하는가? 그것은 사무량심 같은 따뜻한 마음을 계발하는 방법을 통해서이다. 훌륭한 수행자는 두 가지를 모두 해야 한다.

이처럼 신실한 불교 수행자는 사회에 이로움을 준다. 그것은 불교 수행자의 수행에 베풂, 공동체의 조화 촉진, 따뜻한 말, 따뜻한 마음 성질의 계발, 타인에 대한 깊은 관심, 계율을 잘 지키는 등의 고도로 친사회적인 일들이 반드시 포함되기 때문이다. 따라서 붓다의 가르침을 실천하는 것만으로 당신은 사회를 변화시키는 물결 효과를 일으킬 수 있다. 이것이 소류 스님과 내가 모든 사람이 쉽게 이해하고 다가갈 수 있도록 불교를 소개하려 하는 이유이다. 더 많은 사람이 수행하고, 그들의 수행이 더 깊어질수록 세상에 더 큰 유익함이 물결처럼 퍼져나갈 것이다.

바른 견해 다시 보기

나는 언젠가 멋진 바다 경관이 파노라마처럼 펼쳐진 별장에 간 적이 있다. 그곳에 들어가며 나는 이렇게 농담을 던졌다. "이 별장은 매우 불교적이군요. 좋은 뷰(right view, 바른 견해)를 가졌으니 말이에요." (말장난은 그만하자.) 바른 견해는 우리가 언뜻 생각하는 것보다 불교 수행의 길에서 훨씬 큰 중요성을 갖는다.

불교에는 팔정도를 상징하는 아주 멋진 비유가 있는데, 여덟 개의 바큇살이 달린 수레바퀴가 그것이다. 내가 이 비유를 좋아하는 이유는 여덟 개의 바큇살 하나하나가 모두 중요하다는 사실을 암시한다는 데 있다. 여덟 개 바퀴가 모두 있어야만 바퀴가 제대로 구른다. 만약 비용에 인색한 회사 간부가 '12.5퍼센트(8분의 1)의 비용 절감을 위해' 바큇살 하나를 자른다면 바퀴는 제대로 굴러가지 않을 것이다. 팔정도의 바퀴가 구르는 과정에서 여덟 개의 바큇살 하나하나가 당신이 완전한 깨달음을 향해 가는 수행의 길에 도움을 준다.

수레바퀴의 비유에서 내가 좋아하는 또 다른 부분은, 바퀴가 한 바퀴를 구르자면 끝나는 지점에서 다시 시작해야 한다는 점이다. 즉 시작과 끝이 한 지점에서 만나 한 바퀴 구르는 과정이 완성되는데, 그 과정이 시작되는 동시에 끝나는 지점이 바로 바른 견해이다. 6장에서 붓다는 바른 견해를 '네 가지 고귀한 진리에 대한 앎'으로 정의했다. 이 정의에 따르면 우리는 처음에 사성제에 대한 대강의 앎을 지니고 수행의 길에 나선다. 그렇게 그 앎에 의지해 수행의 길을 걷다가 마침내 수행의 길의 마지막에 이르러 사성제에 대한 완전한 앎을 지니게 된다. (앞에서 본) 〈위대한 마흔 가지 경〉에서 붓다는 바른 견해에 대한 또 다른 정의를 내린다.[31] 여기서 붓다는 바른 견해에 두 가지 유형이 있음을 확인한다. 세간적 바른 견해와 출세간적 바른 견해가 그것이다. 세간적 바른 견해는 우리가 수행의 길을 떠날 때 지니는 바른 견해이며, 출세간적 바른 견해는 수행의 길을 마무리할 때 지니게 되는 바른 견해이다. 붓다는 세간적 바른 견해를 이렇게 정의한다.

우리에게 주어지는 것, 우리에게 제공되는 것, 희생되는 것이 있다. 좋은 행동과 나쁜 행동의 업보이자 결과가 있다. 이 세상(세간)과 저 세상(출세간)이 있다. 어머니와 아버지가 있다. 다시 태어나는 중생들이 있다. 계율을 잘 지키는 훌륭한 수행자와 바라문들이 세간에 있다. 스스로의 앎으로 깨달음을 얻은 그들은 이 세상과 저 세상이 존재한다고 선언한다.

세간적 바른 견해에 관한 위 정의는 다음 세 가지의 핵심을 말하고 있다.

1. 모든 행동에는 결과, 특히 도덕적인 결과가 따른다. 그것도 여러 생에 걸쳐 결과가 따른다.
2. 세속의 세상(세간)은 여전히 존재한다. 그러므로 당신이 세속을 초월하기 위해 노력한다 해도 불교를 빌미로 세간의 존재를 부정해서는 안 된다.
3. 수행의 길이 존재하며, 당신은 현명하고 계율을 잘 지키는 스승들에게 배움을 얻을 수 있다.

이 세 가지 통찰은 우리의 수행에 크게 영향을 준다. 모든 행동에 결과가 따른다는 첫 번째 핵심은 우리 자신에게 '힘이 있음'을 선언하고 있다. 우리의 행동 하나하나가 궁극적인 깨달음에 직접적으로 영향을 준다는 의미이다. 우리가 베풂을 떠올릴 때마다, 연민의 행동을 실천할 때마다, 친절한 말을 건넬 때마다, 내려놓는 마음을 일으킬 때마다, 옳은 일을 하겠다는 의도를 낼 때마다, 명상 수행을 할 때마다, 삼매와 마음챙김을 할 때마다, 이 모든 것이 일정한 결과를 낳는다. 우리가 하는 생각과 말, 행동 중에 결과를 일으키지 않는 것은 하나도 없다. 이것이 바로 우리가 가진 힘이다. 우리가 가진 힘을 인식해야 한다. 그 힘으로 우리는 얼마든지 깨달음을 이룰 수 있다.

두 번째 핵심은 책임을 특별히 강조하면서 첫 번째 핵심을 강화시킨다. 당신이 살고 있는 실제 세상이 있다. 고통받는 중생들이 윤회의 구석구석에 살고 있다. 당신이 완전한 깨달음을 향해 나아가면서 이 세상을 초월한다 해도 어머니와 아버지, 다른 뭇 중생들이 여전히 존재한다는 사실을 기억해야 한다. 당신은 그들에게 의무를 지닌다.[32] 이런 의무감은 당신이 닦는 친절과 연민, 계율 수행에서 가장 분명히 드러나지만, 또한 당신의 수행 전체에 스며 있기도 하다.

세 번째 핵심은 우리들 모두가 행운을 타고났음을 알려 준다. 왜냐하면 누구에게나 수행의 길이 주어져 있기 때문이다. 그리고 수행의 길에서 우리를 이끌어 줄 현명한 스승들도 세상 곳곳에 있다. 그들로부터 배우며 길을 걸어가야 한다.

이상의 핵심에 대해 알면 수행의 길에서 앞으로 나아가는 데 큰 변화가 생길 것이다. 이것이 세간적 바른 견해가 수행자에게 그토록 중요한 이유이다. 같은 설법에서 붓다는, 바른 견해는 팔정도의 맨 앞에서 다른 요소 하나하나를 모두 이끈다고 강조한다.

많은 제자를 가르쳐 본 소류 스님에 따르면, 세간적 바른 견해를 제대로 아는 수행자는 수행의 길을 더욱 잘 걸어간다고 한다. 소류 스님은 세간적 바른 견해를 어떻게 더 강조해야 할지 모르겠다고 말한다. 나도 잘 모른다. 내가 할 줄 아는 것은 농담뿐이다. 앞서 말했듯이, 불교인이라면 멋진 뷰(right view)를 가진 해변의 별장처럼 바른 견해 (right view)를 지녀야 한다. 당신이 이 농담을 떠올릴 때마다 세간적 바른 견해의 중요성을 떠올리길 바란다.

마침내 수행자는 완전한 깨달음에 이르러 출세간의 바른 견해를 얻는다. 붓다는 이것을 두고 '고귀하고, 때 묻지 않은, 출세간의 바른 견해'라고 했다. 또 이것을 일러 '탐구의 완성, 지혜의 완성, 사성제의 완전한 이해'라고 했다.

젠장, 나의 열반은 어디에?

처음 불교를 공부할 때 나는 사성제에 대해 배웠다. 그리고 열반에 대해서도 배웠다. 팔정도를 닦으면 열반에 이를 것이라고도 배웠다. 그런데 어떻게 팔정도가 열반으로 이어지는지는 알 수 없었다. 팔정도에서 열반에 이르는 길에는 무엇이 있는 걸까? 당시 나는 도덕적인 삶을 살며 명상 수행을 하는 것은 좋은 일이란 점을 분명히 이해했다. 그런데 도덕적인 삶과 수행이 어떤 과정을 거쳐 괴로움에서 벗어나는 결과로 이어지는지는 도무지 알 수 없었다. 주변에 속 시원한 답을 알려 주는 사람도 없었다. 그것이 내게는 오랫동안 있어 온 커다란 좌절감의 원인이었다. 이제 다 큰 어른이 되어 불교에 관한 책을 쓰는 입장이 되었으니, 이 물음에 대한 답을 내놓지 않을 수 없는 처지에 있다. 내가 고통스러운 만큼, 독자 여러분이 얻는 것이 있었으면 한다.

다음 장에서 우리는 다르마에 대해 더 깊이 살펴볼 것이다. 그런 뒤, 실제로 열반에 이르는 경험이 어떤 것인지 오늘을 사는 어느 수행자의 실제 사례를 살펴볼 것이다.

소류 스님의 한마디

삶은 어렵습니다. 하지만 계율을 지키면 어려운 삶이 재미있어집니다.

그것은 이와 같습니다. 테니스는 어렵습니다. 하지만 테니스를 조금씩 더 잘하게 되면 테니스가 재미있어집니다.

계율을 지키는 계행은 삶을 조금씩 더 잘 살아가는 과정입니다. 그래서 계행은 삶을 재미있게 만들어 줍니다.

이것을 이해하는 것은 어려운 일입니다. 우리는 테니스를 '잘 쳐야만' 테니스가 재미있다고 생각합니다. 그러나 실은 그렇지 않습니다. 테니스를 조금씩 더 잘 치게 되는 과정 자체가 테니스를 재미있게 만들어 줍니다. 이런 재미는 나이가 들어 테니스 시합에서 더 이상 상대를 이기지 못해도 변함없이 지속됩니다.

좋은 삶이란 지금 우리가 느끼는 기쁨을 더 크고, 더 깊고, 더 신뢰할 만한 기쁨으로 바꾸어 가는 과정입니다. 계행은 우리가 이 길을 찾도록 해 줍니다. 삶을 조금씩 더 잘 살아가게 해 줍니다. 참된 진짜 재미를 느끼게 해 줍니다. 그리고 이 재미는 우리가 깨달음을 얻을 때까지 끊어지지 않고 계속됩니다.

10장

나의 업은 어디에?

더 깊이 들여다보는 다르마

거대한 머리 석상 아래에 몸통이?!

태평양 남동쪽에 이스터섬이라는 곳이 있다. 수백 개의 거대한 머리 석상으로 유명한 섬이다. 내 친구들은 이 석상들이 우스꽝스럽다며 농담을 하고는 하지만 많은 사람이 모르는 사실이 있다. 그것은 머리 석상 아래에 거대한 몸통이 연결되어 있다는 것이다. 어깨까지 오는 몸통 부분이 땅속에 묻혀 있어 잘 모를 뿐이다. 사진만 보면 거대한 머리밖에 없는 것처럼 보이지만 땅을 파 보니 머리 아래에 거대한 몸통이 연결되어 있었다. 게다가 거대한 몸은 정교한 무늬로 장식되어 있었다고 한다. 거대한 머리만으로 인상적이지만 전체를 파고 보니 더욱 인상적인 석상이라는 것을 알게 되었다.

　이번 장에서 우리는 비슷한 작업을 해 볼 것이다. 다르마를 더 깊이 파고들어 가는 것이다. 네 가지 고귀한 진리는 그 자체로 훌륭한 가르침이지만, 그 아래에 더 근본적인 가르침이 자리 잡고 있다. 전체를 확인하면 불교의 더 완전한 모습이 드러나 보일 것이다.

존재의 세 가지 특상(特相)과 네 가지 법인(法印)

불교에서 자주 등장하는 한 가지 주제가 '**있는 그대로 보라**'는 것이다.[1] 불교는 모든 괴로움에서 완전히 벗어나는 것에 관심을 두는데, 모든 괴로움에서 벗어나는 방법은 괴로움을 일으키는 원인과 그것의 결과를 바르게 이해하는 것이다. 그리고 그 이해는 모든 사물과 현상을 '있는 그대로 보는' 데서 시작한다.

붓다는 어느 경전에서 수행의 장애를 물그릇에 비친 자신의 모습을 들여다보는 것에 비유했는데, 여기서 '있는 그대로 보라'는 주제가 등장한다.[2] 수행의 장애 중 감각적 욕망은 염료를 푼 물그릇에 비유한다. 악한 의도는 뜨거운 불에 올려놓은 끓는 물그릇에, 나태와 혼침은 수초와 조류(藻類)로 뒤덮인 물그릇에 비유한다. 한편 들뜸과 후회는 바람이 잔물결을 일으키는 물그릇에, 의심은 어두운 곳에 놓아둔 탁한 진흙물에 비유한다. 어느 경우든 물그릇에 자기 얼굴을 비추어 보려 해도, 있는 그대로 볼 수 없다는 사실은 동일하다.

마찬가지로 수행의 장애로 마음이 흐려지면 현상을 있는 그대로 볼 수 없다. 있는 그대로 보지 못하면 '무엇이 정말로 자신과 타인에게 유익한지' 알지 못한다.[3] 바꿔 말하면 다섯 가지 수행의 장애가 사라지면 참된 통찰과 지혜를 계발할 수 있다. 이것이 붓다가 어느 설법에서 다섯 가지 장애가 '무지를 키우는 영양분'이라고 말한 이유이

다.⁴

'있는 그대로 보라'는 주제가 등장하는 또 하나의 설법이 있다. 그것은 붓다가 다섯 가지 무더기의 일어남과 사라짐을 있는 그대로 보라고 가르친 설법이다. 붓다는 다섯 가지 무더기, 즉 오온이 일어나고 사라짐을 있는 그대로 보는 것은 지혜이며, 그것을 있는 그대로 보지 못하는 것은 무지라고 말한다.⁵

그렇다면 현상을 있는 그대로 볼 때 우리는 무엇을 알게 되는가? 바로 **존재의 세 가지 특상**이라는 것을 알게 된다.

무상 조건 지어진 현상은 어느 것이나 영원하지 않다는 특상
둑카(고) 조건 지어진 현상은 어느 것이나 둑카(불만족, 괴로움, 괴로움의 원인)라는 특상
무아 조건 지어진 현상이든 조건 지어지지 않은 현상이든 모든 현상은 자아가 아니라는 특상⁶

모든 현상은 조건 지어져 있다. 유일한 예외가 있는데, 바로 열반이다. 열반은 조건 지어지지 않은 유일한 현상이다. 그러므로 열반을 제외한 모든 현상은 영원하지 않고 둑카이다. 열반을 '포함한' 모든 현상은 무아이다.

'삼법인(三法印)'이라고 불리는 세 가지 특상은 매우 중요해 '불교' 하면 '삼법인'이라고 할 정도이다. 불교가 진화하면서 법인(法印, Dharma seals)이라는 개념이 생겨났다. 붓다가 열반에 든 뒤 오랜 세월이 흐르고 불교가 널리 전파되면서 다양한 종파들이 생겨났다. 그리

고 그중 일부 종파는 해당 지역의 관습과 관행, 믿음을 흡수하면서 변화해 갔다. 그렇다면 어떤 것이 '진짜' 다르마이고, 어떤 것이 아닌지 어떻게 알 수 있는가? 모든 불교 종파들이 합의한 기준이 하나 있다면 그것은 바로 네 가지 법인이라고 할 수 있다. 처음의 세 가지는 위에 말한 무상, 고(둑카), 무아라는 존재의 세 가지 특상이며, 네 번째는 열반이다.[7] 이 기준에 따라, 만약 어떤 불교 종파가 세 가지 존재의 특상에 대한 통찰을 일으키며, 또한 열반에 이르도록 한다면 그것은 참된 다르마라고 해도 좋을 것이다.

형성 때문에 일어나는 둑카

둑카(괴로움)에 관한 붓다의 가르침은 앞의 3장에서 이야기한 것보다 더 미묘한 성격을 갖는다. 어느 중요한 설법에서 붓다는 둑카에 세 가지 종류가 있다고 설명한다.[8]

1. 신체적·정서적 고통으로 인한 둑카
2. '형성'으로 인한 둑카
3. 변화하는 성질로 인한 둑카[9]

1번과 3번 둑카의 의미는 분명하다. 그 의미에 관하여 법사(法師)들 사이에 동의를 이루었다. 1번 '고통으로 인한 둑카'는 당신이 신체적·정서적 고통(통증)을 당할 때 괴로움을 겪는다는 단순한 의미다.

그리고 3번 '변화하는 성질로 인한 둑카'는 지금 당장은 고통을 당하지 않아도 상황이 변하면 나중에 괴로움을 겪을 수 있다는 의미다. 이제 이 두 가지는 충분히 이해했을 것이다.

그런데 2번 '형성으로 인한 둑카'는 의미가 그리 분명하게 다가오지 않는다. 이것은 여러 가지로 해석이 가능하다. 이 가르침은 고대 경전에서 붓다가 제자들에게 가르친 어떤 내용을 모든 제자가 그 자리에서 바로 알아들어 붓다가 더 이상 자세히 설명하지 않는, 후대의 우리로서는 다소 곤란한 경우 중 하나다. 보통 '형성'으로 번역하는 상카라(saṅkhāra)는 '한데 모아진 것들' 또는 '한데 모으는 과정'을 의미한다.[10] 말하자면 '상카라'는 명사인 동시에 동사이기도 하다. '구성된 것', '모아진 것'을 의미하는 동시에, 구성하고 모으는 '과정 자체'를 의미하기도 하기 때문이다. 이런 이유로 소류 스님은 '상카라'에 대해 '구성(construction)'이라는 번역어를 더 선호한다.[11]

'형성으로 인한 둑카'에 대한 정통적인 해석은 5세기 매우 영향력 있었던 인도의 학승 붓다고사가 쓴 『청정도론(清淨道論, Visuddhimagga)』이란 책에 나온다. 붓다고사는 형성으로 인한 둑카를, 비록 평정 상태에 있다 해도 모든 현상이 '일어남과 사라짐에 지배받는' 상황으로 인하여 일어나는 둑카로 해석한다.[12] 그런데 이렇게 해석하면 3번 둑카가 2번 둑카의 하위 범주로 들어가게 된다. 그래서 붓다고사는 자신의 책에서 2번과 3번의 순서를 바꿔야 했다(라고 나는 생각한다. 붓다고사가 실제로 그렇게 말한 것은 아니다). 나는 붓다고사의 해석이 그리 만족스럽지 못하다.

내가 아는, '형성으로 인한 둑카'의 해석에 관한 더 타당한 해석은 세 가지가 있다. 그중 내가 좋아하는 해석에 따르면 '형성으로 인한 둑카'란 어떤 것을 (일시적으로나마) 즐거운 상태로 유지해야 하는 압박감 때문에 일어나는 고통이다. 예컨대 당신은 자신이 소중히 여기는 신체, 인간관계, 사회적 지위, 소유물을 갖고 있다. 이때 당신은 이것들을 유지하기 위해 상당한 시간과 노력, 비용을 들여야 하는데, 이것이 형성으로 인한 둑카라는 해석이다. 이렇게 해석하면 세 가지 유형의 둑카가 논리적으로 자연스럽게 연결된다. 이 논리에 따르면 둑카는,

1. 당신이 지금 (신체적·정서적으로) 고통을 겪고 있다.
2. 만약 고통을 겪고 있지 않다 해도, 고통을 겪지 않는 상태를 유지하려면 그것을 위한 조건을 관리해야 한다.
3. 그러나 고통을 겪지 않는 상태를 영원히 유지할 수는 없다.

다르게 말하면 이렇다. 고통은 힘들다. 고통을 없애는 것도 힘들다. 고통을 없애려고 어떻게 해 보아도 그런 시도 자체가 힘들다. 그리고 결국엔 고통을 완전히 제거할 수도 없다. 그것도 힘든 일이다. 유일한 해결책은 고통으로부터 완전히 벗어나는 것이다. 그것 외에는 해결책이 없다.

'형성(상카라)으로 인한 둑카'의 또 다른 해석은 '상카라'를 '정신적 형성 작용'으로 해석하는 것이다. 이 해석은 고대 경전에 자주 나타난다는 점에서 유효한 해석이라고 할 수 있다. 이 해석에 따르면, 신체적이고 정서적인 고통을 경험한 뒤에 우리의 마음은 그에 대해

애통해하고 계속 곱씹으며 온갖 괴로운 생각을 지어낸다. 예컨대 '왜 나야?', '이럴 줄 알았어.', '이런 일이 일어나다니, 안 돼.'와 같은 생각들이다. 그런데 처음에 경험한 고통에 반응해 일어나는 이런 생각들은 우리가 느끼는 고통을 몇 배로 가중시킨다.

고대 경전에서 붓다는 이런 유형의 고통을 두 개의 화살을 맞는 것에 빗대어 설명한다.[13] (신체적·정서적) 고통을 경험하는 것은 첫 번째 화살을 맞는 것이다. 사람들은 이 고통에 반응해 그것에 대해 애통해하고 계속해서 곱씹는다. 경전에는 이 상황을 이렇게 표현한다. '그는 애통해하고 비탄한다. 가슴을 치며 울음을 터뜨리고, 넋이 나간 사람처럼 된다.' 이 상황은 그가 겪는 고통을 가중시킨다. 붓다는 이것을 두 번째 화살을 맞는 것에 비유한다. 중세의 주석서에 따르면 두 번째 화살은 첫 번째 화살을 맞은 직후에 맞는데, 그 고통은 첫 번째 화살을 맞는 고통보다 훨씬 크다고 한다. 붓다는 올바른 마음 수행을 통해 적어도 두 번째 화살이 일으키는 고통에서 완전히 벗어날 수 있다고 가르친다. 이 해석에 따르면 '(정신적) 형성으로 인한 둑카'는 이 두 번째 화살을 가리킨다.

'형성으로 인한 고통'에 관한 세 번째 해석은 매우 심오한 해석으로, 달라이 라마와 우리의 소류 스님 등 내가 아는 고승들이 전하는 해석이다.[14] 이 해석은 우리가 세상을 살며 경험하는 모든 것이 기본적으로 '형성된 것(상카라)'이라는 사실을 인식할 것을 요구한다. 즉 모든 것이 조건에 따라 일어나며, 그 조건이 사라지면 멈춘다는 사실이다. 따라서 우리는 형성된 것에 진정으로 의지할 수 없다. 만약 그것에 의지한다면 술 취한 사람이 불안하게 쌓아 올린 무거운 나무통 더미에 의지해 똑바로 서 있으려 하는 것과 같다. 그는 제대로 서지 못할 것이다. 이것은 앞서 보았듯이 '둑카'라는 단어의 원래 의미, 즉 '불안정하다', '제대로 서 있지 못하다'는 의미와도 연결된다.[15] 근본적으로, 형성된 것에 의지한다면 언제나 불만족스러울 수밖에 없다. 형성된 것은 어느 것이나 의지할 만한 것이 아니다. 형성된 것에 의지하는 것은 그것이 언제나 고통으로 끝난다는 사실을 모르는 무지에서 비롯한다.

위 해석에 기초해 소류 스님은 세 유형의 둑카를 다음처럼 일관된 의미로 연결짓는다.

> 우리는 부서집니다. 우리는 아픕니다. 우리는 배신당합니다. 이렇게 우리는 고통을 겪습니다. 따라서 우리는 불안정합니다.
> 우리는 모든 것을 좋게 유지하려고 열심히 노력합니다. 자신을 보호하려고 무언가를 만듭니다. 그러나 이것도 궁극에는 소용이 없습니다. 이런 것들도 모두 부서지기 마련입니다. 따라서 우리는 더욱 불안정합니다.
> 모든 것이 불안정합니다. 우리 바깥의 모든 것이 불안정하며 우리 안의 모든 것도 불안정합니다. 우리는 탄탄히 믿고 설 곳이 없습니다. 그러므로 우리는 더욱더 불안정합니다.
> 이것이 고통입니다.

지금까지 말한 '형성으로 인한 둑카'에 관한 어떤 해석을 따르든, 둑카는 가장 넓은 의미로 볼 때, 모든 현상에 집착하는 데서 일어나는 본래적 불만족이라는 점이 분명히 드러난다.

다시, 모든 것이 원인과 결과

불교에서 반복적으로 등장하는 주요 주제는 원인과 결과가 무엇보다 중요하다는 점이다. 불교의 모든 것은 한 가지 통찰을 중심으로 전개되는데, 그것은 고통에는 원인이 있으며, 그 원인을 제거하면 고통도 멈춘다는 통찰이다.

원인과 결과에 대한 깊은 이해는 불교에서 매우 중요해 이에 관한 앎을 얻으면 (깨달음의 첫 번째 단계인) 수다원에 이른다고 한다. 이것을 보여 주는 이야기가 붓다의 상수제자인 사리뿟따와 목갈라나가 수다원과(果)를 얻은 일화다.[16] 친한 친구였던 사리뿟따와 목갈라나는 모두 진지한 구도자였다. 두 사람은 '불사(죽음이 없는 경지, 열반)'를 먼저 얻는 쪽이 상대에게 그 사실을 즉시 알리기로 약속했다.

어느 날 라자가하에 머물던 수행승 앗사지가 탁발을 나갔다. 붓다의 최초의 제자 다섯 명 중 한 사람이었던 앗사지는 이즈음 이미 완전한 깨달음을 얻은 상태였다. 사리뿟따는 앗사지를 보고 큰 감명을 받아 그에게 다가가 물었다. "존자여, 그대의 형색이 무척 평안해 보입니다. 안색이 깨끗하고 밝습니다. 그대의 스승은 누구이며, 그가 가르친 다르마가 어떤 것인지 말해 줄 수 있습니까?"

앗사지는 자신의 스승이 붓다이며, 붓다는 다르마를 다음의 네 줄로 요약해 말했다고 대답했다.

모든 일은 원인이 있으므로 일어난다네.
붓다는 그 원인과

원인의 소멸에 대해 말했다네.
이것이 위대한 스승의 가르침이라네.¹⁷

붓다의 이 가르침을 듣고 사리뿟따는 맑고 티 없는 다르마의 눈(법안法眼)이 생겼다. '일어나는 성질을 가진 것은, 무엇이든 사라지는 성질도 갖고 있구나.' 하고 깨달은 사리뿟따는 그 자리에서 수다원과를 얻는다.

사리뿟따는 즉시 목갈라나를 찾아갔다. 목갈라나는 멀리서 오는 사리뿟따를 보고는 뭔가 커다란 변화가 있었음을 즉시 알아보았다. 목갈라나가 물었다. "친구여, 그대의 형색이 평안해 보이오. 안색이 깨끗하고 밝소. 불사의 경지를 얻은 것이오?"

"그렇소, 친구여. 나는 불사의 경지를 얻었다오."

사리뿟따는 앗사지가 전해 준 다르마에 관한 네 줄의 요약문을 목갈라나에게 알려 주었다. 그러자 목갈라나 역시 그 자리에서 바로 수다원이 되었다. 두 사람은 붓다를 찾아가 승가에 합류했다. 붓다는 멀리서 오는 두 사람을 보고는 다른 수행승들에게 이렇게 말했다. "저 두 사람은 나의 상수제자가 될 것이다." 그로부터 단 몇 주 만에 두 사람 모두 완전한 깨달음을 얻는다.

원인과 결과가 가장 두드러지게 부각되는 세 가지의 주요 가르침이 있다. 업, 연기, 공에 관한 가르침이 그것이다.

업, 여섯 살 때 부모님이 가르쳐 준 것

업의 가르침은 매우 심오하지만 그 핵심은 놀랍도록 간단하다. 업(karma)은 문자 그대로는 '행동'이라는 의미다. 붓다는 업에 대해 분명하고 간단하게 정의를 내린다.

> 수행승들이여, 내가 업이라고 부르는 그것은 곧 의지를 가리킨다. 우리는 의지를 일으킴으로써 몸과 말, 마음으로 행동하게 된다.[18]

다시 말해 **업은 의지적 행동이다**. 업에 관해 가장 중요한 점은 모든 업이 결과를 낳는다는 점이다. 업이 낳는 결과를 업의 과보(果報) 또는 업보(業報)라고 한다. 빠알리 원어로는 깜마 위빠까(kamma-vipāka, 행동이 무르익어 결과를 낳는다는 의미) 또는 깜마 팔라(kamma-phala, 행동의 결과물을 말한다)라고 한다. 붓다는 이렇게 말했다.

> 중생들은 자신이 행한 행동(업)의 소유자이자 자기 행동의 상속자이다. 그들은 자신이 행한 행동에 따라 태어난다. 그들은 자신이 행한 행동에 속박되며, 자신의 행동을 자신의 피난처로 삼는다. 열등한 존재와 우등한 존재를 가르는 것도 행동이다.[19]

소류 스님은 여기에 재미있는 말을 덧붙인다. "업이 기본적으로 가르치는 것은 당신이 행하는 행동이 결과를 낳는다는 사실입니다. 그런데 이건 우리 부모님이 내가 여섯 살 때 가르쳤던 그것이에요."

업에 관한 붓다의 정의는 직설적이며, 우리가 이해하기에 어렵지 않다. 우리가 이해하기 어려운 부분은 업이 아니라 업의 결과(깜마-위빠까)이다. 왜냐하면 업의 결과를 결정하는, 눈에 보이지 않는 변수가 너무 많기 때문이다. 더욱이 당신이 행한 업은 그것들 사이에 상호작용을 일으키는 나머지, 그 복잡도는 더욱 증가한다. 가령 당신이 지금까지 상당히 좋은 업을 지었다고 하자. 그러면 지금부터 사소하게 지은 나쁜 업은 당신이 지은 좋은 업에 묻혀 당신에게 큰 영향을 미치지 않을 수 있다. 붓다는 이것을 소금 한 조각을 물 한 그릇에 집어넣는 경우와 크고 깨끗한 강물에 넣는 경우에 비유했다. 같은 양의 소금이라도 작은 대접에 담긴 물에 넣으면 짠맛이 느껴지지만, 강물에 넣으면 짠맛이 거의 느껴지지 않을 것이다.[20] 마찬가지로 지금껏 나쁜 업을 지은 악한 사람은 지금부터 나쁜 업을 조금만 지어도 커다란 괴로움을 당하는 반면에, 계율을 잘 지키며 좋은 업을 쌓아온 사람은 사소한 나쁜 업에는 영향을 잘 받지 않는다(아쉽게도 붓다는 나처럼 '최적화'에 목매는 엔지니어를 위해, 좋은 업과 나쁜 업의 최적 비율을 수학 공식처럼 가르쳐 주지는 않았다).

게다가 나 같은 평범한 중생에게 더욱 곤란한 점은 업의 결과가 여러 생에 걸쳐 일어난다는 사실이다. 붓다는 이렇게 말했다. "업의 결과를 경험하는 시기는 세 가지다. 이번 생, 다음 생, 그 이후의 어느 다음 생이 그것이다."[21] 전생을 볼 수 없는 우리는, 그리하여 업을 완전히 이해하는 데 필요한 데이터 수집 능력이 심히 제한된다. 몇 차례의 전생을 보는 것만으로 충분하지 않다. 붓다는 어떤 업은 여러 생이 지나도 결과를 맺지 않으므로 여러 차례의 과거 생을 볼 수 있는 수행

자라 해도 업을 완전히 이해하지 못할 수 있다고 말했다.[22]

이런 이유로 붓다는 오직 완전한 깨달음을 얻은 자만이 업의 결과를 완전히 이해할 수 있으며, 우리 같은 평범한 사람들이 업을 완전히 이해한다는 것은 '생각조차 하기 어려운 문제'라고 했다. 그러면서 업과 업의 결과를 완전히 이해하려고 하면 정신이 미쳐버리고 낙담할 거라고 했다.[23]

업에 대한 붓다의 가르침이 붓다 당시에 이미 당연하게 받아들여지고 있었다고 생각할지 몰라도 사실은 그렇지 않다. 붓다와 동시대의 고대 인도는 업에 관하여 다양한 스펙트럼의 가르침을 편 유명한 스승들이 다수 있었다.[24]

가령 뿌라나 까사빠는 도덕 같은 것은 없다고 가르쳤다. 그는 다른 사람의 신체를 훼손하고 고문하고 해를 입히고 억압하는 사람, 살인을 저지르고 물건을 훔치고 거짓말을 하는 사람도 전혀 악행을 행하는 것이 아니라고 했다. 대량 학살이라는 광포한 짓을 저질러도, '지구상의 모든 생명체를 거대한 한 더미 고깃덩이로 만들어도' 조금의 악행도 행하는 것이 아니라고 했다. 저런.

또 극단적 운명론을 가르친 마칼리 고살라는 원인과 결과를 부정했다. 그는 자기 결정력 같은 것은 존재하지 않으며, 인간이 타락하거나 순수해지는 데는 어떤 원인이나 조건도 없다고 했다.

아지타 케사캄발라는 유물론적 영혼 절멸설을 가르쳤다. 인간은 그저 물질적 존재에 불과하며, 죽은 뒤에 내생 같은 것은 없다는 가르침이다. 소류 스님은 아지타가 오늘날의 서양 사상가와 비슷하다고 농담을 던지지만, 물론 칭찬으로 던지는 농담은 아니다.

그리고 청정한 존재가 되기 위해서는 과거의 모든 업을 태워 없애야 한다고 가르친 스승들도 물론 있었다. 그 밖에 의지 작용을 일으켜도 업에는 아무 영향을 주지 않는다고 가르친 스승들도 있었다. 그들은 의도에 따른 행동이든, 의도에 따르지 않은 행동이든 그에 따라 만들어지는 업은 똑같다고 가르쳤다.

붓다는 당시 유행하던 가르침 가운데 편리하게 취사선택해 자신의 가르침을 만들지 않았다. 반대로 붓다의 가르침은 카스트 제도나 브라만교 등 당시 유행하던 가르침에 맞선 용기 있는 반항이었다. 업에 관한 붓다의 가르침은 그 스스로의 깊고 신중한 탐구에 토대를 두고 있었다.

자아가 없다면 어떻게 업을 짓는가

앞서 4장에서 우리는 무아에 관한 불교의 가르침을 살펴보았다. 그런데 무아의 가르침은 불교를 공부하는 많은 이에게 업에 관한 두 가지 질문을 일으킨다. 그렇지만 결국 이 두 질문에는 '놀랍도록 이해 가능한' 답이 있음이 드러날 것이다. 두 질문은 다음과 같다.

1. 만약 자아가 없다면, 누가 행동의 결과를 받는다는 말인가?
2. 영원히 지속하는 영혼이 없다면, 다시 태어나는 것이 어떻게 가능한가?

첫 번째 질문에 답하기 위해서는 붓다가 실제로 무아에 관해 어떻게 가르쳤는지 확실하게 알아둘 필요가 있다. 붓다는 영원하고 변치 않으며 본질적으로 축복받은 영혼 같은 것은 존재하지 않는다고 가르쳤다. 붓다 당시에 이런 영혼을 가리키는 말이 '앗따(atta)'였는데, 오늘날의 '자아(self)'에 해당하는 단어이다. 이런 이유로 붓다의 이 가르침이 '무아(無我, anatta)'의 가르침으로 알려지게 된다.

따라서 무아(nonself)는 자아감의 경험 자체가 존재하지 않는다는 의미가 아니다. 다섯 가지 무더기를 조건으로 경험하는 자아감은 분명 존재한다. 업을 짓고 업의 결과를 이어받는 주체도 이 자아감의 경험이다. 이것은 우리가 일상생활에서 익히 알고 있는 바다. 가령 '나'라고 하는 다섯 무더기에 의해 조건 지어진 자아감의 경험이, '나의 아내'라고 하는 다섯 무더기에 의해 조건 지어져 일어나는 또 다른 자아감의 경험에게 듣기 싫은 말을 하는 경우, '나'라고 경험되는 이 자아감은 그 행동(업)에 따른 결과를 즉각적으로 받게 된다.

소류 스님은 이것을 더 깊이 있게 설명한다. 자아감의 경험은 어떤 것에 의존해 일어나는데, 집착에 의존해 일어난다. 이 집착 때문에 업을 짓게 되며, 업은 그 사람이 나중에 다시 태어나는 조건으로 작용한다. 업에 의해 태어나는 사람은 업의 결과를 경험하게 된다.

두 번째 질문도 상당히 고통스러운데(royal pain) 왜냐하면 이 곤란한 질문을 던진 사람이 왕(royal)•이었기 때문이다. 붓다가 세상을

• 영어 royal은 '왕족', royal pain은 '지독한 고통'이라는 뜻으로 이 질문을 밀린다 왕이 던졌다는 데 착안한 저자의 언어유희이다. -옮긴이

떠나고 오랜 시간이 흐른 뒤에 그리스의 알렉산더 대왕이 인도를 침략해 오늘날 아프가니스탄 근방인 박트리아 지역에 인도-그리스계 왕들을 심어놓는다. 그중 한 사람이 밀린다 왕이었다(메난데르 왕이라고도 한다). '밀린다 왕의 질문'을 의미하는 『밀린다왕문경(Milindapañha)』이라는 고대 경전에서 밀린다 왕은 아라한이었던 나가세나 존자와 대화를 나누던 중 마지막에, 자신의 '생명이 붙어 있는 한' 불교인이 되겠다고 다짐한다.[25] 두 사람이 나눈 대화 중 해당 부분을 소개한다(살짝 축약했다).

밀린다 왕이 물었다.
"나가세나 존자여, 다시 태어나는 자는 이전 생의 그와 같은 사람입니까, 다른 사람입니까?"
"같은 사람도, 다른 사람도 아닙니다."
"예를 들어 설명해 주십시오."
"어떻게 생각하십니까, 왕이여. 한때 당신은 아기였습니다. 자그마한 몸에, 등을 대고 누워 스스로 아무것도 하지 못하는 미약한 아기였습니다. 그 아기와 지금 성인이 된 당신은 같은 사람입니까?"
"아닙니다. 그 아기와 지금의 나는 다른 사람입니다."
"당신이 그 아기와 다른 사람이라면, 지금의 당신에게는 어머니와 아버지, 스승도 없다는 말이 됩니다. 이제 다르게 물어보겠습니다. 첫 번째 단계의 태아를 임신한 산모와 두 번째, 세 번째, 네 번째 단계의 태아를 밴 산모는 다른 사람입니까? 그 아기의 어머니는 아기가 자라 성인이 된 사람의 어머니와 다른 사람입니까? 학교에 입학할 때의 사람과, 학교를 졸업할 때의 사람은 다른 사람입니까? 죄를 지은 사람과, 그 죄로 벌을 받는 사람은 다른 사람입니까?"

"물론 그렇지 않습니다. 존자여, 당신은 어떻게 답하겠습니까?"

나가세나 존자가 답했다.

"같은 사람이라고 답해야 할 것입니다. 지금 성인이 된 나와 바닥에 등을 대고 누운 미약한 아기 때의 나는 같은 사람이라고 해야 합니다. 왜냐하면 성인이든 아기든 그 모든 상태가 이 몸이라는 것에 의해 하나로 들어 있기 때문입니다."

"좀 더 구체적인 예를 들어주십시오."

"왕이여, 어떤 사람이 램프에 불을 피웠다고 합시다. 초경에 타오르는 불꽃과 이경, 삼경에 타오르는 불꽃은 같은 불꽃입니까?"

"아닙니다. 다른 불꽃입니다."

"그렇다면 초경에 타는 램프와 이경, 삼경에 타는 램프는 다른 램프입니까?"

"아닙니다. 같은 램프입니다. 같은 램프에서 나온 불이 밤새 타는 것입니다."

"그렇습니다, 왕이여. 사람이나 사물도 그와 동일한 방식으로 지속됩니다. 태어날 때의 사람과 죽을 때의 사람은 다른 사람입니다. 그런데 죽음과 다시 태어남은 말하자면 동시에 일어납니다. 따라서 그는 자기의식이 있는 마지막 순간에 이르기까지 같은 사람으로 사는 것도, 그렇다고 다른 사람으로 사는 것도 아닙니다."

"조금 더 구체적인 예를 들어 주십시오."

"젖소에서 짜낸 우유가 시간이 흘러 처음엔 응유로, 다음엔 버터로,

그다음에는 더 단단한 버터로 변해 가는 과정을 생각해 보십시오. 이 때 처음에 짜낸 우유와 뒤에 만들어진 응유와 버터는 같다고 해야 합니까?"

"그렇지 않습니다. 다릅니다. 하지만 응유와 버터는 처음의 우유로부터 만들어졌습니다."

"그렇습니다, 왕이여. 사람이나 사물이 지속되는 방식도 바로 그러합니다. 태어날 때의 그 사람과 죽을 때의 그 사람은 다릅니다. 하지만 죽음과 다시 태어남은 동시에 일어납니다. 자기의식을 유지하는 마지막 순간에 이르기까지 그는 같은 사람으로 사는 것도, 다른 사람으로 사는 것도 아닙니다."

"훌륭한 설명입니다, 나가세나 존자여!"[26]

4장에서 인용한 신젠 영 스님의 말처럼, 여기서 중요한 통찰은 **"자아를 경험하는 것은 일종의 과정으로, 그 과정 속에 자아라는 고정된 실체는 존재하지 않는다"**는 점이다. 이것은 램프에 타오르는 불꽃과 같다. 매순간 타오르는 불꽃은 바로 이전 순간의 불꽃과 다른 불꽃이다. 그러나 매순간의 불꽃과 그것이 일으키는 열기는 바로 다음 순간의 불꽃을 일으키는 조건으로 작용한다. 따라서 매순간의 불꽃은 서로 다르지만, 밤새 지속되는, 불꽃이라는 '과정'을 만들어내는 직접적인 인과의 연결고리는 분명 존재한다고 할 수 있다.

마찬가지로 매 순간의 자아는 이전 순간의 자아와 다르지만, 자아와 그것이 그 순간에 짓는 업은 바로 다음 순간에 자아가 일어나는 조건으로 작용한다. 따라서 매 순간의 자아가 서로 다르지만, 이번 생과 여러 생에 걸쳐 이어지는 자아의 지속적인 '과정'을 만들어내는 직접적인 업의 인과 고리는 분명 존재한다고 할 수 있다.

이것이 바로 영원히 지속되는, 영혼이 없어도 업과 다시 태어남이 작동할 수 있는 방식이다. 앞서 말했듯이 '놀랍도록 이해 가능한' 설명이다.

연기, 괴로움을 일으키는 전체 연결고리

원인-결과라는 주제가 가장 분명히 드러나는 지점이 바로 연기(緣起)의 가르침이다. 빠알리어로 빠띳짜 사뭇빠다(paṭicca samuppāda)라고 한다. 연기의 가르침에서 붓다는 자아의 존재 없이 업이 작용하는 방식을 상세히 설명한다. 연기의 가르침은 일반 버전과 상세 버전이 있다. 일반 버전은 네 줄로 되어 있다.

> 이것이 존재하므로 저것이 존재한다.
> 이것이 일어나므로 저것이 일어난다.
> 이것이 존재하지 않으면 저것이 존재하지 않는다.
> 이것이 그치면 저것이 그친다.[27]

연기를 설명하는 상세 버전은 열두 개의 항목으로 구성되는데, 어떤 요인이 괴로움을 일으키는지, 그리고 어떻게 하면 괴로움을 해결할 수 있는지 보여주는 전체 그림을 제시한다. 각각의 인과의 연결

고리는 그다음 고리를 만드는 조건으로 작용한다.

1. 무명(無明, 어리석음, avijjā)
2. 행(行, 형성, saṅkhāra)
3. 식(識, 재생연결의식, viññāṇa)
4. 명색(名色, 몸과 마음, nāmarūpa)
5. 육입(六入, 여섯 가지 감각 기관, saḷāyatana)
6. 촉(觸, 접촉, phassa)
7. 수(受, 느낌, vedanā)
8. 애(愛, 갈애, taṇhā)
9. 취(取, 집착, upādāna)
10. 유(有, 존재, bhava)
11. 생(生, 태어남, jāti)
12. 노(老, 늙음, jarā)와 사(死, 죽음, maraṇa)

잘 이해가 안 간다고 해도 너무 염려 마시길. 설명을 들어 보면 충분히 이해할 수 있다. 십이연기에 대한 표준적 설명에서는 위의 열두 개 항목을 시간상 세 개의 생(生)으로 구분한다. 1)과 2)는 전생, 3)~10)은 현생, 11)과 12)는 다음 생에 해당한다.

이제 열두 가지가 작동하는 방식을 보자. 먼저 전생의 1) 무명에서 시작한다. 무명은 '괴로움을 모르고, 괴로움의 원인을 모르며, 괴로움의 소멸에 대해 모르고, 괴로움의 소멸에 이르는 방법을 모르는 것'을 말한다.[28] 즉 사성제의 어느 것도 알지 못하는 것이 무명이다.

또 무명은 있는 그대로의 실재를 보지 못하는 것을 말하는데, 특히 조건 지어진 모든 현상이 영원하지 않으며, 고통스럽고, 자아라는 핵심이 없다는 사실을 알지 못하는 것을 말한다. 이런 무명 때문에 우리는 계속해서 2) 행(行)을 일으킨다. 여기서 행이란 몸과 말과 마음으로 행동을 일으킴으로써 업을 짓는 것을 말한다.

이제 현생에 들어선다. 전생에 지은 업이 무르익어 3) 식, 즉 '재생연결식'이라는 의식이 생긴다(재생연결식은 이번 생에 다시 태어날 때 일어나 한 생 내내 지속되는 의식을 말한다. 앞서 비유를 든 램프의 불꽃이 계속 타오르는 것과 같다). 재생연결식은 그 밖의 정신적·물질적 무더기를 그 대상·연료·토대로 삼아 작동하는데, 이로써 우리는 몸과 마음(물질과 정신)을 갖게 된다. 이렇게 식은 4) 물질-정신을 일으키는 조건으로 작용한다. 이렇게 해서 마음과 신체의 다른 측면들이 생겨나며 이로써 우리에게 5) 여섯 가지 감각 기관이 생겨난다. 이 여섯 가지 감각 기관이 있음으로 해서 6) 물리적 대상이나 생각과 접촉하며, 접촉이 있으므로 7) 느낌이 일어난다. 이때 우리는 즐거운 느낌을 좋아하고, 불쾌한 느낌을 싫어하는 8) 갈애를 일으킨다. 갈애는 9) 집착을 일으킨다. 특히 감각적 쾌락, 잘못된 견해, 잘못된 의례, 자아가 존재한다는 생각 등의 네 가지에 대한 집착을 일으킨다. 이런 집착 때문에 이번 생에 죽으면 10) 다음 생에 다시 태어난다.

이렇게 다음 생으로 넘어간다. 다음 생에 다시 태어나고자 하는 욕망 때문에 우리는 11) 다시 태어난다. 다시 태어나면 당연히 12) 늙고 죽는 수밖에 없다. 이 모든 것이 '거대한 괴로움의 덩어리'다.[29]

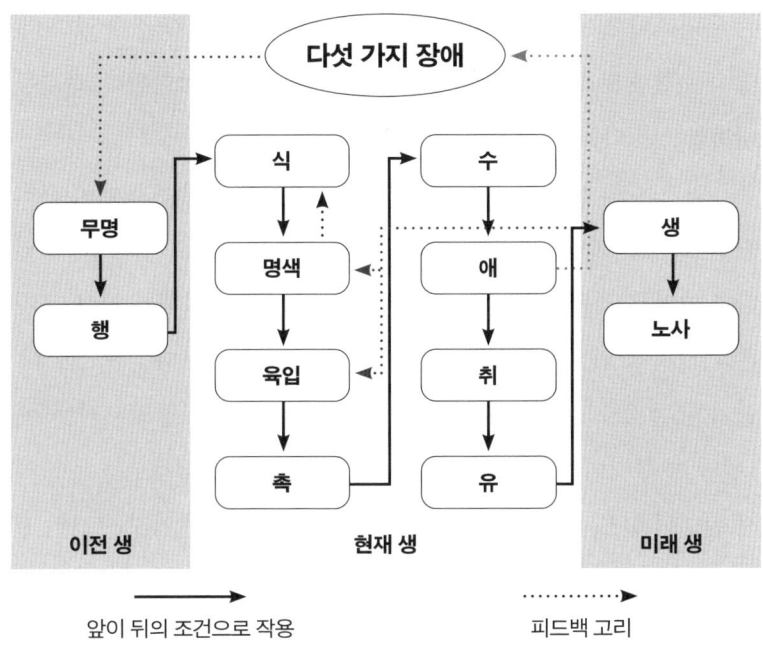

이 연결 고리에서 가장 중요한 점은 피드백 고리(되먹임 관계)가 존재한다는 사실이다. 예컨대 식과 명색 사이에는 밀접한 연결 고리가 존재한다. 식과 명색은 서로 의지하며 서로의 조건이 되기 때문이다.[30] 또 '다섯 가지 무더기가 나타나고, 감각 기관을 얻는 것'으로 정의되는 생은 명백히 명색이나 육입과 피드백 고리를 형성한다.[31]

또 하나의 주요한 피드백 고리는 무명과 갈애 사이에서 찾을 수 있다. 갈애가 강하면 다섯 가지 장애 또한 강해지며, 다섯 가지 장애가 강하면 사물과 현상을 있는 그대로 볼 수 없다. 사성제에 대해서도 제대로 이해할 수 없으며, 결국 무명은 더욱 두터워진다. 이것이 갈애가 무명을 강화시키는 과정이다. 그런데 이 피드백 고리 덕분에 우리는 무명이나 갈애 중 하나를 제거함으로써 괴로움을 끝낼 수 있다. 무명이든 갈애든 한 가지를 약화시키면 다른 하나가 약화된다. 하나를 내려놓으면 다른 하나도 내려놓을 수 있다.

연기는 각 요소들 사이의 피드백 관계를 말한다는 점에서 흔히 연결 고리로 설명하지만, 더 정확하게는 그물망으로 생각할 수 있다.[32] 연기를 그물망으로 볼 때 거기에 담긴 중요한 의미가 있다. 그것은 괴로움을 일으키는 '제1원인'이란 존재하지 않는다는 사실이다. 연기를 각 요소의 연결 고리로만 생각한다면 괴로움을 일으키는 '제1원인'이 무명이라고 '잘못' 생각할 수 있다. 그러나 실제로는 무명 역시 원인이 있으니, 다섯 가지 장애가 무명을 일으키는 가장 근접한 원인이다.[33] 이처럼 모든 것은, 출발점을 알 수 없는 원인-결과의 그물망을 구성하는 일부에 지나지 않는다.

괴로움의 인과 고리를 끊어내라

연기의 가르침에서 가장 중요한 부분은 괴로움을 끝내는 방법을 알려 준다는 점이다. 만약 당신이 연기를 이해하고도 괴로움이 끝나지 않는다면, 무언가 잘못된 것이다.

괴로움의 고리를 끊어내는 방법은 놀랍도록 간단하다. 그물망처럼 짜인 연기에는 전략상 중요한 마디들이 있는데, 이 마디 중 어떤 것을 통해서든 우리는 무명을 깨뜨릴 수 있다. 무명을 깨뜨리면 전체 인과의 그물망이 무너지고, 그러면 괴로움이 끝이 난다. 이것은 영화 〈스타워즈〉 1편에서 죽음의 별을 폭파하는 것과 비슷하다. 죽음의 별을 폭파하려면 원자로 노심을 폭파해야 한다. 그런데 원자로 노심에 도달하려면 열 배기구를 통과해야 한다. 그리고 열 배기구 속으로 양성자어뢰를 단 한 발만 발사해도 죽음의 별 전체를 폭파할 수 있다. 이렇게 해서 죽음의 별을 폭파하는 어려운 문제는 열 배기구에 접근해 양성자어뢰를 발사하는, 어렵기는 해도 훨씬 간단한 문제로 줄어든다.

무명과 괴로움을 끝내는 데 있어 가장 효과적인 접근 지점은 바로 갈애이다. 우리는 갈애에 대해 직접적으로 무언가를 해 볼 수 있다. 그리고 앞서 말한 것처럼, 갈애가 줄면 다섯 가지 장애가 줄고, 다섯 가지 장애가 줄면 무명이 직접적으로 준다. 이렇게 되면 갈애는 더욱 약화된다. 이러한 선순환을 타면 마침내 무명을 파괴할 수 있다. 무명이 파괴되면 괴로움도 끝이 난다. 소류 스님은 이것을 이렇게 설명한다. 갈애가 점점 줄면 무명을 떠받칠 만큼의 갈애가 남지 않는다. 갈애가 충분히 줄면 무명이 깨어져 갈애 때문에 고통이 일어난다는 사실을 분명히 보게 된다. 이로써 당신은 갈애를 더 줄이고자 한다. 마침내 갈애가 완전히 소멸되면 무명도 완전히 소멸되고 이로써 괴로움은 끝이 난다.

갈애를 부숴 괴로움을 끝내는 것에 관한 붓다의 가르침은 구체적으로 무엇일까? 그렇다. 그것은 바로 사성제다! 이런 의미에서 사성제는 연기의 가르침에서 비롯했다고 할 수 있다. 물론 사성제는 가장 간단하고, 가장 이해하기 쉬우며, 가장 실천 가능하고, 가장 강력한 가르침이다. 이 때문에 붓다는 사성제를 그토록 자주 강조했다.[34]

이러한 통찰은 불교를 공부하는 많은 신실한 이들을 당혹케 하는 다음 의문에 대한 답을 제시한다. 사성제에서 붓다는 갈애가 괴로움을 일으킨다고 가르쳤는데, 연기에서는 무명이 괴로움을 일으킨다고 한다. 이런, 어느 것이 옳은가? 위에 본 것처럼 갈애와 무명이 매우 긴밀한 상호 의존 관계에 있음을 이해했다면 이 의문에 대한 답은 당신 스스로 알 것이다. 그렇다. 둘 다 옳다.

연기의 마디 가운데 갈애만이 우리가 괴로움을 해결하기 위해 접근 가능한 지점은 아니다. 붓다는 갈애 이외의 다른 지점에 대해서도 언급했다. 가령 〈두 가지 관찰의 경〉에서 붓다는 이렇게 말했다. "일어나는 괴로움은 어느 것이든 집착에 의해 일어난다. 집착을 완전히 제거하면 일어나는 괴로움도 없을 것이다."[35] 그런 다음 붓다는 집착에 대해서만이 아니라 무명, 식, 촉, 수, 애를 비롯한 다른 정신 현상에 대해서도 동일한 방식으로 설명한다. 이들 정신 현상 가운데 어떤 것을 끝내도 괴로움의 소멸로 이어질 수 있다는 말이다.

간혹 붓다는 경전 하나를 전부 할애해, 괴로움을 끝내는 방법으로 단일 접근 지점에 초점을 맞춘다. 예컨대 다음은 그 경전의 전문이다.

> 수행승들이여, 세 가지 감각(느낌)이 있다.
> 즐거운 감각, 고통스러운 감각, 즐겁지도 고통스럽지도 않은 감각이 그것이다.
> 붓다의 제자는 깨어 있는 마음으로
> 집중하며, 분명한 앎을 지닌 채로
> 감각을 알아보아야 한다.

> 감각의 일어남을 알아야 하며
> 감각이 마침내 멈추는 지점을 알아야 하며
> 감각의 사라짐으로 이끄는 길에 대해 알아야 한다.
> 감각이 파괴되면
> 수행승은 더 이상 배고픔이 없으며
> 갈증도 완전히 해소된다.[36]

여기서 핵심 교훈은 우리가 불교를 공부할 때 계속해서 만나게 되는 교훈과 동일하다. 그것은 괴로움에서 벗어나는 문에는 여러 가지가 있다는 사실이다. 무명과 괴로움을 끝내는 데 적합하고 효과적인 문은 많이 있다. 따라서 이 경전에서는 '이것이 괴로움에서 벗어나는 길이다'라고 하고, 다른 경전에서는 '저것이 괴로움에서 벗어나는 길이다'라고 하더라도 둘이 서로를 배제시키는 것은 아니란 점을 알아야 한다. 영화관의 녹색 출구가 여러 개인 것과 같다. 어느 출구로 나가더라도 영화관 외부로 통한다. 마침내 무명을 끝낼 수 있다면 그것은 제대로 된 방법이다.

연기는 불교에서 가장 중요한 가르침 가운데 하나다. 연기의 가르침에 불교의 모든 것이 들어 있다고 말할 정도다. 사리뿟따는 붓다의 말을 인용해 이렇게 말한다. "연기를 보는 자는 다르마(법)를 본다. 다르마를 보는 자는 연기를 본다."[37] 연기는 심오하며 완전한 가르침이다. 연기의 가르침을 완전히 이해한다면, 연기에서 비롯한 가르침 가운데 가장 중요하고 강력한 가르침인 사성제를 비롯한 다르마의 다른 부분도 충분히 이해할 수 있을 것이다. 그런데 당신은 지금 사성제와 연기를 둘 다 배웠으니 매우 운이 좋다.

공(호)은 가득하다

연기나 무아의 가르침과 밀접히 연관되어 여러 불교 종파에서 중요하게 대두한 또 하나의 가르침이 있으니 바로 공의 가르침이다(산스크리트어로 śūnyatā, 빠알리어로 suññatā라고 한다).[38]

공의 가르침을 확산하고 정식화하는 데 가장 큰 공을 세운 사람은 2세기에 살았던 위대한 불교 승려 나가르주나(용수龍樹)이다. 그의 작업은 불교에 심대한 영향을 끼쳤다. 나가르주나 덕분에 공(emptiness)은 거대한(huge) 주제가 되었다(여기서도 나는 언어유희를 의도했다). 그가 쓴 가장 중요한 책은 『중론(中論, Mūlamadhyamakakārikā)』이다. 불교 스승 레이 브래싱턴은 『중론』을 읽어 보면 처음부터 끝까지 누군가의 토론 노트를 읽는 것 같다며 농담을 던진다.

나가르주나가 주장한 공이란, 그 본질상(in essence) 본질이나 정수가 존재하지 않음(essence-less)을 가리킨다(여기에도 언어유희가 들어 있다). 모든 현상에는 자아라는 본질이나 정수가 존재하지 않으며, 본래적 존재가 없이 텅 비어 있다는 말이다. 공은 나가르주나가 만들어낸 가르침이 아니다. 이미 붓다는 다음과 같은 유명한 말을 했다. "모든 현상은 무아(anatta)이다." 여기서 무아란 '별도의 영원한 본질이란 존재하지 않는다'는 의미이다.[39] 사리뿟따 역시 모든 현상을 '자아가 없이 비어 있다고, 또는 자아에 속하는 것이 없이 비어 있다고 볼 수 있으면 공을 통해 마음이 괴로움에서 벗어날 수 있다고' 분명히 말했다.[40] 따라서 공을 가르친 나가르주나는 새로운 가르침을 만든 것이 아니라 붓다의 가르침을 더 확장시킨 것이다.

공은 연기라는 과정의 여러 흐름들이 늘 진행되고 있다는 의미이다. 물리적 대상을 포함한 모든 현상이 고유한 실체가 있는 게 아니라, 연기라는 과정의 흐름과 그것의 상호 작용의 결과로 일어나고 사라지고 있을 뿐이다. 오늘날의 불교 교사들은 이 가르침을 유머러스하고 시적으로 이렇게 표현한다. "모든 명사는 사실 느리게 움직이는 동사이다." 가령 '산'이라는 명사는 아주 느리게 움직이는 지질학적 의미의 동사들을 모은 것이라는 말이다.

공이 우리에게 전하는 중요한 의미 중 하나는 모든 것이 서로 의존해 있다는 것이다. 모든 현상을 연기라는 다중적 흐름의 상호 작용으로 볼 수 있다면 우리 앞에 보이는 어떤 사물이든 다른 사물에 의존하고 있다는 통찰을 얻을 수 있다. 틱낫한 스님은 만물의 이러한 상호 의존적 성질을 '상호 존재(interbeing)'라는 말로 표현했다.

『중론』에서 나가르주나는 공을 설명하는 여러 사례를 든다. 그 사례 중 하나가 물건을 옮기는 단순한 동작이다. 물건을 옮기는 사람과 물건을 옮기는 동작은 같지 않지만 그렇다고 완전히 별개의 현상도 아니다. 물건을 옮기는 동작이 없으면 물건을 옮기는 사람이 성립하지 않고, 물건을 옮기는 사람이 없으면 물건을 옮기는 동작도 있을 수 없다. 물건을 움직이는 동작과 물건을 움직이는 사람은 함께 일어나는 현상이며, 따라서 둘을 별개의 현상이라고 할 수 없다.[41] 나가르주나는 물건을 움직이는 동작 외에도 보는 것과 듣는 것 등에 관한 다른 사례도 드는데, 모두 같은 방식의 설명이다. 단지 '물건을 옮기는 사람/물건을 옮기는 동작'을 '보는 사람/봄' 등으로 바꾸었을 뿐이다.[42] 또 나가르주나는 연료에 의해 타는 불도 예로 드는데, 불과 연료가 상호 의존한다는 사실을 보이는 것으로, 앞의 설명과 동일한 방식이다. 즉 연료가 있어야 불이 탈 수 있고, 불이 있어야 연료가 연료로서 역할을 할 수 있다는 것이다.[43]

나가르주나는 더 중요하게 이 렌즈를 자아를 살펴보는 데 사용한다.

> 만약 자아가 다섯 가지 무더기라면
> 자아는 무더기와 마찬가지로 일어나고 사라질 것이다.
> 그러나 만약 자아가 무더기와 다른 어떤 것이라면
> 자아는 무더기의 성질을 갖지 않을 것이다.[44]

이것은 자아 역시 본질 없이 비어 있으며, 다섯 가지 무더기와 함께 거기에 의존해 일어난다는 깨달음이다. 이로부터 나가르주나는 우리를 다음과 같은 심오하고 실제적인 결과로 이끈다. 즉 자아의 공성을 완전히 알면 '나' 또는 '나의 것'에서 자유로워지며, '나' 또는 '나의 것'에서 자유로워지면 그침이 없는 생각의 무분별한 확산(산스크리트어로 prapañca, 빠알리어로 papañca)에서 벗어날 수 있다. 생각의 무분별한 확산에서 벗어나면 '잘못된 행동에 따르는 비참함'으로부터 벗어날 수 있고, 잘못된 행동에 따르는 비참함이 멈추면 그것이 곧 열반이다.[45] 우와!

나가르주나는 『중론』 18장을 자아의 공성을 탐구하는 데 할애한다. 레이 브래싱턴은 원문의 의미와 완전히 일치하지는 않아도 이 결론을 그 나름의 방식대로 멋지게 그리고 충실히 표현한다.

당신은 당신이 의존하고 있는 조건과 같지도,
다르지도 않다.
당신은 그 조건들로부터 단절된 것도,
그 조건과 영원히 하나가 된 것도 아니다.
이것이 세상을 사랑하는 붓다들이 전하는
영원한 가르침이다.[46]

공에 관한 가르침은 진정으로 심오하다. 붓다는 만약 사람들이 공에 관한 가르침을 공부하지 않는다면 앞으로 다르마가 쇠퇴할 것이라고 말했다.[47] 공에 관한 많은 가르침은 궁극적으로는 무아의 깨달음에 토대를 두고 있는데, 그 가르침에는 다양한 미묘함과 경이로움이 깃들어 있다. 공에 관해 이 책에 소개한 간략한 설명이 당신이 더 깊이 공을 공부하는 데 도움이 되었으면 한다.

하나만으로는 부족해! 두 가지 차원의 진리

나가르주나의 『중론』으로부터 나타나는 또 하나의 가르침은 두 가지 차원의 진리라는 가르침으로 이것은 후대의 불교에 심대하고 지속적인 영향을 끼친다. 나가르주나는 두 가지 차원의 진리에 관하여 이렇게 말한다.

> 다르마에 관한 붓다의 가르침은 두 가지 진리에 기초하고 있다. 하나는 세속적 관습의 진리이며, 하나는 궁극적인 진리이다. 이 두 가지 진리의 차이를 이해하지 못하는 자는 붓다의 심오한 진리를 이해할 수 없다. 세속적 진리를 이해하는 토대가 없으면 궁극적 진리를 알 수 없고, 궁극적 진리의 중요성을 이해하지 못하면 괴로움에서 벗어날 수 없다.[48]

이 점을 이해하기 위해 현대 물리학의 비유를 들어 보자. 당신과 내가 사는 현실 세상은 테이블과 의자 같은 단단한 물건이 존재하는 세상이다. 그 세상은 물질이 에너지와 다른 세상이며, 입자가 파동과 다른 세상이다. 시공간은 균질하게 분포되어 있으며, 모든 움직임은 뉴턴의 법칙을 결정론적으로 따른다. 그런데 원자보다 작은 차원으로 내려가면 완전히 다른 세상이 작동한다. 그 세상에서는 물질이 곧 에너지이며, 입자가 곧 파동이다. 시공간을 휠 수도 있다(블랙홀에서는 시공간이 완전히 붕괴할 수도 있다). 양자역학은 결정론이 아니라 확률론에 가깝다. 나는 원자 이하 차원에서는 '뉴턴의 법칙'이 '뉴턴의 제안'으로 바뀐다고 농담을 하고는 한다. 원자 이하 차원에서 단단한 물체는 존재하지 않는다. 원자는 순전히 텅 빈 공간으로 되어 있다. 우리가 테이블을 딱딱하다고 느끼는 이유는 테이블을 구성하는 원자 격자가 당신의 손을 구성하는 원자 격자에 영향을 미친다는 이유 하나뿐이다. 테이블은 '딱딱하다'는 착각은 이것 때문에 일어난다.

다시 말해 자연계는 완전히 다른 물리 법칙을 따르는 두 가지 실재 차원에서 동시에 작동한다. 불교에 두 가지 차원의 진리가 있는 것처럼, 물리학에서도 고전물리학의 토대가 없으면 양자물리학의 의미를 알 수 없고, 양자물리학에 대한 이해가 없으면 물리학을 제대로 이해했다고 말할 수 없다.

사실 붓다는 두 가지 차원의 진리에 관한 가르침을 넌지시 암시했을 뿐 그것을 명시적으로 말하지 않았다. 가장 오래된 경전에서 붓다는 이렇게 말한 적이 없다. "수행승들이여, 진리에는 두 가지 차원이 있다. 관습적 진리와 궁극적 진리가 그것이다." 붓다가 이 의미에 가장 근접하게 말한 경우는 그의 설법 가운데 어떤 것은 의미가 명백한 설법(nītattha)이며, 어떤 설법은 해석이 필요한 설법(neyyattha)이라고 말하는 대목이다. 붓다는, 해석이 필요한 설법을 의미가 명백한 설법으로 받아들인다면 (또 그 반대의 경우도) 그의 가르침을 잘못 이해하는 것이라고 말한다.[49]

붓다는 자신의 가르침을 누구나 이해할 수 있고 실천 가능하게 만들고자 했으므로 언제나 관습적 진리의 차원에서 가르침을 폈다. 이런 이유로 우리가 붓다의 말을 인용할 때 그것을 이해하기 어려운 경우는 잘 없다. 그러나 붓다가 명백히 궁극적 진리의 차원에서 말하는 경우도 있는데 그것은 열반에 관해 말하는 때이다. 열반은 관습적 진리 차원의 기준점이 없으므로 관습적 진리의 차원에서 논할 수 없는 주제이다. 붓다가 궁극적 진리 차원에서 말하는 경우를 앞서 5장에 소개한 다음의 설법에서 찾을 수 있다. "올바른 지혜로 세상의 생성을 있는 그대로 보는 자는 세상에 대해 비존재의 관념을 갖지 않는다. 올바른 지혜로 세상의 소멸을 있는 그대로 보는 자는 세상에 대해 존재의 관념을 갖지 않는다."[50]

붓다는 또한 대화 중 자신을 지칭할 때 세상에서 일반적으로 통용되는 명칭을 사용한다고 명시적으로 밝힌다. "나 여래는 세상에 일반적으로 통용되는 명칭을 잘못 이해하는 바 없이 편의적으로 사용한다."[51] 이것은 핵물리학 교수가 자신의 테이블이 원자 이하 차원에서는 실제적 본성을 갖지 않는다는 사실을 잘 알면서도 편의상 테이블을 사용하는 것과 같다.

이처럼 두 가지 차원의 진리가 존재한다는 사실은 진리에 관한 진술이 때로 완전히 모순처럼 보이는 이유이기도 하다. 가령 당신의 물리학 교수님이 "물질은 에너지이고, 에너지는 물질이다"처럼 양자물리학에 있어 참인 진술을 말했다고 하자. 이때 당신이 고전물리학만 안다면 교수님의 말이 얼토당토않게 들릴 것이다. 그뿐만 아니라 그 교수님이 물리학 개론 시간에 가르친 내용과도 다르다고 생각할 것이다. 으악! 그러나 당신이 고전물리학 수업을 들은 뒤 양자물리학을 공부하기 시작하면 교수님의 말이 조금씩 이해가 될 것이다.

마찬가지로 불교를 조금씩 더 알아가는 과정에서 당신은 이런 종류의 가르침을 나가르주나의 『중론』에서 발견할 수 있다.

모든 것은 실재한다.
그리고 실재하지 않기도 한다.
실재하면서 실재하지 않는다.

실재하는 것도 아니고, 실재하지 않는 것도 아니다.
이것이 법의 왕, 붓다의 가르침이다.⁵²

『중론』을 비롯한 후기 불교 경전은, 심오하나 언뜻 이해되지 않는 이런 가르침으로 가득하다. 반대로 이 책이 주로 근거로 삼고 있는 초기불교 경전에서 붓다는 관습적 진리 차원에서 가르침을 전하므로 누구나 그것을 이해할 수 있다. 사람들에게 심오한 다르마를 가르치려면 천재가 필요하다. 그런데 심오한 다르마를 관습적 진리 차원의 이해 가능한 언어를 사용해 사람들이 완전한 깨달음에 이를 정도로 강력한 가르침으로 만드는 데는 슈퍼 천재가 필요하다. 붓다는 바로 그런 슈퍼 천재였다. 그것은 인류 역사상 가장 위대한 천재만이 할 수 있는 일이었다. 좋은 소식은 우리에게 붓다가 있다는 사실이다. 나쁜 소식은 그가 너무나 천재였으므로 그런 천재는 붓다 한 사람뿐이라는 사실이다.

만약 당신이 "늙음도 죽음도 없다. 늙음의 끝도, 죽음의 끝도 없다"처럼 도통 이해되지 가르침에 맞닥뜨린다 해도 너무 걱정하지 말라.⁵³ 지금은 그 가르침을 잠시 제쳐두라. 그것 때문에 마음 불편해하지 않아도 좋다. 당신이 마음챙김과 삼매가 깊어지고 열반에 가까이 다가가는 과정에서 그런 가르침들은 조금씩 이해가 될 것이며, 어느 시점에 이르면 매우 유용할 수도 있다.

그리고 기억할 점은 당신이 자아의 공성을 완전히 깨달았다 해도 납세 자료는 여전히 작성해야 한다는 사실이다.

소류 스님의 한마디

업에는 힘이 있습니다. 당신의 행동은 일정한 결과를 낳는다는 점에서 당신에게는 힘이 있습니다. 당신에게는 세상을 바꿀 힘이 있습니다. 당신의 삶을 바꿀 힘이 있습니다. 그리고 당신은 언제나 이 힘을 사용하고 있습니다. 힘을 사용하지 않겠다고 해도, 그런 판단 자체가 당신이 힘을 발휘하고 있음을 보여 줍니다. 우리는 판단과 결정에 따른 행동의 결과를 피할 수 없습니다.

자신을 비난하거나 과장하라는 의미가 아닙니다. 지금 이 순간 당신이 내리는 결정이 중요하다는 점을 받아들이는 것입니다. 왜냐하면 그것이 미래의 시작이기 때문입니다. 지금부터 당신이 하는 어떤 행동이든 일정한 결과를 낳을 것입니다. 그리고 그것은 미래에 당신이 내릴 선택에 영향을 미칠 것입니다. 또한 이 과정은 당신이 완전한 깨달음에 이를 때까지 계속될 것입니다. 그러므로 당신이 뭔가를 믿어야 한다면 이것을 믿으십시오.

"내가 어떻게 행동하느냐가 중요하다."

11장

어떻게 열반에 이를까

열반을 직접 보다

바다에 이른 아기 용

옛날 옛적에 신이 실수로 연못 깊은 곳에 진주를 떨어뜨렸다. 그 진주는 나중에 작은 아기 용으로 바뀌었다. 이후 아기 용은 자라면서 자신이 바다 용이라는 사실을 알았다. 온전히 어른이 되려면 바다에서 사는 수밖에 없었다. 그러나 주위를 아무리 둘러보아도 바다는 보이지 않았다. 어떻게 해야 할까? 다행히 지혜로운 늙은 거북이 한 마리가 용에게 말했다. "자네가 할 일은 먼저 개울을 찾는 거야. 그런 다음 개울을 타고 가다 보면 마침내 바다에 이를 걸세. 나를 믿게."

어린 용은 너무도 기뻤다. 어떻게 바다에 닿아야 할지 막막했었는데 가까운 곳에 개울이 있다는 걸 알고는 바로 개울로 들어갔다. 일단 개울에 들어가자 개울을 타고 강에 이를 수 있었다. 그리고 강물을 타고 흘러가자 마침내 바다에 당도했다. 바다에 이른 용은 힘센 용이 되어 영원히 행복하게 살았다.

이 이야기가 전하는 교훈은 무엇일까? 어린 용이 바다에 도착하기 위해 할 일은 일단 근처 개울에 들어가는 것이었다. 바다에 이르는 엄청 어려워 보이는 일도 가까운 개울을 찾아 들어가는 훨씬 수월한 일로 이룰 수 있다는 점이다.

벗들이여, 그대가 깨달음에 이르는 과정도 이와 비슷하다. 이 장에서 그 방법을 소개한다.

흐름에 들면 시원하다

앞서 5장에서 우리는 불교에서 깨달음에 이르는 길이 네 단계로 되어 있음을 보았다. 그 첫 단계를 '흐름에 든 상태'로 부르는 것은 우연이 아니다. 고대 불교 경전에는 완전한 깨달음에 이르는 여정을 개울에서 강으로, 강에서 바다로 조금씩 흘러가는 흐름에 비유한다.[1] 개울에 들면 서서히 강으로 나아갈 수 있고, 마침내는 완전한 깨달음이라는 바다에 당도할 것이다. 첫 번째 깨달음 단계에 이른 자를 '흐름에 든 자(예류과預流果, 수다원, 소따빠나)'라고 부르는 이유도 이것이다.

흐름에 든 상태는 깨달음의 여정에 오른 이에게 가장 중요한 단계다. 이유는 간단하다. 붓다에 따르면 당신이 흐름에 든 상태에 이른다는 확실한 보장은 없지만, 일단 흐름에 들면 최대 일곱 생 안에 완전한 깨달음에 이른다고 '확실히 보장할' 수 있기 때문이다. 따라서 완전한 깨달음을 원하는 이가 해야 할 일은 우선 이 단계에 이르는 것이다. 하버드대학의 (또는 당신이 꿈꾸는 대학의) 학위를 따는 것과 비슷하다. 당신이 아직 하버드대에 입학하기 전이라면 3~4학년 수업 과정을 걱정할 필요는 없다. 일단 입학하는 것부터 신경 써야 한다. 일단 입학하면, 대학 내의 시험을 통과하는 한, 당신은 하버드 대학 졸업장을 확실히 딸 수 있다. 입학이 관건이다.

완전한 깨달음을 얻는 일과 하버드대학 입학이 완전히 일치하지 않는 부분이 있다면 그것은 하버드는 신입생을 까다롭게 선발한다는 점이다. 매년 지원자 가운데 5퍼센트만이 입학한다고 한다. 반대로 깨달음에 이르는 첫 번째 단계인 수다원은 사람을 골라 뽑지 않는다. 여기에 가입하고 싶은 사람이라면 입학 기준을 충족하기 위해 열심히 노력하는 누구나 100퍼센트 입학이 가능하다. 이런 의미에서 수다원이 되는 일은 마라톤 선수가 되는 것과 같다. 세계 마라톤 선수의 수에는 제한이 없다. 당신을 '마라톤 선수'라고 부를 수 있는지 결정하는 입회 위원회도 없다. 당신이 충분히 건강하고 42.195킬로미터를 달릴 정도로 열심히 훈련한다면 당신은 '마라톤 선수'이다. 물론 매우 힘든 일이다. 누구나 그 정도의 의욕을 일으키는 것도 아니다. 기존의 의료적 문제 때문에 면밀한 의학적 검사 없이 마라톤을 뛰어선 안 되는 사람도 있다. 하지만 전반적으로 보면 누구라도 마라톤을 달릴 수 있다.

마찬가지로 흐름에 드는 일도 매우 어렵다. 모든 사람이 그렇게 하려는 동기를 갖지 않을 뿐더러 전문가의 도움을 필요로 하는 사람도 있다. 그러나 흐름에 드는 데 필요한 조건을 충족하기 위해 노력하는 자는 누구든 흐름에 들 수 있다. 수다원이 누구나 이를 수 있는 경지라면, 그것의 자연스러운 귀결로서 누구라도 완전한 깨달음에 이르러 모든 괴로움에서 완전히 벗어날 수 있다. 이것이야말로 지금껏 우리가 들은 것 가운데 가장 좋은 소식이 아닐까.

수다원에 이르면 괴로움을 크게 줄일 수 있다는 부가적인 이익도 있다. 한때 붓다는 자신의 손톱 위에 흙을 얹은 뒤 제자들에게 말하기를, 흐름에 들기 전에는 고통이 거대한 지구 크기였다면 흐름에 들고 난 뒤에는 괴로움이 손톱 위에 얹은 흙만큼으로 준다고 말했다.[2] 우와. 또 수다원이 되기 전까지는 괴로움에 끝이 없지만 수다원이 되면 향후 최대 일곱 생만 고통을 겪으면 된다(최대 일곱 생까지만 윤회한다)고 말했다. 우와.

잠깐, 더 있다. 수다원은 주변 사람에게도 이익을 준다. 흐름에 든 자는 여섯 가지 나쁜 마음이 떨어져나가기 때문이다. 비방, 군림, 선망, 질투, 위선, 거짓이 그것이다.[3] 세상의 모든 정치·경제 지도자가 흐름에 들었다고 생각해 보라. 타인에 대한 비방과 군림, 위선과 사기가 더 이상 없는 세상을! 이런 이유로 붓다는 수다원이 되는 것이 '천상에 사는 것보다, 온 우주를 지배하는 것보다 더욱 훌륭한 일'이라고 말했다.[4] 이런 이유로 많은 사람이 흐름에 든 상태를 이해하고 실천할 수 있는 세상을 만드는 것이 소류 스님과 나의 꿈이다.

세 가지 족쇄만 깨뜨리면 된다

흐름에 든 상태에 대한 가장 실제적인 정의는 유신견, 의심, 잘못된 의례와 맹세에 대한 집착이라는 세 가지 족쇄를 완전히 버리는 것이다.

첫 번째 족쇄인 유신견은, (형상, 감각, 지각, 의지적 형성 작용, 의식의) 다섯 가지 무더기를 자아로 여기는 것을 말한다.[5] 고맙게도 붓다는 유신견에 대한 매우 정확한 기술적 정의를 내렸다. 다섯 무더기 각각에 대해 네 가지 종류의 유신견이 있다고 한다. 가령 형상에 대한 네 가지 유신견은 다음과 같다.

1. 형상이 자아이다.
2. 자아는 형상을 소유한다.
3. 형상 안에 자아가 들어 있다.
4. 자아 안에 형상이 들어 있다.

이 네 가지 유신견을 다섯 가지 무더기 각각에 적용하면 모두 스무 가지 유신견이 만들어진다. 일일이 열거하면 다음과 같다.

- 형상이 자아이다. 자아는 형상을 소유한다. 형상 안에 자아가 들어 있다. 자아 안에 형상이 들어 있다.
- 감각이 자아이다. 자아는 감각을 소유한다. 감각 안에 자아가 들어 있다. 자아 안에 감각이 들어 있다.
- 지각이 자아이다. 자아는 지각을 소유한다. 지각 안에 자아가 들어 있다. 자아 안에 지각이 들어 있다.
- 의지적 형성 작용이 자아이다. 자아는 의지적 형성 작용을 소유한다. 의지적 형성 작용 안에 자아가 들어 있다. 자아 안에 의지적 형성 작용이 들어 있다.

- 의식이 자아이다. 자아는 의식을 소유한다. 의식 안에 자아가 들어 있다. 자아 안에 의식이 들어 있다.

이 스무 가지 견해 중 '단 하나에만' 집착해도 유신견이라는 족쇄가 만들어진다. 그러므로 유신견을 완전히 버린다는 것은 위 스무 가지 견해를 '모두' 버리는 것을 말한다.[6]

소류 스님은 다섯 가지 무더기를 '우리가 유신견을 취하는 다섯 가지 방식'으로 정의한다. 스님의 정의는 유신견이라는 족쇄에 대한 적합한 설명이라고 생각된다.

두 번째 족쇄인 의심은, 전통적으로는 붓다의 가르침에 대한 확신이 없는 것을 말한다.[7] 특히 수행에 방해가 되는 유형의 의심을 가리킨다. 붓다의 가르침과 관련해 두 가지 종류의 의심이 있는데 건강한 의심과 건강하지 못한 의심이 그것이다. 붓다의 가르침을 더 깊이 이해하기 위해 의문을 품고 탐구하는 의심은 건강한 의심이다. 그것은 수행을 방해하는 족쇄가 아니다. 반면 붓다의 가르침에 대한 탐구를 멀리하게 만들고 수행을 지속하지 못하도록 방해하는 의심은 건강하지 못한 의심으로, 수행의 족쇄가 된다.

이것을 신체 건강에 빗대어 생각해 보자. 신체적 건강을 바라는 당신은 잡지에서 기사를 읽었다. 과학자들에 따르면 운동이 신체 건강에 도움을 준다는 내용이었다. 당신은 건강한 의심을 품고는 스스로 이렇게 묻는다. '기사 내용이 사실일까?' 기사가 사실인지 확인하기 위해 당신은 과학 논문을 읽는다. 그리고 탐구의 일환으로 운동이 효과를 내는 과정에 대해서도 공부한다(가령 달리기는 최대 산소 섭취량을 증가시키며, 근력 훈련은 근육을 단련시킨다는 것을 알게 된다). 그러나 그것만으로 충분하지 않다. 당신은 실제 운동을 통해 과학 논문의 내용이 사실인지 직접 확인한다. 몇 주가 지나 당신은 신체적으로 더 건강해진 자신을 발견한다. 그래서 처음에 품었던 의문과, 운동을 이해하기 위해 기울인 노력이 실제로 당신에게 도움을 주었고, 운동에 대한 동기를 키웠음을 알게 된다. 이것은 건강한 의심이다.

반대로 당신이 '과학자는 모두 엉터리다'라는 좁은 소견과 완고한 태도를 지니고 있다고 하자. 당신은 운동이 신체 건강에 좋다는 과학자들의 말이 분명히 틀렸을 거라고 짐작하고는 과학자들의 주장을 살펴보고 검증할 시간을 내지 않는다. 더욱이 당신이 애초에 품었던 '모든 과학자는 틀렸다'는 가정에 대해 다시 생각해 보지도 않는다. 그래서 당신은 운동을 하지 않고, 신체 건강도 얻지 못한다. 이것은 당신이 운동에서 멀어지게 만드는 건강하지 못한 의심이다.

'의심'으로 번역되는 빠알리 단어는 두 가지가 있다. 깐카(kankhā)와 위찌낏차(vicikicchā)가 그것이다. 깐카는 건강한 의심과 건강하지 못한 의심 모두를 가리키는 반면, 위찌낏차는 건강하지 못한 의심만을 가리킨다.[8] 위찌낏차만이 수행을 방해하는 족쇄이다.

수행을 방해하는 **세 번째 족쇄는 의례와 맹세에 대한 왜곡된 집착**이다.[9] 여기에는 여러 가지 해석이 있다. 가령 나는 이 족쇄를 이렇게 번역하는 것을 보았다. '의식과 의례에 대한 집착', '계율과 수행에 대한 집착', '잘못된(깨달음에 이르지 못하는) 의례에 대한 탐닉' 등이 그것이다. 이 족쇄는 특정 의식을 행하고 일정한 규칙과 맹세를 따르는 '것만으로' 괴로움에서 벗어날 수 있다는 잘못된 믿음을 가리킨다. 신젠 영 스님은 이것을 '규칙과 규정이 우리에게 실제보다 큰 영적 도움을 준다는 잘못된 믿음'이라고 설명한다. 소류 스님의 설명도 재미있다. '당신 스스로 해야 하는 모든 영적 작업을 의례와 규칙으로 대신할 수 있다고 믿는 것'이다.

의례와 규칙에 대한 이런 왜곡된 집착은 붓다 당시의 문화적 상황을 고려할 때 더 쉽게 이해할 수 있다. 당시 사람들은 특정 단어를 반복해 외거나 우상 앞에 제물을 태우거나 신성한 강에 몸을 담그는 등 일상생활에서 매일처럼 종교 의식을 행하며 살았다. 그렇게 하는 것만으로 모든 괴로움에서 벗어날 수 있다고 생각했다.

대신에 붓다는, 괴로움은 탐욕, 성냄, 어리석음 등의 정신 요소에서 비롯하므로 괴로움에서 벗어나는 유일한 방법은 괴로움을 일으키는 정신 요소를 완전히 버리는 것이라고 가르쳤다. 이런 정신 요소들을 버리는 수행에 의례와 규칙, 관습, 맹세 등은 중요한 도움을 주지만 실제로 효과를 내는 주요인이라고 할 수는 없다. 이 사실을 인식하지 못할 때 그것은 수행의 족쇄로 작용한다.

붓다는 이 족쇄에 대한 자세한 설명을 덧붙이지 않았지만, 적어도 세 가지 장면에서 그 가르침이 나타난다. 첫째는 신성한 강물에 몸을 담그는 장면이다. 한번은 붓다가 대중 설법을 펴던 곳에 순다리까바라드와자라는 남자가 있었다. 순다리까는 신성한 강에 몸을 담그면 '괴로움에서 벗어나고, 공덕을 쌓을 수 있으며, 자신이 저지른 악행이 깨끗이 씻겨나간다'고 믿고 있었다. 그는 설법 자리에서 이것이 사실인지 붓다에게 물었다.[10] 붓다는 그렇지 않다고 답했다. 그런 다음 붓다는 괴로움에서 벗어나는 방법으로 계율을 닦고 내면의 평화와 기쁨, 집중력, 자애, 연민심을 계발하는 '내면의 목욕'을 할 것을 가르쳤다. 이에 관련해 불교 스승들 사이에 출처는 불분명하나 재미있는 이야기 하나가 전해 온다. 붓다가 어느 날 길을 걷던 중 한 무리의 수행자들이 신성한 강물에 몸을 담그는 장면을 보았다. 붓다는 그들에게 강물에 몸을 담그는 이유를 물었다. 이에 그들은 이렇게 하면 괴로움에서 벗어날 수 있다고 답했다. 그러자 붓다는 강물에 몸을 담가 정말로 괴로움에서 벗어날 수 있다면 가장 크게 괴로움에서 벗어나 깨달음을 얻은 자는 그대들이 아니라 강물에 사는 물고기와 새우일 것이라고 대답했다고 한다.

불교 승려이자 저자인 냐나띨로까 마하테라는 이 주제에 관한 붓다의 가르침을 다음과 같이 훌륭하게 풀이한다.

> 어리석음에 빠져 헤어나지 못하는 사람은 아무리 경전을 읽고 신에게 제사를 지내고 단식을 하고 흙바닥에서 잠을 자고 고행의 철야기도를 계속하여도 결코 마음이 정화될 수 없다. 제사장에게 선물을 올리고 자신에게 벌을 내리고 각종 의례를 행하더라도 갈애로 가득한 자의 마음은 깨끗해지지 않는다.[11]

세 번째 족쇄에 관하여 붓다는 다소 충격적인 맥락에서 설명한다. 벌거벗은 두 고행자가 붓다를 찾아왔다. 한 사람은 '소의 일을 하는 고행자'였고, 한 사람은 '개의 일을 하는 고행자'였다.[12] 그들은 어떤 사람인가? 소의 일을 하는 고행자는 머리에 소뿔을 달고, 엉덩이에 꼬리를 매단 채 다른 소들과 함께 풀을 뜯으며 돌아다녔다. 마찬가지로 개의 일을 하는 고행자는 개의 행동을 그대로 흉내 내며 돌아다녔다. 게다가 벌거벗은 채였다. 그렇다. 그들은 그렇게 행동하면 괴로움에서 벗어날 수 있다고 믿었다. 다행히도 그들은 붓다를 존경하는 마음이 있어 붓다를 찾아와 여쭈었다.

소의 일을 하는 고행자는 붓다에게 다른 한 사람의 고행자, 즉 개의 일을 하는 고행자의 '종착지'가 어떻게 될지 물었다. 개의 일을 하는 수행자도 붓다에게 소의 일을 하는 고행자가 어떻게 될지 붓다에게 여쭈었다. 붓다는 먼저 소의 일을 하는 고행자는 기껏해야 죽은 뒤 다시 소로 태어나거나, 최악의 경우 지옥에 다시 태어날 것이라고 대답했다. 그리고 개의 일을 하는 고행자도 마찬가지라고 답했다. 이 대답에 충격을 받은 두 고행자는 울음을 터뜨렸다. 그런 다음 붓다는 그들에게 괴로움으로부터 궁극적인 벗어남은 자신의 의도와 행동에서 비롯한다고 가르쳤다. 붓다가 설법을 마칠 즈음, 두 고행자는 자신들의 짐승 수행법을 버리고 붓다의 제자가 되었다.

만약 당신이 벌거벗은 채로 머리에 뿔을 달고 엉덩이에 꼬리를 붙이고 소처럼 행동하며 돌아다니면 열반에 이른다고 믿는다 해도 그런 일은 일어나지 않을 것이다. 친구여, 세상에 열반을 얻은 소는 존재하지 않는다.

흐름에 들면 열반을 본다

흐름에 든 상태, 즉 수다원에 관한 한 가지 정의는 위의 세 가지 족쇄를 완전히 버린 상태라는 것이다. 그 밖에 다른 정의도 있는데 어쩌면 이것이 더 중요한지 모른다. 그것은 '**열반을 분명히 보았지만** 아직 남아 있는 집착 때문에 열반에 완전히 들지 못한 자'라는 정의이다.

이를 보여주는 일화가 붓다 당시의 지혜로운 불교 승려 나라다 스님에 관한 이야기로 전해 온다. 나라다 스님은 두 사람의 동료 승려에게 자신이 직접 열반을 보았지만 아직 내면의 '번뇌를 완전히 없애지' 못했으므로 아라한이 아니라고 말했다. 이어 비유를 들어 말했다. 사막에 우물이 있는데 물을 마실 수 있는 두레박도, 줄도 없는 상황이다. 목이 말랐던 어떤 남자가 우물가에 다가와 우물 속을 들여다보았다. 우물물은 분명히 보였지만 '직접 마실 수는 없었다'.[13]

열반을 여러 번 보아야 수다원이 되는 것은 아니다. 한 번만 분명히 보면 된다.[14] 이를 설명하기 위해 감옥의 비유를 들어 보자. 창문이 없는 거대한 감옥에 갇힌 채 평생을 산 사람들이 있다고 하자. 실은 창문이 딱 한 개 있었지만 그것마저 꼭꼭 잠겨 있었다. 거기다 누구도 알아보지 못하게 검은 칠이 되어 있었다. 어느 날 재소자 한 사람이 벽을 청소하던 중 그 창문에 기대어 우연히 창문이 활짝 열렸다. 즉각 간수들이 달려와 창문을 원래 상태로 닫았다. 당신이 그 재소자라고 생각해 보자. 당신은 우연히 열린 창문으로 바깥세상을 딱 한 번, 그러나 분명히 보았다. 스스로의 눈으로 직접 하늘을 본 당신은 벽 없는 세상이 있다는 것을 알았다. 자유라는 것이 있음을 알았다. 아직 당신은 감옥 안에 있어 보이는 것이라고는 벽과 천장뿐이지만, 바깥세상을 분명히 본 당신은 더 이상 감옥 안이 세상의 전부라고 믿지 않는다. 마찬가지로, 열반을 분명히 본 사람은 더 이상 윤회가 세상의 전부라고 믿지 않는다.

흐름에 든 자는 이렇게 해서 의심으로부터 완전히 벗어난다. 그는 열반을 보았으므로 붓다의 가르침과 수행의 길에 대해 더 이상 어떤 의심도 품지 않는다. 이것은 막막한 사막 한가운데서 도시를 가리키는 지도 한 장을 손에 쥔 사람의 상황과 같다. 주변을 둘러보아도 보이는 것은 모래뿐이다. 도시로 갈 수 있을지 의심이 일어난다. 그러나 주변의 모래 언덕에 오른 그는 멀리 있는 도시를 자신의 눈으로 직접 본다. 지도상에 표시되어 있는 바로 그 위치다. 이제 그는 도시에 이를 수 있을까 하는 의심에서 벗어난다.

열반을 스스로 직접 본다는 것은, 현상의 참된 본성을 알기 위해 누구에게도, 심지어 붓다에게도 의존할 필요가 없다는 데 중요한 의미가 있다. 당신은 이미 현상의 참된 본성을 보았다. 이런 이유로 흐름에 든 자를 '여래의 가르침을 이해하는 데 있어 다른 이에게 의존하지 않는 자'라고 표현한다. 이 점을 잘 보여 주는 이야기가 있다.

붓다 당시 수라라는 남자가 있었다. 수라는 붓다의 설법을 듣던 중에 수다원이 되어 집으로 돌아왔다. 마라는 또 한 사람이 자신의 영향력에서 벗어난 데 실망해 그를 다시 데려오고자 했다. 마라는 붓다의 모습으로 변장하고 수라의 집으로 찾아갔다. 수라는 변장한 마라의 모습에 속아 그를 반갑게 집안으로 들였다. 마라가 수라에게 말하길, 자신이 법문을 하기 전에 제대로 숙고하지 않아 실수를 저질렀다고 했다. 그 실수란, 다섯 가지 무더기가 영원하지 않다고 말한 것이었다고 했다. 그리고 이제 다시 생각해 보니 다섯 가지 무더기가 실은 영원하다는 것을 알았다고 수라에게 말했다. 그러나 수라는 마라의 유혹을 쉽게 따돌렸다. 수다원이 된 수라는 다섯 가지 무더기가 영원하지 않다는 사실을 자신의 경험을 통해 이미 직접 보았던 터라 이것이 마라의 속임수임을 금세 알아보았다. 수라는 천 명의 마라가 유혹해도 자신의 믿음은 거대한 메루산처럼 흔들리지 않는다고 답했다. 그러자 마라는 사라졌다. 이 이야기는 고대의 경전이 아니라 중세 주석서에 나오는 내용인데, 그 역사적 진실성은 확실하지 않으나 시사하는 바가 크다.[15]

나는 '흐름에 든 자'에 관한 또 하나의 정의를 살아 있는 불교 스승인 신젠 영 스님에게 들었다. 스님은 '흐름에 든 상태'를 '자기 안에 자아라고 할 만한 어떤 것도 존재하지 않는다는 점을 철저히 깨달은 상태'로 정의한다. 이 정의는 나에게 쉽게 다가온다. 유신견의 족쇄를 간략하게 요약한 이 정의가 내게 쉽게 다가오는 이유는 유신견이야말로 처음 세 가지 족쇄 가운데 가장 핵심이 되는 부분이기 때문이다. 즉 유신견을 떨치면 다른 두 가지 족쇄는 결국 사라지게 되어 있다. 당신이 자아의 본질을 분명히 꿰뚫어 보아 스무 가지 유신견 가운데 어떤 것도 지니지 않는다면, 붓다의 가르침에 대한 의심이 사라질 것이며 의례를 통해 괴로움에서 벗어날 수 있다는 믿음도 더 이상 갖지 않을 것이다. 그런데 그 반대는 다르다. 의심과 의례에 대한 잘못된 믿음을 떨친다고 해서 첫 번째 족쇄인 유신견이 저절로 떨어져 나가는 것은 아니다. 당신이 의례에 대한 잘못된 믿음을 갖지 않고, 붓다의 가르침에 절대적 확신을 갖는다 해도 이것만으로 당신이 자아의 참된 성질을 꿰뚫어 보는 명료한 마음을 계발한다는 보장은 없다.

나는 이런 이유로 붓다가 유신견에 대해 자세한 정의를 내린 반면에, 나머지 두 족쇄에 대해서는 정확한 정의를 내리지 않았다고 생각한다. 거기다 나머지 두 가지 족쇄는 유신견에 비해 이해하기가 쉬운 이유도 있을 것이다.

소류 스님은 흐름에 든 상태가 지닌 힘에 관해 이렇게 말한다. 내게 특히 영감을 주는 스님의 말을 인용한다.

흐름에 들기 전에는 당신이 떠올리는 모든 생각과 행동이 번뇌를 향해 있어 완전한 깨달음에 이르는 당신의 여정이 혼탁하고 힘겨운 투쟁처럼 느껴집니다. 그러나 흐름에 든 뒤에는 모든 생각과 행동이 자연스럽게 열반을 향하므로 완전한 깨달음을 향한 여정이 자연의 도움을 받는 듯 수월하게 느껴집니다. 당신이 열반에 이르는 여정에서 실수를 하지 않는다는 의미는 아닙니다. 실수를 할 때마다 당신이 열반에서 멀어지는 것이 아니라 당신을 바른 방향으로 다시 세워 준다는 의미입니다.

이런 의미에서 흐름에 든 상태에 이르는 것은 산 정상에 오르는 것과 같습니다. 산 정상에 오르기 전에는 힘을 들여 산을 올라야 합니다. 그러나 정상에 도착한 뒤 내려올 때는 자연의 중력이 당신을 대신해 일하도록 놓아두면 됩니다. 흐름에 든 뒤에도 당신이 해야 할 일이 많습니다만 이제 당신은 더 수월한 방향을 향해 있습니다. 이제는 무명에서 벗어나는 것보다 무명의 상태에 머무는 것이 더 어려울 지경입니다.

산을 오르는 이 비유는 흐름에 들기 전의 여정이 흐름에 든 뒤보다 훨씬 오랜 시간이 걸리는 이유도 말해 줍니다. 산 정상에 오르는 여정과 정상에서 내려가는 여정이 거의 같은 거리라고 해 봅시다. 오르막길에서 사람들은 언덕의 위와 아래, 옆 방향으로 구불구불하게 이동하며 산을 오릅니다. 힘겹게 걸어 오르면서도 사람들은 내려갈 때는 이보다 훨씬 수월할 거라고 예상합니다. 구불구불 산을 오르다 보면 1마일밖에 되지 않는 직선거리를 실제로는 100마일이나 걷기도 합니다. 그러나 산을 내려갈 때는 목적지가 눈에 보이고 중력의 도움을 받기 때문에 길을 잃더라도 1마일의 직선거리를 거의 1마일만 걸으면 됩니다. 이런 이유로 붓다는 일단 흐름에 들면 비교적 짧은 시간 안에 완전한 깨달음이라는 최종 목표에 도달할 수 있다고 보장했습니다.

고대 경전에서는 이렇게 흐름에 든 순간을 가리켜 '다르마를 보는 눈(법안)이 생겼다'라는 정형화된 멋진 표현으로 묘사한다. 그 경전에는 붓다의 제자 중 한 사람인 우빨리가 흐름에 든 순간이 이렇게 묘사되어 있다.

붓다가 가르침을 전하자 우빨리는 그 자리에서 다르마를 보는 티 없이 맑은 눈이 생겼다. "일어나는 모든 것은 소멸하게 마련이다." 우빨리는 다르마를 보았고, 다르마를 얻었으며, 다르마를 이해했고, 다르마를 헤아렸다. 그는 의심을 넘어섰다. 혼란이 사라졌으며, 용감함을 얻었고, 여래의 가르침을 이해하는 데 있어 다른 이에 의존하지 않게 되었다.[16]

더 없이 훌륭하다. 그러나 오늘을 사는 우리에게는 실제로 어떤 이가 흐름에 드는 모습을 직접 보는 것이 더욱 유용할 것이다. 다음 장에서 그것을 살펴본다.

무아의 깨달음이 지닌 힘

무아의 깨달음이 지닌 강력한 힘을 보여 주는 짧은 이야기로 이 장을 마무리한다. 무아의 깨달음이 지닌 힘은 우리를 완전한 깨달음에 이르게 할 정도로 강력하다. 이런 일이 붓다 당시 그의 제자도 아니었던 바히야라는 남자에게 일어났다.

바히야는 지역 사회에서 크게 존경받는 인물이었다. 그런 나머지 자신이 깨달음을 얻었다고 착각하고 있었다. 그때 바히야의 친한 친구이자 전생에 동료 수행자였던 어느 천신이 나타나 바히야가 잘 되기를 바라는 마음에 그가 실은 아직 깨달음을 얻지 못했으므로 붓다를 찾아가 보도록 권했다. 그 정도 지혜는 있었던 바히야였기에 천신의 말을 알아듣고는 즉시 붓다를 찾아갔다.

바히야가 뵈었을 때 붓다는 아침 탁발 중이었다. 바히야는 탁발 중인 붓다에게 다가가 가르침을 청했다. 붓다가 답했다. "지금은 적절한 때가 아니오. 지금 우리는 마을에 탁발을 나왔소." 조금 뒤 바히야가 두 번째로 가르침을 청했을 때도 같은 답이 돌아왔다. 다시 조금 뒤 바히야는 조급해하며 세 번째로 물었다. 붓다는 바히야에 대한 연민심에서 이런 가르침을 주었다.

바히야여, 그대는 이렇게 수행해야 한다.
볼 때는 오직 보는 것만 있게 하라.
들을 때는 듣는 것만
느낄 때는 느끼는 것만
알 때는 아는 것만 있게 하라.
이것이 그대가 수행해야 하는 방법이다.
볼 때는 보는 것만, 들을 때는 듣는 것만,
느낄 때는 느끼는 것만, 알 때는 아는 것만 있게 한다면
바히야여, 그것과 관련해 '나'라고 할 만한 것은 존재하지 않는다.
'나'라고 할 만한 것이 없다면 '나'는 실제로 존재하지 않는다.
'나'가 실제로 존재하지 않는다면 그대는 여기에도, 저기에도 없다.
여기와 저기 사이에도 없다.
이것이 곧 괴로움의 소멸이다.[17]

바히야는 붓다의 가르침을 듣고 그 자리에서 완전한 깨달음을 얻어 아라한이 되었다! 당시 기네스북이 있었다면 최단 기간에 완전한 깨달음을 얻은 사람으로 기록되었을 것이다. 그날 아침 소 한 마리가 돌격해 바히야가 죽음에 이르고 말았다. 하지만 다행히도 바히야는 그 자리에서 완전한 깨달음을 얻었기에 다시 태어나지 않았다.

소류 스님의 한마디

다르마를 보는 것이 곧 깨달음입니다.
깨달음은 자아가 존재하지 않음을 꿰뚫어 보는 것이며,
자아가 존재하지 않음을 꿰뚫어 볼 때 괴로움은 끝이 납니다.
이처럼 다르마는 우리로 하여금 괴로움을 끝내 줍니다.

당신은 다르마를 보았습니까?

12장

어느 영웅의 열반 여행기

열반 사례 연구

어느 영웅 이야기

헬레나는 당대에 가장 뛰어난 재능을 지닌 전사였다. 그녀는 머나먼 섬나라에 있는 엄청난 위력을 지닌 스톰 메이커(Storm Maker)라는 신비의 돌을 가져오겠다는 엄숙한 맹세를 했다. 스톰 메이커를 얻은 자는 비를 내릴 수 있다고 한다. 이 돌이 있으면 오랜 가뭄을 끝낼 수 있었다. 헬레나는 최고의 배를 마련하고 최고의 선원과 전사들을 모아 출항했다.

    그런데 문제가 있었다. 밧줄이 끊어지고 배에 물이 새며 선원들 사이에 다툼도 있었다. 그렇지만 문제는 이내 해결되었다. 항해 중 적을 만났지만 헬레나의 지도력으로 물리칠 수 있었다. 해적 무리, 악마들, 마법을 부리는 해골 군대 등 점점 더 강한 적을 하나씩 차례대로 물리쳤다. 더욱이 적들을 하나씩 무찌를 때마다 헬레나는 더 강한 전사로 거듭났다. 항해를 떠나기 전에도 그녀는 이미 당대의 출중한 전사였지만 이제는 천하무적이었다. 그럴 만도 했다. 그녀의 명성은 널리 퍼져 갔다.

헬레나가 이끄는 무리는 아름다운 천국의 섬에 도착했다. 그곳에는 친절한 부족이 살고 있었는데, 부족의 족장은 헬레나 무리를 따뜻하게 맞이해 주었다. 선원들은 섬에 몇 주간 머물렀다. 그러자 스톰메이커를 찾아 나선 임무를 저버리고 섬에 영원히 안주하고 싶은 생각이 일어났다. 헬레나도 유혹에 넘어갈 뻔했다. 자신이 했던 엄숙한 맹세와 가뭄으로 힘들어하는 사람들의 처지를 떠올리고 나서야 헬레나는 임무를 계속하기로 결심했다.

그들이 처음으로 놀란 사실은, 그들의 임무를 저버리게 만드는 첫 번째 적은 해적 무리나 악마, 해골 부대가 아니라 바로 쾌락과 안주라는 사실이었다.

그들은 첫 번째 적을 이겨내고 항해를 계속했다. 바다에서 시간을 보내고 있자니 할 일이 별로 없었다. 그렇게 몇 주가 더 흘렀다. 신비의 섬은 나타날 기미가 없었다. 어쩌면 영원히 찾지 못할지도 몰랐다. 게다가 선원들은 하루 종일 훈련하는 것 외에 딱히 할 일이 없었다. 이제 모두가 항해를 포기하고 천국의 섬으로 돌아가고 싶은 생각이었다. 그렇지만 선원들은 항해를 계속하기로 했다. 그들이 놀란 두 번째 사실은 이것이었다. 그들로 하여금 항해를 거의 포기하게 만든 다음 적은 항해의 끝없는 지루함과 단조로움이라는 점이었다.

선원들이 지루함에서 벗어난 작은 사건이 있었다. 그것은 헬레나의 희생을 통해서 일어난 일이었다. 선원들이 섬을 수색하던 중 어떤 할머니가 땅속 깊은 구덩이에 갇혀 있는 것을 발견했다. 헬레나는 할머니를 구하려다 미끄러져 자신도 그만 구덩이에 빠지고 말았다. 설상가상으로 할머니를 구하던 중 땅이 흔들려 구덩이가 안으로 무너져 내리면서 입구가 막히고 말았다. 헬레나는 가지고 있던 얼마 안 되는 음식과 물을 모두 할머니에게 주었다. 선원들은 며칠에 걸쳐 헬레나와 할머니를 구해냈다. 그 일은 선원들에게 작은 모험이었다. 스톰 메이커를 찾는 임무에는 전혀 도움이 되지 않는, 그러나 잠시 지루함을 잊게 하는 사건이었던 것이다.

그러던 중 상황이 갑자기 변했다. 선원들이 스톰 메이커가 숨겨져 있는 신비의 섬을 발견한 것이다. 섬을 수색하던 중 헬레나는 이상한 노인을 만났다. 노인은 그녀를 시험하고 인정한 뒤에 강력한 힘을 가진 마법의 검을 그녀에게 주었다. 이로써 헬레나는 용과 악마 등 인간이 맞닥뜨리는 어떤 적보다 강한 적들을 물리칠 수 있었다. 이제 무엇도 헬레나를 가로막지 못했다. 스톰 메이커를 찾는 일은 이제 코앞에 있었다.

그런데 이때 헬레나가 마지막으로 맞닥뜨린 가장 힘센 적이 나타났다. 그것은 바로 그녀 자신이었다. 헬레나가 스톰 메이커를 발견했을 때 스톰 메이커는 그녀를 이용하는 법을 이미 알고 있었다. 그것은 강력한 마법을 통해 헬레나의 복제 인간을 만들어내는 것이었다. 어느 모로 보나 헬레나와 똑같이 생겼지만 한 가지 차이는 헬레나보다 힘이 더 세다는 점이었다. 헬레나는 이미 용과 악마를 물리친, 세계에서 가장 힘센 전사였다. 그런 헬레나보다 복제 인간은 힘이 더 셌으니 그를 이기는 것은 불가능했다. 헬레나는 포기하고 싶었다. 아니, 포기하는 수밖에 없었다.

다행히도 헬레나가 절망에 빠져 있는 동안, 앞서 만났던 현명한 노인을 다시 만났다. 노인은 헬레나가 복제 인간을 물리치는 일을 주저할수록 그의 힘이 더 커진다고 알려 주었다. 헬레나가 복제 인간을 물리칠 수 있는 유일한 방법은 망설이지 않고 복제 인간을 향해 돌격하는 것밖에 없었다. 그러자면 헬레나가 가진 신념과 용기, 결단력을 총동원해야 했다. 결국 그녀는 그 일을 해냈다.

그것이 그녀가 마지막으로 맞닥뜨린 적이었다.

그런데 지금부터 보겠지만, 그녀가 넘어야 할 가장 큰 도전은 아직 남아 있었다.

마침내 스톰 메이커가 보관된 제단에 다가간 헬레나는 스톰 메이커를 위로 들어 올렸다. 그것이 지닌 강력한 힘이 느껴졌다. 헬레나는 스톰 메이커를 가지고 의기양양하게 고향으로 돌아왔다. 모두가 그녀를 열렬히 환영했다. 가뭄은 이제 끝이 날 것이었다!

헬레나는 가장 높은 산에 올라 스톰 메이커를 들어 올렸다. 비구름이 몰려들었다. 그런데 아무 일도 일어나지 않았다. 비가 내리지 않았다. 아무리 노력해도 비를 만들 수 없었다. 어떻게 해도 소용이 없었다. 40일 밤낮으로 애써 보았지만 헬레나는 도무지 이유를 알 수 없었다. 헬레나는 공황 상태에 빠져 절망했다.

절망에 빠져 있는 동안 앞서 헬레나가 땅속 구덩이에서 구출한 할머니가 아름다운 여신의 모습으로 그녀 앞에 나타났다. 그러면서 헬레나가 가치 있는 존재인지 신들이 알 필요가 있다는 말을 했다. 앞서 할머니에게 자신이 가진 음식과 물을 모두 내어 준 헬레나는 자신에게 이타적 연민심이 있음을 보여 주었다. 그녀는 가치 있는 존재였다. 헬레나가 물었다. "무엇을 받을 가치가 있다는 말인가요?" 여신이 대답했다. "비를 내리는 답을 알 가치가 있는 존재라는 뜻이네." 그러면서 여신은 수수께끼 같은 이런 말을 던지고는 사라졌다. "모든 것을 잃는다는 것은 모든 것을 잃는 것을 잃는 것이다."

헬레나는 수수께끼 같은 할머니의 말이 무슨 의미인지 알 것 같았다. 그녀는 스톰 메이커를 바다 가장 깊은 곳에 떨어뜨리고 결심했다. 한번 떨어뜨리면 다시 찾기는 불가능했다. 배를 타고 바다로 나가는 헬레나에게 선원들이 물었다. "그렇게 하면 정말 비가 올까요? 확실해요?" 헬레나가 대답했다. "확실하지 않아요. 그렇지만 모든 것을 잃으려면 이 방법밖에 없어요." 헬레나는 크게 숨을 들이쉬고는 스톰 메이커를 바다 한가운데 떨어뜨렸다. 스톰 메이커는 바다 깊숙이 가라앉았다. 그러나 아무 일도 일어나지 않았다. 모든 희망이 사라졌다. 헬레나는 어찌할 바를 몰랐다.

그런데 놀랍게도, 완전히 속수무책인 상태에서 그녀는 오히려 완전한 믿음을 발견했다. 이제 그녀가 할 수 있는 일은 아무것도 없었다. 하지만 오히려 마음이 편안했다. 더 이상 할 일이 없었기 때문이다.

그때 갑자기 거대한 물기둥이 바다 위로 솟아올랐다. 물기둥이 하늘로 치솟아 오르면서 이내 두터운 비구름이 만들어졌다. 드디어 섬을 흠뻑 적시는 비가 내리기 시작했다. 오랜 가뭄이 마침내 끝났다. 헬레나는 자신이 해야 할 일을 했을 뿐이었다. 스톰 메이커는 그것을 가진 자가 자기 뜻대로 통제하려는 의도를 완전히 내려놓을 때 100퍼센트 효과를 발휘한다.

헬레나가 이끌던 사람들이 모두 구제되었다. 모든 사람이 그 뒤로 행복하게 살았다.

내가 이 이야기를 들려주는 이유는 12장이 소류 스님이 가르치는 어느 학생이 모든 존재를 구제하는 다르마를 깨달은 실제 이야기를 다루기 때문이다. 헬레나의 신화 이야기는 수행의 여정에 필요한 영웅의 모습을 잘 보여 준다.

열반에 이르는 여정은 영웅의 여정

여기서 '다르마를 깨닫는다'는 것은 흐름에 드는 것, 즉 수다원이 되는 것을 말한다. 이때 가장 중요한 질문은 현대 사회를 사는 우리 같은 평범한 사람이 어떻게 흐름에 들 수 있느냐이다.

이 질문에 대한 표준적이고 정확한 대답은 사성제를 이해하고 수행하는 것이다. 그러나 내가 처음 불교를 배울 때 이 정답은 내게 조금도 도움이 되지 않았다. 그런 답을 들을 때마다 나의 절망감은 커져만 갔다. 가령 나는 계율을 지키고 수행하는 것이 어떻게 수다원이 되는 데 필요한 영적 돌파구를 가져다준다는 것인지 알 수 없었다.

이때 무엇보다 도움이 되는 것은 우리와 다르지 않게 오늘을 살아가는 어떤 사람이 수다원에 이른 과정을 살펴보는 일일 것이다. 고맙게도 우리에게는 소류 스님이 있다. 나는 소류 스님에게 그의 제자 중 한 사람이 수행의 길을 걸으면서 벗어남을 처음 목격한 과정에 관해 이야기해 주길 요청했다. 그 이야기는 모든 사람에게 수행의 영감을 줄 것이다. 더 중요한 것은 그런 이야기에서 우리가 배우고 수행하는 사성제의 모든 것이 어떤 과정을 거쳐 영적 돌파구를 가능하게 하는지 실제 사례를 통해 생생히 알 수 있다는 점이다.

소류 스님은 자신의 학생 중 수잔이라는 여성의 이야기를 기꺼이 들려주었다(실명은 아니다). 그런데 이야기를 들려 주기 전에 스님은 수잔의 사례를 우리가 '열반에 이르는 지도'로 생각하지 않았으면 한다고 했다. 이것은 '지도'라는 말이 잘못된 인상을 줄 수 있기 때문이다. 우선 '지도'라는 말은 열반에 이르는 길이 오직 하나밖에 없다는 잘못된 인식을 심어 준다. 실제로는 열반에 이르는 길은 여러 가지가 있고, 사람에 따라 더 적합한 길이 있다. 다음으로 '지도'라는 말을 사용하면 열반에 이르는 각 단계를 반드시 순서대로 밟아야 한다고 잘못 생각하기 쉽다. 그러나 실제로는 수행의 각 단계들 사이에 여러 가지 피드백 고리가 존재하며, 어떤 단계들은 순서가 뒤바뀌기도 한다. 실제로는 각 단계들 사이에 단순한 직선 관계를 넘어 훨씬 복잡한 관계가 존재한다. 셋째, '지도'라는 표현은 수행자 개개인의 차이를 고려하지 않는다. 즉 모든 수행자가 수행의 각 단계를 똑같은 어려움으로 느낀다고 가정한다. 그러나 실제로 수행자가 수행의 각 단계에서 느끼는 어려움은 개개인마다 다르다. 어떤 수행자는 특정 단계에 오랜 시간 막혀 있는 반면에, 어떤 수행자는 큰 어려움 없이 지나간다(그러다 다른 수행자가 수월하게 지나가는 단계에서 완전히 막히기도 한다).

이 점을 염두에 두고, 처음으로 다르마에 대한 통찰에 이른 수잔의 이야기를 지금부터 들어 보자. 여러분은 우리가 지금까지 이 책에서 이야기한 모든 것이 수잔의 수행 여정에 그대로 나타남을 알게 될 것이다. 그녀의 수행은 우선 서원(誓願)과 세간의 바른 견해, 계율의 준수와 바른 마음챙김의 수행으로부터 시작한다. 그리고 다섯 가지 장애를 극복하는 단계는 그 자체로도 우리의 삶을 변화시키지만 수잔의 수행 여정에서 중요한 이정표가 된다. 다섯 장애를 극복한 수잔은 선정을 숙달하며 깨달음의 일곱 가지 요소가 더욱 무르익는다. 이로써 그녀의 영적 성장은 한 단계 더 도약한다.

그렇다. 수잔은 자신이 천하무적이라고 느끼는 단계가 있었다. 그럴 만도 했다. 또 자신이 패배자라고 느끼는 순간도 있었다. 거기에도 그럴 만한 이유가 있었다. 예상치 못한 '적들' 때문에 수행의 여정이 막히는 때도 있었다. 수잔의 수행 여정이 영웅의 여정처럼 들린다면, 맞다. 실제로 그러하다. 영적 돌파구를 향해 가는 모든 여정은 영웅의 여정이다.

(공은 마땅한 사람에게 돌아가야 한다. 소류 스님이 수잔과 나눈 긴 인터뷰를 토대로 한, 지금부터 소개할 수잔의 이야기는 상당 부분 소류 스님의 말을 그대로 옮긴 것이다. 만약 수잔의 이야기가 마음에 든다면 그건 소류 스님의 공이다. 대신에 헬레나 이야기는 내가 썼다. 내게는 고맙다는 인사를 안 해도 된다.)

수잔의 멋진 모험, 1부 – 초기에 거둔 승리

수잔은 수행처에서 다른 수행자들과 다르마를 배우며, 수행처의 규칙을 지키고 하루 5~15시간을 일과표에 따라 수행하는 상주 수행자였다. 수잔의 수행 여정은 지금부터 소개할 열 단계로 나누어 설명할 수 있다.

1단계 | 확신과 세속의 바른 견해를 얻다

영웅이 떠나는 수행 여정의 출발점에서 수잔은, 그러나 그다지 영웅적인 모습을 보이지 못했다. '짜증을 낸다'는 표현이 수잔에게 더 어울리는 표현이었다. 수행처에 도착한 직후부터 수잔은 종종 분노에 차 다른 사람의 행동을 지적하기 시작했다. 가령 다른 수행자들이 제대로 살고 있지 않다거나, 음식 정보를 다르게 표기해야 한다거나, 수행처 바닥을 닦을 때 더 큰 마음챙김으로 닦아야 한다거나, 자신의 감정을 더 배려해야 한다며 투덜거렸다. 그러나 수행처의 수행자들은 그녀의 그런 행동을 너그럽게 받아주었다. 왜? 그런 행동은 초보 수행자에게 흔히 보이는 행동이었기 때문이다. 초보 수행자들은 깨달음을 향한 열망을 지니고 있지만, 실제로 그 목적을 향해 노력할 만큼의 자기 확신은 아직 부족한 상태여서 쉽게 다른 사람의 행동을 지적한다. 다른 사람의 문제를 지적하는 데 필요한 자기 확신은 자신의 마음을 계발하는 데 필요한 자기 확신보다 크지 않다. 수잔이 지금 계발해야 하는 것은 자기 마음을 계발하는 데 필요한 자기 확신이었다.

수잔은 긍정적인 내면 상태와 긍정적인 외면의 행동을 계발할 필요가 있었다. 우선 그녀는 자신의 행동부터 개선하기로 했다. 왜냐하면 9장에서 보았듯이 외면의 행동은 마음을 객관적으로 보여주는 것으로, 수행의 향상을 측정하는 지표로 사용할 수 있기 때문이다. 이것은 도덕적으로 살고, 자신의 거친 성격 문제를 해결하며, 조화로운 인간관계를 맺기 위해 지속적으로 노력하는 것을 의미했다. 이 작업에는 수잔이 지닌 세속의 바른 견해가 도움이 되었다. 그리고 이 작업을 통해 세속의 바른 견해가 더욱 튼튼해졌다.[1] 이제 그녀는 자신의 마음을 다루는 작업에 기꺼이 나설 만큼의 자기 확신이 생겼다.

　이렇게 수행을 해 가자 그녀에게 놀랍고도 당혹스러운 깨달음이 찾아왔다. 그것은 업이 한시도 쉬지 않고 작동한다는 사실이었다. 그녀는 자신이 하는 모든 행동과 말, 생각이 일정한 영향력을 가지며, 따라서 계율을 지키는 일 또한 잠시도 멈출 수 없다는 것을 알았다. 좋은 소식은 그녀가 이 도전을 즐기기 시작했다는 점이다. 마치 자신보다 실력이 한 수 위인 상대와 시합을 벌이는 운동선수처럼, 또는 어려운 문제의 해결을 즐기는 엔지니어처럼 수잔은 이 도전을 즐기기 시작했다. 그녀는 자신의 도덕적 삶을 심화시키는 이 도전이 재미있을 수 있다는 것을 알았다. 그리고 이 재미는 자기 확신으로 이어졌다. 이 간단한 문장은 이 단계에서 그녀가 겪은 변화를 적절히 요약한 것이다. 더욱이 그녀의 자기 확신은 겸손한 확신이었다. 그때부터 그녀의 수행은 더 큰 충만감과 즐거움을 선사하기 시작했다.

　당신은 그녀가 이전에 이렇게 할 수 없었던 이유가 궁금할지 모른다. 주요한 이유는 이전에는 그녀가 수행 공동체에 속해 있지 않았던 점을 들 수 있다. 수행처의 환경은 우리로 하여금 1) 모든 생명체와 연민의 관계 속에서 살 수 있는, 그리고 2) 우리가 하는 사소한 행동의 중요성을 받아들일 수 있는 공동체라는 적절한 환경을 마련해 준다. 이것은 더 큰 영적 성장을 위한 비옥한 토양이 되어 준다.

　수잔의 자기 확신은 이내 모든 존재를 향한 연민심에서 우러난, 깨달음을 향한 거대한 열망으로 확장되었다. 그러자 모든 것이 바뀌었다.

2단계 | 몸을 통한 마음챙김으로 마음챙김의 기초를 숙달하다

수잔은 지금 말한 최초의 자기 확신 이상의 무엇이 필요하다는 걸 아는 데 오랜 시간이 걸리지 않았다. 아무리 친절하고 양심적인 사람이 되려 노력해도 그녀의 마음 밑바닥에 깔린 근본 성향이 마음챙김이 부족한 순간이면 어김없이 나타나고는 했다. 솔직히 이런 일은 매우 자주 있었다. 유일한 해법은 마음챙김을 더 튼튼히 하는 것뿐이었다. 이 사실을 깨달은 그녀는 이제 앉기 명상이 더 쉽게 납득이 되었다.

다행히도 이 무렵, 명상을 대하는 수잔의 태도에 변화가 생겼다. 언뜻 사소해 보여도 실은 매우 의미심장한 변화였다. 즉 이제 그녀는 더 이상 명상을 멋진 경험에 도달하는 방법으로 삼지 않았다. 대신에 자신의 마음을 정화하고 계발하는 방법으로 명상에 접근했다. 처음엔 생각만큼 재미있지 않았지만 그 이유를 곧 알게 됐다. 명상을 멋진 경험에 대해 치르는 값으로 생각하는 소비자 마인드에 고착되어 있는 한 제대로 하는 명상이 재미가 있을 리 없다. 이런 생각을 떨쳐내자 모든 명상 세션이 재미있어지기 시작했다. 몇 시간을 자리에 앉는 일이 멋진 경험을 기대하며 치르는 값이 아니라 산을 오르는 경험과 같았다. 그것은 그 자체로 즐겁고 아름다운 일이었다. 이런 이유로 수잔은 최대한 적게 값을 치르는 것이 아니라 오히려 최대한 높은 값을 치르고자 했다. 왜? 세상에 수행의 길보다 더 좋은 것은 없기 때문이다. **내려놓음의 길은 세상의 어떤 길보다 기쁨으로 가득하다.** 이보다 더 큰 기쁨이 있다면 그것은 세상을 넘어선 곳에 있는 기쁨일 것이다.

이 단계에서 수잔을 가장 놀라게 한 것은 마음을 정화하는 가장 좋은 방법이 신체 활동을 통해 명상하는 것이라는 사실이었다. 처음에 수잔은 걷기와 먹기, 집안일과 그 밖의 신체 활동을 마음챙김을 확립하는 방법으로 사용할 수 있는지 보았다. 그렇게 하자 마음챙김이 더 구체적으로 다가왔다. 마음을 호흡에 매어두면서 마음을 통제하는 법도 배웠다. 자신의 마음이 집중을 좋아하든 좋아하지 않든 마음을 집중하는 법을 배웠다. 마음은 집중을 좋아하지 않아도 그녀는 집중을 좋아할 수 있다는 사실은 그녀와 그녀의 마음이 다르다는 사실을 보여 주는 증거였다.

더욱이 수잔의 마음은 호흡을 따라가고 있었으므로, 호흡이 그녀의 마음을 통제하기 시작했다. 마음이 호흡을 통제하는 것이 아니었다. 그녀는 자신의 호흡이 어떻게 하면 편안하고도 활기를 유지할 수 있는지 그 방법을 이미 알고 있다는 사실에 놀랐다. 자신을 의식하는 자기의식은 편안하면서도 활기 넘치는 상태를 유지하는 데 도움이 되지 않았다. 호흡은 장난기 가득하며, 앞으로 나아가는 최선의 방법을 알고 있었다. 이런 식으로 수잔은 자세를 완벽히 하는 법, 호흡과 관련한 몸의 감각을 느끼는 법, 호흡으로 몸을 편안히 하는 법, 호흡으로 몸에 활력을 불어넣는 법, 몸에 대한 온전한 마음챙김을 수련할 수 있었다.

3단계 | 장애를 극복하고 지혜로 나아가다

이제 수잔은 자신이 명상을 '정말 잘한다'고 느꼈다. 앞 단계에서 이미 다섯 가지 장애가 떨어져나가고 있었지만 이제는 훨씬 더 능숙해져 호흡하는 것 자체만으로 그녀의 마음에서 장애가 깨끗이 사라지고 있었다. 이 과정은 그녀가 정식 명상을 할 때뿐만이 아니라 호흡을 할 때마다 (즉 하루 종일) 지속되었다.

잠깐, 아직 더 있다. 수잔은 마음에서 장애를 깨끗이 청소했을 뿐 아니라 장애와 반대되는 긍정적인 마음도 키워 갔다.

1) 호흡을 이용해 감각적 욕망을 정화시킨 다음, 태어남과 죽음을 버리고자 하는 열망에 계속 머물 때까지 이 과정을 계속했다.
2) (자신을 포함한) 모든 사람을 향한 악의를 정화시킨 다음, 모든 존재를 향한 연민의 마음을, 가장 예상치 못한 곳에서, 뜻밖에도, 발견했다.
3) 한곳에 막혀 있는 습관을 정화시켰고, 지치는 상황에서 벗어나 몸에 새로운 활력이 끊임없이 솟아나는 것을 느꼈다.
4) 불안의 노예로 살던 오랜 시간을 끝내고 마침내 불안을 내려놓고 깊은 믿음으로 들어갈 수 있었다. 지금 이 순간을 신뢰할 수 있었고, 이로써 고유한 지금 이 순간이 주는 도전을 즐길 수 있었다.
5) 수행에 대한 의심이 사라졌다. 자기 내면 깊은 곳에 있는 의심을 스승에게 드러낼 정도로 확신이 생겼기 때문이다. 의심이 해결되자 자신의 앎을 실천하는 자신감이 생겼다.

이들 수행의 장애에서 벗어날 때 더 큰 만족감을 느낀다는 사실을 깨닫자 이 단계는 성숙에 이르렀다. 장애에 방해받지 않는 마음은, 그 자연스러운 상태에서 즐겁다. 이제 수잔은 일정 시간 동안 내면의 이런 기쁨을 언제든 누릴 수 있었다. 이 내면의 기쁨으로 인해, 수잔은 감각적 욕망을 충족하지 않아도 그것이 감각적 욕망의 충족보다 훨씬 기쁠 수 있음을 분명히 보았다. 무언가를 원하는 상태가 얼마나 끔찍한지를 분명히 보았다. 감각적 욕망을 충족하는 것이 즐겁게 느껴지는 이유는 원함이 잠시 사라졌기 때문이라는 것도 분명히 보았다. 애당초 원함을 갖지 않는 것이 훨씬 즐거운 것임을 알았다. 이제 수잔은 자신의 의지대로 원함을 없앨 수 있었으므로 언제든 바라는 대로 행복감을 느낄 수 있었다. 이처럼 내면의 기쁨을 마음껏 즐길 수 있게 되자 마음이 편안해졌고, 내면에서 혼란을 겪지 않고 내면의 기쁨이 그녀를 인도하게 할 수 있었다.

이제 수잔은 다른 장애들도 천천히 해결해 갔다. 다섯 장애 가운데 수잔이 가장 힘들어한 것은 걱정이었다. 수잔은 걱정을 하지 않으면 연민심이 없는 사람이라고 생각하고 있었다. 누군가에 대해 또는 어떤 일에 관해 걱정하는 것이 곧 배려라고 여기고 있었다. 이것이 그녀가 중독 행동에 빠져 살아온 중요한 이유이다. 걱정이 다른 사람에 대한 의무라고 여겼던 그녀는 끊임없는 걱정에서 잠시 놓이고 싶어 중독 행동에 자주 의지했다. 그러던 그녀가 마침내 연민의 마음을 일으키는 데 있어 걱정보다 신념이 더 큰 원천이라는 사실을 알고는 커다란 고통에서 벗어날 수 있었다. 그것은 끔찍한 학대 관계에서 벗어나는 것과 같았다. 그렇게 고통에서 벗어나자 얼굴이 밝아지며 빛이 났다. 마치 등불이 켜지듯, 그 빛은 그녀의 내면에서 나오는 빛이었다.

이즈음 수잔은 자신의 감정에 대해서도 능숙하게 다룰 수 있게 되었다. 가령 화가 올라오더라도 즉시 사라지는 일이 더 많아졌다. 붓다는 이런 경우에 관하여 '물에 글씨를 쓴다'는 아름다운 비유를 들었다. 물에 글씨를 쓰는 순간, 글씨는 사라진다.[2] 이로써 수잔의 인간관계가 완전히 바뀌었다. 음식 표기를 제대로 했는지에 관하여 사람들과 다퉈야 할 필요를 더 이상 느끼지 않았다.

수잔은 마법처럼 괴로움에서 벗어나 커다란 기쁨을 느꼈다. 더욱이 지금까지 그녀를 무서워하며 어쩔 수 없이 그녀의 말을 따랐던 주변 사람들도 이제 그녀를 진심으로 사랑하고, 그녀에 대한 존경심에서 그녀의 말을 따랐다. 그에 한 가지 부수 효과가 있었다. 이후 음식 표기가 제대로 되었다는 사실이다.

많은 수행자가 이 단계에 이르면, 몇 달 전에는 생각지도 못했던 삶의 커다란 변화가 생겼다고 느낀다. 수잔도 예외가 아니었다. 수잔은 자신이 해적과 악마를 물리친 헬레나처럼 무적의 존재가 되었다고 느꼈다. 그러나 기억하라. 아직 열 단계 중 세 단계를 지났을 뿐이다. 앞으로 어떻게 될까?

수잔의 멋진 모험, 2부 – 단조로움에서 지혜로

4단계 | 궁극의 통달을 위한 명상 도구 마련하기
이처럼 수행을 통해 수잔의 삶이 바뀌었다. 그런데 예상치 못하게도, 수잔의 수행은 지금부터가 진정한 시험대였다. 그녀가 맞닥뜨린 시험대는 다름이 아니라 단조로움과 지루함이었다.

수잔은 수행의 이 단계에서 여러 가지 명상 기법을 배워야 했다. 연민심, 바디 스캔, 몸 전체에 대한 알아차림, 다양한 유형의 감각 경험에 속으로 명칭 붙이기, 특정 현상에 대한 강한 집중, 열린 알아차림, 자아에 대한 탐구, 아무것도 하지 않기 등등. 이것은 무예가가 궁극의 통달을 얻기 위해 다양한 상황에 대비하여 여러 가지 무술 기법을 익혀야 하는 상황과 비슷하다. 그러나 안타깝게도 이것은 신나는 일이 아니라 길고 단조로우며 지루한 길이다.

당신은 복싱 영화에서 흥미진진한 장면은 모두 보여 주면서도 그 이면의 오랜 훈련 장면은 잘 보여 주지 않는다는 것을 알 것이다. 훈련 장면은 단 몇 분뿐이다. 흥미진진한 음악을 곁들인 최종 시합 장면보다 더 짧다. 그러나 현실에서는 최종 시합보다 훈련에 훨씬 많은 시간을 들여야 한다. 그 시간 동안 선수들은 부상과 질병, 주의 산만, 동기 부족 등으로 실력 향상이 더디게 진행된다. 수잔은 지금 이 단계에 있다. 갈수록 더 지루하고 단조롭다.

많은 수행자가 이 단계에서 수행을 그만둔다. 이전 단계에서 경험한, 삶이 바뀌는 결과가 이미 자신들의 예상보다 훨씬 큰 수확이라고 여기기 때문이다. 그래서 지루한 수련 과정을 그만두고 '세상에 나가 재가자로서 좋은 일'을 하는 것에 만족한다. 수잔도 예외가 아니었다. 그러면서 소류 스님에게 이렇게 말했다. "이쯤에서 수행을 그만둘 생각을 진지하게 하고 있어요." 수잔은 수행을 그만둔 뒤부터 무엇을 어떻게 할지 설득력 있고 영감을 주는 설명을 스님에게 제시했다. 그러나 수잔은 어쨌든 수행을 계속하기로 결심했는데, 그 정확한 이유는 알기 어렵다. 누구나 할 수 있는 일은 아니다. 다만 사막 한가운데를 계속 걸어갈 때 어떤 힘이 생기는 것만은 분명하다. 이런 힘을 갖춘 사람이 세상을 바꿀 수 있다. 수잔은 내면에 그런 힘을 가진 사람이었다. 수행에 계속 머물며 수잔의 영웅적 여정은 이제 첫 번째 진정한 시험대를 통과했다.

다행히 수잔의 끈기는 멋진 보상으로 돌아왔다. 다르마에 대한 체험적 앎을 점점 더 얻게 된 것이다. 특히 깨달음의 일곱 가지 요소를 직접 경험할 수 있었다.

수잔은 1) 어떤 상황에서든 계발할 수 있는 **마음챙김**을 얻었다. 이것은 그녀가 끊임없이, 한순간도 쉬지 않고 마음챙김을 계발할 수 있다는 의미는 아니었다. 다만 다른 깨달음 요소들을 모두 얻을 수 있을 정도로 마음챙김을 지속할 수 있다는 의미였다.

수잔은 마음챙김을 통해 2) **각각의 현상을 들여다볼 수 있었다.** 각 현상이 지닌 특성을 직접적으로 명료하게 알 수 있었다는 의미다.

이 과정을 간격 없이 지나면서 새로운 3) **활력**이 일어나 수행의 길에서 더 큰 향상을 이루었다. 이제 수잔은 마음챙김과 현상을 들여다보는 조사를 통해 무엇이 지혜롭고, 무엇이 지혜롭지 않은지 알 수 있었다. 그렇게 시간이 지나자 마음의 에너지를 사용하지 않고도 이 과정을 지날 수 있었다. 온전한 활력이 몸 전체를 통해 흘렀다. 자기의식적인 생각으로 활력을 유지할 필요도, 그러면서 그 활력을 깨뜨리지 않아도 좋았다.

이로써 4) **활력을 주는 기쁨**이 그녀의 몸에 일어났다.

이 기쁨은 너무도 생생해 다른 곳에서 기쁨을 구할 필요가 없었다. 5) 이렇게 그녀는 **고요함**과 편안함을 경험했다.

몸과 마음이 편안해지자 6) 때로 **삼매**가 보였다.

수잔은 어떤 일이든 자연스럽게 일어나도록 허용했다. 모든 것에 맞서 싸우며 고치려는 노력을 내려놓았다. 그러면서 수행 길의 일부로서 7) **평정심**이라는 미묘한 맛을 보았다. 더욱이 마음챙김과 현상에 대한 조사를 나머지 깨달음 요소들에 적용함으로써 법에 대한 직접적인 앎을 얻는 기회가 되었다.

수잔의 수행 길은 길고도 혼란스러운 과정이었다. 실패도 많았다. 그녀는 성공하다가도 실패했다. 자신의 마음 상태를 깨닫는 능력을 얻었다가 또 잃었다. 이 점을 알아야 하는 이유는, 그렇지 않으면 당신이 실제 수행의 길을 걸어가는 과정에서 수잔의 사례를 떠올리며 그에 미치지 못하는 경우 자신을 실패자라고 여길 수도 있기 때문이다. 수행의 길은 대부분이 수만 시간의 힘든 작업이라는 사실을 분명히 알아야 한다. 그것은 당신 스스로 나서야 하는 작업이다. 당신 차례가 되었다고 투덜거려서는 안 된다. 이것이 영웅이 떠나는 여정의 진정한 시작점임을 알아야 한다.

수잔은 아직 깨달음의 일곱 가지 요소를 완전히 통달하지 못했다. 그러자면 아직 많은 시간이 남았지만, 통달의 과정은 이미 뿌리를 내리기 시작했다.

5단계 | 능숙하게 선정에 들다

앞에서 예를 든, 마법의 검을 얻은 헬레나처럼 수잔은 이제 삼매라는 강력한 도구를 얻기 위한 조건을 갖추었다. 두 사람 모두에게 있어, 새로운 도구를 얻는다는 것은 이미 실력이 높은 선수에게 판도를 완전히 바꾸는 게임 체인저 역할을 한다.

앞에서 보았듯이 삼매에는 이론상 완벽한 논리가 있다. 그러나 실제 수행은 이론적 이해를 넘어서는 무엇이다. 실제 수행에서 우리는 미지의 깊은 영역으로 들어가기도 한다. 처음에 우리는 노력을 기울이며 정신적인 이해를 통해 삼매를 확립한다. 그러나 노력을 기울이는 과정에서 우리가 알지 못하는 현상이 나타난다. 우리는 그 현상에 대해 점점 더 모르는 (몰라야만 하는) 처지에 놓이게 된다. 그러나 이런 과정을 거쳐 새로운 지혜가 나타나고 새로운 종류의 노력을 기울이게 된다. 이렇게 함으로써 실제로 명상을 어떻게 하는지 비로소 알게 된다. 이것은 바다에서 배를 항해하는 것과 비슷하다. 바다에 배를 항해하려면 처음에는 뭍에서 배를 끌고 해변으로 가야 한다. 배는 뭍에서 끌기 쉽게 만든 물건이 아니지만 처음엔 어떻게든 뭍에서 끌어야 한다. 그러나 일단 바닷물에 배를 띄우면 그때부터는 바람을 이용하면 된다. 바람을 타는 법을 알면 뭍에서 끌 때보다 노력을 적게 들이고도 훨씬 빠른 속도로 배를 몰 수 있다. 마찬가지로 제대로 명상을 하려면 명상에 관한 정신적 이해를 사용해야 한다. 그러다 일단 선정에 들면 정신적 이해보다 더욱 큰 앎과 동력을 활용해 더 빠르게 수행의 길에서 향상할 수 있다. 대부분의 사람은 여기에 이르는 데 들여야 하는 힘든 노력을 기울이지 않으려 하지만 이 작업에 기꺼이 임하는 사람은 이 힘든 작업이 자신도 모르는 커다란 에너지가 되어 수행의 길에서 자연스러운 향상을 이루게 한다는 것을 알 수 있다.

만약 수행의 길에서 당신에게 이런 변화가 일어나지 않는다면 당신은 여전히 생각에 빠진 채로 선정에 드는 방법을 찾고 있는지 모른다. 선정은 분석이나 정신적 이해가 아니라 자연스러운 상태에서 일어나야 한다. 나중에 선정에서 벗어나 그 상태를 다시 돌아보면, 당신에게 일어난 일이 경전에 적혀 있는 대로임을 알게 될 것이다. 그러나 선정이라는 멋진 상태에 머무는 동안에는 통제를 내려놓고 선정이 신비롭게 일어나도록 그냥 두어야 한다. 이것이 바로 우리가 선정을 신뢰할 수 있는 이유이다. 정신적 통제는 깊은 선정을 방해한다. 우리가 신뢰할 수 있는 선정은 오직 내려놓음에서 일어나는 선정뿐이다. 이런 선정은 통제보다 더 심오한 상태이다.

그런데 우리로 하여금 선정의 신비 속에 발을 들여놓게 하는 요인은 무엇일까? 그것은 사람마다 다르며 정확히 알기도 어렵다. 수잔의 경우, 숲속에서 우연히 마주친 올빼미와의 만남이 계기가 되었다. 숲길을 따라 걷기 명상을 하던 중 올빼미 한 마리와 우연히 눈이 마주쳤다. 올빼미는 수잔을 빤히 바라보고 있었다. 수잔을 알아차리고 있었으며, 수잔 앞에 현존한 채 가만히 머물고 있었다. 그러나 수잔은 머릿속 생각에 빠진 나머지, 올빼미를 알아차리지도, 녀석 앞에서 현존하지도 못했다. 수잔은 바로 이것이 자신이 평생 외로움을 느끼며 살아온 이유라는 것을 알았다. 살아 있는 생명체가 바로 눈앞에 있었음에도 수잔은 머릿속 생각의 감옥에 단단히 갇혀 녀석과 함께하지 못했다. 눈앞에 있는 올빼미마저 알아보지 못한 채 머릿속 생각으로 녀석에 관한 이야기를 지어낼 뿐이었다. 이 상태에서 뭔가를 하지 않으면 앞으로 평생을 외롭게 살 뿐 아니라 외로움 속에 죽음을 맞이할 거라는 생각이 퍼뜩 들었다. 게다가 그녀가 만나는 모든 사람이 그녀의 사랑을 한 번도 느끼지 못한 채 죽음에 이를 것이다. 이런 일이 벌어질까 너무도 끔찍했던 수잔은 어떤 대가를 치르더라도 머릿속 생각에서 벗어나 세상과 직접 만나는 일에 자신의 삶을 바치기로 했다.

우리는 모두 다르며, 누구나 올빼미를 만나는 것도 아니다. 하지만 누구에게나 일어날 수 있는 이런 변화는 기본적으로 지금부터 자신에게 일어날 어떤 일이든 그것을 신뢰할 수 있느냐의 문제이다. 어느 경우이든, 필요한 기술을 갖추면 누구라도 모든 것이 바뀌는 결정, 즉 움켜쥐는 것이 아니라 내려놓는 결정을 내릴 수 있다. 그것은 이제 시간문제이다. 소류 스님은 이것을 이렇게 표현한다. "우리가 내리는 결정 가운데는 나중에 돌아봤을 때 스스로 내린 최초의 결정임을 알게 되는 그런 결정이 있습니다." 우리는 이제 머릿속 생각에서 벗어나 삼매에 머무는 데 필요한 것이면 어떤 것이든 기꺼이 하고자 한다.

수잔은 첫 번째 선정을 얻어 완전히 통달했다. 수행의 길이 주는 기쁨이 세상의 어떤 기쁨보다 크다는 사실을 스스로 깨달았다. 이것은 하나의 삶이 끝나고 새로운 삶이 시작되는 것과 같았다. 이제 우리는 생생히 살아 있는 새로운 세상 속으로 들어간다.

6단계 | 삼매가 깊어지면서 지혜가 꽃피다

수잔은 이 단계에서 많은 수행자의 발목을 붙잡는 덫을 피해갈 수 있었다. 그것은 자신의 영적 무능력을 아직 충분히 자각하지 못한다는 것이다.[3] 무언가를 깨달았지만 아직 모르는 것이 더 많다는 사실을 모를 때 이런 덫에 걸리기 쉽다.

불교 수행자는 선정에 든든히 들기 시작할 때 이런 덫에 걸리기가 가장 쉽다. 선정은 매우 강력한 경험이라 많은 사람들이 처음 선정에 들면 자신이 깨달음을 이루었다고 착각한다. 그리고 선정을 넘어 앞으로 나아가는 길을 찾지 못하면 자신이 수행의 길을 끝까지 마친 게 틀림없다고 생각한다(물론 이것 역시 틀린 생각이다). 여기에 감정적 요소까지 더해져 문제는 더 복잡해진다. 어떤 사람은 불안감 때문에 자신이 옳다는 데 집착한다. 그래서 자신이 얻은 통찰과 삼매에 더욱 집착한다. 이것이 그들이 수행의 길에서 막히는 이유이다.

그러나 수잔은 이 덫에 걸리지 않았다. 그녀에게는 두 가지 자원이 있었다. 첫 번째 자원은 훌륭한 스승이었다. 그녀가 아직 갈 길이 멀었다는 사실을 알았던 스승은 그녀를 자극해 주었다. 그녀가 가진 두 번째 자원은 말하자면 그녀가 부여받은 겸손함의 재능이었다. 수잔은 수행의 길에서 자신이 실제보다 앞서 있다고 착각하고 있었다. 그러던 중 도덕적 문제에 맞닥뜨릴 때면 자신이 아직 멀었음을 뼈아프게 깨달았다. '거의 다 왔어!' 하는 생각이 들다가도 바로 다음 날이면 '내가 수행의 길을 시작이나 했던가?' 하는 생각 때문에 괴로웠다. 고통스러웠지만 그녀를 겸손하게 만든 경험이었다. 주변의 동료 수행자들도 도움이 되었다. 수행의 길에서 그녀보다 앞서 있던 선배 수행자들은 수잔이 넘어질 때마다 이렇게 격려했다. "그래요, 나도 가 봐서 알아요." 친구이자 선배인 수행자들은 수잔이 겸손함이라는 선물을 받는 데 필요한 사랑의 품이 되어 주었다. 당신이 틀렸다는 사실을 직면할 때마다 평정심으로 그렇게 할 수 있다면 거기 막힌 채 앞으로 나아가지 못하는 일은 없을 것이다.

수잔은 계속 앞으로 나아가며 선정의 세계 속으로 더 깊이 들어갔다. 그러면서 선정의 질감과 맛, 규칙을 알게 되었다. 많은 가르침을 통해 그녀는 어떻게든 앞으로 나아가는 것이 기본 규칙이라는 걸 알았다. 여기서 '앞으로'라는 말은 더 적게 남아 있는 경지로 향한다는 의미이다. 즉 '내려놓음'을 의미한다. 선정 수행의 각 단계에서 우리는 바로 이전 단계에서 우리를 떠받쳤던 가장 중요한 경험마저 내려놓아야 한다. 수잔 역시 선정 각 단계의 새로운 경험 속에 아직 남아 있는 결점을 꿰뚫어 보고, 그 너머로 나아가기 위해 그것조차 내려놓는 법을 배웠다. 이것은 세상에서 가장 멋진 경험에 대한 뿌리 깊은 집착마저 잘라내는 것을 뜻했다.

더 중요한 것은 수잔 자신이 그 방법을 알고 있다는 생각마저 버렸다는 점이다. 이내 그녀는 '누가' 이 모든 것을 하는지조차 모르게 되었다. '누가 명상을 하는가?' 그녀는 이 질문에 대해 책에서 읽은 온갖 똑똑한 답을 꿰뚫어 보았다. '나는 책에서 읽은 답을 아는 사람이다'라는 생각을 꿰뚫어 보았고, '내가 꿰뚫어 본다'는 생각마저 꿰뚫어 보았다. '사물과 현상'을 꿰뚫어 보았으며, '내가 본다'는 생각을 꿰뚫어 보았다. 이런 식으로 계속되었다. 지금 이 글을 읽으며 당신이 떠올리는 어떤 생각이든, 지금 단계에서 당신이 정확히 꿰뚫어 보아야 하는 것은 바로 이것이다.

대부분의 사람에게 있어, 가장 유명한 스승들조차도, '꿰뚫어 본다'는 것이 그저 머릿속 상상에 그치는 경우가 많다. 다른 사람의 경험으로 그렇게 알거나, 아니면 무의식 속에서 정신적 가공을 거쳐 꿰뚫어 본다고 생각하는 것에 지나지 않는다. 그러나 수행이 성숙해 가면서 수잔에게는 수행의 길이 실제적으로 다가왔다. 헬레나가 용과 악마를 물리쳤듯이 수잔은 가장 힘센 무지의 적을 잘라내며 지혜가 꽃을 피우기 시작했다.

(소류 스님은 수행의 이 단계와 이후 단계를 밟고 있는 사람과 만나는 걸 좋아한다고 쑥스럽게 고백한다. 이제 스님은 그들과 실질적인 대화를 나눌 수 있다. 그런데 사람들이 대화를 나눌 때면 각자가 가진 패턴이 서로 충돌을 일으키는 경우가 대부분이다. 사람과 사람 사이의 진정한 연결이 없다. 그런데 수행의 이 단계에 들어서면 각자의 패턴을 내려놓고 각각의 경험과 (그리고 상대방과) 참된 친밀함 속에서 만남을 가질 수 있다.)

수잔의 수행은 더 없이 순조롭게 나아갔다. 그러나 이내 모든 것이 다시 틀어지기 시작했다.

수잔의 멋진 모험, 3부 – 멈출 수 없는 저항을 깨뜨리다

7단계 | 커다란 저항과 맞붙다

헬레나가 가장 강력한 적이 자신보다 더 강력한 복제 인간임을 알았듯이, 그리고 그에 대한 유일한 해결책은 주저하지 않고 복제 인간을 향해 돌격하는 것임을 알았듯이, 수잔도 앞으로 나아가는 방법이 그녀 스스로 생각하는 자신을 통과해 가는 수밖에 없음을 곧 깨달았다. 자신이 생각한 스스로를 그대로 통과해 가자 그녀에게 커다란 힘이 생겼다. 그런데 헬레나와 마찬가지로 수잔에게 있어서도 가장 큰 도전은 그 힘마저 내려놓는 것이었다.

앞서 보았듯이 수잔의 수행은 점점 깊어지고 있었다. 아무 문제가 없어 보였다. 그러다 갑자기 어떤 이유에서인지 수잔은 커다란 도전에 직면했다. 그녀의 마음은 뒤로 돌아가고 싶어 했다. 수행의 길에서 지금까지 이룬 커다란 성취에도 불구하고, 아니, 정확히 말하면, 그 성취 '때문에' 그것에 대한 집착과 동일시가 더욱 강해졌다. 수잔은 자신의 오랜 패턴에 완전히 빠진 채 거기 머물고 있는 자신을 발견했다. 처음에 수잔은 수행의 길에서 벗어나려고 수행 공동체에서 분란을 일으키며 스스로를 희생자로 여기고 있었다. 아무도 자신을 배려해 주지 않는다고 생각했다. 수잔은 자신이 이토록 열심히 수행을 해도 아직 자유롭지 못하다는 사실을 자신이 결코 괴로움에 벗어날 수 없는 구실로 삼고 있었다. 집착을 통해 스스로 괴로움을 일으키고 있는 걸 보았고, 그렇게 일어난 괴로움을 이용해 자신이 집착에서 벗어날 수 없다고 스스로 믿고 있었다. 이기적인 태도에서 벗어나는 것에 관한 가르침을 접하면 그녀는 이런 말로 대꾸했다. "방금 하신 말은 내게 큰 상처가 되는군요." 그러면서 내려놓지 않는 온갖 이유를 둘러댔다. 그 이유들을 스스로 되뇌고 수행 바깥의 사람들에게 털어놓으면서 이제 그 이유들을 점점 더 사실로 믿게 되었다. 수잔의 에고는 책에 소개된 통제권을 다시 쥐는 온갖 방법들을 동원하고 있었다.

    이때 에고가 사용하는 가장 효과적인 수법은 멋진 명상 상태에 집착하는 것이다. 그중에서도 가장 강력한 명상 상태는 비이원적 알아차림과 비개념적 알아차림이라는 것이다(수잔은 이후에 이 상태에 들어갔는데, 이 상태에 대해서는 여기서 설명하는 것이 더 적절해 보인다). 비이원적 알아차림 상태에 이르면 내면과 외면, 옳음과 그름, 존재와 비존재의 구분이 사라진다. 이것 아니면 저것이라는 이원성이 사라지므로 어떤 것에 대한 판단을 내릴 수 없다. 따라서 실수를 저지를 일도 없다. 수행의 길이 실수 없이 활짝 열린다. 한편 비개념적 알아차림에서는 우리가 끊임없이 지어내는 개념이 떨어져나간다. 각각의 현상에 더는 이야기와 개념을 덧붙이지 않는다. 자신의 경험에 관한 개념이 아니라 경험 자체와 직접 맞닥뜨린다. 지금 일어나고 있는 현상에 관하여 자신을 속일 수 없다. 따라서 실수를 하지 않으며 수행의 길이 활짝 열린다. 비이원적 알아차림과 비개념적 알아차림이라는 두 가지 상태 모두 훌륭한 상태이며, 대부분의 사람이 이 상태에서 많은 시간을 보내지 않는다. 그런데 이 상태에 집착하기 시작하면 그것은 약에서 독으로 바뀐다. 그리고 이 상태에 집착하는 가장 효과적인 방법은 이 상태를 수행의 최종 목적지, 즉 깨달음이라고 여기는 것이다. 더욱이 이것 주위에 자신의 정체성을 덧붙임으로써 이 상태를 더 악화시키기도 한다. 가령 '비이원적 경험과 비개념적 경험을 했으니 이제 나는 깨달은 사람이야.'라고 생각한다.

비이원적 알아차림과 비개념적 알아차림이 강력하긴 하나 그것 자체가 수행의 최종 목적지인 깨달음은 아니다. 그것은 열반도 아니고, 깨달음도 아니며, 깨어남도 아니다. 많은 사람이 그것을 깨달음으로 잘못 생각한다. 어떤 이는 자신의 '깨어남'에 관한 책을 쓰기도 한다. 진짜 목적지는 그 너머에 있음을 알지 못한 채 말이다. 특정한 명상 상태에 집착하면 거기에 걸려 앞으로 나아가지 못한다. 비이원적 알아차림을 발판 삼아 열반으로 나아가려면 비이원적 알아차림마저 완전히 내려놓아야 한다. 마치 앞의 헬레나가 여신의 조언에 따라 스톰 메이커를 바닷속에 떨어뜨린 것처럼 말이다.

훌륭한 스승을 찾아 그의 아래에서 수행하는 것이 어려워 보일

지라도 그것은 매우 중요하다. 왜냐하면 좋은 스승은 우리가 특정한 명상 상태에 걸려 앞으로 나아가지 못하는 일이 없도록 하기 때문이다(물론 스승 자신이 거기 걸려 있다면 우리의 수행에 실제로 방해가 될 것이다). 수행의 이 단계에 걸려, 그리고 개념에 다시 걸려 수행의 길에서 앞으로 나아가지 못하는 상황은, 참된 통찰에 이르기까지 얼마 남지 않았다는 점에서 비극이라고 할 수 있다. 훌륭한 스승에게 배우는 것은 그만큼의 가치가 있다. 훌륭한 스승은 우리가 이 비극을 피해 가도록 돕는다. 결국 우리는 내려놓음의 길로 다시 돌아와야 한다. 수행은 특정 경험을 움켜쥐거나 그것과 동일시하는 작업이 아니다. 수행은 온전히 내려놓는 작업이다.

따라서 수잔이 물어야 할 유일한 질문은 기꺼이 모든 것을 내려놓을 수 있느냐 하는 것이었다. 내려놓는 것은 어려운 일이다. 알코올 중독에서 벗어나는 것처럼, 그리고 수세대에 걸친 가난에서 벗어나는 것처럼 힘든 일이다. 아니면 먹을 것도 없이 민병대에서 달아나 온 나라를 떠도는 것처럼 어려운 일이다. 이런 비유를 단지 시적 과장법으로 여기지 않았으면 한다. 내려놓는 것은 실제로 그만큼 어려운 일이다.

수잔은 어떻게 해서 수행의 길에서 앞으로 나아가지 못하는 상황에 이르렀을까? 이것은 수행에서 실질적인 향상을 이룬 뒤 망설이는 사람에게 실제로 흔히 일어나는 일이다. 마치 공중그네를 타는 곡예사가 이전 그네에서 다음 그네로 옮겨 가는 동안 공중에서 주저하며 이전 그네에 미련을 버리지 못하는 것과 비슷하다. 여기에서 중요한 점은, 망설이지 않는 곡예사에게는 (그리고 애당초 실질적 향상을 이루지 못한 곡예사에게도) 이런 일이 일어나지 않는다는 사실이다.

시간이 지나면서 수잔은 수행의 길에서 뒤로 돌아가려는 저항감과 스스로 일으키고 있는 고통에 대한 해결책을 찾았다. 그것은 두 가지였다. 하나는 지금까지 해 온 계율 수행이었고, 또 하나는 수행에 대한 이해가 깊은 훌륭한 친구들이었다. 물론 이렇게 수행의 길에서 앞으로 나아가지 못하는 상황은 이번 7단계만이 아니라 10단계 중 어디에서든 또다시 일어날 수 있다. 우리가 망설이는 순간 언제든 그렇게 된다.

8단계 | 명료함으로 주저함을 모두 떨쳐내다

마침내 수잔은 스스로 일으키고 있는 괴로움의 한가운데서, 그리고 타인과 자신에 대한 불신의 한가운데서 밖으로 빠져나갈 방법이 없다는 사실을 깨달았다. 그러나 이 작업은 우리가 어떤 상황에 처하든 해야만 하는 작업이다. 벗어남은 우리가 자신과 타인을 어떻게 보든, 무엇을 원하든 원치 않든 상관없이 태어난 이상 해야 하는 작업이다.

수잔은 어떤 경우에도, 누구도 무상에 대한 통제권이 없음을 보았다. 자신이 부서지지 않는 안전한 장소는 없다는 것을 알았다. 그녀가 겪는 모든 고통은 자신의 무지한 마음에서 비롯된 것임을 알았다. 자신이 하는 모든 행동, 사소한 생각까지도 행복 아니면 슬픔으로 이어진다는 사실을 알았다. 마침내 그녀는 우리가 가장 회피하는 이해, 그러나 우리에게 가장 큰 이익을 주는 이해에 자신을 내맡겼다. 그것은 자신의 취약함과 자신이 가진 힘을 온전히 깨닫는 것이었다. 마침내 수잔은 자신의 이기심이 유일한 문제임을 알았다. 그것은 그녀에게 확신으로 다가왔다. 자신이 어떤 일에 대해서도 불평할 권리가 없다는 것, 어떻게든 자신을 깨고 나와야 한다는 것도 알았다.

그녀는 붓다가 깨달음을 이루기 전에 한 말, 즉 이제 그의 마음챙김은 멈춤이 없고, 그의 노력은 그치지 않는다는 말의 의미를 직접 알 수 있었다.[4] 도저히 넘을 수 없을 것 같았던 장벽이 이제 그녀 앞에 무너지면서 길이 열리고 있었다. 그것은 멋진 일이었다. 지금까지 살면서 이룬 모든 성취들, 달콤한 사랑에 빠지고, 직장에서 성공을 거두며, 가족을 돌보는 일은 지금의 이 멋진 모험이 그녀에게 하루하루 가져다주는 충만감에 비하면 십 분의 일도 되지 않았다. 수잔은 지금껏 자신이 알던 가장 큰 재미를 느끼기 시작했다. 그것은 가장 큰 재미일 뿐 아니라 가장 긴요한 일, 가장 큰 기쁨, 가장 큰 절박감, 가장 큰 흥분, 가장 큰 무서움, 가장 큰 평화, 가장 큰 소진, 가장 큰 에너지였다. 왜 그런가? 자신이 해야 할 일을 받아들였기 때문이다. 그것도 주저함 없이, 타협 없이, 망설임 없이 그렇게 했기 때문이었다.

그것은 팔정도의 여덟 가지 요소가 고단 기어로 작동하고 있는 상태였다. 수잔은 수행의 길에서 실수하지 않고 앞으로 나아가고 있었다.

9단계 | 조사와 내려놓음이 하나 되는 곳에서 생생히 살아나는 다르마

(주의: 이 단계에서 설명하는 내용에는 이해가 가지 않는 것도 있을 것이다. 수잔의 개인적 경험이기 때문이다. 그리고 열반에 다가갈수록 말로 하는 설명이 점점 더 이해되지 않을 것이다.)

이 단계에 이르자 마침내 수잔은 붓다가 가르친 모든 것이 하나로 정리되는 느낌이 들었다. 완전한 긴박감과 완전한 평화가 하나가 되었다. 그녀는 한순간도 헛되이 보내지 않았으며, 동시에 한순간도 집착하지 않았다.

우선, **수잔은 갈애를 이해했다.**[5] 아직 그녀의 마음에 갈애가 남아 있었지만 감각적 쾌락에 대한 갈애, 존재에 대한 갈애, 비존재에 대한 갈애라는 세 가지 유형의 갈애를 더 이상은 믿지 않게 되었다.

1) 자신이 원하는 것을 가져야 한다는 생각에서 벗어났다.
2) 결국 가장 중요한 것은 생명이 위험에 처했을 때 자신을 보호하는 것이라는 생각에서도 벗어났다.
3) 영적 수행의 길은 자신을 없애는 것이라는 생각에서도 벗어났다.

수잔은 마치 목숨을 건 것처럼 커다란 용기로 물러섬 없이 이제 정식 명상을 하는 동안에 깊은 삼매에 들어 거기에 머물 수 있었다. 삼매에 머무는 동안은 매 순간 자신을 잊었다. 생각으로 떠올리는 모든 것을 잊었으며, 자신이 느끼는 모든 것, 인지하는 모든 것도 잊었다. 이런 방식으로 그녀는 모든 것을 완전히 그리고 정직하게 경험했다. 이것은 말로 설명하기 어려운 상태이지만 실은 매우 단순하다. 이제 어떤 것에도 집착하지 않는 수잔의 마음은 거기에 비친 모든 것을 있는 그대로 비추는 거울과 같았다. 몸과 마음에 대한 어떤 집착도 일어나는 즉시 떨어져나갔다. **이제 그녀의 의식은 집착으로부터 자유로워졌다.** 무엇도 붙잡지 않았다. 어떤 것과도 갈등을 일으키지 않았다. 이미 일어난 일을 모두 내려놓았을 뿐 아니라 지금 일어나는 그것을 붙잡는 일도 없었다. 모든 현상이, 일어나는 순간 사라졌으므로 아무 것도 움켜쥘 것이 없었다.

모든 현상을 지극한 충만감으로 경험한 수잔은 거기에서 고정된 어떤 것도 찾을 수 없었다. 이것은 앞서 11장 마지막에 소개한, 붓다 가 바히야에게 준 가르침(볼 때는 보는 것만, 들을 때는 듣는 것만 있게 하라…) 을 이해하는 시작이 되었다. 그러면서 **유신견이 떨어져나가기 시작했 다.**[6] 그리고 **물러섬 없는 노력과 멈춤 없는 마음챙김**에 깊이 들어 다른 곳에 정신이 팔리거나 방해받는 일이 없었다.

정식 명상을 하는 중에 수잔은 무색계에 들어가 지각이 점점 엷 어지더니 사라지는 상태가 되었다. 이 삼매 상태에서 그녀는 어디에 서나 드넓은 공과 빛을 발견했다. 자아와 타자의 구분이 사라진 **비이 원적 알아차림**을 유지했다. 이 상태에서는 어디에서도 고통을 찾을 수 없었으며 수행의 길은 계속해서 활짝 열린 상태였다. 그녀는 또 **비 개념적 알아차림**을 유지했으며 이 상태에서 모든 현상을 정신적 구성 물을 통하지 않고 직접적으로 알 수 있었다. 어디에도 미혹이 없었다. 수행의 길은 활짝 열린 상태였다. 이로써 자신이 무엇을 할 수 있는지 에 관한 그녀의 생각을 넘어서는 새로운 지혜가 나타났다.

이것은 중요한 발전이었다. 하지만 더 중요한 것이 있었다. 이렇 게 집착하지 않는 상태가 이제는 정식 명상을 하든 하지 않든 상관없 이 계속되었다는 점이다. 이 단계의 가장 핵심은 그치지 않는 노력과 마음챙김이 하루 종일 지속된다는 점이다. 수잔은 이제 몸과 마음에 집착하지 않고 바닥을 닦을 수 있었다. 자아와 세상에 집착하지 않고 산을 바라볼 수 있었다. 그리고 이런 상태가 하루 종일, 잠시도 멈춤

이 없이 지속되었다. 그녀는 자신과 수행, 주변 환경에 관한 단 하나의 생각에도, 단 한 순간의 행동에도, 단 한 순간의 앎에도 집착하지 않았다. 그녀의 앎과 행동, 몸과 마음이 모두 참된 평화에 이르고 있었다.

몸과 마음의 활동으로 방해받는 일이 줄면서 수잔은 사물과 현상을 있는 그대로 볼 수 있었다. 특히 **존재의 세 가지 특상**, 즉 **삼법인**을 보았다.[7] 이것은 한 사람이 지금까지 살면서 겪은 가운데 가장 무서운 경험이자 가장 즐겁고 멋진 경험이기도 할 것이다. 수잔은 우리가 대개 책에서 읽어 알고 있는 내용을 직접 보았다. 사물과 현상의 참모습은 어떠한가? 1) 모든 사물과 현상은 영원하지 않다. 즉 한순간도 멈추지 않고 계속해서 변화한다. 그러므로 멈추지 않고 변화하는 그것을 한순간이라도 붙잡으려 할 때 2) 그것은 둑카(괴로움)이다. 애당초 붙잡을 수 없는 것을 붙잡으려 할 때 괴로움이 일어난다. 괴로움은 우리에게 아픔을 안긴다. 3) 모든 현상이 자아가 없는 무아임이 드러난다. 수잔은 아직 무아를 완전히 깨닫지는 못했지만 그것은 부정할 수 없는 사실이었다.

그녀가 마음으로 덧붙인 모든 것이 잘려나가면서 이제 그녀의 마음은 그 무엇도 붙잡지 않았다. 개념을 덧붙이지 않았으며 견해도 키우지 않았다. 앞서 연기를 설명할 때 보았던, 의식과 명색(정신과 물질)의 피드백 고리가 떨어져나가고 있었다. 대부분의 사람이 실재라고 여기는 환영이 떨어져나갔다. 그녀는 특히 무명, 행, 식, 명색이라는 **연기의 처음 네 가지 요소가 작동하는 모습을 직접 보고 있었다.**

수잔은 자신의 마음을 떠받치고 있는 것, 즉 이 세상이 실은 자신의 마음에 의해 구성된 것임을 보았다. '세상'이라고 부르는 이 구성물은 다시 다른 구성물, 즉 마음이라고 부르는 것을 만들어냈다. 수잔은 의식과 몸-마음 사이의 돌고 도는 이 피드백 고리가 존재의 환영을 만들어내는 것을 보았다. 그러나 존재든 비존재든 거기에 고유한 실체는 없다는 사실도 보았다. 이제 수잔에게 **다섯 무더기에 어떠한 실체도 없이 비어 있다고** 가르친 붓다의 심오한 가르침이 분명히 다가왔다.[8] 따라서 다섯 무더기의 어떤 것에도 집착하지 않고, 특히 마음의 구성물에 집착하지 않으면서, 수잔은 자신에게 이렇게 물었다. "이것은 무엇이지?" 자신이 가진 모든 것에 대해 이렇게 물었다. 이 한 가지 질문에 자신이 가진 모든 것을 던졌다. 마음의 고요함으로 안정되고 긴박감으로 힘을 얻은 조사라는 깨달음의 요소가 이제 온전히 가동하고 있었다. 그녀에게 사물은 존재하지 않았다. 사물을 지각하는 특정한 사람도 존재하지 않았다. 지금껏 사물에 붙이던 모든 상(相)이 떨어져나갔다. 붓다는 이것을 '마음이 상에서 벗어나는 것'이라고 말했다.[9]

이제 그녀의 마음은 흔들림이 없었다. 매 순간 다르마가 스스로 드러나면서 그녀의 마음은 끊임없이 스스로를 바로잡아 갔다. 마음챙김과 평정심을 완전히 숙달했다. 선정 단계에서 나타난다는 강력한 마음이 어떤 것인지 스스로 알 수 있었다.[10] 그녀의 경험 하나하나가 마음을 정화시키며 그녀를 버림과 내려놓음, 벗어남을 향해 나아가게 했다. 지금까지 수행의 길을 걸어오는 데는 노력이 반드시 필요했었다. 오랜 시간 참된 노력을 기울이기 위해 애썼던 수잔은 며칠 전에야 그것을 발견했다. 노력이 더욱 성숙해지면서 이제 그것마저 의미가 사라졌다. 소류 스님은 이를 시적으로 표현한다. "오직 확신만이 남습니다. 온 우주의 커다란 에너지가 완성에 이른 거죠."

10단계 | 돌파구

수잔에게 일어난 이 돌파구는 이 책에서 당신이 배운 가르침처럼, 붓다의 고전적 가르침에 관한 법회 도중 우연히 나타났다. 그것은 예상치 못한, 평화로운, 틀림이 없는, 그리고 즐거운 돌파구였다. 여기에 자아가 들어설 여지는 조금도 없었다. 안에도, 바깥에도, 사이에도 없었다. 이전에도, 이후에도, 그리고 지금도 없었다. 모든 것이 해결되었다. 속박이 끊어지고 장애물이 사라졌으며 조금의 갈등도 없어졌다.

나는 소류 스님에게 이 상황을 설명해달라고 했다. 스님은 멋진 표현으로 이렇게 화답했다.

이것을 뭐라고 불러야 할까요? 평화나 기쁨 같은 말로는 부족합니다. 완성이라는 말도 부족해요. 완성과 비교가 안 될 만큼 더 훌륭한 상태니까요. 무언가가 있어야 한다면, 모든 존재를 향해 무한한 사랑을 보내는 것밖에 없다고 해야 하겠군요.
수행의 길은 여기서 끝나지 않습니다. 더 큰 통찰과 더 깊은 연민심을 향해 나아가야 합니다. 하지만 이제 더는 돌아올 수 없는 지점에 이르렀습니다. 모든 살아 있는 존재들의 이익을 위해 우리 모두가 여기에 이르기를, 그리고 이곳을 넘어 나아가기를 기원합니다.

멋진 모험을 기대한다면

위의 6~8단계는 당신에게 버겁게 느껴질 수도 있다. 그 단계들은 우리가 자격 있는 스승의 지도를 받으며 수행해야 하는 이유를 설명해 준다. 수행의 길은 쉽지 않다. 그리고 쉽지 않은 여느 길처럼, 당신은 수행의 길에서 예상치 못한 장애물에 맞닥뜨릴 것이다. 많은 경우, 각 개인에 따라 맞닥뜨리는 장애물도 서로 다르다. 이 때문에 수행을 책에서 배우기는 어렵다. 당신의 수행에 대해 잘 아는 자격 있는 지도자만이 당신이 문제를 해결하도록 도움을 줄 수 있다.

이 상황을 스포츠에 비유할 수도 있다. 책을 읽는 것만으로 올림픽 출전 선수가 될 수 없다. 책은 당신이 올림픽 출전 선수가 되려면 어떻게 훈련해야 하고 어떤 과정을 거쳐야 하는지 알려 줄 수 있다. 또 운동생리학이나 최고 기량을 발휘하는 데 필요한 과학의 모든 지식을 가르쳐 줄 수도 있다. 그러나 올림픽 출전 선수가 되려면 당신 스스로 훈련하는 수밖에 없다. 올림픽 출전 선수가 되려면 만만치 않은 훈련에 참여해야 하며, 이때 당신은 반드시 자격 있는 코치의 지도를 받아야 한다. 훌륭한 코치는 당신에게 적합한 훈련 프로그램을 알고 있다. 당신이 장애물에 맞닥뜨렸을 때 어떤 훈련이 필요한지 안다. 더 중요한 것은 훌륭한 코치는 당신이 훈련 중 부상을 피하는 법을 알고 있으며, 만약 부상을 당했다면 어떻게 해야 회복하는지도 알고 있다.

그렇다고 코치가 없으면 절대 올림픽 출전 선수가 될 수 없다거나, 수행 지도자가 없으면 결코 깨달음에 이를 수 없다는 말은 아니다. 그렇게 하는 사람도 있다. 그렇지만 훌륭한 코치와 수행 지도자가 있으면 '큰' 도움이 된다.

　이제 당신은 하루 종일 수행하는 경우에 흐름에 들려면 (수다원이 되려면) 어느 정도 시간이 걸리는지 궁금할 것이다. 사람마다 다르기 때문에 정확히 예측할 수는 없다. 수행의 어느 지점에서 걸려 넘어질지, 또 걸린 상태에서 벗어나는 데 얼마나 걸릴지 알 수 없기 때문이다. 하지만 수잔의 경우, 위에 말한 단계를 모두 거치는 데 3년이 채 걸리지 않았다. 3년이다! 대학 학위를 따는 것보다 짧은 시간이다. 그렇다. 한번 해 볼 만하다.

　수잔의 이야기를 공유하는 이유는 수행의 과정이 실제로 어떠한지 보여 주기 위해서다. 더 중요한 것은, 우리 두 저자는 깨달음에 이르는 과정에 덧씌워진 신비를 벗겨내고 싶었다. 수행에 신비스러운 것은 아무것도 없다. 수행은 본질적으로 내려놓는 것이다. 그리고 수행은 내려놓는 법을 배우는 고강도의 훈련이다. 더 중요한 것은, 우리 두 저자는 흐름에 든 상태가 이번 생에 누구나 이를 수 있는 경지임을 알리고 싶었다. 물론 쉬운 작업은 아니다. 지금까지의 생활 방식에 변화를 주어야 한다. 하지만 이룰 수 있다. 올바른 지도를 받으며 수행에 전념하는 사람이라면 누구나 이룰 수 있다. 그렇다. 이제 당신 차례다. 수잔의 이야기가 열반을 향해 가는 당신에게 영감이 되길 바란다.

소류 스님의 한마디

절대 포기하지 마십시오!

13장

신들은 그저
재미있게 놀고 싶을 뿐

불교는 기적과 신을 어떻게 보는가

불교 수행승이 공중 부양을 하면 안 되는 이유

대부분의 종교 전통에서 기적은 중심적 위치를 차지한다. 하지만 초기불교에서는 기적을 그리 탐탁치 않게 여긴다. 실제로 불교 수행승은 대중 앞에서 기적을 행하는 것이 금지되어 있다.

붓다가 수행승들에게 내린 수행처의 생활 규칙은 위나야(Vinaya, '계율'·'훈련'이라는 의미)라는 문헌에 나와 있다. 남녀 수행승이 지켜야 하는 규칙을 적은 것으로 2백여 개가 넘는다. 필수 계율부터 작은 계율까지 다양하다. 필수 계율에서 금하는 사항에는 사람을 죽이는 것, 도둑질하는 것, 성관계를 갖는 것, 자신의 수행 단계에 대해 거짓말을 하는 것 등이 있다.[1] 작은 계율도 있는데 가령 수행승은 여분의 밥그릇을 열흘 넘게 가지고 있으면 안 되며, 수행승이 다른 수행승에게 간지럼을 태우며 장난을 치면 안 된다. 또 물에서 놀면 안 되고, 꽃을 뿌린 침상에 누워도 안 된다. 자신의 손톱을 반짝거리게 닦아서도 안 된다. 수백 개 계율 가운데 소부(小部, 쿳다까Khuddaka)에 나와 있는 한 가지는, 수행승은 대중 앞에서 기적을 행하면 안 된다는 계율이다.

위나야(계율)가 훌륭한 점은, 수행승이 지켜야 하는 규칙들의 배경 이야기를 들려준다는 점이다. 대중 앞에서 기적을 행하지 말라는 계율에도 재미있는 이야기가 얽혀 있다.[2] 라자가하에 어느 부유한 상인이 살았다. 그는 값비싼 최고급 백단향 목재를 입수해 그릇을 만들어 줄을 매달아 대나무 장대 꼭대기 높은 곳에 걸어 놓고는 사람들에게 이렇게 알렸다. "완전한 깨달음을 얻어 신통력을 지닌 자, 누구라도 이 그릇을 내릴 수 있으면 이 그릇은 그의 것이 될 것이다." 당시 인도에는 불교 바깥에 뿌라나 까사빠, 마칼리 고살라 등 유명한 스승들이 있었다. 그들은 부유한 상인을 찾아가 말했다. "나는 완전한 깨달음을 얻어 신통력을 지니고 있소. 그러니 저 그릇을 내게 주시오." 상인의 대답은 한결같았다. "저 그릇을 내릴 수 있으면 그릇은 당신 것이오." 그러나 누구도 그릇을 내리지 못했다.

어느 화창한 날, 깨달은 두 사람의 불교 수행승이 탁발을 하고자 라자가하에 갔다. 삔돌라 바라드와자와 목갈라나였다. 그릇 근처를 걸어가던 중 삔돌라가 목갈라나에게 (농담 삼아) 이렇게 말했다. "목갈라나여, 그대는 완전한 깨달음을 얻어 신통력을 지녔으니 저 그릇을 가져도 좋겠소." 목갈라나가 대답했다. "삔돌라여, 그대 역시 완전한 깨달음을 얻어 신통력을 지녔으니 그대가 그릇을 갖게나." (농담처럼 보여도 이 대화 내용은 실제로 위나야에 기록되어 있다.) 삔돌라는 공중 부양해 대나무 장대 꼭대기에 올라 그릇을 가지고 내려왔다. 그런 다음 보란 듯이 라자가하의 하늘을 세 바퀴 돌았다. 라자가하 사람들은 그 장면을 목격하고는 크게 동요했다.

붓다는 이 소식을 듣고 삔돌라를 불러 크게 꾸짖었다. 붓다가 아라한에게 내리는 꾸중 가운데 가장 큰 꾸중이었다. 붓다는 삔돌라를 정숙함을 거래하는 여인에 비유했다. 붓다가 삔돌라에게 말했다. "하찮은 동전 한 닢 때문에 자신의 은밀한 부위를 보여 주는 여자처럼, 삔돌라여, 그대는 하찮은 그릇 하나 때문에 사람들에게 신통력을 자랑하였구나." 그때부터 붓다는 수행승이 재가자 앞에서 신통력을 보이는 일을 일체 금했다.

그렇다. 매우 신성하다. 나의 반응도 마찬가지다.

그 후 삔돌라가 어떻게 되었는지 궁금할지 모르지만 별다른 일은 일어나지 않았다. 우선, 삔돌라는 이미 완전한 깨달음을 얻은 아라한이었다. 그가 그릇을 가져 내려온 것은 그릇을 갖고 싶은 탐심 때문이 아니었다. 그저 시민들에게 다르마에 대한 확신을 심어 주려는 순수한 의도로 그랬을 뿐이었다. 붓다도 그 사실을 알고 있었다. 크게 꾸짖긴 했어도 삔돌라에 대한 믿음을 거두지 않았다.[3]

그렇다면 붓다는 왜 수행승이 대중 앞에서 기적을 행하는 일을 금지했을까? 그것은 기적을 행하면 사람들이 다르마를 소홀히 대할 수 있기 때문이다. 본질적으로 신통력과 깨달음은 전혀 별개의 문제다. 완전히 깨달은 자 가운데 신통력이 전혀 없는 사람도 있다. 붓다의 상수제자인 사리뿟따가 그런 예다. 그는 붓다의 제자 가운데 가장 지혜로웠지만 신통력은 하나도 없었다. 반면 수행으로 신통력을 가졌지만 여전히 악한 사람도 있다. 붓다의 사촌인 데와닷따가 그런 예다.

길에서 붓다를 만나도 부디 죽이지 말기를

붓다의 사촌이었던 데와닷따는 나중에 붓다의 제자가 되었다. 명상에 재능이 뛰어났던 그는 커다란 신통력을 얻었다.[4] 그는 자신의 신통력을 가지고 명성과 권력, 특권을 누렸다. 어느 날 당시 마가다국의 황태자였던 아자따삿뚜 앞에 나타나 신통력을 자랑했다. 아자따삿뚜 왕자는 데와닷따의 신통력에 큰 인상을 받아 그가 부유한 생활을 누리도록 편의를 제공했다. 그러나 데와닷따가 사치와 특권에 탐닉하는 사이 그의 신통력도 조금씩 시들해졌다. 그렇지만 데와닷따의 야망은 더욱 커져만 갔다. 불교 승단 전체를 자신이 이끌고 싶은 야망이었다.

이런 야망에는 데와닷따가 붓다에 대한 질투심을 평생 품어 온 배경도 작용했다. 일은 그들의 어린 시절로 거슬러 올라간다. 아이였을 때 (장래 붓다가 될) 싯닷타는 아주 특별한 존재였다. 미래의 왕이자, 착하고 재능 있는 아이로 누구나 예뻐했다. 한편 데와닷따는 그렇고 그런 아이들 중 하나였다. 한번은 어린 데와닷따가 새총으로 새를 쏘아 떨어뜨렸다. 어린 싯닷타는 새를 데려와 보살펴 주었다. 새를 놓고 둘 사이에 싸움이 벌어졌다. 결국 둘은 명상 스승을 찾아갔다. 스승은 말했다. "데와닷따는 새를 죽이길 원하고, 싯닷타는 새를 살리기 원하는구나. 그렇다면 새는 싯닷타의 것이다." 이때부터 데와닷따는 싯닷타를 시기하기 시작했다. 싯닷타가 붓다가 된 뒤에 데와닷따는 붓다의 승가에 들어가 수행을 배우며 신통력을 키웠다. 그렇지만 자기보다 잘난 사촌을 시기하는 마음은 그대로였다.

왕이 참석한 수행승들의 대규모 회합에서 데와닷따가 붓다에게 말했다. "그대는 이제 늙었으니 편히 쉬시지요. 승가는 제가 이끌겠습니다." 붓다는 격하게 거절했다. "사리뿟따와 목갈라나에게도 승가를 넘기지 않았소. 하물며 길에 아무렇게나 침을 뱉는 그대에게 어떻게 승가를 넘겨주겠소?" 데와닷따는 예를 표하며 물러났지만 속에서 끓어오르는 격분 때문에 붓다를 암살할 궁리를 하고 있었다.

자신이 머물던 궁에 돌아온 데와닷따는 아자따삿뚜 왕자를 꼬드겨 암살 모의에 합류하도록 했다. "왕자께서는 아버지를 죽이고 왕이 되십시오. 나는 붓다를 죽여 새로운 붓다가 되겠습니다." 이에 아자따삿뚜는 훌륭한 빔비사라 왕에 대한 암살을 기도했지만 실패로 돌아가 왕 앞에 끌려왔다. 빔비사라 왕이 물었다.

"왜 나를 죽이려 했느냐, 아들아."

"아버지의 왕국을 갖고 싶었습니다."

"그렇다면 내게 그렇게 말하지 그랬느냐. 왕국을 네게 주었을 것인데."

그렇게 말하고는 왕위에서 물러나 아들에게 왕좌를 넘겨주었다. 아자따삿뚜는 왕이 되었지만 이후에 결국 아버지를 살해하고 말았다.

데와닷따는 붓다를 죽이려고 세 가지를 시도했다. 첫째, 왕이 된 아자따삿뚜가 조직해 준 군대를 동원하여 붓다를 죽이려고 했다. 군인들이 나무 아래 앉은 붓다에게 다가갔지만 붓다의 모습에 감명받은 군인들은 붓다에게 인사를 했다. 붓다는 군인들에게 설법을 했고, 설법을 마칠 즈음 군인들은 모두 붓다의 제자가 되었다. 다음으로 붓다가 독수리봉 그늘을 걷던 중에 데와닷따가 독수리봉에 올라 커다란 바위를 밀어 붓다를 향해 떨어뜨렸다(내가 보기에 데와닷따는 아직 신통력이 남아, 영화 〈스타워즈〉의 제다이 기사단처럼 바위를 움직이는 능력이 있었던 것 같다). 하지만 바위는 붓다를 맞히지 못했고 바위에서 떨어져 나온 돌멩이 하나가 붓다의 발가락에 상처를 입혀 피가 나는 정도에 그쳤다.

세 번째 시도는 백주대낮에 라자가하에서 벌어진 커다란 사건이었다. 라자가하에는 사람을 죽이도록 훈련받은 '날라기리'란 사나운 전투용 코끼리가 있었다. 코끼리는 왕실의 재산으로, 데와닷따는 코끼리 조련사를 찾아가 만약 붓다를 죽여 주면 왕이 커다란 보상을 내리고 승진을 시켜 줄 거라고 말했다. 어느 날 붓다가 도시의 도로를 따라 걷던 중에 조련사가 풀어놓은 날라기리가 붓다를 향해 돌격했다. 아직 거리가 남아 있어 대응할 시간은 충분했지만 붓다는 자리에 그대로 있기로 했다. 시민들은 이 광경을 보기 위해 높은 지붕에 올랐다. 코끼리가 붓다를 향해 돌격했지만, 붓다는 그 자리에 그대로 서서 코끼리를 향해 자애의 마음을 보냈다. 붓다를 향해 돌격하던 코끼리는 기세가 누그러져 붓다 곁에 순순히 무릎을 꿇고 앉았다. 붓다는 코끼리의 이마를 쓰다듬어 주었다. 결국 코끼리는 우리로 돌아갔다. 라자가하의 시민들은 어리둥절했다.

이 사건이 사람들 입에 오르내리면서 시민들이 노래를 지어 부르기 시작했다.

어떤 코끼리는 막대기와 채찍으로 길들여진다네.
그러나 날라기리는 위대한 깨달은 자에 의해 길들여졌다네.
그는 막대기도 없이, 무기도 없이 코끼리를 길들였다네.

데와닷따가 이 일을 주동했다는 사실이 라자가하 사람들에게 알려지면서 데와닷따는 크게 비난을 받으며 왕실의 후원을 더 이상 받지 못하게 되었다. 하지만 데와닷따는 한 가지 음모를 더 숨기고 있었다. 바로 승가를 분열시키는 것이었다. 데와닷따는 승가 분열을 함께 공모한 수행승 고깔리까의 도움으로 오백 명의 수행승을 자신이 만든 탈퇴 종파에 합류시켰다. 이 소식을 듣고 사리뿟따와 목갈라나가 데와닷따를 찾아갔다. 데와닷따는 두 사람이 자신의 종파에 합류하러 왔다고 생각하고는 자신이 낮잠을 자는 사이에 수행승들에게 설법을 해 줄 것을 요청했다. 그러나 잠에서 깨어 보니 고깔리까를 제외한 모든 수행승이 붓다에게 돌아간 사실을 알게 되었다. 그러고는 피를 토했다고 한다. 그 뒤로 데와닷따가 어떻게 되었는지 그에 관한 소식은 전하지 않는다.

한편 새로 왕이 된 아자따삿뚜는 어떻게 되었을까? 그는 심경에 큰 변화를 겪고는 결국 붓다에 귀의했다. 사정은 이러했다. 아버지를 처형하라는 최종 명령을 내린 직후 그의 첫아들이 태어났다. 아버지가 된 아자따삿뚜 왕은 아들을 사랑한다는 게 어떤 건지 몸소 절절하게 느꼈다. 그 순간 자신의 아버지가 자신에게 어떻게 느꼈을지를 깨닫고는 아버지에게 내린 처형 명령을 철회하려 했다. 전령을 보냈지만 때는 늦었다. 아버지는 이미 처형된 뒤였다. 아자따삿뚜는 엄청난 후회로 괴로워했다. 나중에는 피해망상에 시달렸다고 한다. 다행히도 아자따삿뚜는 결국 붓다를 찾아가 가르침을 받고 그의 제자가 되었다.

가장 큰 기적은 배움의 기적

데와닷따의 이야기는 명상 수행에 있어 신통력이 깨달음을 얻는 데 반드시 필요한 것은 아니란 점을 보여 준다. 불교는 괴로움을 소멸시키는 데 주로 관심을 갖는다. 괴로움을 소멸시키려면 탐욕과 성냄, 어리석음이라는 세 가지 불을 끄는 방법밖에 없다. 그런데 신통력은 양날의 칼과 같아서 바른 삼매를 심화시켜 세 가지 불을 끄는 데 도움이 되기도 하지만, 반대로 세 가지 불을 더 키워 해를 줄 수도 있다. 데와닷따의 경우는 불행히도 세 가지 불을 더 키운 경우였다. 이런 이유로 붓다는 수행승들이 신통력을 키우는 것을 장려하지도, 말리지도 않았다. 경전에서 붓다가 신통력을 장려한 대목은 한 곳도 찾을 수 없다. 또 목갈라나와 아누룻다 같은 훌륭한 수행승들이 신통력을 얻었을 때도 붓다는 그것을 말리지 않았다. 그렇지만 재가자들에게 있어서는 신통력이 그들의 마음을 쓸데없는 곳에 팔리게 하므로, 수행승들에게 대중 앞에서 신통력을 보여서는 안 된다고 하였다.

오늘날의 사례를 들자면 내가 아는 어느 선 스승이 있다. 한번은 그녀가 내게 살짝 털어놓기를, 다른 사람의 생각을 읽는 신통력이 우연히 생겼다고 했다. 그런데 오히려 그 능력은 그녀에게 매우 성가셨다. 왜냐하면 상대방이 그저 머릿속으로 생각했을 뿐 입 밖으로 내지 않은 일에 대해 그에게 답을 건네는 이상한 상황이 자꾸 벌어졌기 때문이다. 결국 그녀의 초능력은 이후 저절로 사라졌고, 그녀는 그것이 오히려 잘된 일이라고 했다.

붓다는 어느 설법에서, 불교적 관점에서 볼 때 기적은 어떤 것이든 시시하다고 가르쳤다. 당시 붓다는 나란다에 머무르고 있었다. 그때 께와다라는 남자가 붓다에게 기적을 보여 줄 것을 청했다. 남자는 마을 사람들이 붓다에게 더 큰 신심을 갖게 하고 싶었다. 붓다는 자신이 행할 수 있는 여러 종류의 기적을 다음과 같이 열거했다.

- 한 사람이던 것이 여러 사람으로, 여러 사람이던 것이 한 사람으로 모습을 바꾼다.
- 벽을 넘나든다. 마치 물에 들고 물에서 나오듯이, 흙 속으로 뛰어들고 흙 속에서 나온다.
- 물 위를 걷는다.
- 공중 부양한다.
- 하늘로 올라간다.
- 텔레파시를 한다.[5]

그러나 붓다는 이 중 어떤 것도 대단한 것은 없다고 했다. 모두가 시시하다고 했다. 붓다는 자신이 행할 수 있는 기적을 열거한 뒤 가장 중요한 기적에 대해 말했다. 그것은 **배움의 기적**이었다. 여기서 배움의 기적이란, 계율, 선정, 높은 단계의 앎과 봄, 그리고 최종적으로 열반에 대해 알 때 일어나는 기적을 말한다. 모든 기적 가운데 이 배움의 기적이야말로 깨달은 자가 사람들 앞에서 보일 가치가 있는 유일한 기적이다. 이런 이유로 붓다는 수행승들에게 배움의 기적 외의 다른 기적을 보여서는 안 된다고 가르쳤다.

혹시 몰라 일러두는데, 기적을 보이는 것과 관련해 붓다는 단 한 가지 경우를 예외로 했다. 바로 생명을 구하는 상황이다. 도둑질과 관련한 계율의 어느 대목에, 신통력을 얻은 삘린다와차라는 수행승의 이야기가 나온다. 그는 범죄자에게 유괴당한 두 아이를 신통력으로 구해낸다.[6] 다른 수행승들은 삘린다와차가 대중 앞에서 신통력을 부리면 안 된다는 계율을 어겼다며 붓다에게 이의를 제기했다. 이에 붓다는 생명을 구하는 경우만을 예외로 인정했다. 그러니 당신도 명상으로 신통력을 얻었다면 생명을 구하는 경우만큼은 책임감을 발휘해 마음껏 신통력을 부려도 좋다.

신들은 우리의 친구일 뿐

불교가 초창기에 신을 대한 태도는 다른 종교 전통과 크게 달랐다. 대개 종교는 특정 신에 대한 경배를 중심으로 세워진다. 따라서 신은 종교에서 가장 중심적이고도 높은 지위를 차지한다. 그러나 초기불교에서 상황은 완전히 달랐다. 초기불교에서 신들은 우리들의 친구나 마찬가지였다.

쌍윳따 니까야의 초기 경전에는 첫 두 장에 걸쳐 천상의 존재들에 대해 이야기하는 경전이 있다. 첫째 장은 신들에 관한 장이며, 둘째 장은 '어린 신'을 의미하는 데와뿟따(devaputta, 문자 그대로는 '신의 아들'이라는 의미)에 관한 장이다. 거의 모든 경전에서 신들의 유일한 역할은 붓다에게 다르마와 관련한 질문을 던지고, 그에 대한 답을 듣는 것뿐이다. 신들은 밤이 되면 대개 사라지며, 그 지역을 밝게 비추는 '지극한 아름다움을 지닌 천상의 존재'로 묘사된다. 그들은 붓다에게 예를 올린 다음 질문을 던진다. 가령 붓다와의 대화는 이런 식으로 진행된다.

신들의 질문
"썩지 않아 좋은 것은 무엇입니까?
안전함으로 좋은 것은 무엇입니까?
인간으로 가질 수 있는 귀한 보석은 무엇입니까?
도둑이 훔쳐 갈 수 없는 것은 무엇입니까?"

붓다의 대답
"썩지 않아 좋은 것은 계율,
안전함으로 좋은 것은 신심,
인간으로 가질 수 있는 귀한 보석은 지혜,
도둑이 훔쳐 갈 수 없는 것은 공덕이라네."7

그렇다. 붓다가 인간과 나눈 대화 내용과 크게 다르지 않다. 다만 한 가지 다른 점이 있다면 신들과의 대화는 주로 운문(시)으로 진행된다는 점이다(훌륭한 시인들이 모두 천상에 태어났기 때문일까). 대화가 끝나면 신들은 흡족해하며 붓다에게 예를 올린 뒤 모습을 감춘다.

이 패턴에서 벗어나는 곳이 몇 군데 있지만, 그런 경우에도 신들은 언제나 붓다에게 복종하는 역할을 맡는다. 가령 어느 경전에 짠디마라는 어린 신이 주신인 라후에게 잡히는 장면이 나온다. 이에 짠디마가 즉각 붓다에게 귀의하겠다고 하자 라후는 그를 풀어 주는 수밖에 없다고 판단한다. 왜 짠디마를 풀어 주었냐는 질문에 라후는 자신의 머리가 '일곱 조각으로 쪼개지지 않으려면'(나는 이 표현이 재미있다) 그렇게 하는 수밖에 없었다고 말했다.[8]

이런 배경을 놓고 볼 때, 내가 고대 경전을 읽던 중 붓다가 '신들에 대한 떠올림'을 가르친 장면에서 크게 놀랐다. 이 경전은 붓다의 사촌이자 아누룻다의 형인 사캬족의 마하나마에게 전한 설법이었다. 앞서 말했듯이 마하나마는 수행승이 되지 않았지만 수다원을 얻은 인물로, 수다원으로서 수행이 더 향상하려면 어떤 수행이 도움이 되는지 붓다에게 물었다. 붓다는 다음 여섯 가지를 계속해서 마음에 떠올릴 것을 가르쳤다.

1. 붓다를 마음에 계속 떠올릴 것
2. 다르마를 마음에 계속 떠올릴 것
3. 승가를 마음에 계속 떠올릴 것
4. 자신의 공덕을 마음에 계속 떠올릴 것
5. 베풂을 마음에 계속 떠올릴 것
6. 신들을 마음에 계속 떠올릴 것[9]

각각의 떠올림을 통해 수행승은 건전한 기쁨과 더 깊은 수행에 대한 영감을 얻는다. 이것은 놀라운 일이 아니다. 마지막의 '신들을 떠올리는 수행'을 제외하고는…. 신들이 건전한 기쁨이나 더 깊은 수행과 무슨 관련이 있다는 말인가? 붓다는 이에 대한 설명을 내놓는다. 제자들은 신들과 관련해 이렇게 떠올려야 한다. "신들은 이전 생에 쌓은 지계(持戒)의 공덕과 신심, 베풂, 지혜로 인해 이번 생에 신으로 태어나는 행운을 가졌다. 나 또한 신들의 그런 바람직한 자질을 갖고 있지 않은가!" 이런 생각으로 제자들은 건전한 기쁨과 더 깊은 수행에 대한 영감을 얻는다.

이 경우에도 신들은 숭배의 대상이 아니라 우리에게 수행의 영감을 주는, 우리와 동등한 존재들이다. 이것은 내가 아는 초기불교의 모든 것과 관련해 보더라도 지극히 합리적인 접근 방식이다.

초기불교 관점에서 바라본, 불교인과 신의 관계를 보여 주는 재미있는 이야기가 또 있다.[10] 이 이야기는 신들 가운데 가장 높은 브라흐마(Brahmā, 문자적 의미는 '뛰어나다'는 뜻) 신과 관련된 이야기다. 우리의 이야기는 심오한 질문에 맞닥뜨린 어느 수행승으로부터 시작한다. 이 수행승은 수행을 하던 중에 스스로는 답할 수 없는 물음에 맞닥뜨린다. 그것은 '네 가지 큰 요소(사대)가 남김없이 사라지는 곳은 어디인가?' 하는 물음이었다. 신통력을 얻었던 수행승은 천상에 올라가 신들에게 물어보기로 한다.

수행승은 먼저 가장 낮은 천상계인 사천왕의 천상계로 가 그곳에 사는 신들에게 물어본다. 그러나 답을 알지 못한 신들은 사천왕에게 직접 물어볼 것을 권한다. 사천왕은 이 신들의 왕으로서 분명히 답을 알고 있을 거라고 하면서 말이다. 그러나 사천왕도 답을 몰랐다. 사천왕은 더 높은 천상계인 33신이 사는 천상에 올라가 보라고 한다. 그곳의 신들에게 물어보았으나 역시 답을 알지 못했다. 이번에는 이 신들의 왕인 사까 신에게도 물어보았으나 역시 답을 몰랐다. 사까 신은 더욱 높은 천상계에 올라가 보라고 했다. 이런 식으로 계속되어 결국 수행승은 가장 높은 천상계인 브라흐마의 천상계에 오른다. 위대한 브라흐마 신이 머무는 장소였다.

이번에도 수행승은 그곳의 신들에게 물어보았으나 역시 답을 몰랐다. 마침내 신들은 최고의 신인 위대한 브라흐마에게 물어보라고 했다. 수행승은 위대한 브라흐마에게 다가가 예를 올리고는 질문했다. "친구여, 네 가지 요소가 남김이 없이 사라지는 곳은 어디입니까?" 위대한 브라흐마가 답했다. "나는 위대한 브라흐마이다. 누구도 이길 수 없는 자, 승리자, 우주를 꿰뚫어 보는 자, 힘을 휘두르는 자, 신, 창조자, 최고의 존재, 낳는 자, 통제자, 이미 태어난 존재와 앞으로 태어날 존재들의 아버지이다." 수행승이 물었다. "친구여, 나는 그대가 위대한 브라흐마인지 묻지 않았소. 나의 질문은 '사대가 남김없이 사라지는 곳이 어디인가' 하는 것이오." 위대한 브라흐마는 이 질문에 답하지 못한 채 앞의 말만 반복했다. "나는 위대한 브라흐마이다. 누구도 이길 수 없는 자, 승리자 … 이미 태어난 존재와 앞으로 태어날 존재들의 아버지이다."

수행승이 세 번째로 물었다. "친구여, 나는 그대가 위대한 브라흐마인지 묻지 않았소. 나의 질문은 '사대가 남김없이 사라지는 곳이 어디인가' 하는 것이오." 이번에도 위대한 브라흐마는 답하지 못했다. 그러고는 수행승의 소매를 잡아끌더니 조용한 곳으로 가 이렇게 속삭였다. "사실, 이곳 신들은 내가 모든 걸 안다고 생각하오. 그렇지만 난들 네 가지 요소가 모두 사라지는 곳이 어디인지 어떻게 알겠소?" 수행승은 브라흐마의 말을 듣고는 천상에서 내려와 붓다 앞으로 갔다. 붓다는 수행승이 겪은 작은 모험에 대해 가볍게 농담을 던진 뒤 이런 시로 답을 주었다.

> 의식이 사라진 곳,
> 무한하며 모든 것이 빛나는 곳,
>
> 이곳에서 물과 흙,
> 불과 공기는 딛고 설 자리가 없다네.
>
> 여기서는 길고 짧은 것,
> 크고 작은 것, 깨끗하고 더러운 것,
> 정신과 물질이
> 모두 남김없이 사라진다네.
> 의식이 멈추는 이곳에서는
> 모든 것이 사라진다네.[11]

당신은 눈치챘는가? 이 이야기의 주인공인 이름 없는 수행승조차 위대한 브라흐마를 '친구(아우소āvuso)'라는 호칭으로 부른다는 사실을. '아우소'는 수행승들이 서로를 격의 없이 부를 때 사용하는 호칭이다.[12] 당신이 이 이야기를 곧이곧대로 믿든 말든, 이 이야기는 신들에 대한 초기 불교인들의 태도를 나타낸다. 즉 열반과 같은 중요하고 심오한 주제에 관하여 신들이 반드시 인간들보다 잘 아는 것은 아니란 점이다. 이런 주제에 관해서는 깨달음을 얻은 인간이 위대한 브라흐마 등의 높은 신들보다 더 많이 알 수도 있다. 이것이 초기불교에서 신에 대한 숭배를 조금도 드러내지 않는 이유이다. 신들은 그저 우리의 친구일 뿐이다.

잠깐, 그래도 브라흐마 신은 우주를 창조했잖아요?

브라흐마 신을 섬기는 브라만교는 시기적으로 불교보다 앞섰다. 붓다가 태어난 문화는 바라문이라는 제사장 무리들이 브라흐마 신을 창조주로 숭배하며 자신들의 교리를 전파하는 문화였다. 붓다는 바라문들의 이런 신앙을 어떻게 설명했을까? 처음 불교를 배울 때 나는 이 설명을 듣고 입이 쩍 벌어졌다.

첫째, 우주론으로 볼 때 불교 경전은 여러 개의 세상(우주?)이 동시에 존재한다고 가정한다. 각각의 세상은 자체의 생명 주기를 가지고 있어 탄생 후 팽창한 다음 수축해 사라진다. 각각의 천상계도 하나의 세상이다. 이런 우주론은 시기적으로 확실히 불교보다 앞서 나타났다.

붓다는 〈범망경〉이라는 유명한 경전에서 왜 당시 스승들이 브라흐마가 세상 만물을 창조했다고 가르쳤는지 이유를 설명한다. 이 경전에서 붓다는 62가지 잘못된 견해를 묶어 설명한다. 붓다는 '빛을 내는 세상'에서 시작하는 이야기를 들려 준다.[13] 과거 생에 큰 공덕을 쌓은 존재들은 빛을 내는 세상에 신으로 다시 태어난다고 한다. 그들은 몸이 없이 마음으로만 만들어진 존재다. 기쁨이 가득하고 스스로 빛을 내며 눈부시게 아름다운 모습을 하고 있다고 한다. 그 세상이 더 확장되면 텅 빈 '브라흐마의 궁전'(아마 그 아래 세상일 것이다)이 나타난다고 한다.

과거 수많은 전생에서 좋은 공덕으로 훌륭한 업을 쌓은 어떤 존재가 있었다. 덕분에 그는 '브라흐마 궁전'의 세상에 다시 태어났다. 그는 그 세상에 최초로 태어난 존재였다. 그가 바로 위대한 브라흐마 신이었다. 브라흐마 신은 그곳에서 오랜 세월을 살았지만 무척 외로웠다. 그런 나머지 다른 존재들이 그곳에 태어나길 바랐다. 얼마 후 역시 과거 생에 훌륭한 공덕으로 좋은 업을 쌓은 존재들이 수명을 다한 뒤 위대한 브라흐마가 사는 세상에 다시 태어났다. 위대한 브라흐마는 스스로 이렇게 생각했다. "그들이 이 세상에 태어나길 바랐더니 실제로 그들이 태어났어. 내가 그들을 창조한 거야. 나는 브라흐마, 위대한 브라흐마라네. 누구도 이기지 못하는 자, 승리자, 우주를 꿰뚫어 보는 자, 힘을 휘두르는 자, 신, 창조자, 최고의 존재, 존재들을 태어나게 하는 자, 통제자, 이미 태어난 존재와 앞으로 태어날 존재들의 아버지이다." 그리고 그 신들도 똑같이 생각했다. "우와, 위대한 브라흐마가 우리가 태어나길 바랐더니 실제로 우리가 이 세상에 태어났어. 그는 브라흐마, 위대한 브라흐마이다. 누구도 이길 수 없는 자, 승리자 … 이미 태어난 존재와 앞으로 태어날 존재들의 아버지이다."

오랜 시간이 흐른 뒤 그 신들 중 하나가 위대한 브라흐마의 세상에서 수명이 다해 인간으로 다시 태어났다. 그는 명상 수행을 열심히 하여 명상의 고수가 되었지만 바로 전의 한 생밖에는 기억하지 못했다. 위대한 브라흐마와 함께한 생만 기억했던 것이다. 위대한 브라흐마가 자신을 '창조했다'고 여긴 그는 위대한 브라흐마가 모든 것을 창조했다고 가르쳤다. 이런 연유로 당시 사람들은 브라흐마가 만물의 창조주라는 잘못된 믿음을 갖게 되었다.

이와 관련해 붓다는 농담을 던지기도 했다. 붓다는, 신을 믿었지만 극심한 육체적 고통을 스스로 가해 과거의 나쁜 업을 깨끗이 청소할 수 있다고 믿었던 한 무리의 고행자들에게 이렇게 농담을 던졌다. "그대들의 엉터리 주장에 의하면, 자신에게 고통을 가하는 그대들은 '나쁜 신'이 창조하였고, 늘 행복해하는 완전히 깨달은 자들은 '훌륭한 신들'이 창조하였구나."[14]

불교는 종교인가, 아닌가

불교는 종교인가? 아니면 철학인가? 우선 붓다가 어떻게 말하는지 보자. 붓다의 말에 답이 나와 있다. 붓다는 이렇게 강조해 말한다. "내가 가르치는 것은 괴로움과 괴로움의 소멸이다."[15]

붓다가 꼬삼비의 숲속에서 수행승들과 함께 걷던 중 나뭇잎 한 줌을 손에 쥐고 들어 보이며 수행승들에게 물었다.

"수행승들이여, 어느 것이 많은가? 내 손에 든 나뭇잎 한 줌인가, 숲속의 모든 나무에 달린 나뭇잎인가?"

"나무에 달린 잎이 당연히 많습니다, 존자시여."

"그렇다. 마찬가지로 여래가 스스로 깨달은 앎의 양이 숲속 나무에 달린 나뭇잎이라면, 여래가 실제로 그대들에게 가르치는 앎의 양

은 손에 쥔 나뭇잎 정도이다."¹⁶

이어 붓다는 자신이 깨달은 앎 가운데 아주 적은 부분, 즉 괴로움에서 벗어나는 데 도움이 되는 내용만을 가르친다고 말한다. 그리고 이것은 사성제를 중심으로 하는 가르침이다. 이런 이유로 붓다의 가르침을 일러 때로 '나뭇잎 한 줌의 가르침'이라고 시적으로 표현하기도 한다.

이런 의미에서 불교는 종교가 아니다. 그런데 철학도 아니다. 불교는 단지 괴로움에서 벗어나기 위한 심오한 가르침과 수행법을 모은 것이다. 더욱이 이 책에서 보았듯이, 붓다가 가르친 모든 수행법은 지극히 현실적인 성격을 갖는다. '종교'라는 단어를 **특정 신에 대한 믿음과 숭배**로 정의한다면, 어떤 신도 숭배하지 않는 경우에 그것을 종교라고 할 수 없을 것이다.¹⁷ 신을 숭배하지 않는 가르침을 종교라고 한다면 앞뒤가 맞지 않는다. 당신이 아는 주요 종교 가운데 신을 숭배하지 않고 기적에도 중요성을 부여하지 않는 종교가 있는가? 이런 의미에서 불교는, 적어도 초기불교는 종교가 아니다.

잠깐, 너무 서두를 필요는 없다! 불교는 종교 전통이 아니지만, 영적 전통인 것은 분명하니까. 불교는 죽음, 내생, 불사(죽음을 초월하는 것) 등의 중요한 영적 문제들을 다룬다. 그렇다면 영적 전통은 어느 지점에서 종교가 되며, 또 어느 지점에서 종교가 되지 않는가? 영적 전통과 종교 전통 사이의 구분에 관한 분명한 합의는 존재하지 않는다. 어떤 이는 불교를 '비신론적 종교'라 부르고, 어떤 이는 '종교가 아닌 영성'이라 부른다.

아직 더 있다. 시간이 흐르면서 불교는 종교의 역할과 종교의 장식적 요소를 덧입게 되었다. 실제로 일부 문화권에서 불교는 결혼식, 장례식, 대관식 등의 행사에서 종교로서 기능한다.

또한 시간이 지남에 따라 불교에 수많은 신이 추가되기 시작했다. 가령 아미타불이 있다. 임종 시에 온전한 마음챙김으로 아미타불의 이름을 열 번 외면 아미타불의 '정토(淨土)'에 다시 태어난다고 한다.[18] 그 밖에 자비의 보살인 관음, 미래의 붓다인 미륵, 지혜의 보살인 문수, '네 얼굴의 붓다'로 표현된 브라흐마 신도 있다. 각각의 신들은 영감을 주는 상징으로 명상 수행에 유용한 도움을 준다. 민간 불교에서는 붓다는 물론 이들 신을 섬기고 숭배하며 그들로부터 신성한 은혜를 구한다.

내가 싱가포르에서 자랄 때 내가 아는 어른들은 정기적으로 사원에 가서 복권 당첨 번호를 알려달라고 '불교의 신들'에게 빌었다. 그러자 불교의 신들은 자신들의 신성한 영광을 보여 주기라도 하듯, (예상) 당첨 번호를 알려 주었다. 그런데 그 번호들은 통계적 확률로 예측한 번호와 크게 다르지 않았다. 이런 의미에서 불교는 이후에 종교가 되었다고 할 수 있다.

후기 불교에서는 신들뿐 아니라 기적이 두드러진 위치를 차지하기 시작했다. 예컨대 티베트불교는 기적에 관한 이야기로 가득하다. 깊은 학문적 전통을 지닌 티베트불교의 논리학과 인식론을 체계적으로 공부하고, 광범위한 수행 과정을 모두 커버하자면 수십 년이 걸릴 정도다. 그런데 티베트불교에는 신비한 면도 놀라울 정도로 많다. 내가 가장 흥미롭게 느낀 사례는 카르마파(Karmapa)이다. 최초의 카르마파는 서기 1110~1193년에 살았던 티베트의 위대한 불교 스승이었다. 그의 뒤를 이은 2대 카르마파는 몽골 제국의 전성기 황제이자 세계 최고의 권력자였던 쿠빌라이 칸의 스승이었다. 쿠빌라이는 카르마파가 자신을 무시한 데 원한을 품고는 황제가 된 뒤에 카르마파를 잡거나 죽이려고 소규모 군대를 보냈다. 하지만 카르마파는 매번 달아났다. 한번은 카르마파가 군대 전체를 그 자리에서 얼린 적도 있다고 한다. 카르마파가 행한 기적에 깊은 감명을 받은 쿠빌라이는 결국 그에게 자신의 스승이 되어 달라고 요청했다. 2대 카르마파 이후에도 몇몇 카르마파가 황제의 스승이 되었으며, 그들 역시 초능력을 지녔다고 알려졌다.

1981년에 입적한 16대 카르마파는 미국인 제자들을 가르친 현대의 라마승(티베트불교의 영적 지도자)이다. 나는 그가 가르친 미국인 제자 몇 사람을 개인적으로 알고 있는데, 그들은 카르마파가 기적을 행하는 장면을 직접 목격했다고 했다. 한번은 카르마파가 제자들과 함께 명상을 하고 있을 때 그의 몸이 반투명 상태가 되었다고 한다. 어느 서양인 제자가 그 모습을 사진으로 찍었다. 나는 사진을 보았는데, 글쎄 어떻게 받아들여야 할지 잘 모르겠다(그렇다. 카르마파의 몸은 실제로 반투명해 보였다. 뒤에 있는 물건이 일부 보였으니까). 그래도 꽤 흥미롭긴 했다.

당신은 카르마파라는 계보가 존재하는 이유를 궁금해할지 모른다. 이것은 티베트불교의 독특한 특징이다. 카르마파는 문자 그대로 '행동하는 자', 즉 (붓다를 대신해) 행동하는 자라는 뜻이다. 초대 카르마파는 자신이 죽은 뒤에도 세상에 계속 남아 모든 중생을 위해 봉사하길 원했다. 그래서 세상을 떠나면서 자신의 다음 환생을 찾는 법을 편지로 써서 제자에게 남겼다. 제자는 그 방법에 따라 초대 카르마파의 환생으로 확인된 어린 소년을 찾았고, 그 소년이 2대 카르마파에 임명된다. 이 전통은 오늘날까지 이어져 카르마파가 죽을 때마다 수석 제자가 다음 카르마파로 추정되는 환생을 찾아 임명한다. 이것을 '툴쿠(tulku)' 시스템이라고 한다. 툴쿠는 말하자면 환생의 계보를 관리하는 자이다. 달라이 라마 등 그 밖의 여러 위대한 티베트 스승들도 툴쿠 시스템에 의해 임명되었다(그러나 나 개인적으로는, 툴쿠 시스템은 이제 유용성을 다해 물러나야 한다고 생각한다).

불교의 수행법도 시간이 지남에 따라 점점 더 신비주의적이고, 종교적으로 변했다. 초기불교의 수행법은 세속적이고 현실적이었던 반면, 정토불교로 불리는 후기 불교에서는 아미타불이라는 붓다를 전적으로 믿고 그의 이름을 자주 외는 것이 주된 수행법이 되었다(스승에 따라 유일한 수행법이기도 했다). 이는 불교가 확실히 '종교'가 된 경우다. 정토불교의 가장 눈에 띄는 특징은 죽음을 맞이할 때 완전한 마음챙김으로 아미타불의 이름을 욀 수 있어야 하며, 그렇게 하려면 아미타불(또는 스승에 따라 아미타불의 이름을 소리 내어 말하는 것)을 명상의 대상으로 삼아 평소 높은 수준의 마음챙김과 삼매를 계발하는 훈련을 해야 한다는 것이다.

물론 이것은 고대에 교육받지 못한 일반 대중들이 마음챙김과 삼매를 수행하도록 돕는 자비로운 수행법으로 시작한 것이 분명하지만(고대에는 정규 교육을 받을 기회가 거의 없었다) 그 형식은 종교적인 면이 있다. 그렇다고 정토불교가 다르마가 아니라는 말은 아니다. 정토불교도 다르마이다. 다르마는 고통과 고통에서 벗어남에 관한 보편적인 법칙이라는 점을 기억하자. 고통과 고통에서 벗어남에 관한 이해가 있다면 어느 것이든 다르마이다. 정토불교는 이런 방식으로 수행하고자 하는 사람들을 위해 종교의 옷을 입은 수행법이라고 할 수 있다.

티베트불교를 포함한 밀교(密敎)에서는 수행법이 더욱 신비롭고 종교적으로 변했다. 에너지, 차크라, 탄트라, 신, 툴쿠, 소수의 사람에게만 전하는 비밀스러운 가르침 등이 그것이다. 실제로 중국에서는 금강승 불교를 밀종(密宗)으로 부르는데, 문자 그대로 '신비스러운 전통'을 의미할 정도로 신비적 요소가 강한 불교이다. 물론 이것은 초기불교의 원래 모습에서 아주 멀어진 모습이다. 초기불교에서 붓다는 '주먹을 쥔 채 보여 주지 않는 것은 아무것도 없다'고 말했다. 붓다의 모든 가르침은 누구나 명확히 볼 수 있도록 공개해 비밀스러운 것이 전혀 없다는 의미이다.[19] 밀교도 의심의 여지 없이 다르마이지만 같은 약이라도 이제 크게 다른 색깔을 띠게 된다. 초기불교는 맑은 된장국처럼 은은하고 깔끔한 맛이 나는 반면, 밀교는 매콤한 카레와 같아서 향과 풍미가 진하다. 두 가지 모두 각자의 방식으로 맛이 있다. 심지어 함께 먹어도 좋다. 나는 그렇게 한다(국도, 다르마도).

그렇다면 불교는 종교인가 아닌가? 나는 불교가 그 핵심에 있어서는 종교가 아니라고 말하고 싶다. 불교는 우리를 괴로움에서 벗어남으로 이끄는 심오한 가르침이자 지극히 현실적인 수행법의 모음이다. 그렇지만 불교에는 종교의 성격을 띠게 하는 선택 사항도 딸려 있다. 각 사회와 개인은 자유롭게 그 선택 사항을 취할 수 있으며, 그렇게 하는 경우에 불교는 종교가 된다.

트랜스포머는 자동차인가, 아니면 전투 로봇인가? 당신이 대학 건물까지 운전을 해야 하는 상황인지, 아니면 악당 로봇을 물리쳐야 하는 상황인지에 따라 트랜스포머는 자동차가 될 수도, 전투 로봇이 될 수도 있다. 마찬가지로 불교 역시 어느 쪽이 사람들에게 가장 유용한가에 따라 종교가 될 수도, 비종교가 될 수도 있다. 트랜스포머처럼 불교도 눈에 보이는 겉모습만으로 판단할 수는 없다.

이 주제를 잘 표현한 소류 스님의 말을 인용한다.

붓다는 신을 숭배하라고 가르치지 않았습니다. 신을 숭배하지 말라고 가르치지도 않았습니다. 불교인이 되기 위해 신을 숭배하지 않아도 된다는 점에서 불교는 세속적입니다. 동시에 불교인은 신을 숭배해도 좋다는 점에서 불교는 종교적이라고 할 수도 있습니다. 어느 경우든 불교의 핵심은 한 가지입니다. 바로 고통에서 벗어나는 길을 스스로 가는 것입니다. 이 길은 우리 자신이 직접 경험하며 가는 길입니다. 우리 스스로 걸어야 합니다. 누구도 우리를 대신해 걸을 수 없습니다. 신도 심지어 붓다도 그렇게 하지 못합니다.

사리뿟따의 열반

사리뿟따가 열반에 들기 전 마지막 날들에 관한 이야기로 이 장을 마무리하려 한다.[20]

사리뿟따는 붓다의 상수제자였다. 그는 붓다보다 몇 달 먼저 열반에 들었다. 붓다가 이 세상에서 마지막 해를 보내던 어느 날, 사리뿟따는 자신의 수명이 이제 한 주밖에 남지 않았음을 알았다. 지구에서 보낼 시간이 한 주밖에 남지 않았다면 당신은 무엇을 하겠는가? 사리뿟따는 '붓다의 가르침에 대한 신심이 없었던' 어머니를 떠올리고는 어머니에게 붓다의 가르침을 들려드리는 것이 자신이 마지막으로 해야 할 일이라고 판단했다. 불교에서는 부모에 진 빚을 매우 중시한다. 붓다는 부모의 은혜를 갚으려면 백 년 동안 부모를 업고 다니며 보살펴도 모자라다고 가르쳤다.[21] 부모의 은혜를 제대로 갚는 유일한 방법은 부모가 깨달음을 향한 길을 가도록 돕는 것이다.

사리뿟따는 자신의 방을 정리하고 마지막으로 바라보았다. 붓다에게 가서 예를 올린 다음, 자신이 곧 열반에 들 것이며 마지막 남은 날을 어머니와 보내고 싶다고 말했다. 붓다는 이를 승낙하며 사리뿟따에게 말했다. "수행승들은 그대와 같은 스승을 다시 보지 못할 테니, 마지막으로 법문을 해 주오." 사리뿟따는 그렇게 했다. 법문이 끝나자 사리뿟따는 붓다의 다리를 부여잡고 말했다. "저는 수많은 생에 걸쳐 열 가지 바라밀을 완성했습니다. 이제 붓다의 발에 경배를 올립니다. 제 소원은 성취되었으니 이제 열반이라는 도시로 가려 합니다. 늙음과 죽음이 없는 곳, 평화롭고 지극한 행복이 가득한 곳, 뜨겁지 않아 시원한 곳, 안전한 곳, 수많은 붓다들이 들어간 그곳으로 가려 합니다."

사리뿟따는 자리에서 일어나 붓다 주위를 깨어 있는 마음으로 세 바퀴 돈 다음 붓다에게 예를 올리고는 이렇게 말했다. "이번이 제가 붓다를 마지막으로 보는 때입니다. 앞으로 다시는 보지 못할 것입니다." 그러고는 길을 떠났다.

사리뿟따가 고향 마을인 날라까에 도착할 즈음, 그가 세상에 살 날이 하루밖에 남지 않았다. 돌아온 아들을 본 사리뿟따의 어머니는 처음엔 기뻐했으나 아들이 아직도 여전히 수행승이라는 사실을 알고는 크게 실망했다. 사리뿟따는 자신이 태어난 방에 들어간 다음, 크게 앓았다고 한다. 아들이 아직 수행승인 것에 불만이었던 어머니는 아들이 죽을 만큼 아픈데도 방에 틀어박힌 채 나오지 않았다.[22]

그런데 한밤중에 일이 벌어졌다. 어머니는 아들의 방에서 환한 빛이 나는 것을 보고는 궁금해서 안을 들여다보았다. 놀랍게도 여러 신들이 줄지어 사리뿟따에게 마지막 예를 올리고 있었다. 사리뿟따는 신들과 차례로 대화를 나눴는데 모두 같은 내용이었다. 사리뿟따가 "그대는 누구인가?"라고 물으면 신들은 "나는 ○○ 신입니다." 하고 자신의 신분을 밝혔다. 사리뿟따가 "여기 온 이유가 무엇이오?" 하고 물으면 신들은 "그대를 보살피러 왔습니다." 하고 답했다. 이에 사리뿟따는 "나를 돌봐 줄 사람은 이미 있으니 돌아가도 좋소."라고 말했다.

사리뿟따는 마지막 예를 올리러 찾아온 모든 신들을 돌려보냈다. 아들이 평범한 수행승이 아니라는 사실을 처음으로 알게 된 어머니는 그 장면에 입이 쩍 벌어졌다.

사리뿟따가 신들을 모두 돌려보내고 난 뒤, 어머니는 아들의 곁에 앉아 그 신들이 모두 누구인지 물었다. 사리뿟따는 어머니에게 신들의 이름을 하나하나 알려 주었다. 처음 네 명의 신들은 사천왕이며, 그다음은 33신이 사는 천상계의 왕인 사까, 마지막 신은 위대한 브라흐마라고 했다. 어머니가 물었다.

"내가 숭배하는 그 위대한 브라흐마가 너를 찾아와 예를 올렸다고?"

"그렇습니다. 어머니가 숭배하는 그 위대한 브라흐마입니다."

사리뿟따가 대답했다. 아들의 대답을 들은 어머니는 붓다에 대한 신심이 일어났다. 이어 온몸과 마음이 환희심과 기쁨으로 가득 찼다.

어머니가 마침내 다르마를 들을 준비가 되었음을 알아본 사리뿟따는 어머니에게 법문을 했다. 법문이 끝날 무렵 어머니는 다르마를 이해하고는 수다원이 되었다. 사리뿟따는 다르마라는 가장 큰 선물을 어머니에게 드림으로써 부모에게 진 빚을 완전히 갚았다. 다음 날 이른 아침, 사리뿟따는 열반에 든다.

소류 스님의 한마디

어떤 특정한 존재가 세상을 통제하거나 지배하는 것이 아닙니다. 많은 사람들은 신이 세상을 통제하고 지배한다고 여기지만, 어떤 신도 세상을 지배하거나 통제하지 못합니다. 또 어떤 이는 인간이 세상을 지배한다고, 또는 지배해야 한다고 여기지만 인간도 그러지 못합니다. 앞으로도 그러지 못할 것입니다.

이 세상은 자연 법칙에 의해, 그리고 자연 법칙 안에서 우리 각자가 내리는 선택에 의해 만들어집니다. 여기서 자연 법칙이란 원인과 결과의 법칙을 말합니다. 불교에서 업의 법칙이라고 부르는 그것입니다. 물리 법칙은 우리가 그것을 이해하든 이해하지 못하든 상관없이 작동합니다. 마찬가지로 업의 법칙이라고 하는 도덕 법칙도 우리가 그것을 이해하든 못하든 상관없이 작용합니다. 그러니 우리 한 사람, 한 사람이 이 세상을 함께 만들어 가고 있다고 해야 합니다. 어떤 특정한 존재가 세상을 지배하는 것이 아닙니다. 우리 각자가 모두 중요합니다. 모든 살아 있는 생명체가 매 순간, 함께 이 세상을 만들어 가고 있습니다.

통제와 지배에 대한 집착은 괴로움을 일으킵니다. 그 집착을 버릴 때 평화가 찾아옵니다. 그리고 평화에조차 집착하지 않는 것이 연민심입니다. 예컨대 붓다는 자신이 발견한 평화에 집착하지 않았습니다. 모든 살아 있는 생명체를 돕기 위해 세상의 온갖 혼란과 성가신 일에 개입하는 것을 마다하지 않았습니다. 이처럼 연민심으로 우리는 세상을 지배하거나 통제하지 않고도 세상을 구할 수 있습니다.

14장

불교와 현대과학, 한자리에 앉다

불교와 과학의 놀랍도록 가까운 관계

달라이 라마는 절반은 과학자

달라이 라마가 과학자들과 한자리에 서는 모습을 처음 본 것은 2009년 스탠포드대학에서였다. 그것은 당시 내가 예상했던 장면은 아니었다. 그는 무대 중앙에서 유명 과학자들에 둘러싸여 앉아 있었다. 달라이 라마가 과학자들과 교류하는 모습에 나는 크게 놀랐다. 30분쯤 지났을까. 어느 과학자가 말하기를, 통역자와 계속 수군거리며 웃고 있는, 승복을 입은 이 대머리 남자가 지금 무대에 오른 사람 중 가장 똑똑한 사람이 아닐까 하고 말이다.

가장 놀라운 순간은 달라이라마가 연민심과 고통의 신경과학에 관한 발표에 답할 때였다. 그 발표는 스탠포드대학 우차이 신경과학 연구소의 창립 이사인 윌리엄 모블리의 발표로, 통증을 직접 경험할 때와 다른 사람의 통증에 공감할 때 유사한 뇌 부위가 활성화된다는 것을 보이는 발표였다. 발표가 끝난 뒤 달라이 라마는 누구도 제기하지 않았던 중요한 주제를 꺼냈다. 그는 통역자를 제쳐두고 어색한 영어로 연민심에 두 종류가 있다며 말을 이었다. 하나는 가까운 사람에게 느끼는 연민심으로 그는 이것을 '한정된 연민심'이라고 불렀다. 또 하나는 전혀 모르는 사람에 대한 연민심으로 이것을 '참된 연민심'이라고 했다. 두 연민심은 질적으로 다른 경험이며, 따라서 신경학적으로도 서로 다른 뇌 부위와 연결될 것이 틀림없었다. 그러면서 달라이 라마는 만약 두 연민심에 연결되는 뇌 부위가 같다면 '뇌는 매우 어리석다'는 말을 덧붙였다. 모두가 웃음을 터뜨렸다. 달라이 라마는 그 연구의 주요한 한계점을 드러내 보였다. 그것은 다름 아니라 모든 실험 참가자가 사랑하는 지인이 통증을 느끼는 영상만을 보았다는 점이다. 따라서 이 연구는 '참된 연민심'이 아니라 '한정된 연민심'을 느낄 때의 뇌 활성화만을 보여 준 것이었다. 모블리 교수는 달라이 라마의 지적에 크게 느끼는 바가 있어 이렇게 말했다. "달라이 라마의 예리한 통찰이 21년간 진행된 연구 프로그램의 성격을 완전히 꿰뚫어 보았음을 알 수 있는 경험이었습니다."

그때 나는 달라이 라마가 자신이 주장하듯 '겸손한 불교 수행승'일 뿐 아니라 과학에 일가견이 있는 진지한 과학자이기도 하다는 것을 알았다.

앞서 1장에서 나는 달라이 라마가 다른 종교 지도자가 했다면 신성 모독으로 간주될 만한 발언을 했다고 말했다. "과학적 분석을 통해 불교의 특정 주장이 최종적으로 틀린 것으로 판명된다면 우리는 과학의 발견을 받아들이는 한편, 불교의 주장은 버려야 합니다."

달라이 라마는 자신의 말을 행동으로 기꺼이 실천하는 사람이다. 신성한 티베트불교 경전에 따르면 지구는 평평하며, 지구 한가운데 메루산이 있다고 한다. 달라이 라마는 지구가 둥글다는 것이 과학적으로 최종 증명이 되었다면 메루산에 관한 가르침을 버려야 한다고 선언했다. 나는 그가 청중 앞에서 농담으로 메루산에 관한 가르침은 '창피하다'며 크게 웃음을 터뜨리는 것을 보았다. 여기서 우리는 이런 질문을 던지게 된다. 살아 있는 불교의 최고 지도자가 신성한 경전에 기록된 불교의 전통적 가르침을 버려야 한다고 공개적이고 공식적으로 주장한다면 불교에 대한 사람들의 믿음이 훼손되지 않을까? 달라이 라마는 그렇지 않다며 늘 그렇듯 재미있게 표현한다. "붓다가 이 세상에 온 목적은 지구 둘레를 재기 위해서도, 지구와 달 사이의 거리를 측정하기 위해서도 아닙니다. 붓다는 다르마를 가르치기 위해 이 세상에 왔습니다. 살아 있는 생명체들을 고통에서 벗어나게 하고자, 그들의 고통을 덜어 주고자 이 세상에 온 것입니다." 그렇다. 나도 동의한다.

달라이 라마는 여기서 그치지 않는다. 실제로 과학자들과 일을 벌이기도 한다. 그는 사물의 기계적 작동 방식에 평생 관심이 많았다. 어려서부터 손목시계 등 기계를 분해한 뒤 다시 조립하는 것을 좋아했다고 한다. 만약 자신이 승려가 되지 않았다면 엔지니어가 되었을 것이라고 말하기도 했다. 사물의 작동 방식에 관한 자신의 호기심을 만족시키려는 듯 그는 최고의 과학자들을 초청해 그들로부터 배움을 얻고자 했다. 과학자들은 기꺼이 달라이 라마의 초청에 응했다. 그와 일을 벌이는 것이 무척 재미있기 때문이다. 이 일은 결국 '마음과 과학 연구소(Mind & Life Institute)'의 창립으로 이어져 매년 달라이 라마와 최고의 과학자들이 참여하는 대회가 열리고 있다. 대회에서 다루는 주제는 신경과학에서 심리학, 교육, 양자물리학, 철학에 이르기까지 다양하다.

이 대회에서 중요한 연구 프로젝트가 도출되기도 한다. 예컨대 자기 영역에서 최고의 과학자인 폴 에크먼과 리처드 데이비슨은 티베트 고승들을 연구할 기회가 주어졌는데 이를 통해 중요하고 선구적인 과학적 발견을 발표했다. 가령 최고 수준의 명상 수행자는 지금껏 불가능하다고 여겼던 뇌의 변화를 일으키는 것이 가능했다. 갑작스럽게 들리는 시끄러운 소리에 반응해 놀라는 현상('놀람 반사'라고 하는데 '반사'이므로 억제가 불가능하다고 생각했다)을 자율 신경으로 억제할 수 있었다는 점이다. 또 고승들은 마음을 단 몇 초 만에 의도적으로 지극한 기쁨의 상태로 가져갈 수 있었다. 그들은 유전자도 더 건강했다. 고급 명상 수행자들은 염색체 손상을 막는 텔로미어(telomere)라는 세포 부위가 다른 사람보다 더 튼튼했다.

이들 연구는 모두 훌륭하다. 그리고 명상의 고승들이 기꺼이 연구에 응해 주었기 때문에 가능한 일이었다. 실제로 불교의 고승들이 과학 연구에 참여하는 일은 쉽지 않다. 고승들은 많은 시간을 수행처에서 집중 수행을 하며 보낸다. 집중 수행을 하지 않을 때면 가르침의 스케줄로 빡빡하다. 이런 사정 외에 고승들이 자신의 수행을 과학으로 검증하는 것을 중요하게 여기지 않는다는 점도 그들이 과학 실험에 참여하도록 설득하기가 까다로운 이유다. 과학계가 티베트불교의 고승들과 연락할 수 있었던 이유는 전적으로 달라이 라마의 초청 덕분이었다. 만약 당신이 티베트 수도승이라면 달라이 라마의 부탁을 거절하기는 힘들 것이다. 달라이 라마의 사례는 불교의 다른 종파에 속한 고승들이 과학 연구에 참여하는 기폭제가 되기도 했다. 이 점에서 달라이 라마는 마음의 훈련과 관련한 과학 연구를 발전시키는 데 큰 도움을 주었다. 불교는 다른 어느 종교보다 더 크게 뇌과학의 발전에 기여했다.

이처럼 오늘날 불교는 과학을 완전히 인정한다. 그뿐만 아니라 불교는 과학과 적극적으로 협력하고 있다.

얼마나 긴밀히 협력하는가? 달라이 라마는 어느 공개 학회에서 자신이 '절반은 과학자, 절반은 수행승'이라고 공공연히 선언했다.[2] 그곳에 온 불교 승려와 재가자들, 과학자들 모두 일어나 환호했다. 13장에서 티베트불교가 모든 불교 종파 가운데 가장 신비적 성격이 강한 불교라고 말한 것을 기억하는가? 가장 신비적인 종파의 불교를 이끄는 최고 지도자가 공개 석상에서 자신이 절반은 과학자라고 선언하자 모든 불교인이 환호한 일은 불교가 과학을 얼마나 편하게 여기는지를 보여 준다. 과학과 종교는 필연적으로 상충한다고 알고 있는 사람에게 이 일은 즐거운 놀라움으로 다가갈 것이다.

당신은 또 이렇게 생각할지 모른다. 그래도 불교와 과학의 친연성은 14대 달라이 라마 덕분에 가능했던 최근의 일이 아닌가 하고 말이다. 그러나 실제로 그렇지 않다. 불교와 과학의 친밀한 관련성은 그 연원이 붓다 자신에게까지 거슬러 올라간다.

붓다가 말했다고 그냥 믿지 말 것

조사 탐구의 정신은 불교 수행의 가장 중요한 측면 중 하나다. 7장에서 우리는 깨달음을 돕는 일곱 가지 요소에 '현상에 대한 조사 탐구(dhamma vicaya)'가 있음을 보았다. 여기서 그 중요성을 다시 한 번 강조하고자 한다. 조사 탐구의 정신은 불교에서 너무도 중요해 깨달음의 요소 중 하나로 올라 있다.

불교에서 조사 탐구의 정신이 적용되지 않는 영역은 없다. 심지어 붓다 자신에게도 적용해야 한다. 이 점을 보여 주는 유명한 경전이 있다. 경전의 정식 이름은 〈께사뭇따 경〉이다(께사뭇따 마을에서 행해진 설법이라는 뜻). 마을 이름을 따서 경전 이름을 붙였지만 흔히 〈깔라마 경〉으로 알려져 있다. 깔라마족을 상대로 행한 설법이라는 뜻이다.[3]

한번은 붓다가 깔라마족 사람들이 사는 께사뭇따 마을에 머물고 있었다. 붓다의 명성을 익히 들어 알던 마을 사람들은 붓다가 마을에 왔다는 소식을 듣고는 그를 보러 모여들었다. 이 마을은 예전에도 여러 유명한 스승들이 방문하였던 터라 마을 사람들은 붓다에게 이렇게 물었다. "우리 마을을 찾은 스승들은 하나같이 자신들의 교리를 치켜세우는 한편, 다른 스승들의 교리는 폄하하고 깎아내립니다. 우리가 당신을 어떻게 믿을 수 있나요?" 붓다는 이렇게 말할 수도 있었다. "그냥 믿으시오."[4] 그러나 붓다는 그렇게 말하지 않았다. 그는 조사 탐구의 정신을 자신의 가르침을 포함한 모든 가르침에 적용해야 한다며 방법을 알려 주었다. 어떤 영적 가르침이든 다음 열 가지 기준을 충족한다고 해서 무조건 받아들여서는 안 된다고 했다.

1. 입으로 전해오는 것
2. 가르침의 계보에 의한 것
3. 전해 들은 말 / 소문
4. 신성한 경전에 적혀 있는 것
5. 논리적 추론에 의한 것
6. 추정에 의한 추론
7. 이성적 숙고
8. 숙고 후 받아들인 견해
9. 겉으로 보이는 발언자의 실력
10. 발언자가 자신의 스승인 경우

그런 다음 붓다는 영적 가르침을 받아들이는 기준을 다음과 같이 제시했다. 스스로 가르침을 검토한 뒤 그것이 건전한 가르침이며 자신과 타인의 이익과 행복에 도움이 되는 가르침인 경우에만 받아들이라는 것이다.

그렇다면 그것이 건전한 가르침이며 자신과 타인에 도움이 되는 가르침인지 어떻게 알 수 있을까? 여기서 붓다는 다음 질문을 깊이 살펴볼 것을 제안한다. 탐욕, 성냄, 어리석음은 괴로움의 원인인가, 행복의 원인인가? 만약 괴로움의 원인이라면 그것을 가르침을 판단하는 기준으로 삼으라고 한다. 즉 그 가르침은 탐욕, 성냄, 어리석음을 키우는가, 아니면 줄이는가? 이 질문에 답해 보면 그 가르침을 받아들여야 하는지 아닌지 알 수 있다.

다시 말해, (붓다를 포함한) 스승의 입에서 나온 가르침이라고 해서, 신성한 경전에 적혀 있다고 해서, 또 위에 열거한 열 가지 기준에 부합한다고 해서 무조건 받아들여서는 안 된다는 것이다. 대신 어떤 가르침이든 그대 스스로 탐구해야 한다. 가르침이 탐욕, 성냄, 어리석음에 어떤 영향을 미치는지, 그것을 가장 유용한 기준으로 삼아 살펴본 뒤 스스로 판단해야 한다.

티베트불교에는 아주 쉬운 비유로 이 가르침을 설명하는 대목이 나온다. 금 세공사가 금을 불에 태우고 자르고 문질러 시험하듯이, 우리도 붓다의 말을 맹목적으로 받아들이기보다 직접 검증해야 한다.[5]

〈위망사까 경(검증자 경)〉이라는 또 다른 경전에서 붓다는 제자들에게 명시적으로 자신을 직접 조사하라고 했다.[6] 붓다는 "그대들은 그대들의 스승을 조사해야 한다."라며 그 '스승'에 암묵적으로 자신을 포함시키지 않았다. 대신 붓다는 (자신을 '여래'라는 3인칭으로 지칭하며) 이렇게 명시적으로 말했다. "탐구자인 수행승은, 상대의 마음을 읽지 못하는 수행승은, 여래를 조사해 그가 정말로 깨달음을 얻었는지 확인해야 한다." 그런 다음 설법의 나머지 부분에서 조사의 방법에 대해 설명한다. 조사는 다음 단계로 진행된다.

- 스승의 일상 행동이 그의 순수한 마음과 일치하는지 눈과 귀로 직접 스승을 확인한다.
- 명예와 명성이 오히려 스승에게 위험 요인이 되지 않는지 본다.
- 스승에게 탐욕이 없는지, 감각적 쾌락에 탐닉하지 않는지 본다.
- 상대를 경멸하지 않는지 본다(붓다는 상대를 경멸하지 않는다).
- 두려움 때문에 행동을 자제해야 하는지, 아니면 이미 욕망이 사라

졌으므로 행동을 자제할 필요를 느끼지 않는지 물어본다.
- 스승의 마음이 깨끗한지 직접 물어보는 것을 주저하지 않는다.

붓다는 이렇게 설법을 마무리한다. "여래를 철저히 조사함으로써 여래에 대한 믿음을 심은 자, 여래에 대한 믿음을 뿌리내리고, 믿음을 확립한 자, 그의 믿음은 이성에 근거하며, 굳건한 앎에 뿌리 내리고 있다네. 이처럼 여래에 대한 조사는 다르마와 일치해야 한다."

훌륭하다. 나는 자신에 대한 믿음이 그에 대한 조사에서 비롯해야 한다고 적극적으로 가르치는 종교 지도자나 영적 지도자를 본 적이 거의 없다. 그런 지도자가 만든 종교 전통이나 영적 전통이라면 조사 탐구의 정신이 깊이 배어 있는 것은 놀라운 일이 아니다. 그리고 그로부터 2,000년이 흐른 뒤 달라이 라마가 과학적 탐구를 그토록 편안하게 여기며 받아들이는 것도 전혀 이상한 일이 아닐 것이다.

불교 수행승들이 망원경을 발명하지 않은 이유

이제 당신은 이렇게 물을지 모른다. 불교가 과학을 그토록 편안히 여기며 과학을 받아들인다면 왜 불교는 물리학이나 화학, 생물학을 발전시키지 않았나? 불교는 왜 망원경을 발명하지 않았나? 어쩌면 불교 전통이 현대 과학을 탄생시킬 수도 있었을 텐데 말이다. 현대 과학을 탄생시킨 가장 중요한 동인은 역사학자들이 '무지의 발견'이라고 부르는 것이다. 그리고 불교야말로 세계의 주요 전통 가운데 독단을 몰아내고 관찰과 조사를 중심에 둔 최초의 전통이 아닌가. 그렇다면 불교가 '무지의 발견'에 있어 가장 자연스러운 선구자였을 거라고 짐작하는 것은 당연하다. 그런데도 불교 문명권에서 현대 과학이 발달하지 못한 이유는 무엇일까?

그 주된 이유는, 현대 과학이 탄생하기 위해서는 다른 요인들이 필요했기 때문이다. 역사학자 유발 하라리는 『사피엔스』라는 책에서 현대 과학이 탄생하는 데 필요한 세 가지 필수 요인을 다음과 같이 정리한다.

1. 무지를 기꺼이 인정하는 태도. 현대 과학은 '우리는 모른다'는 의미의 라틴어 이그노라무스(ignoramus)에 토대를 둔다. 즉 우리가 모든 것을 알 순 없다고 가정한다. 더 중요한 점은, 우리가 현재 안다고 생각하는 지식도 우리의 앎이 더 축적되면 틀린 것으로 판명될 수 있다는 점을 받아들이는 것이다. 어떠한 개념과 사상, 이론도 절대적으로 옳은 것은 없으며, 언제든 도전을 받을 수 있다.

2. 관찰과 수학이 차지하는 중심적 역할. 무지를 인정한 현대 과학은 이제 새로운 지식을 얻는 것을 목표로 한다. 이를 위해서는 관찰한 내용을 수집한 다음, 수학적 도구를 이용해 그것을 연결시켜 일관된 이론으로 만들어야 한다.

3. 새로운 권력의 획득. 현대 과학은 이론을 만드는 데 만족하지 않는다. 이론을 활용해 새로운 권력, 특히 새로운 과학 기술의 개발을 목표로 한다.[7]

위 세 가지 가운데 1번은 정확히 불교 이야기다. 한편 2번의 관찰은 불교 이야기이지만 수학은 그렇지 않다. 그러니까 불교는 2번의 절반에만 해당한다. 그리고 3번에는 전혀 관심이 없다. 따라서 불교는 현대 과학이 탄생하는 데 필요한 세 가지 요인 가운데 1.5만 해당한다. 아마도 이것이 불교 문명권에서 현대 과학이 탄생하지 못한 이유일 것이다.

더욱이 불교는 형이상학에는 전혀 관심이 없다. 13장에 '손에 쥔 한 줌의 나뭇잎'의 비유에서 보았듯이 붓다는 자신이 알고 있는 모든 것의 아주 작은 일부만 가르친다는 점을 분명히 밝혔고, 그 일부란 괴로움에서 벗어나는 데 도움이 되는 가르침이었다. 형이상학적 질문은 붓다가 가르친 내용과는 완전히 동떨어져 있다. 실제로 붓다는 형이상학적 질문을 받으면 답을 하지 않았다고 한다. 불교에서 이것을 '고귀한 침묵'이라고 한다.

말룽꺄뿟따라는 이름의 수행승이 있었다. 그는 다음의 열 가지 형이상학적 질문을 품고 있었다.

1. 세상은 영원한가?
2. 세상은 영원하지 않은가?
3. 세상은 한계가 있는가?
4. 세상은 한계가 없이 무한한가?
5. 영혼은 몸과 같은 것인가?
6. 영혼은 몸과 다른 것인가?
7. 붓다가 죽으면 그는 존재하는 것인가?

8. 붓다가 죽으면 그는 존재하지 않는 것인가?
9. 존재하기도 하고, 존재하지 않기도 하는가?
10. 존재하지 않으며, 동시에 존재하지 않는 것도 아닌가?[8]

말룽꺄뿟따는 이 열 가지 질문을 붓다에게 던지며 만약 붓다가 이 질문에 답을 하지 않으면 그의 승단을 떠나겠다고 했다. 붓다는 답을 하지 않았다. 이유는? 그 질문들은 '미몽에서 깨는 것, 냉정함, 멈춤, 평화, 직접적인 앎, 깨달음, 열반에 이르는 데 도움이 되지 않기' 때문이었다. 이런 이유로 붓다는 이 질문들에 답하지 않았다. 붓다는 오직 열반에 이르는 데 도움이 되는 내용만을 가르쳤다. 그것은 사성제였다.

이 점을 강조하기 위해 붓다가 든, 독화살을 맞은 남자의 비유는 잘 알려져 있다. 어느 남자가 독화살을 맞았다. 그의 친구가 의사를 데려와 그를 치료하려고 했다. 화살을 맞은 남자가 말했다. "내게 화살을 쏜 자가 귀족인지, 바라문인지, 상인인지, 노동자인지 알기 전에는 의사의 치료를 받지 않을 것이다. 그자의 이름과 부족을 알기 전에는, 그의 키가 얼마나 되는지, 피부색은 어떤지, 마을에 사는지 도시에 사는지 알기 전에는 의사에게 치료를 받지 않겠다." 남자가 답을 모두 알았을 즈음에는 독이 퍼져 이미 죽어 있을 것이다. 남자가 최우선으로 해야 할 일은 의사에게 치료를 받는 것이다. 마찬가지로 수행승은 형이상학적 질문에 마음이 흐트러지기보다 다르마 수행을 가장 우선으로 해야 한다. 아마도 이것이 불교 수행승들이 망원경을 발명하지 않은 이유일 것이다.

불교는 형이상학에 관심이 없다. 그리고 그 연장으로, 물리 세계에서 사물이 작동하는 방식에도 대개 관심이 없다. 불교는 과학적 방법론을 형이상학이나 외부 세계가 아니라 온전히 개인의 내면을 향해 적용한다. 즉 괴로움을 꿰뚫어 보고 괴로움에서 벗어나는 데 필요한 통찰을 얻기 위해 자신의 마음을 들여다보는 것이 목표이다. 그 밖의 모든 것은 핵심을 빗나간 것이다.

말룽꺄뿟따는 붓다의 설명에 흡족해하고는 승단을 떠나지 않았다. 이후 말룽꺄뿟따는 어떻게 되었을까? 고대 경전에는 그가 붓다에게 꾸중을 듣는 장면이 두 군데 나온다(자신의 형이상학적 질문에 붓다가 답을 하지 않으면 승단을 떠나겠다고 으름장을 놓았던 때가 그중 하나다). 이후 노인이 된 말룽꺄뿟따는 붓다를 다시 찾아가 더 많은 가르침을 청했다. 붓다는 그에게 놀랍도록 짤막한 기본적인 가르침을 전했다. "수행승에게 갈애를 일으키는 것은 다음의 네 가지다. 음식, 옷, 거주지, 그리고 이런저런 세상에 다시 태어나는 것이 그것이다. 갈애를 완전히 버린 수행승은 괴로움을 끝낼 수 있다." 말룽꺄뿟따는 이 가르침에 대해 명상해 완전한 깨달음을 얻었다.[9]

불교는 마음의 과학

불교 문명이 현대 과학을 탄생시키지는 못했지만 달라이 라마가 보여 주었듯이 불교는 '마음의 과학'이라고 불러 마땅하다. 그것은 불교 수행 전체가 과학적 방법론을 반복 적용하는 것으로 생각할 수 있기 때문이다.

과학적 방법론의 적용은 먼저 질문을 던지고 가설을 세우는 데서 출발한다. 그런 다음 가설을 증명할 수 있는 실험을 설계한다. 이어 실험을 실시해 데이터를 수집하고, 데이터를 분석해 가설을 증명한다. 만약 가설이 (완전히) 증명되지 않으면 새로운 질문을 던진다. 이런 식의 주기가 계속적으로 반복된다.

예를 들어 보자. '중력은 모든 사물에 똑같이 적용되는가'라는 질문을 던졌다고 하자. 이 질문으로 세울 수 있는 가설 중 하나는 '지구 중력은 땅에 떨어지는 모든 물체에 동일한 가속도를 가한다'는 가설이다. 이 가설을 증명하기 위해 당신은 서로 다른 무게의 두 구체(球體)를 피사의 사탑에서 떨어뜨린다. 이때 당신이 수집해야 하는 데이터는 각각의 구체가 땅에 떨어지는 데 걸리는 시간이다. 두 구체가 땅에 떨어지는 데 걸리는 시간이 같으면 위의 가설이 증명되었다고 할 수 있다. 그런데 뒤에 당신이 나무 공과 깃털을 떨어뜨려 본다면 이를 통해 얻은 새로운 데이터는 앞서 증명되었다고 여겼던 가설을 지지하지 않는다는 사실을 알게 될 것이다. 이로써 당신은 새로운 가설을 세운다. 그것은 '깃털은 공기의 저항 때문에 중력에 의해 예측되는 속도보다 훨씬 느리게 땅에 떨어지므로 진공 상태에서 떨어뜨리면 나무 공과 같은 속도로 떨어질 것'이라는 가설이다. 이 새로운 가설은 새로운 실험으로 이어진다. 이런 식으로 계속된다.

과학적 방법론을 사용하면 경험적 관찰에서 수집한 데이터를 가지고 어떤 질문에든 답할 수 있다. 그리고 이런 방식은 물리학에는 물론이고 불교에도 그대로 적용된다. 가령 당신이 스승에게 수행을 배우고 있다고 하자. 스승은 당신에게 가설을 제시하고 실험 방법론을 알려 준다. 예컨대 '호흡에 주의를 안정적으로 머물면 정신이 또렷해지고 편안해진다'라는 가설을 세웠다고 하자. 한편 실험 방법론은 '몸을 편안하게 이완한 상태에서, 호흡으로부터 달아나는 주의를 반복적으로 호흡에 되가져오는 것'이라고 하자. 이제 당신은 한동안 호흡에 주의를 머문다. 그러자 정신이 또렷해지고 편안해진다. 그렇다면 위 가설이 증명되었다고 할 수 있다. 그러나 실제로 해 보니 잘되지 않아 당신은 스승을 찾아가 이렇게 말한다. "호흡에 주의를 머물러도 정신이 또렷해지거나 편안해지지 않고 오히려 잠에 빠졌어요. 그러니 그 가설은 틀린 것 같아요." 이에 스승은 새로운 지침을 제시한다. "그건 자네가 평소 잠이 모자랐기 때문일 수 있어. 그러니 밤에 잠을 푹 잔 다음 날에 같은 실험을 15분 정도 해 보게. 그렇게 해서 그 가설이 여전히 유효한지 확인해 보게." 이런 식이다. 불교 수행의 길은 이런 과학적 방법론을 자신에게 반복 적용함으로써 마음에 관한 일련의 통찰을 얻는 과정이라고 할 수 있다.

불교에서 과학적 방법론의 토대가 되는 중요한 태도가 한 가지 있다. 그것은 어떤 견해든 강하게 집착하지 않는 것이다. 앞서 6장에서 보았듯이 바른 견해는 팔정도에서 매우 중요한 부분이다. 붓다의 기본 설명 체계에서 바른 견해는 다른 일곱 가지를 가장 앞에서 이끄는 요소이다. 그리고 담마딘나가 제안한 널리 알려진 설명 체계(팔정도를 계·정·혜 삼학으로 구분하는 방식)에서도 바른 견해는 다른 일곱 가지 요소의 축적 위에 가능하다. 어느 경우든 바른 견해는 매우 중요하다. 붓다는 이처럼 중요한 바른 견해조차 거기에 강하게 집착해서는 안 된다고 가르쳤다.

견해를 대하는 붓다의 태도를 가장 잘 보여 주는 가르침이 뗏목의 비유이다.[10] 어느 남자가 이쪽 강가에서 반대편 강가로 뗏목을 타고 건넜다. 만약 남자가 이렇게 생각한다면 매우 어리석은 일일 것이다. '이쪽 강가로 건너오는 데 이 뗏목이 큰 도움이 되었어. 그러니 등에 지고 어디든 가지고 다녀야겠어.' 현명한 이라면 뗏목을 있던 곳에 그대로 둘 것이다. 마찬가지로 다르마도 당신이 지금 있는 곳으로부터 열반에 이르는 도구에 불과하다. 열반에 이른 뒤에는 다르마를 내려놓아야 한다. 붓다는 『숫따니빠따』라는 경전 모음집에서 이 점을 강조하는 여러 가지 설법을 전한다. 예컨대 깨달은 자는 어떠한 것에도 '좋다'며 집착하지 않는다.[11] 그는 어떠한 견해도 움켜쥐지 않는다.[12] 그는 '견해를 좇는 자'가 아니다.[13]

특정 견해에 집착하지 않는 것이 왜 그토록 중요한가? 그것은 불교가 본질적으로 통찰 전통이기 때문이다. 기존 견해에 강하게 집착한다면 통찰을 얻기 어렵다. 예컨대 달라이 라마는 어렸을 때 경전에서 지구가 평평하며 지구 한가운데 메루산이 있다고 배웠다. 그리고 경전에 적혀 있다는 이유만으로 그 견해에 강하게 집착했다고 하자. 그런데 나중에 달라이 라마는 지구가 실제로는 둥글다는 것이 과학적으로 최종 증명되었음 알았다. 만약 기존 견해에 강하게 집착했다면 달라이 라마는 지구가 둥글다는 통찰을 얻지 못했을 것이다. 이런 이유로 통찰을 얻기 위해서는 모든 견해를 가볍게 지녀야 한다(물론 이 견해조차 포함하여). 이것은 다시 말하면 이런 의미다.

1. 나의 견해가 언제든 틀릴 수 있다는 사실을 아는 것
2. 지금 나의 견해를 현재 입수 가능한 증거에 기초한 잠정적인 견해로 여기는 것
3. 새로운 증거가 나타나면 나의 견해가 바뀔 수도 있다는 것
4. 나의 견해가 옳다는 게 확실해 보여도 틀릴 수 있다는 것

내가 보기에 4번을 가장 잘 보여 주는 예는 양자물리학과 뉴턴물리학(고전물리학)이다. 양자물리학이 알려지기 전에 우리는 뉴턴물리학이 절대적으로 옳다고 여겼다. 뉴턴물리학은 사과와 지구, 전체 은하계의 움직임을 정확히 예측하는 것처럼 보였다. 그것이 어떻게 틀릴 수 있단 말인가? 그러나 원자 아래 차원에서 물리 법칙은 완전히 다른 방식으로 작동한다는 사실이 밝혀졌다. 만약 우리가 모든 증거가 결정적이고 틀림이 없다고 여기며, 뉴턴물리학을 절대적 진실로 집착했다면 양자물리학이 주는 통찰을 얻지 못했을 것이다.

불교의 목적은 괴로움에서 벗어나는 데 필요한 통찰을 얻는 데 있다. 그러자면 수행의 모든 단계에서 모든 견해를 가볍게 지녀야 한다. 그리고 견해를 가볍게 지니기 위해서는 우선 회의주의자가 되어야 한다. 어떤 견해든 틀릴 수 있기 때문이다. 앎을 갈구하는 회의주의자는 경험주의자가 되는 수밖에 없다. 회의주의자는 오직 경험으로 뒷받침되는 앎에만 만족한다. 경험으로 뒷받침되는 앎이야말로 붓다가 우리에게 장려한 앎이다. 붓다는 우선 붓다 자신에게 의문을 품으라고 했다. 그런 다음 시간에 걸쳐 현상(법, 다르마)을 조사하고 탐구하라고 했다(일곱 가지 깨달음 요소의 두 번째). 그렇게 해서 지금 있는 곳

으로부터 열반에 이르기까지 증거를 토대로 한 앎을 쌓아 가라고 했다. 이처럼 회의적 경험주의자가 앎을 얻기 위한 가장 자연스러운 방법은 과학적 방법론이다. 과학적 방법론이 불교의 자연스러운 일부가 된 것은 이런 이유다.

소류 스님의 한마디

내가 보기에 불교와 과학은 지혜에 다가서는 방식이 서로 다릅니다. 불교는 고통과 고통을 소멸시키는 것에 관해 공부합니다. 만약 과학에도 그런 면이 있다면 그것 역시 불교라고 말하고 싶습니다. 그러나 일반적으로 과학은 붓다가 부적절하다고 말한 문제들을 공부합니다. 우주가 휘어 있다고 주장하는 천체물리학 교과서든, 세계가 평평하다고 주장하는 티베트 경전이든 불교에서 볼 때 그리 중요한 문제는 아닙니다.

불교는 과학에서 중요하게 여기는 문제를 일부 다룹니다. 하지만 과학은 불교에서 중요하게 여기는 문제를 잘 다루지 않습니다. 내가 왜 이렇게 거친 표현을 사용할까요? 그것은 과학이 우리에게 커다란 힘을 부여하기 때문입니다. 과학은 커다란 힘을 우리에게 부여하지만 그 힘을 바르게 사용할 수 있는 지혜와 사랑은 주지 않습니다. 대신에 우리는 과학이 주는 힘을 이용해 자신의 갈망을 충족하고자 합니다. 갈망은 고통을 일으키는 근원입니다. 이런 이유로 과학은 지구상 생명을 위험에 몰아넣는 기술의 원천이라고 할 수 있습니다.

중요한 문제를 해결하는 데 과학을 사용해야 합니다. 그리고 정말로 중요한 문제, 즉 괴로움을 해결하는 데 불교를 사용해야 합니다.

15장

초기불교가 보전되어 온 과정

붓다 제자들의 영웅적 이야기

붓다, 세상을 뜨다

싯닷타는 35세에 깨달음을 얻어 붓다가 되었다. 그 후 45년간 가르침을 펴다 80세의 고령에 세상을 떴다. 더 정확히 말하면, 최종적으로 열반에 들었다. 붓다의 마지막 날들에 대한 묘사는 〈대반열반경(Mahāparinibbāna Sutta)〉이라는 긴 경전에 기록되어 있다.¹ 이 경전은 초기 경전에서 찾아보기 어려운 신비적 요소들이 많이 포함되어 있다.

이즈음 붓다는 노쇠해 몸이 매우 힘들었다. 역사를 통틀어 볼 때 80세는 매우 고령이다. 현대 의학이 없던 그 시절 80세의 노인이 몸이 쇠약하다고 느끼는 것은 조금도 이상하지 않은 일이었다. 게다가 붓다가 되기 전에 6년간 몸을 혹사하며 고행한 것도 좋지 않은 영향이 있었을 것이다. 붓다는 반농담으로 자신의 몸이 '가죽끈으로 겨우 묶어놓은 낡은 마차가 어떻게든 굴러가는 꼴'이라고 말하고는 했다.

이 시점에 붓다는 자신이 죽은 뒤에도 다르마가 계속 이어질 거라고 확신한 듯하다. 이는 위 경전의 신비적 부분에서 마라가 붓다에게 이렇게 말하는 장면에서 알 수 있다. "그대는 남녀 수행승들, 남녀 재가자들, 성취한 자, 능숙한 자, 배움을 얻은 자, 다르마를 아는 자, 스승에게 배운 것을 후대에 전하는 자, 다르마를 능숙하게 가르치는 자, 잘못된 가르침을 논파할 수 있는 자로 된 공동체를 세우기 전까지는 마지막 열반에 들지 않겠다고 했소. 이제 그대는 이 모든 것을 이루었으니 열반에 들 때가 되었소."² 붓다는 마라에게 말했다. "잠시만, 악한 자여. 오래 기다리지 않아도 좋소. 깨달은 자는 3개월 뒤에 마지막 열반에 들 것이오." 마라가 떠난 뒤 붓다는 마음챙김으로 온전히 알아차리며 앉은 상태에서 자신의 생명을 내려놓았다. 대지가 흔들렸고 천둥이 치면서 하늘이 갈라졌다. 붓다는 이렇게 기쁨의 시를 읊었다.

> 비할 데 없는 최상의 열반과
> 생명의 유지를 견주어 본 현자는
> 생명을 내려놓았네.
> 이제 그의 내면은 행복하고 고요하네.
> 스스로 만든 갑옷 같은 사슬에서 벗어났네.³

붓다의 마지막 식사는 끊임없는 논란의 주제이다. 붓다는 (흔히 '대장장이 쭌다'로 알려진) 쭌다 깜마라뿟따가 올린 식사를 받는다. 쭌다는 붓다에게 '돼지의 기쁨'이라는 음식을 올렸다고 한다. 역사학자들은 이것이 돼지고기 요리인지, 버섯 요리인지, 아니면 또 다른 요리인지(예컨대 고기를 넣은 쌀죽인지) 끊임없는 논쟁을 벌였다. 어느 경우든 붓다가 마지막으로 먹은 음식은 상해 있었다(누군가 실수로 독버섯을 넣었거나 돼지고기를 제대로 익히지 않았을 수도 있다). 실제로 붓다는 음식이 상한 사실을 알고 있었다. 그것은 붓다가 쭌다에게 그 음식을 다른 사람에게는 대접하지 말고 오직 자신에게만 달라고 한 데서 알 수 있다.

마지막 식사를 마친 붓다는 크게 아팠다. 이질로 피를 흘리며 극심한 통증에 시달렸다. 그러나 붓다는 이 모든 것을 마음챙김으로 겪어냈다. 몸은 아팠지만 마음은 조금도 괴롭지 않았다. 붓다는 쭌다가 상한 음식을 올린 것에 마음 불편해하지 않기를 바라며 아난다에게 이렇게 전하라고 했다. "친구 쭌다여, 세존에게 마지막 식사를 올린 그대는 커다란 행운을 가졌소. 두 번의 식사 공양이 커다란 공덕이 된다는 말을 나(아난다)는 세존의 입에서 직접 들었소. 한 번은 세존이 완전한 깨달음을 얻기 직전에 받으셨던 식사 공양이고, 또 한 번은 마지막 열반에 들기 직전에 받으셨던 공양이오. 그대는 무척 운이 좋소!"

이때 붓다는 꾸시나라에 있었다. 붓다의 입멸이 임박했음이 확실해지자 아난다는 울음을 터뜨렸다. 붓다는 가볍게 꾸짖으며 말했다. "아난다야, 울지 마라. 즐거운 것은 어느 것이나 무상하며, 우리는 그것과 헤어질 수밖에 없다고 내가 가르치지 않았느냐? 그렇다면 아난다여, 태어난 것은 무엇이든 사라지는 것은 당연한 일이다. 어떻게 그러지 않을 수 있겠느냐?"

죽음이 임박해 누운 자리에서 붓다는 아난다를 비롯한 그 자리의 모든 수행승들에게 이렇게 말했다. "내가 죽고 나면 너희들은 스승이 없어졌다고 생각할 것이다. 그러나 그래서는 안 된다. 내가 세상을 떠난 뒤에도 내가 가르친 법과 계율(담마-위나야)이 너희들의 스승이 될 것이다."

그러면서 붓다는 이렇게 마지막 말을 남겼다.

수행승들이여, 그대들에게 당부하노니
"조건 지어진 모든 것은 사라지게 되어 있는 법
그러니 방일하지 말고 깨어 있음으로 노력하라."[4]

handa dāni, bhikkhave, āmantayāmi vo,
"vayadhammā saṅkhārā appamādena sampādethāti."

최후의 말을 마친 붓다는 마지막으로 선정에 들었다. 초선과 2선을 지나 비상비비상처까지 점점 더 높은 선정에 올랐다. 그런 다음 초선으로 다시 내려온 뒤 한 번 더 4선정까지 올랐다. 그리고 거기서 마지막 열반에 들었다.

이로써 우리의 스승은 세상을 떴다.

아난다와 마하까사빠의 멋진 모험

붓다는 45년간 가르침을 폈다. 붓다가 남긴 가르침을 전부 암송하는 데만도 몇 개월이 걸릴 정도로 그 양이 방대하다. 붓다의 가르침 전체를 어느 정도 자세히 공부하는 데 나는 16개월, 소류 스님은 12개월

이 걸렸다(지금도 배우는 중이다).

그렇다면 붓다의 가르침은 어떻게 해서 지금까지 보존되어 왔을까? 거기에는 아난다와 마하까사빠라는 각자의 개성을 지닌 멋진 두 사람이 있었다. 그들의 이야기를 소개한다.[5]

아난다는 붓다의 사촌으로(아난다의 아버지와 붓다의 아버지가 형제였다) 아누룻다(5장에 소개했던, '천안'을 얻은 아라한)와 형제 사이였다. 붓다가 깨달음을 얻고 1년이 지났을 무렵, 아난다는 아누룻다와 같은 날에 승가에 합류했다. 하지만 아난다는 오랫동안 사람들의 주목을 받지 못했다. 그로부터 19년이 지난 뒤 이제 노인이 된 붓다는 자신에게 시자가 있으면 좋겠다고 말했다. 이에 모든 수행승이 붓다의 시자가 되겠다고 나섰다. 아난다만 제외하고. 그런데 붓다가 원했던 사람은 바로 아난다였다. 붓다는 아난다에게 부탁을 했고, 아난다는 시자가 되겠다고 했다. 단 붓다가 다음 여덟 가지에 반드시 동의해야 한다는 조건을 달았다.

1. 붓다가 받은 가사 선물을 아난다에게 주어서는 안 된다.
2. 붓다가 받은 음식을 아난다에게 주어서는 안 된다.
3. 붓다가 받은 거처 선물을 아난다에게 주어서는 안 된다.
4. 붓다가 개인적으로 초대를 받았을 때 아난다를 거기 포함시켜서는 안 된다.
5. 아난다가 식사 초대를 받으면 아난다는 그 초대를 붓다에게 넘길 권한을 갖는다.
6. 외지 사람들이 붓다를 찾아오면 아난다는 그들을 붓다에게 안내

한다.

7. 다르마에 관한 질문이 있으면 아난다는 언제든 붓다에게 물어볼 수 있다.

8. 붓다의 설법 자리에 아난다가 참석하지 못할 경우, 아난다는 설법을 다시 해달라고 붓다에게 부탁할 권한을 갖는다.

아난다는 처음 네 가지 조건은 붓다의 시자가 자리를 이용해 물질적인 이익을 취하지 않기 위해서라고 말했다. 또 나머지 네 가지는 수행의 길에서 자신의 향상을 끊임없이 살피며 시자의 직무를 수행하기 위한 목적이라고 했다. 아난다가 얼마나 이타적이고 도덕적인 사람인지, 왜 모든 사람이 그를 좋아했는지 쉽게 알 수 있다. 더구나 아난다는 붓다가 살아 있는 동안 아직 깨달음을 이루지 못한 상태였다. 아직 아라한이 되지 않았음에도 이토록 마음이 청정하고 이타적이며 도덕적이고 사랑에 가득 찬 사람이었던 것이다! 그렇다. 붓다는 아난다가 내건 위의 조건에 모두 동의했다. 이렇게 해서 앞으로 25년간 이어질 두 사람의 친밀한 관계가 시작된다.

아난다는 훌륭한 자질을 두루 갖추고 있었다. 첫 번째는 그가 모든 사람을 사심 없는 관대함과 사랑의 친절로 대했다는 점이다. 모두가 그를 좋아했다. 붓다에 따르면 사람들은 아난다를 보거나 그의 말을 듣는 것만으로 기분이 좋아졌다고 한다.[6] 아난다는 사실상 붓다의 수행비서나 마찬가지였다. 수행비서는 누가 언제 상사를 만날 수 있는지에 관한 막강한 권한을 갖고 있는데, 그런 일을 하면서 모든 이의 사랑을 받는다는 것은 결코 쉬운 일이 아니다. 아난다가 가진 또 하나의 특별한 자질은 놀라운 기억력이었다. 아난다는 붓다에게 들은 말을 토씨 하나 틀리지 않고 그대로 욀 수 있었다고 한다. 그래서 붓다를 대신해, 붓다가 이전에 했던 설법을 그대로 반복하여 설법하는 일도 종종 있었다. 이런 의미에서 아난다는 붓다의 개인 팟캐스트였다. 그러나 단순한 팟캐스트는 아니었다. 아직 완전한 깨달음을 얻지는 못했어도 그는 다르마를 능숙하게 가르치는 스승과 같았다. 붓다는 아난다를 이렇게 칭찬했다. "아직 수련 중이지만 지혜에 있어 아난다에 필적할 만한 자를 찾기 어렵다."

한편 마하까사빠는 아난다와 성격이 매우 달랐다. '마하'는 '크다'는 의미로 '마하까사빠'는 '위대한 까사빠'라는 의미이다. 물론 '까사빠'라는 이름의 다른 사람과 구분하기 위해 그렇게 불렀지만, 사람들이 그의 이름에 '마하'라는 꼬리표를 붙인 데는 그럴 만한 이유가 있었다. 아난다가 모든 사람이 좋아하는 친근한 동생 같다면, 마하까사빠는 모두가 우러러보는 다소 근엄한 큰형과 같았다. 마하까사빠는 철저히 계율을 지키며 다르마 수행에 전념하는 완벽한 모델이었다. 실제로 선 전통 불교에서는 마하까사빠를 자신들의 시조로 여길 정도로 중요한 인물이다.

마하까사빠는 매우 부유한 가정에서 태어났다. 아버지가 소유한 마을이 열여섯 개나 되었고 거기다 그는 외아들이었다. 하지만 마하까사빠는 왠지 모르게 항상 수행자가 되고 싶었다. 그렇지만 부모에 대한 의무감으로 어쩔 수 없이 결혼을 한다. 밧다 까뻴라니라는 부유한 집안의 아름다운 젊은 여성을 아내로 맞이한 것이다. 그런데 흥미롭게도 아내인 밧다 또한 마하까사빠와 같은 바람을 지니고 있었다.

즉 수행자가 되고 싶었던 그녀 역시 부모에 대한 의무감으로 결혼을 했을 뿐이었다. 같은 열망을 공유한다는 사실을 알게 된 두 사람은 부부로 한 침대를 사용하면서도 금욕 생활을 지켰다. 두 사람은 마하까사빠의 부모가 세상을 뜰 때까지 금욕 생활을 하며 살았다. 그로부터 얼마 지나지 않아 두 사람은 모든 재산을 내놓고 하인을 모두 풀어 주었다. 서로의 머리를 깎아 주고 수행자의 옷을 입고 각기 다른 방향으로 떠났다. 두 사람이 헤어지던 날, 그들이 지켜 온 계율의 힘에 천지가 진동했다고 한다.

이야기에 따르면 천지가 흔들리는 것을 느낀 붓다는 뛰어난 제자가 자신에게 오고 있다는 것을 알았다고 한다. 그래서 마하까사빠가 도착할 장소를 찾아 나무 아래 먼저 자리를 잡고 앉았다. 자리에 도착한 마하까사빠는 붓다의 광채를 가득 머금은 한 남자가 앉아 있는 모습을 보곤 즉각 알았다. "내가 출가해 배움을 얻을 스승은 이분이 틀림없다." 마하까사빠는 붓다의 발아래 엎드려 제자가 되기를 청했다. 붓다는 그 자리에서 그에게 계를 내렸다. 그로부터 7일 후, 마하까사빠는 완전한 깨달음을 얻는다.

마하까사빠는 '금욕 수행'을 하기로 결심했다. 버려진 천 조각을 이어 붙인 법복만 입었다. 집에 들어오라는 초대를 받지 않고 문밖에서 주는 탁발 음식만 먹었으며, 시내 수행처에서 살지 않고 줄곧 숲속에서 생활했다. 금욕 수행을 완벽에 가깝게 실천했다. 마하까사빠는 붓다로부터 '금욕 수행에 가장 뛰어난 수행승'으로 칭찬받았다.[8] 한번은 붓다가 마하까사빠에게 금욕 수행을 하는 이유를 묻자 그는 이렇게 답했다. "두 가지 이유입니다. 첫째, 지금 여기에서 나 자신의 행복을 위해서입니다. 둘째, 후배들에 대한 연민심에서, 그들이 따를 모범을 보여 주고 싶었기 때문입니다."⁹ 붓다는 그의 지혜를 칭찬했다.

이후 아내인 밧다 까삘라니는 어떻게 되었는지 궁금한가? 그녀도 붓다를 찾아갔으며 완전한 깨달음을 이루었다. 그녀는 붓다로부터 '과거 생을 기억하는 데 가장 뛰어난 자'라고 칭찬을 받았다고 한다.¹⁰ 이렇게 두 사람 모두 일이 잘 풀렸다.

이 두 사람, 아난다와 마하까사빠는 붓다의 가르침을 보전하는 데 큰 역할을 했다. 두 사람에게 어떤 일이 있었던 걸까?

어떻게 붓다의 가르침을 보전할까

마하까사빠는 붓다가 세상을 뜬 지 7일 뒤에 소식을 들었다. 당시 그는 붓다가 돌아가신 꾸시나라로부터 멀지 않은 곳에 오백 명의 수행승과 함께 머물고 있었다. 마하까사빠는 즉시 수행승들과 꾸시나라로 향했다. 그런데 경전에 따르면 꾸시나라 사람들이 붓다의 장례식 장작 더미에 불을 붙이려 해도 불이 붙지 않았다고 한다. 그들은 아누룻다에게 어찌된 영문인지 물었다(아누룻다는 무엇이든 꿰뚫어 보는 '천안'을 지녔다는 사실을 기억하는가). 아누룻다가 말했다.

"신들은 지금 다른 계획을 가지고 있소."

사람들이 물었다.

"어떤 계획입니까?"

"신들은 마하까사빠가 오기만을 기다리고 있소."

"신들이 원하는 것이 그것이라면 신들의 계획을 존중하겠습니다."

꾸시나라 사람들은 이렇게 대답하고는 마하까사빠가 도착하기를 기다렸다. 마침내 마하까사빠가 도착해 붓다의 시신에 예를 올렸다. 예를 마치자 장작 더미에 저절로 불이 붙었다.

이 이야기를 사실로 믿든 비유로 해석하든, 당시 마하까사빠의 중요한 위상을 말해 주는 것임에 틀림이 없다. 붓다의 두 상수제자인 사리뿟따와 목갈라나는 붓다보다 몇 개월 먼저 최종 열반에 들었다. 붓다는 후계자를 지목하지 않았고, 대신 "법과 계율이 그대들의 스승이 될 것이다"라며 아난다를 비롯한 수행승들에게 당부하고는 세상을 떠났다. 당시 살아 있던 붓다의 제자 가운데 가장 존경받는 인물은 마하까사빠였다. 마하까사빠는 전체 수행 공동체의 비공식적인 맏형이자 실질적인 리더였다. 붓다가 열반에 들어 스승이 없는 상황에서 모두가 마하까사빠의 다음 행보를 눈여겨보고 있었다. 그때 마하까사빠가 한 일은 이후 세계 모든 불교인의 커다란 감사를 불러일으켰다.

앞서 붓다의 열반 소식을 들었을 시점에 마하까사빠는 오백 명의 수행승과 함께 있었다고 말했다. 대개 수행 공동체에는 깨달은 수행승과 아직 깨닫지 못한 수행승이 함께 있었다. 깨닫지 못한 수행승들은 붓다의 열반 소식을 듣고는 소리 내어 울음을 터뜨리며 무척 괴로워했다. 하지만 수밧다라는 한 승려만은 예외였다. 그는 오히려 기뻐하며 다른 수행승들에게 이렇게 말했다. "왜 울어? 행복해야지. 붓다는 늘 '이걸 해라, 저건 하지 마라' 했잖아. 이제 붓다가 안 계시니 우리 하고 싶은 대로 해도 돼. 얼마나 좋아!" 마하까사빠는 이 말을 듣고는 이런 수행승들 때문에 미래에 붓다의 가르침이 사라질 수도 있다고 생각했다. 그는 미래 세대가 붓다의 가르침을 접할 수 있도록 가르침을 확정하고 보전해야겠다는 결심을 굳힌다. 붓다의 장례식이 끝난 뒤 마하까사빠는 붓다의 가르침을 확정하고 보전하는 일을 자신의 가장 중요한 과제로 삼는다.

이제 그는 아라한들을 소집해 붓다의 가르침을 확정하고 보전할 계획이었다. 붓다가 자신의 수행 시스템을 담마-위나야(Dhamma-vinaya)로 칭한 것을 기억하는가. 담마(또는 다르마)는 '가르침', 위나야는 '계율'이라는 뜻이다. 아라한들을 소집한 것은 담마와 위나야 모두를 보전하기 위한 목적이었다. 역사적으로 이 모임을 '1차 결집'이라고 한다. 대략 오백 명의 아라한이 참석하고 마하까사빠가 사회를 맡은 1차 결집은 아자따삿뚜 왕의 후원 아래 라자가하의 사따빠니 동굴에서 진행되었다.

붓다의 가르침을 확정하고 보전하는 작업에 가장 중심적인 역할을 한 사람은 아난다였다. 그는 붓다의 곁에 있으면서 붓다가 전한 모든 설법을 누구보다 잘 알고 있었기 때문이다. 아난다가 결집 장소에서 자신이 기억하는 붓다의 설법을 말하면 자리에 참석한 모두가 정확하다고 인정하는 경우에 함께 체계적으로 암송하는 방식을 취할 것이었다.

그런데 문제가 하나 있었다. 1차 결집이 열리는 날까지 아난다는 아직 완전한 깨달음을 이루지 못한 상태였다. 완전히 깨달은 오백 명의 아라한이 모인 자리에서 주 연설자만이 아직 아라한이 아니었던 것이다. 아난다는 이 상황이 불편했다. 더욱이 아난다의 형 아누룻다는 아난다가 그날까지 깨닫지 못하면 결집에 참석해서는 안 된다고 강하게 주장했다. 이에 아난다는 결집 날까지 완전한 깨달음을 얻고자 밤낮으로 열심히 수행했지만 진전이 없었다.

결집에서 암송하기 바로 전날 밤에도 아난다는 쉬지 않고 노력했지만 여전히 완전한 깨달음에 이르지 못했다. 밤이 늦어 결국 포기하고 자리에 누우려고 했다. 그런데 앉아 있다가 몸을 편안하게 하면서 자리에 눕는 어정쩡한 순간에 아난다는 완전한 깨달음을 얻었다.

전하는 이야기에 따르면 다음 날 아침, 아난다는 가부좌를 튼 채 하늘을 날아 결집 장소에 도착했다고 한다.[11] 이것이 사실이라면 아난다는 하늘을 날아 비즈니스 미팅에 참석한 역사상 최초의 인물일 것이다.

1차 결집은 마하까사빠가 사회를 맡고, 아난다는 자신이 기억하고 있는 붓다의 설법을 전하는 방식으로 진행되었다. 마하까사빠가 붓다의 특정 설법에 대해 질문하면 아난다는 "저는 이렇게 들었습니다."라는 말을 필두로 설법 내용을 이어간다. 이런 이유로 불교의 많은 경전이 '여시아문(如是我聞)', 즉 '나는 이렇게 들었습니다(Evaṃ me suttaṃ)'라는 말로 시작을 한다.

소류 스님과 나는 오늘 우리가 아난다와 마하까사빠 두 사람의 성격을 한데 합쳐 가질 수 있다는 점이 무엇보다 행운이라고 생각한다. 우선 우리에게 전해오는 붓다의 설법은 아난다가 수집하고 암송한 내용이다. 아난다가 그저 붓다의 말을 그대로 반복했을 뿐이라고는 해도, 친절하고 부드럽고 사랑에 넘치는 아난다의 개인적 성격 특성이 거기에 묻어나지 않을 수 없었을 것이다. 따라서 실제 붓다의 말보다 더 나긋나긋한 쪽으로 치우쳤을 가능성이 있다. 만약 마하까사빠가 없이 아난다만 있었다면 붓다의 가르침이 나긋나긋한 사랑에 기운 채 기록되었을 것이다. 그런데 다소 엄정하고 냉철한 성격의 마하까사빠가 있어 아난다의 나긋나긋한 사랑에 균형을 잡아 주었다. 두 사람 사이의 이런 균형은 실제 생활에서 나타나기도 했다. 아난다는 때로 제자들을 너무 친절하고 부드럽게 대해 게으르고 계율을 잘 지키지 않는 제자들이 생기기 시작했다. 이에 마하까사빠는 아난다에게 제자들을 너무 관대하게 대하면 오히려 그들에게 해를 입히는 일이라며 꾸짖었고, 아난다는 이 점을 반성했다고 한다. 사랑과 엄정함이라는 두 사람 각각의 성격 특성이 완벽하게 조화된 결과, 지금 우리에게 남겨진 붓다의 가르침은 사랑과 엄정함이 적절히 균형 잡혀 있다. 무엇보다 이 점이 우리가 누리는 행운이 아닐까.

한편 계율을 보전하는 데 중심적 역할을 한 사람은 우빨리라는 유명한 수행승이었다. 그는 수행승이 지켜야 하는 계율을 증언했다. 실제로 우빨리는 아난다보다 먼저 증언했다고 한다.

우빨리는 비천한 직업에 종사하는 수드라 계급에 태어났다. 이발사가 된 그는 이발 솜씨가 매우 출중해 마침내 사캬족 왕자들의 머리를 깎게 되었다. 붓다가 깨달음을 얻은 뒤 처음으로 고향을 찾았을 때 아누룻다와 아난다를 비롯한 여섯 명의 사캬족 왕자가 불교 수행승이 되겠다고 했다. 그들은 붓다가 머무는 곳으로 떠나기로 하고는 자신들이 좋아하는 이발사 우빨리를 데리고 길을 나섰다. 붓다가 계신 곳에 가까이 갔을 무렵, 왕자들은 우빨리에게 자신들의 머리와 수염을 깎게 했다. 그러면서 오랜 시간 봉사해 준 데 대한 고마운 마음에서 가지고 있던 보석을 모두 우빨리에게 주었다. 우빨리에게 작별 인사를 고하고 떠나려는 순간 우빨리가 말했다. "잠깐만요. 저는 지금 고향으로 돌아갈 수 없습니다. 제가 왕자님들과 함께 떠날 때 이발용 칼을 가지고 왔는데, 왕자님들 없이 보석만 잔뜩 가지고 돌아가면 고향 사람들이 분명히 제가 왕자님들을 칼로 살해하고 보석을 훔쳤다고 생각하지 않겠습니까. 분노한 사캬족 사람들은 저를 죽일 것입니다. 그러니 왕자님들을 따라 출가하겠습니다."[12] 그들은 보석을 모두 내려놓고 붓다가 있는 곳으로 향했다.

붓다를 뵌 왕자들은 붓다에게 자신들보다 우빨리에게 먼저 계를 내려주도록 청했다. 왜냐하면 비천한 계급 출신인 우빨리에게 먼저 계를 내림으로써 왕자들은 사캬족으로서 자신들의 자만심을 누그러뜨리길 원했기 때문이다. 이런 연유로 우빨리가 아누룻다와 아난다보다 먼저 계를 받아 승단에서 두 사람의 선배가 된다.

완전한 깨달음을 얻은 우빨리는 승단의 계율에 있어 존경받는 전문가가 된다. 1차 결집에서 아난다가 붓다의 가르침(담마)을 정리하는 역할을 했다면, 우빨리는 계율(위나야)를 담당했다고 할 수 있다. 이로써 1차 결집에서 담마와 위나야가 모두 확정된다.

바구니와 초기불교 텍스트

경전의 정리
아난다와 우빨리가 결집에서 증언을 하고, 결집에 모인 오백 명의 아라한이 증언의 정확성을 검증하는 과정을 거쳐 초기불교 텍스트가 확정되었다. 이렇게 아난다가 정리한 내용은 무척 방대해 다섯 가지 모음집으로 구분한다.

1. 디가 니까야(긴 길이 경의 모음)
2. 맛지마 니까야(중간 길이 경의 모음)
3. 쌍윳따 니까야(주제별로 모은 경의 모음)
4. 앙굿따라 니까야(하나씩 커지는 숫자 별로 모은 경의 모음(아래 참조))
5. 쿳다까 니까야(그 밖의 경의 모음)

빠알리 원어 니까야(nikāya)는 '모음집'이라는 의미다.[13] 다섯 가지 모음집의 이름이 모두 '니까야'로 끝나므로 경전의 모음 전체를 그대로 **니까야**로 칭하게 되었다. 한편 니까야에 들어 있는 각각의 설법은 '실'을 의미하는 **숫따**(sutta), 즉 경(經) 또는 경전이라고 한다.

'하나씩 커지는 숫자' 경의 모음인 앙굿따라 니까야에는 모두 열한 묶음의 경전이 들어 있는데 숫자가 곧 그 경전의 제목이 된다. 맨 처음에는 '하나의 모음', 다음에는 '둘의 모음'… 이런 식으로 '열하나의 모음'까지 이어진다. '하나의 모음'에는 붓다가 '…에는 한 가지가 있다'고 설하는 설법들이 담겨 있다. 예컨대 이런 식이다.

수행승들이여, 만약 그것을 계발했을 때 우리에게 이익을 주는 것으로 마음보다 더 큰 이익을 주는 한 가지를 나는 알지 못한다. 그것은 바로 계발된 마음이다. 계발된 마음이야말로 우리에게 가장 큰 이익

을 가져다주는 한 가지다.[14]

또 '넷의 모음'에는 말로 저지를 수 있는 네 가지 잘못된 행동을 설명하는 설법이 들어 있다. 그리고 '다섯의 모음'에서는 수행자가 지녀야 할 다섯 가지 힘을 설명하며, '일곱의 모음'에서는 일곱 가지 근본 성향을 설명하는 식이다. '하나의 모음'에 담긴 설법 중에는 한두 문장으로 끝나는 것도 있다(위에 소개한 설법도 실은 하나의 전체 경전이다). 한편 '일곱의 모음'에 실린 경전에는 길이가 매우 긴 것도 있다. 그러므로 불교 교사인 당신이 학생들에게 하루에 하나씩 경전을 외라고 시킬 때는 경의 길이가 크게 다르다는 점을 알아두면 도움이 될 것이다.

'그 밖의 경의 모음'인 쿳다까 니까야는 위 네 가지 니까야의 기준에 맞지 않는 나머지 경을 모은 것이다. 가령 남녀 수행승들이 열반에 들었을 때의 감흥을 노래한 두 권의 책이 쿳다까 니까야에 들어 있다. 또 붓다가 직접 노래한 423개의 짧은 운문으로 된 『담마빠다』, 즉 『법구경』이라는 유명한 경전도 여기에 들어 있다.

승단 계율의 정리

위나야, 즉 수행승들이 지켜야 할 계율을 정리하는 작업은 우빨리의 주도 아래 진행되었다. 오늘날 불교의 각 종파에는 계율에 조금씩 차이가 있지만 보수적인 테라와다불교의 계율을 예로 들면 남자 수행승이 지켜야 하는 계율은 227개, 여자 수행승이 지켜야 하는 계율은 311개가 있다. 다른 종파도 비슷한 수의 계율이 있다. 계율의 성격도 필수적인 것부터(가령 살아 있는 생명체를 죽여서는 안 된다) 사소한 것(수행승은 다른 수행승의 간지럼을 태워서는 안 된다)까지 다양하다. 내가 보기에 계율의 가장 훌륭한 부분은 그것의 배경 이야기에 있다. 계율에는 각각의 계율이 어떻게 만들어졌는지 소개하는 배경 이야기가 있는데, 앞서 13장에서 본 것처럼 하늘을 날아다니는 수행승의 이야기는 입이 벌어질 정도로 놀랍다. 또 계율에는 이 장에서 이야기한 1차 결집이 소집된 과정에 관한 이야기도 담겨 있다.[15]

더 높은 가르침의 정리

세 번째 모음집인 아비담마(Abhidhmma, '수승한 가르침')는 불교의 다양한 주제에 관한 심도 깊은 학술적 탐구를 통해 이루어졌다. 전통에 따르면 아비담마는 붓다 자신이 어머니인 마하마야에게 정기적으로 가르침을 전하기 위해 올라간 천상에서 설했다고 한다. 지상에 내려와서는 사리뿟따에게 설했고, 사리뿟따가 아비담마의 가르침을 정리했다고 한다. 한편 역사가들은 1차 결집 후 무명의 수행승들이 아비담마를 만들었다고 주장한다.

어쨌든 니까야와 위나야, 아비담마를 합쳐 **삼장**(三藏, Tipiṭaka)이라고 부른다. '세 개의 바구니'라는 뜻이다. 니까야는 경장(經藏), 즉 경의 모음, 위나야는 율장(律藏), 즉 율의 모음, 아비담마는 논장(論藏), 즉 논의 모음이다.

오늘날 우리에게 전해지고 있는 삼장은 테라와다불교에서 빠알리어로 보전되어 온 판본이다. 빠알리어는 산스크리트와 친족 관계인 고대 인도의 지방어로, 붓다는 빠알리어와 유사한 인도 북동부의 여러 방언을 구사했던 것으로 추정된다. 지금 우리에게 전하는 삼장은 **빠알리 경전**이라고 알려져 있는데 현존하는 불교 경전 중 가장 완전한 형태의 초기불교 텍스트라고 할 수 있다.

이 책에서 소류 스님과 나는 주로 빠알리 경전에서 인용문을 따왔다. 따라서 그에 상응하는 산스크리트가 이미 영어사전에 등록되어 사용 중인 경우를 제외하고는 주로 빠알리 원어를 사용했다. 가령 빠알리어인 '담마'와 '닙바나' 대신, 산스크리트/영어인 '다르마'와 '니르바나'를 사용했다.●

경전이 기록되는 데 걸린 시간, 300년

붓다 입멸 후 1차 결집에서 니까야가 정리·확정되었다고는 해도 빠알리 경전이 실제로 문자로 기록된 것은 그로부터 300년이 지나서였다.[16] 왜 그렇게 오랜 시간이 걸렸을까? 우선 고대 인도에서 특정 내용을 글로 기록하는 경우는 거의 없었다. 당시 사람들은 정보를 보존하는 수단으로 글로 적은 기록물보다 인간의 기억을 더 신뢰했다. 잉크가 없었던 고대 인도인들은 마른 야자수 잎을 바늘이나 손톱으로 긁어 글을 썼다. 야자수 잎은 쉽게 썩고, 벌레가 잘 타며, 벗겨지기 쉬웠다. 덥고 습한 우기도 악조건으로 작용했을 것이다.

● 이 책에서 '닙바나'나 '니르바나'는 모두 '열반'으로 번역한다. - 옮긴이

정보를 보관하는 수단으로 기록에 의존하기 어려웠던 고대 인도인들은 현대인들이라면 그다지 신뢰하지 않는 기발한 방법을 생각해 냈다. 그것은 인간의 기억을 거의 예술의 형식으로 발전시키는 것이었다. 예컨대 베다 성전은 2,000년이 넘는 오랜 시간 동안 원래의 내용을 그대로 유지하며 입으로 전해왔다고 한다.[17] 그 비결은 기억술의 일환으로 같은 구절을 계속 반복하는 것이었다. 이 때문에 초기불교 텍스트에는 반복되는 구절이 많이, 아주 많이 등장한다.

어쨌든 위와 같은 이유로 불교의 가르침은 문자로 기록되기 전에 기억에 의존해 암송하는 방식으로 전해져 왔다.[18] 기록과 전승의 신뢰성을 높이기 위해 수행승들이 정기적으로 함께 모여 암송하는 전통을 만들었고, 그 전통은 오랜 기간 지속되었다.

기원전 268년에 아소카가 인도의 왕이 되었다. 아소카 왕은 아소카 대왕으로 불릴 정도로 역사상 위대한 왕으로 칭송받는다. 기원전 263년경, 그는 자신의 정복 전쟁의 직접적인 결과로 수많은 사람의 죽음을 두 눈으로 목격하고는 충격을 받아 전쟁을 포기하고 불교에 귀의한다. 아소카 왕이 세계 문화에 가장 크게 기여한 공적 중 하나는 아소카 석주(아소카의 기둥)를 세웠다는 사실일 것이다. 그의 제국 전역에 세운 33개의 돌기둥에 새겨진 내용을 보면 불교에 관한 중요한 역사적 사실을 알 수 있다. 아소카 왕의 또 다른 공적은 그의 아들인 마힌다의 주도로 스리랑카에 파견한 불교 전법단이었다. 이후 마힌다의 전법단에 그의 누이 상가밋따도 합류한다.[19] 마힌다와 상가밋따가 성공적으로 전법 활동을 편 스리랑카는 이후 불교의 중요한 보루로 자리 잡는다.

기원전 100년 동안에 스리랑카에 일어난 기근과 전쟁으로 수많은 수행승이 목숨을 잃었다. 수행승들의 죽음은 물론 끔찍한 일이었지만, 그로 인해 또 다른 위험성이 생겼다. 바로 불교 경전을 머리에 암송한 수행승들이 사라지자 그들이 기억하던 내용도 함께 사라질 위험에 처했다는 사실이다. 다행히도 기원전 25년에 스리랑카에서 4차 결집이 열려 역사상 처음으로 붓다의 가르침을 야자수 나뭇잎에 기록하는 작업이 진행된다.

니까야는 붓다의 진짜 가르침인가

회의주의자인 내가 먼저 던지고 싶은 질문은 이것이다. 1차 결집 후 오랜 시간이 지나 문자로 기록된 니까야가 붓다가 실제로 가르친 내용이 확실한지 어떻게 알 수 있는가?

우선 기준을 조금 낮출 필요는 있다. 즉 2,000년 전에 일어난 일을 정확히 알기는 매우 어렵다는 사실을 인정하는 것이다. 실제로 우리는 다음과 같은 기본적인 질문에 대해서도 정확한 데이터를 가지고 있지 않다. 붓다는 몇 년에 태어났는가? 전통에 의하면 기원전 623년에 태어났다고 하지만 불교학자들은 일반적으로 붓다의 탄생을 기원전 500~480년경으로 잡는다. 이 때문에 나는 붓다의 생일에 양초를 몇 개 사야 할지 지금도 헷갈린다.

다행히도 우리에게 행운인 것은, 초기불교의 가르침이 또 하나의 별도의 전통으로 오늘날까지 전해 오고 있다는 사실이다! 초기불교의 가르침은 빠알리 경전을 통해 스리랑카에 전해진 니까야와 별개로 한자를 매개로 중국으로 전해지기도 했다. 두 전통의 핵심 차이점은, 빠알리 경전은 테라와다불교라는 하나의 종파에서 나왔다면, 한자로 된 경전은 다양한 불교 종파에서 나왔다는 사실이다. 이것은 한자 경전이 여러 개의 전승 계통을 대변한다는 의미이다. 이렇게 만들어진 한자어 판본을 **아가마**(Āgama), 즉 **아함**(阿含)이라고 한다(문자 그대로는 '우리에게 전해온 것, 전통'이라는 의미).[20] 빠알리 경전과 한역 경전 모두 별도의 전통에 따라 전해 왔으므로 이 둘을 비교하면 그 진위성을 더 정확하게 판단할 수 있을 것이다. 그렇다면 어떻게 비교해야 할까?

먼저 아함은 네 개의 모음집으로 되어 있다. 이것은 빠알리 니까야가 (쿳다까 니까야를 제외하면) 네 개의 주요 니까야로 되어 있는 구성과 일치한다. 각 아함은 산스크리트와 한자어로 제목이 있는데 빠알리 판본과 거의 일치한다. 각 경전의 빠알리어, 산스크리트, 한자어 이름은 다음과 같다.

1. **디가 니까야**(Dīgha Nikāya), **디르가 아가마**(Dīrgha Āgama), **장아함경**
(長阿含經, 긴 아함)

2. **맛지마 니까야**(Majjhima Nikāya), **마댜마 아가마**(Madhyama Āgama),
중아함경(中阿含經, 중간 길이의 아함)

3. **쌍윳따 니까야**(Saṃyutta Nikāya), **쌍유크타 아가마**(Saṃyukta Āgama),
잡아함경(雜阿含經, 다양한 아함)

4. **앙굿따라 니까야**(Aṅguttara Nikāya), **에꼿따라 아가마**(Ekottara Āgama),
증일아함경(增一阿含經, 하나씩 커지는 아함)

한편, 빠알리 쿳다카 니까야에 수록된 내용도 한자어 경전에서 찾아볼 수 있는데, 다만 별도의 모음으로 되어 있지 않고 여러 책에 분산되어 있다.

내용 면에서 보아도 빠알리 경전과 한자어 경전에 거의 차이가 없다. 사성제, 팔정도, 다섯 가지 무더기, 다섯 가지 장애, 네 가지 마음챙김의 확립, 일곱 가지 깨달음 요소, 네 가지 선정 등을 공통적으로 다룬다.

빠알리 니까야와 한역 아함이 주요 교리에서 본질적으로 다르지 않지만 실제로 차이가 전혀 없는 것은 아니다. 예컨대 후대에 덧붙여진 것으로 보이는 경전도 있다. 그런데 불교 학승인 빅쿠 수자토와 빅쿠 브라말리에 따르면 다행히도 후대에 덧붙인 경전은 쉽게 알아볼 수 있다고 한다. 우선 문체가 확연히 다르며, 더욱이 경전을 삽입한 사람도 그 사실을 감추지 않았다고 한다.[21] 사소한 차이는 예컨대 이런 것이다. 수행 중 졸고 있던 목갈라나에게 붓다가 조언을 주는데, 아함 판본에는[22] 붓다가 목갈라나에게 차가운 물로 얼굴과 몸을 씻고 오라고 하는 반면, 니까야 판본에는 그런 내용이 없다고 한다.[23]

어쨌든 중요한 것은, 수천 마일의 거리와 2,000년 넘는 시간에 걸쳐 별개의 전통으로 이어져 오면서도 주요 교리와 경전 내용 대부분에 있어 니까야와 아함 사이에 놀라운 유사성이 존재한다는 점이다. 이것은 좋은 소식이다. 더욱이 초기불교 텍스트를 붓다의 가르침으로 믿어도 좋은 두 가지 이유가 더 있다.

첫째, 주요 교리가 일치하는 점은 비단 초기불교 텍스트를 별개로 전승해 온 빠알리와 한역 판본에서만이 아니라 불교의 모든 주요 종파에서 발견되는 현상이다. 가령 어느 불교 종파에도 '다섯 번째 고귀한 진리' 같은 것은 보이지 않는다. 적어도 초기불교 텍스트는 불교의 모든 주요 종파에서 공통적으로 말하는 교리와 일치한다고 할 수 있다. 여기에서 더 나아가 나는 불교의 모든 주요 종파가 동일한 교리를 갖는 가장 큰 이유가 초기불교 텍스트 덕분이라고 말하고 싶다. 초기불교 텍스트에서 제시한 가르침은 다른 모든 주요 종파가 발전하는 토대가 되었고, 초기불교의 신뢰성 높은 전승 방식 덕분에 모든 주요 종파의 공통된 핵심이 오늘날까지 이어져 올 수 있었다고 생각하기 때문이다. 여기에 소류 스님은 오랜 세월에 걸쳐 고승들이 다르마를 실제로 수행하고 실천한 덕분에 이처럼 불교의 각 종파 간에 교리가 일치할 수 있었다는 점을 덧붙인다. 즉 역사상 많은 고승들이 진리에 직접 다가갔으며, 그렇게 얻은 자신들의 깨달음을 경전에 견주어 비교하고 자신들의 오류를 바로잡는 과정에서 긍정적인 순환 고리가 만들어졌다는 것이다.

초기불교 텍스트를 붓다의 진짜 가르침으로 믿어도 좋은 두 번째 이유는 그 진실성을 담보하는 많은 증거를 찾을 수 있기 때문이다. 어찌나 증거가 많던지 불교 학승인 빅쿠 수자토와 빅쿠 브라말리는 이 주제에 관하여 『초기불교 텍스트의 진실성(The Authenticity of the Early Buddhist Texts)』이라는 제목의 책을 쓰기도 했다.[24] 책의 결론은 이러하다.

초기불교를 연구하는 대부분의 학자들은 붓다가 실제로 말한 내용이 초기불교 텍스트에 일부 포함되었다는 가능성을 조심스레 인정한다. 그러나 우리(저자)가 볼 때 그것은 증거를 과소평가하는 것이다. 적절한 증거를 평가해 볼 때 붓다가 말했다고 하는 초기불교 텍스트 내용의 대부분은 실제로 붓다의 말일 가능성이 '매우 높다'. 초기불교 텍스트에서 붓다가 말한 내용이 실제 붓다의 말이 아닐 가능성은 '매우 낮다'.[25] (따옴표 강조는 저자)

위 책의 내용을 여기서 전부 정리할 수는 없지만 내가 분명히 알게 된 몇 가지 핵심만 간추리면 아래와 같다. 여기서 '초기불교 텍스트'란 니까야, 아함 그리고 율장에서 가장 오래된 핵심 부분인 빠띠목카(Pāṭimokkha), 즉 계목(戒目)을 말한다.

- 초기불교 텍스트의 보전자들은 자신들의 입장과 다른 부분은 건드리지 않았다. 예컨대 테라와다불교는 니까야의 보전자로서, 그들의 텍스트인 까타왓투(Kathāvatthu, 論事論, '논쟁의 핵심')에 따르면 초기불교 텍스트에 자신들의 가르침과 다른 구절이 있다고 하면서 그 부분은 건드리지 않고 그대로 두었다.
- 예외적인 일들을 넘기지 않는다. 초기불교 텍스트는 현실 세상의 뒤범벅 상태를 보여 주는 다소 이상한 일화들을 그대로 들려 준다. 만약 초기불교 텍스트가 붓다와 그의 가르침을 이상화하는 선전 도구였다면 그런 내용을 쉽게 삭제했을 것이다. 그런 내용을 삭제하지 않았다는 사실은 초기불교 텍스트가 매우 보수적인 입장에서 보전되어 왔다는 점을 말해 준다. 예컨대 초기불교 텍스트에는 이런 일들이 기록되어 있다.
  - 당시 붓다의 수행비서였던 메기야는 붓다의 지시를 따르지 않

는 무례함을 보인다.[26]
- 붓다가 한 무리의 수행승들을 찾아갔지만 붓다를 알아보지 못한 경비원은 붓다에게 돌아가라고 한다.[27]
- 붓다가 설법을 해도 수행승들이 기뻐하지 않는다.[28]
- 붓다가 멸시와 모욕을 받으며 언어 폭력도 당한다.[29]
- 밧달리라는 수행승이 붓다에게 자신은 오후 불식 계율을 지키지 않겠다고 말한다.[30]
- 붓다는 허리가 아파 법문 도중에 자리에 누워야 했다.[31]
- 대소변이 마려울 때 붓다는 주변에 아무도 없는 것이 더 편했다.[32]
- 파세나디 왕이 살이 찌자 붓다는 왕에게 살을 빼도록 했다.[33]
- 수행승 뿌라나는 1차 결집에서 수행승들이 암송한 대로 다르마를 암송하는 것을 거부하면서(그는 1차 결집에 초대받지 못했다) 대신에 자기가 기억하는 대로 암송했다. 결집의 권위를 떨어뜨림에도 불구하고 이 내용이 초기불교 텍스트에 기록되어 있다.[34]

• 초기 사본이 존재한다. 가령 기원전 1세기경의 고대 불교 경전 사본이 오늘날 아프가니스탄 지역에서 발견되었다. 그 사본에는 초기불교 텍스트와 후대 불교 텍스트가 모두 포함되어 있는데, 거기서 발견된 초기불교 텍스트는 빠알리 초기불교 텍스트와 거의 일치한다.

• 텍스트 비교 분석을 통해 확인할 수 있는 증거들이 있다. 예를 들어 빠알리 아비담마는 경전에 대해 자주 언급하는 반면에, 경전에서 아비담마를 언급하는 곳은 한 군데도 찾아볼 수 없다. 이것은

경전이 아비담마보다 시기적으로 앞서 있음을 말하는 것이다. 텍스트 분석뿐 아니라 문체, 구절, 어휘 분석을 통해 확인 가능한 증거도 있다.

- 초기불교 텍스트는 (붓다보다 앞서 나타나 오늘날까지도 힌두교의 주요한 측면인) 브라만교와 관련해, 후대에 표준으로 자리 잡은 네 가지 베다가 아닌 오직 세 가지 베다만을 언급하고 있다. 더구나 초기불교 텍스트는 〈마하바라타〉와 〈라마야나〉에 대해 알지 못한다.● 다른 종교와 관련한 이런 데이터를 통해 초기불교 텍스트의 형성 시기를 가늠할 수 있다.
- 인도 북부의 정치적 지형이 초기불교 텍스트에 묘사된 시대 이후에 급격히 변화한다. 수십 년이 채 되지 않아 여러 왕국들이 난다 왕조에 통일되는데, 그러나 초기불교 텍스트의 어디에도 이런 후대의 상황이 기록되어 있지 않다. 심지어 예언이나 일화로도 전혀 남아 있지 않다. 이것은 초기불교 텍스트가 난다 왕조의 통치 시대보다 적어도 수십 년 앞선 시대에 만들어졌음을 의미한다. 초기불교 텍스트는 시기적으로 역사적 붓다와 매우 가깝다.

이런 증거들에 비춰 볼 때 빅쿠 수자토와 빅쿠 브라말리가 앞에 했던 말에 동의하지 않을 수 없다. "붓다가 말했다고 하는 초기불교 텍스트의 대부분은 실제로 붓다의 말일 가능성이 '매우 높다'."

● 〈마하바라타〉는 〈라마야나〉, 〈바가바탐〉과 함께 인도의 3대 고대 서사시 가운데 하나 – 옮긴이

소류 스님의 한마디

붓다가 이룬 가장 위대한 업적은 승가를 세웠다는 점입니다. 여러분은 붓다가 '붓다'가 된 일이 그의 가장 큰 업적이라고 여길지 모릅니다. 그러나 붓다가 '붓다'가 될 수 있었던 이유는 다르마를 실현했기 때문입니다. 그렇다면 다르마를 실현하는 일이 '붓다'의 칭호를 얻는 것보다 더 중요하다고 할 수 있습니다. 그럼 다르마를 실현한 일이 붓다의 최고 업적일까요? 그렇지 않습니다. 다르마를 실현하는 일보다 더 어려운 작업이 아직 남았기 때문입니다. 즉 다르마를 스스로 실현하는 사람들의 모임을 꾸리는 작업이 남아 있었습니다. 이를 위해 붓다는 시스템을 만들었습니다. 그가 만든 가장 근본적인 시스템은 '담마-위나야'라는 것입니다. 담마(다르마)는 '진리를 대변하는 가르침'을 의미하며, 위나야는 '그 진리에 따라 사는 삶의 방식'을 뜻합니다. 담마와 위나야 모두 목적과 그 목적에 이르는 길을 보여 줍니다. 담마는 곧 바른 견해입니다. 그리고 바른 견해에 이르는 수행의 길에 관한 설명을 뜻하기도 합니다. 위나야는 바른 견해를 얻었다면 이제 어떻게 살아야 하는가에 관한 설명입니다. 바른 견해의 실현에 이르는 삶의 방법에 관한 지침이라고 할 수 있습니다.

 그런데 이보다 더 중요한 점은, 그리고 붓다가 조직한 승가가 그의 가장 위대한 업적인 이유는 승가가 다르마를 생명력 있게 보전해 왔다는 사실에 있습니다. 승가는 붓다의 말을 온전히 이어 왔습니다. 더 중요한 점은 승가의 수행승들 스스로 다르마를 직접 실현해 보였다는 점입니다. 승가가 붓다의 원래 의도에 계속 충실할 수 있었던 이 유도 그들이 다르마를 직접 실현했기 때문입니다. 이렇게 다르마를 직접 실현함으로써 승가는 그들에게 전해 온 붓다의 말에 의미를 부여했습니다. 붓다의 말이 승가의 다르마 실현으로 이어지지 않았다면 붓다의 말은 아무 가치를 지니지 못합니다. '승가(Sangha)'라는 단어의 본래 의미에서 볼 때도 그저 수계(受戒), 즉 계를 받는 것이 아니라 다르마의 실현을 통해 수행승은 진정한 승가의 일원이 됩니다.

그러므로 붓다의 말에 깃든 참된 의미를 실현해야 합니다. 붓다의 말에 생명력을 부여하십시오.

16장

불교의 여러 종파

놀랍도록 다양한 불교의 종파 이해하기

한 어머니에서 태어나 헤어진 형제

1998년 5월 뉴욕시에서 불교의 서로 다른 두 종파의 존경받는 고승들이 역사적 대화를 나눴다. 한 사람은 티베트불교의 지도자인 달라이 라마였고, 또 한 사람은 중국 선의 고승인 셩옌 스님이었다. 두 사람이 같은 무대에 오른 것은 그때가 처음이었다.

두 고승은 여러 주제에 관해 훌륭한 이야기를 나눴다. 대화가 진행된 방식도 훌륭했다. 예상한 대로 두 스님은 자신들의 종파에서 견지하는 입장에서 대화를 시작했다. 하지만 어느새 대화 주제에 관해 합의에 이른다. 예컨대 주요한 대화 주제 가운데 하나가 깨달음은 '한순간에' 일어나는가, 아니면 '점진적으로' 진행되는가 하는 것이었다. 두 종파가 이 주제에 관해 견지해 온 입장은 서로 반대되지만, 달라이 라마와 셩옌 스님은 한순간에 일어나는 깨달음과 점진적으로 진행되는 깨달음이 서로 충돌하지 않는다는 점을 각자의 방식에 따라 분명히 했다.

　실제로 두 입장에는 차이가 있지만, 두 스님 사이에 불편한 긴장은 없었다. 예컨대 성옌 스님은 선에서는 디아나(dhyana, jhāna의 산스크리트어)의 단계별 계발을 그다지 강조하지 않으며 대신에 공(空)을 직접 경험하는 것을 더 강조한다고 말했다. 한편 달라이 라마는 티베트불교에서는 디아나 수행을 체계적으로 계발한다고 했다. 그런데 두 스님은 상대 종파의 수행 방식이 서로 다르긴 해도 똑같이 유효한 수행법이라는 사실을 기꺼이 인정했다.

　우리에게 이보다 더 큰 가르침을 준 것은 두 스님 사이에서 느껴지는 따뜻함과 상호 존중의 분위기였다. 성옌 스님은 티베트불교와 중국 선불교는 '같은 어머니에서 태어나 헤어진 형제'와 같다며, 티베트불교에 보이는 다르마의 풍부한 설명과 상세한 교리를 높이 평가했다. 마찬가지로 달라이 라마는 성옌 스님의 수행을 칭찬하며 중국의 선불교가 티베트불교의 초기 발전 단계에 기여한 부분에 감사를 표했다.

　두 고승이 함께한 행동은 더 인상적이었다. 이전에 겨우 몇 번 만났을 뿐인 두 스님은 마치 오랜 친구처럼 서로를 바라보며 장난을 치기도 했다. 나이가 더 많은 성옌 스님은 자신이 달라이 라마의 가르침을 존경하지만 아쉽게도 그의 훌륭한 제자가 되기엔 너무 늙었다며 농담을 던졌다. 그리고 성옌 스님이 말하는 중에 달라이 라마가 끼어들며 "질문 하나 해도 될까요?"라고 하자 성옌 스님이 말했다. "내가 말을 마치면 그때 하세요." 그러자 달라이 라마가 큰 웃음을 지으며 대꾸했다. "스님이 말을 마칠 때쯤이면 내 질문이 무엇인지 잊어버릴 겁니다." 모두가 크게 웃음을 터뜨렸다. 성엔 스님은 달라이 라마에게 질문을 허락했다. 대화가 끝나자 두 사람은 손을 맞잡고 무대를 내려 갔다.[1] 와우!

불교의 고승들이 아무리 서로를 친절하게 대한다 해도 우리는 다음과 같은 점이 여전히 궁금하다. 즉 불교는 어떻게 해서 초기의 통일된 상태에서 각종 종파가 만들어진 부파불교로 나아갔는가? 더 중요한 것은, 훌륭한 불교인은 불교의 여러 종파를 어떻게 이해하고 받아들여야 하는가? 이것이 이 장에서 다룰 주제이다.

만약 이 장에서 한 가지만 배워 가야 한다면 그것은 불교의 여러 종파가 크게 달라 보여도 실은 이 책에 소개한 핵심 가르침을 함께 공유한다는 사실이다. 이 장에서 배워 갈 두 번째는 불교의 모든 종파가 겉모습은 달라도 실은 커다란 한 가족이라는 사실이다.

하나가 또 하나로 이어지며 만들어진 종파

불교에는 세 개의 주요 종파가 있다. 테라와다(상좌부불교), 마하야나(대승불교), 밀교(금강승불교)가 그것이다.[2] 각각이 어떤 역사적 과정을 거쳐 형성되었는지 간단히 살펴보자.

15장에서 우리는 아소카 왕의 두 자녀인 마힌다와 상가밋따에 대해 이야기했다. 두 사람은 불교 전법단으로 스리랑카에 파견되었는데, 이 전승 계열이 오늘날 우리가 알고 있는 테라와다 종파를 형성하게 된다(테라와다Theravada는 '장로들의 가르침'이란 뜻이다).

테라와다 종파는 빠알리 경전의 보전자로서 빠알리 경전을 무엇

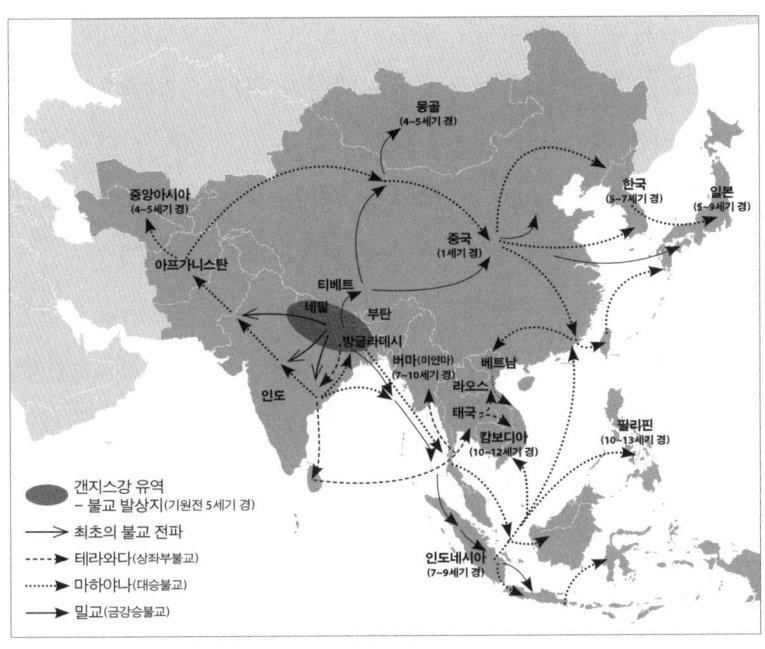

보다 중시한다. 그런 이유로 오늘날 존재하는 불교 종파 가운데 초기 불교 텍스트를 가장 존중하는 종파이기도 하다. 나는 테라와다 종파의 이런 점이 무엇보다 매력적이라고 생각한다. 이제 여러분도 알다시피, 나는 초기불교와 초기불교 텍스트의 열렬한 팬이다.

이 전승 계열의 주요한 중심지 중 한 곳이 스리랑카의 마하위하라(Mahāvihāra) 사원이었다. 오늘날 우리가 알고 있는 테라와다는 상당 부분이 이곳 마하위하라 사원의 수행승들에 의해 전해져 내려온 불교이다. 테라와다불교는 그 뒤에 스리랑카에서 버마(미얀마), 태국으로 퍼져나간다.[3] S. N. 고엔카가 개척한 현대 '위빠사나 운동'도 이 전승 계열에서 비롯한다.

이로써 볼 때 테라와다 계열은 인도에서 남쪽으로 전해진 전승 계열이라고 할 수 있다. 중국에서는 테라와다불교를 남쪽으로 전해진 불교라는 의미에서 '남전(南傳)불교'로 부른다. 한편 또 다른 전승 계열은 북쪽으로 전해져 완전히 다른 색깔을 띠는데, 이것이 오늘날 우리가 알고 있는 대승불교이다(대승大乘은 '큰 수레'라는 의미다).

주요 불교 종파로서 대승불교가 어디에서 비롯했는지는 확실하지 않다. 현대 학자들 사이에서 대승불교가 처음에 재가 신도들의 운동으로 출발했는지, 아니면 '엄격한' 수행승들의 운동으로 시작했는지 의견이 일치하지 않는다. 또 처음부터 별도의 종파(들)로 시작했는지 아니면 기존 종파에 속한 수행승들이 '영적 소명의식' 때문에 추구했는지에 대해서도 서로 의견이 다르다.

그런데 역사상 불교가 북방으로 전파되는 과정에서 중요한 의미를 갖는 지역이 있었다. 카슈미르가 불교의 주요 요충지가 된 것이다. 이것은 스리랑카에 불교가 확립된 지 수백 년이 지나서였다.

마힌다와 상가밋따는 아소카 왕의 통치 시대(기원전 304~232)에 스리랑카에 불교를 확립했다. 아소카 왕은 카슈미르 지역에도 전법단을 보내 성공적으로 불교를 전파했지만 카슈미르 지역에 불교가 꽃을 피운 것은 그로부터 400년이 더 지나 쿠샨 왕조의 카니슈카 왕의 통치 시대가 되어서였다. 카슈미르 중앙부에 위치한 쿠샨 왕조는 기원후 78~127년경에 시작한 것으로 추정된다(역사 기록이 확실치 않아 오늘날 누구도 정확히는 모른다).

신실한 불교인이었던 카니슈카 왕은 불교의 주요 후원자가 되었다. 그의 가장 큰 공적 중 하나는 4차 불교 결집을 소집해 설일체유부(說一切有部, Sarvāstivāda)의 가르침을 수호한 일이다. 이 결집의 결과물로 『아비달마대비바사론(阿毘達磨大毘婆沙論, Abhidharma Mahāvibhāṣa Śāstra)』이라는 제목의 방대한 책의 형태로 아비달마 텍스트가 탄생했다. 책의 분량이 얼마나 방대했을까? 중국 당나라 고승인 현장 스님이 이 책을 중국어로 번역했는데 인터넷에서 PDF 버전을 다운로드 받아 보면 무려 1,300페이지가 넘는다.[4] 카니슈카 왕은 산스크리트로 된 이 책의 내용을 전부 동판에 새겼지만, 오늘날에는 중국어 번역본만이 전해 온다.

4차 결집에서 산스크리트가 불교를 전파하는 데 있어 주요한 지위에 올랐다.[5] 또 이 결집에서 설일체유부가 주요 종파에 올라 막강한 영향력을 행사하게 된다.[6] 이후 수백 년에 걸쳐 발전하던 설일체유부는 마침내 유가행파(Yogācāra)와 중관파(Madhyamaka) 등의 대승불교 종파에 추월을 당하는데 그러는 동안에도 산스크리트는 북방불교의 주요 언어 역할을 계속 담당한다. 한편 빠알리어는 남방불교의 고유 언어로 그 특색을 유지한다. 대승불교는 그것이 전파되는 과정에서 설일체유부 등 다른 형식의 요소들을 흡수하며 더욱 복잡한 가르침으로 변해 갔다. 그러면서 모든 사람이 붓다의 완전한 깨달음을 얻도록 수행에 대한 영감을 주는 방법으로 (깨달음을 얻기 2,500년 전) 붓다의 전생 이야기를 적극 활용했다.

대승불교는 이후 인도에서 중국, 한국, 일본으로 퍼져 갔다.

당신은 이렇게 물을지 모른다. "잠깐만요, 15장에서 4차 결집은 스리랑카에서 열렸다고 했잖아요? 어떻게 된 거죠?" 친구여, 고대 세계의 지리적 악조건을 고려해 주기 바란다. 스리랑카 사람들이 기원전 1세기에 4차 결집을 열었고, 그로부터 1~2백 년 뒤 카슈미르 사람들이 4차 결집을 열었다 해도 어느 쪽도 상대의 존재를 알지 못했다. 내가 보기에 이것은 두 곳의 불교 요람이 먼 거리와 험한 지형 '덕분에' 오히려 독립적으로 발달했음을 보여 주는 증거이다. 고대 시대에 세상은 매우 넓었고, 거리는 너무도 멀었으며, 누구도 인터넷으로 뉴스를 접할 수 없었음을 고려하자.

티베트의 밀교(금강승불교)가 성립된 것은 그로부터 한참 뒤의 일이다. 기원후 7세기에 티베트 왕 손챈 감포(Songtsän Gampo)는 신실한 불교신자였지만, 불교가 확실하게 티베트에 자리 잡은 것은 티베트 왕 치쏭 데짼(Trisong Detsen)이 인도의 고승 샨따락시따(Śāntarakṣita)를 초청한 8세기가 되어서였다.

샨따락시따는 나란다불교대학 출신으로, 이곳은 불교에서 매우 중요한 역할을 담당하는 곳이다. 얼마나 중요했을까? (거의 걸어서) 중국으로부터 인도로 불교를 공부하러 힘든 여정을 떠난 당나라 현장법사의 목적지가 바로 나란다불교대학이었다. 나란다불교대학은 기원후 5세기에 설립된, 세계에서 가장 오래된 대학이다. 전성기에는 학생이 만 명, 교수가 2천 명이었다고 한다.[7]

샨따락시따는 티베트에서 유명한 인물로, 사원과 마을에서 그의 이야기가 끊임없이 구전되어 온다. 그는 티베트에 삼예(Samye) 사원을 세웠으며 불교를 대거 도입한 것으로 알려져 있다. 수행승의 계율을 제정하고 불교 텍스트를 티베트어로 번역하는 작업을 총괄했으며, 실력 있는 다수의 불교학자를 티베트로 초빙했다. 그러던 중 인도 출신의 위대한 금강승 고승인 파드마삼바바('연꽃에서 태어난')가 샨따락시따에 합류한다. 구루 린포체('고귀한 구루')라고도 불리는 파드마삼바바는 티베트불교에서 가장 중요한 인물로 추앙받는다.

달라이 라마가 티베트불교를 '참된 나란다 전통'이라고 부르는 이유도 나란다대학과의 친밀한 관계 때문이다.[8]

역사 이야기를 좀 했다. 지루하다는 걸 안다. 걱정 마라. 드라마를 좋아하는 당신은 좀 더 대중적인 이야기에 구미가 당길 것이다. 그것은 고통스러운 종파 분립 이야기다.

승복 색깔이 50가지나

전해오는 이야기에 따르면 2차 불교 결집 때 승단의 계율을 놓고 논쟁이 벌어지면서 여러 종파가 갈라졌다고 한다.

붓다가 후계자를 임명하지 않고 입멸했다는 사실을 기억하는가? 좋은 소식은 이로써 (수행 공동체인) 승가가 공식적인 권력 위계가 없이 어느 정도 민주적인 체제를 갖추게 되었다는 점이다. 어떤 사안이든 수행승들이 토론과 합의를 통해 결정했다. 나쁜 소식은, 합의라는 방식이 조직 내 고약한 말썽꾼에게 취약하다는 점이다. 즉 합의의 방식을 취하면 수행 공동체의 규모가 커질수록, 그리고 붓다 입멸 후 시간이 지날수록 승단 내 말썽꾼이 문제를 일으킬 소지가 커진다.

실제로 1차 결집이 있고 대략 백 년 뒤에 그런 일이 벌어졌다. 계율을 어긴 한 무리의 수행승들이 자신들의 잘못을 인정하지 않았다. 승단의 공식적 위계가 없어 모든 사안을 합의에 의해 결정했으므로 수행 공동체는 주요 회의를 열어 이 문제를 처리하는 수밖에 없었다. 그렇게 해서 소집된 회의가 2차 결집이었다.

2차 결집에서 그 문제를 놓고 소그룹의 장로들(sthavira)과 그 밖의 수행승들(Mahāsāṃghika, 대중부) 사이에 이견이 크게 벌어졌다. 장로들은 위나야에 더 많은 규칙을 추가해야 한다고 했고, 대중부는 이에 반대했다. 서로가 상대를 비난하는 와중에 문제 해결은 어려워 보였다. 결국 종파 분립이 진행되었고, 두 그룹은 서로 결별했다. 이후 이들 장로들의 그룹은 오늘날 우리가 아는 테라와다불교로 발전했고, 대중부는 오늘날의 대승불교가 되었다. 그리고 티베트로 전파된 대승불교는 고유한 분파를 형성하면서 자신들을 밀교(금강승)로 칭했다.

이것이 세간에 전해 오는 이야기다. 그런데 이 이야기는 기껏해야 '진짜처럼 들리는 이야기'에 근거할 뿐이다. 실제로 무슨 일이 일어났는지는 오늘날 아무도 모른다. 종단 분립 이야기는 네 가지 불교 종파에서 모두 기록하였지만 서로 일치하지 않는다.

첫째, 종단 분립의 시기가 서로 다르다. 각 종파는 종단 분립 시기를 아소카 왕 이전, 아소카 왕 통치 시기, 또는 아소카 왕 통치 이후로 모두 다르게 잡는다. 종단 분립의 이유도 계율의 문제였는지, 교리상 문제였는지 설명이 다 다르다. 또 어떤 설명에는 마하데와(Mahādeva)라는 인물이 종단 분립을 조장한 악인으로 등장하는데, 현대 학자들은 역사적 인물인 마하데와는 종단 분립과는 무관한 완전히 다른 사람이라는 데 의견이 일치한다(실제로 그는 그로부터 수백 년 뒤에 태어났다).

이런 사정을 어떻게 이해해야 할까? 불교 학승인 빅쿠 수자토는 자신의 책 『종단과 종단 분립주의(Sects and Sectarianism)』에서 종단 분립과 관련해 기존의 관점과 완전히 다른 가설을 제시한다. 생각해 보면 이것은 꽤 정확한 가설이 아닌가 싶다.[9] 수자토의 가설은, 실은 종단 분립이라는 것 자체가 존재하지 않았다는 것이다. 물론 수행승들 사이에 의견 불일치와 긴장은 있었다. 2차 결집에서 해결해야 할 실제적인 문제도 엄연히 존재했으며 참석자들 사이에 열띤 공방도 있었다. 그러나 종단이 분립할 정도의 분열은 아니었다. 중요한 사건이 일어나 한 무리의 수행승들이 이렇게 말하고 자리를 뜨는 경우는 결코 없었다. "그만합시다. 더는 합의가 어렵겠어요. 퇴장하겠습니다." 수자토에 따르면 종단 분립에 관한 네 가지 설명 중 어느 것도 역사적 사실과 정확히 부합하지 않으며 '종단 분립에 관한 이야기들은 자기 종파의 정통성을 주장하려는 목적의 신비적인 텍스트'라고 말한다. 불교 종단의 분립은 승가 공동체의 수가 많아지고 더 넓은 지역으로 확산되면서 승가들 사이의 소통이 어려워지는 과정에서 생긴 자연스러운 현상이었다고 한다.

처음 이 관점을 접했을 때 나는 약간 충격을 받았다. 기존에 우리가 알던 바와 완전히 달랐기 때문이다. 그런데 수자토가 제시한 증거에 관해 생각하던 중, 나는 비로소 어떤 이야기가 이해되었다. 중국 당나라에 마조 도일(馬祖道一, 709~788)이라는 유명한 선승이 살았다. 그는 훌륭한 제자들을 많이 모아 수행을 시켰는데 그 제자들에게 다시 훌륭한 제자들이 모여들었다. 그래서 마조 도일의 사후, 그의 계열에서만 두 개의 주요 종파가 생겨났다. 마조 도일의 제자의 제자들은 위앙종(潙仰宗)을, 제자의 제자의 제자들은 임제종(臨濟宗)을 세워

훗날 일본에 전파되었다. 이처럼 특정 지역의 한 계열에서만 짧은 기간에 두 개의 주요 종파가 생겨났다. 이것은 위대한 선사가 출현했기 때문이다. 여기에 서로에게 상처를 주는 종단 분립 같은 것은 없었다. 새로운 종파가 생겨난 유일한 이유는 뛰어난 선사의 영향력이 그만큼 컸다는 사실뿐이었다.

비슷한 사정은 단일 종파의 초기불교에서 여러 종파가 분립하는 부파불교로 옮겨 가는 과정에도 작용했다. 다만 그 과정이 더욱 다채롭고 종파들 사이의 지리적 거리가 훨씬 멀다는 점이 달랐을 뿐이다. 붓다가 살던 시대와 장소, 그가 사용한 언어와의 연관성에 따라 뛰어난 고승들이 많이 출현했다. 이런 상황을 종합해 볼 때 다양한 불교 종파가 출현한 부파불교는 자연스럽고 충분히 예측 가능한 현상이었다.

이런 관점은 고고학의 발견에 의해서도 뒷받침된다. 오늘날 아프가니스탄과 파키스탄 지역인 간다라 지역은 당시 불교의 주요한 요람이었다. 서기 1세기경으로 거슬러 올라가는 불교 경전이 그곳에서 발굴되었는데, 거기에서 초기불교 텍스트뿐만 아니라 후대 불교 텍스트도 함께 나왔다. 이는 간다라 지역 사람들이 초기불교와 후대 불교에 모두 익숙했으며, 그런 이유로 아마도 두 불교를 병행해 수행했을 것이라는 의미로 해석할 수 있다. 아니면 같은 사원에서 수행하는 수행승들이 서로 다른 수행법으로 수행했을 가능성도 있다. 이것은 종단 분립이 아니라 다양성 속에 조화를 이루는 모습이라고 해야 한다. 또 이것은 나의 명상실에 니까야 전집뿐 아니라 후대 불교의 주요 텍스트를 함께 비치한 것과도 비슷하다. 당시 서로에게 고통을 안기는 종단 분립은 없었을 것이다. 다양한 종파는 위대한 스승들 덕분에 자연스럽게 생겨났으며, 각 종파는 나름의 고유한 성격과 가르침의 방편을 갖추고 있었다. 이후 시간이 흐르며 각자 개성을 지닌 수많은 고승들을 거쳐 내려오는 과정에서 각 종파는 매우 다른 색깔을 띠게 된다.

이것은 가족 드라마의 줄거리와 비슷하다. 사이좋게 지내던 사촌 형제들이 지금은 돌아가신 두 아버지 (형제였던) 사이에 다툼이 있었다는 사실을 알고는 서로 어색한 관계로 지낸다. 그러나 실제로 두 아버지 사이에 불화는 없었으며, 사촌들은 그저 오랜 시간 다른 도시에서 서로 다른 정치적 견해를 가지고 사는 동안에 사이가 멀어진 것뿐이었다. 게다가 알고 보니 아버지들 사이의 불화 이야기는 양쪽의 계모가 지어낸 거짓 이야기라는 사실이 밝혀진다. 사촌들은 두 계모가 말하는 이야기가 서로 일치하지 않고, 돌아가신 아버지들이 서로를 다정하게 대한 편지 내용과도 다르다는 사실을 알게 된다. 다양한 종파가 생겨난 불교의 상황도 이와 비슷하지 않을까?

오늘날에도 불교의 여러 종파 사이에 다정하지만 여전히 어색한 관계가 존재한다. 그것은 애초에 종단 분립의 상황을 가정했을 때 느껴지는 불편함 때문일 테다. 그런데 실제로 종단 분립 자체가 없었다면? 그렇다면 종단 분립 때문에 느끼는 서로에 대한 어색함은 부질없는 감정이 아닐까?

우리는 커다란 한 가족

불교인으로서 나의 경험 역시 범종파적이었다. 불교인으로서 '나의 바탕'은 선불교이다. 10대 때 나는 선을 통해 처음 불교를 만났다. 당시에는 무슨 말인지 못했지만 선은 지금까지도 내게 지워지지 않는 인상을 남겼고, 이후 어른이 되어서도 선은 나의 고향 같은 원천이다. 한편 나의 첫 번째 다르마 스승은 밀교였고, 나의 첫 번째 명상 스승은 테라와다불교였다. 청소년 시절에는 (대승불교의 한 분파인) 정토불교를 배웠고, 지금도 나의 명상 수행과 병행해 수련하고 있다. 이처럼 나는 성장 과정에서 불교의 주요 종파 세 가지를 모두 접했다. 거기다 나는 그 자체가 범종파적인 초기불교 텍스트의 열렬한 팬이다.

    나는 특정 종파에 속한 불교인이 아니므로, 어느 종파에 속하느냐고 묻는 질문에 나는 하하 웃으며 이렇게 대답한다. "저는 '하하야나'입니다."●

    이번에도 소류 스님의 설명은 모든 면에서 나보다 낫다. 나보다 불교 경험의 폭이 훨씬 넓고 깊기 때문이다. 소류 스님은 10대 후반에 일본으로 건너가 그곳의 불교 사원에서 수행을 했다. 당시만 해도 스님은 불교의 다양한 종파에 관하여 아무것도 알지 못했다. 실제로 불교에 관한 책을 한 권도 읽어 본 적이 없다고 했다. 그런 건 중요하지 않다고 했다. 진짜 스승을 찾고 싶은 마음뿐이었다.

    그리고 진짜 스승을 찾았다. 임제종의 쇼도 하라다 로시 선사를 만난 것이다. 이 고승은 소류 스님이 어릴 적부터 품어 온 진지한 의문을 해결해 주었고, 다르마에 대한 깊은 신심도 심어 주었다. 이런 이유로 스님은 로시 선사 밑에서 오랜 시간 수행했다. 로시 선사의 가

●   마하야나(대승불교), 바즈라야나(금강승불교)에 빗댄 저자의 익살스런 농담 – 옮긴이

르침의 방식이나 수행 방식 때문이 아니었다. 따뜻한 마음을 지닌 로시 선사는 소류 스님이 다른 불교 전통도 함께 수행하도록 허락했다. 이로써 스님은 전 세계 다양한 불교 종파의 사원에 머물며 수행할 수 있었다. 게다가 소류 스님은 대승불교의 주요 경전뿐 아니라 니까야에도 정통하다. 수행의 깊이도 깊어 주지가 되었다. 우와, 누가 이분에게 맥주 한 잔을! (실은 안 된다.)

불교 경험의 폭이 넓고 깊이가 심오한 소류 스님은 불교가 여러 종파로 분립한 현상에 관하여 질문하기에 적합한 분이다. 고대에는 머나먼 지리적 거리로 인해 각 불교 종파가 개별적으로 발전하기에 적합한 환경이었다. 당시에 당신이 잘 모르는 수행법을 가르치는 수행승과 대화를 나누기 위해 걷거나 말을 타고 수천 킬로미터를 이동한다고 상상할 수 있었을까. 그러나 오늘날에는 비행기를 타고 푹신한 좌석에 앉아 책이나 읽다가 비행기를 내리면 지구 반대편에 도착한다. 그럼에도 왜 아직 여러 불교 종파 사이에 차이가 존재하는 걸까? 실제로 소류 스님은 비행기의 푹신한 좌석에 앉아 지구 반대편으로 날아가 불교를 공부한 분이다. 그래서 그에게 물어보았다.

소류 스님의 첫 대답은 내게 충격과 함께 웃음도 줬다. 오늘날 사람들은 소류 스님이 갖춘 것처럼, 다양한 불교 종파에 관한 직접적인 지식을 높이 평가한다. 사람들은 불교에 관한 폭넓은 지식을 갖춘 사람을 소위 '전문가'로 간주한다. 그러나 스님은 불교에서는 전통적으로, 여러 종파에서 수행한 사람은 '전문가'가 아니라 '중도 포기자'로 본다고 했다. 재미있는 표현인데 생각해 보면 일리가 있는 말이다. 어떤 종파든 그 종파의 가르침을 제대로 이해하자면 오랜 시간이 필요하다. 이것은 여러 종파의 전통을 제대로 논할 수 있는 사람이 그리 많지 않다는 의미이기도 하다. 수십 년의 수행이 없이, 여러 종파의 가르침을 논하려는 시도는 상대와의 명확한 소통이 제한될 수밖에 없다. 비행기와 핸드폰이 있어도 오늘날 불교 종파들 사이의 논의가 원활하지 않은 이유도 바로 이것이다.

불교에 이토록 커다란 다양성이 존재하는 또 하나의 중요한 이유가 있다. 그것은 사람마다 자신에게 적합한 수행법이 다르다는 점을 감안해 불교는 모든 이에게 도움을 주고자 하기 때문이다. 가령 13장에서 보았듯이 기도와 신심이 깊은 수행자에게는 정토불교가 계·정·혜 삼학을 공부하는 데 큰 효과를 보일 수 있다. 한편 기도와 신심을 마뜩잖게 여기는 수행자에게는(엔지니어인 내가 이런 스타일이다) 테라와다불교의 더 세속화된 수행법이 효과가 있을 것이다. 이처럼 서로 다른 성향의 사람에게 도움이 되기 위해 정토불교와 테라와다라는 상이한 성격의 불교 형식이 존재할 필요가 있었다.

소류 스님은 불교에 다양성이 존재하는 다른 요인에 대해서도 예를 들었다. 어떤 수행 전통에서는 스승의 자애롭지만 강력한 리더십 아래 사원을 운영한다. 그들은 스승의 지시를 즉각적으로 철저히 따른다. 수행 규율이 매우 엄격해 누워서 잠을 잘 수도 없는 수행 전통도 있다. 잠자는 중에도 수행하기 위해 좌선 자세로 자리에 앉은 채 잔다고 한다. 한편 어떤 불교 전통은 모든 면에서 훨씬 관대하다. 이런 차이가 존재하는 이유도 특정한 수행 방식이 자신과 잘 맞는 사람이 있고, 그렇지 않은 사람이 있기 때문이다.

소류 스님은 아직 중요한 한 가지 포인트가 남아 있다고 내게 말했다. 불교에 다양한 종파가 존재하는 것은 실제로 나쁜 일이 아니라 좋은 일이라는 것이다. 그만큼 불교의 창의성이 풍부하다는 뜻이기 때문이다. 모든 사람이 다르며, 서로 다른 사람의 필요에 부합하려면 다양한 양식이 필요하다. 모든 이에게 도움을 주기 위해 지도자는 창의적이어야 한다. 이런 창의성 때문에 오늘날 불교의 커다란 다양성이 나타난다. 다시 말해 다양한 종파가 존재하는 불교가 오늘의 모습을 띠게 된 것은 불교가 그만큼 창의성을 중시하며 고정된 견해와 의례에 대한 집착에 유의하기 때문이다. 이것은 바람직한 일이다.

물론 불교의 다양성에는 부정적인 면도 있다. 다양성은 의견 불일치를 낳고, 의견 불일치는 갈등으로 이어질 수 있기 때문이다. 그러나 무엇보다 중요한 것은 의견 불일치를 없애는 것이 아니라 의견이 다르더라도 싸우지 않는 것이다. 앞서 셩엔 스님과 달라이 라마가 보인 모습은 싸우지 않고 다른 의견을 갖는다는 것이 무엇인지를 잘 보여 준다.

실제로 이런 모습은 불교의 모든 차원에서 흔히 보인다. 소류 스님은 여러 차례 이것을 몸소 체험했다. 여러 사원을 돌아다니는 동안 어느 곳을 가나 그곳 스님들은 다른 종파에서 온 소류 스님을 따뜻하게 반겨 주었다. 형제처럼 대하며 자신들과 함께 수행해도 좋다고 허락했다. 그들에게 종파의 차이는 조금도 문제가 되지 않았다.

나도 그런 경험을 한 적이 있다. 불교 수행 모임에 가 보면 으레 다양한 종파에서 온 학생들이 다수 참여한다. 가령 내가 참석한 어느 집중 수행 모임은 테라와다 스님과 재가 지도자 한 분이 함께 지도했는데, 거기 참여한 학생들은 다양한 불교 종파에서 왔다. 마찬가지로,

(달라이 라마나 틱낫한 스님처럼) 유명한 스님이 공개 강연을 할 때도 여러 다양한 종파의 스님들이 참석한다. 특정 종파의 스님에게 상석을 주는 일은 전혀 없다.

참된 불교인이라면 누구나 알 것이다. 우리 모두가 커다란 한 가족이라는 사실을.

공통의 핵심 가르침, 공통의 깨달음

불교에 이처럼 커다란 다양성이 존재하며 갈등의 소지가 다분함에도 불교 공동체의 성원들이 서로를 한 가족처럼 대하는 것은 어떻게 가능한 걸까? 불교의 모든 종파를 하나로 엮어 주는 두 가지가 있다. 공통의 핵심 가르침과 공통의 깨달음이 그것이다.

불교는 무엇보다 고통으로부터 벗어나는 것에 주로 (아니, 유일하게) 관심이 있다. 이것이야말로 모든 불교인을 하나로 묶어 주는 가장 중요한 요소이다. 모든 불교인은 붓다를 스승으로 여긴다. 테라와다 불교에서는 붓다를 그의 성을 따 '고따마 붓다' 또는 간단히 '붓다'로 부른다. 한편 대승불교와 밀교(금강승)에서는 '석가모니 붓다'로 부른다(석가모니는 '사캬족의 현인'이라는 뜻이다).

더욱이 위의 세 불교에서 가르치는 핵심은 모두 동일하다. 그것은 다음과 같다.

• 사성제

- 팔정도
- 연기
- 무상, 고, 무아, 열반이라는 법의 특상
- 계·정·혜 삼학
- 업과 윤회
- 붓다, 다르마, 승가에 귀의(삼귀의)
- 세상을 창조하고 지배하는 신이 존재한다는 관념을 거부[10]

(그렇다, 이 책에서 당신이 배운 핵심 가르침과 동일하다. 환영한다.)

모든 불교인을 하나로 묶어 주는 또 하나의 요소는 (어쩌면 이것이 훨씬 중요한데) 열반의 경험이 모든 이에게 같은 것으로 다가간다는 점이다. 붓다는 이런 유명한 말을 남겼다.

거대한 바다가 짠맛이라는 한 맛을 내듯이 담마-위나야, 즉 법과 율도 오직 한 가지 맛을 낸다. 그것은 바로 괴로움에서 벗어나는 맛이다.[11]

당신이 어느 불교 종파에서 수행하든 괴로움에서 벗어나는 경험은 한 가지 맛이다. 이 때문에 한 종파의 스승이 동일한 벗어남을 경험한 다른 종파의 스승을 만났을 때 그는 둘의 '차이'가 피상적인 것에 불과함을 안다. 또 벗어남을 경험한 참된 스승은 고정된 견해와 자아 중심성에서도 벗어나 상대 스승에게서도 그것을 알아볼 줄 안다.

이처럼 공통된 핵심 가르침과 공통된 깨달음의 경험은 모든 불교인을 아름다운 방식으로 한데 묶어 주는 요소이다.

역사적 사실과 일치하지 않으면 다르마가 아니다?

소류 스님은 현대 불교인들이 자주 말려드는 한 가지 논쟁을 지적한다. 그것은 특정한 불교 경전이 역사적 사실과 일치하는가에 관한 논쟁이다. 현대인들은 역사적 사실과 일치하지 않으면 그것은 다르마가 아니라고 생각한다. 또한 참된 다르마라면 반드시 역사적 사실과 일치해야 한다고 여긴다.

이 논쟁은 주로 대승 경전과 관련해 벌어진다. 역사적으로 볼 때 대승 경전의 대부분은 초기불교 텍스트보다 후대에 만들어졌다. 초기불교 텍스트가 붓다의 가르침에 관한 다큐멘터리라면 대승 경전은 그것을 소재로 한 역사 드라마에 가깝다고 할 수 있다. 이것을 알아보기는 어렵지 않은데, 대승 경전의 과도한 장식체가 한 가지 요소이다. 예컨대 초기불교 텍스트는 주로 이렇게 설법이 시작된다.

나는 이렇게 들었다. 어느 날 세존께서 사와티의 제따 숲속, 아나타삔디까 장자의 정원에 머물고 계셨다. 그곳에서 세존은 수행승들에게 이렇게 말했다.

반면 『대반야경(大般若經, Maha Prajñāpāramitā Sūtra)』 같은 대승 경전은 이렇게 시작한다(일부만 소개한다).

나는 이렇게 들었다. 한때 고귀하신 세존께서 라자그리하(왕사성)의 영취산에 1,250명의 수많은 수행승과 함께 머물고 계셨다. 모두 아라한이었던 그들은 감관이 고요하고 깨끗한 자, 감관을 완전히 제어한 자다. 마음이 괴로움에서 완전히 벗어난 자, 지혜롭고 순수하며 고귀한 자, 해야 할 일을 마쳤고 과제를 완수한 자다. 짐을 내려놓은 자, 행복을 이룬 자, 다시 태어나게 하는 속박을 모두 끊어낸 자, 바른 이해로 마음이 자유로워진 자, 마음을 완벽히 제어하는 자다. 또 5백 명의 여자 수행승과 남자 재가자, 여자 재가자 모두 이번 생에 괴로움에서 벗어났다. 그리고 수억 명의 보살들도 (…)

그곳에서 세존이 혀를 내밀자 삼천세계가 모두 세존의 혀로 덮였다. 거기서 수십만, 수백만 개의 빛이 나타났다. 각각의 빛에서 황금빛의 최고급 보석으로 된 연꽃이 피어났다. 수천 개의 꽃잎이 달린 연꽃 위에 앉거나 선 채로 붓다의 형상들이 육바라밀과 관련된 다르마를 설했다. 불상들은 열 가지 방향으로 무수한 세계를 향해 각 방향으로 가서 중생들에게 육바라밀과 관련된 다르마를 보여 주었다. 그리고 이 다르마를 들은 중생들은 가장 높고 바르고 완전한 깨달음을 얻었다. (…)

그 후 고귀하신 세존께서는 이 거대한 삼천세계에서 자신의 본체를 나타내셨다. 욕계와 색계의 신들은 이 거대한 삼천세계 속에서 여래의 영광스러운 몸을 보았다. 그들은 천상의 꽃, 향, 향수, 화환, 연고, 가루, 옷, 양산, 깃발, 리본을 가지고, 천상의 연꽃 - 청연꽃, 밤연꽃, 수련, 백련 - 과 케사라 꽃과 타말라 잎을 가지고, 그들과 함께 여래의 영광스러운 몸에 다가갔다. 마찬가지로 거대한 삼천세계의 인간들도 땅과 물의 꽃을 가져다가 여래의 영광스러운 몸에 다가갔다. 그런 다음 신과 인간 모두 이 꽃 등을 여래의 시신에 뿌렸다. 붓다의 지탱하는 힘에 의해 이 모든 꽃 등은 창공에 높이 뾰족한 탑을 형성했는데, 그것은 거대한 삼천세계의 차원을 가지고 있었다 …

와우.

고승들이 이 텍스트를 가지고 가르치는 주된 이유는 니까야에 담긴 가르침을 더 분명히 하고 넓혀 주는 소중한 지혜가 거기 담겨 있기 때문이다. 예컨대 니까야는 무아와 연민심을 가르치는데, 이 두 수행을 높이 닦은 수행자가 맞닥뜨리는 다음과 같은 질문에는 답을 주지 않는다. '무아와 대연민심을 조화시키는 것이 가능할까? 가능하다면 방법은?' 대승 경전 중 가장 중요한 경전 중 하나인『금강경』은 붓다가 제자인 수부티와 이 주제에 관하여 나누는 대화 장면이 나온다.

> [무아와 연민심이 조화된 마음을 계발하려면 이렇게 생각해야 한다] "아무리 많은 중생이 있다 해도 … 나는 그들 모두를 마지막 열반으로 인도해야 한다. … 그러나 수많은 중생을 마지막 열반으로 인도한 다음에도, 단 한 사람의 중생도 열반으로 이끌었다는 생각을 지녀서는 안 된다. 왜 그런가? 수부티여, 만약 보살이 '살아 있는 중생'이라는 견해를 갖는다면 그는 보살이라고 부를 수 없다. 왜 그런가? 수부티여, 살아 있는 중생이라는 생각, 영혼이나 사람이 존재한다는 생각을 일으키는 자를 보살이라고 불러서는 안 된다.[12]

이 구절은 중요한 가르침을 전하고 있다. 즉 이상적 수행자의 모델인 보살은 모든 중생을 구제하려는 무한한 연민심을 갖기를 서원해야 하며, 동시에 모든 중생에 자아라고 할 만한 것이 없다는 사실도 바르게 알아야 한다는 것이다. 그리고 이 구절은 또 하나의 중요한 가르침을 암시하는데, 그것은 자아를 완전히 내려놓을 때 커다란 연민심이 일어난다는 점이다. 더없이 귀한 가르침이다.

위에 든 예에서 알 수 있듯이, 대승 경전은 고급 수행자들이 주로 맞닥뜨리는 질문을 다루는 경향이 있다. 따라서 수행이 향상할수록 당신은 대승 경전에서 더 큰 도움을 받을 수 있을 것이다. 이것이 대승 경전의 큰 장점이다. 한편 대승 경전의 단점이라면 삼매의 기초가 없는 대부분의 수행자에게 이해할 수 없는 내용으로 다가온다는 점이다.

그렇지만 대승 경전에 들어 있는 지혜가 고급 수행자에게 도움이 된다는 사실은 그 텍스트가 역사적 사실과 일치하는가 여부와는 무관하다. 이런 이유로 참된 선승은 대승 경전의 역사적 진위 여부를 놓고 다투지 않는다.

현대의 선한 불교인은 불교의 다양한 종파를 어떻게 받아들여야 하나

세상에는 서른한 가지 맛의 아이스크림이 있다고 한다(언젠가 모두 먹어 보고 말리라).[13] 불교의 다양한 종파도 다양한 맛을 내는 아이스크림과 비슷하다. 서른한 가지 아이스크림은 맛이 모두 달라도 전부 '아이스크림'이라는 공통점이 있다. 마찬가지로 불교의 모든 종파도 겉으로 달라 보여도 '괴로움에서 벗어남'이라는 동일한 목적지로 우리를 이끈다.

만약 불교를 처음 접한 당신이 법복의 색깔도, 의례도 모두 다른, 심지어 서로 상충하는 가르침을 전하는 것처럼 보이는 다양한 불교 종파를 접했다면 어떻게 해야 할까? 이것은 서른한 가지 아이스크림을 앞에 두고, 친구들마다 멋진 아이로 보이려면 이 아이스크림을 먹어야 한다며 서로 다른 주장을 펴는 상황과 비슷하다. 어떻게 해야 할까?

당신이 가장 먼저 해야 할 일은 불교의 핵심 가르침을 배우는 것이다. 이 책을 읽고 나면 그 작업은 완료했다고 할 수 있다. 이야!

다음으로 당신이 해야 할 일은 마음챙김 명상 등 불교의 주요 수행법을 접해 보는 것이다. Buddhism.net을 방문하면 수행 방법에 대해 나와 있다. 아니면 주변의 훌륭한 불교 스승에게 직접 배워도 좋다. 그 밖의 추천 목록에 관해서는 Buddhism.net에서 유용한 정보를 얻을 수 있다.

다음으로 당신 스스로 탐색해 보는 과정을 거쳐야 한다. 이때 기억해야 할 것은 어떤 불교 종파도 모든 사람에게 완벽하게 맞을 수 없다는 사실이다. 어느 종파든 장점과 단점이 있다. 당신이 찾는 종파는 누구도 아닌 '당신'에게 적합한 종파이면 된다.

여러 종파를 탐색하는 방법에 관하여 소류 스님과 나는 다음과 같이 보완적 제안을 하고 싶다.

우선 다양한 불교 종파를 대표하는 여러 스승으로부터 폭넓게 배울 것을 권한다. 그렇게 해서 어떤 가르침이 당신에게 적합한지 충분히 안 뒤에 그 방식을 택한다. 그리고 거기서부터는 당신 스스로 열반을 볼 때까지 그 방식을 깊이 있게 파고들어야 한다.

소류 스님은 다양한 종파를 검토해 보고 특정 수행 방식을 택한 뒤부터 그 방식에 전념해야 한다고 말한다. 그 방식에 너무 감사한 마음이 들어 설령 타인의 비난을 받더라도 그것을 지키기 위해 최선을 다해야 한다고 말이다. 그 가르침이 당신에게 소중한 어떤 것을 주어 감사한 마음에 그 전통을 칭송하고 수호할 정도가 되어야 한다는 것이다. 소류 스님은 어느 전통이든 특정 전통을 진지하게 수행하고자 한다면 다른 수행법과 섞지 말고, 우리가 감사하게 될 무엇을 얻을 때까지 신중하고 바르게 그 방식에 따라 수행해야 한다고 말한다.

당신이 어떤 종파의 어떤 수행 방식을 택하든 상관없이 가장 중요한 것은 우리 모두가 조화 속에 함께 수행한다는 사실이다. 모든 불교 형식이 서로 쉽게 그리고 자주 대화를 나눌 수 있는 지금, 각자의 전통을 명확하게 유지하는 동시에 서로를 지지하는 관계를 만들어야 한다. 그렇게 할 때 우리는 더 중요한 일도 할 수 있을 것이다. 바로, 살아 있는 모든 생명체에게 커다란 이익을 가져다주는 일이다.

(소류 스님이 아니라) 소류 스님의 '스승'의 한마디

지금까지는 각 장을 '소류 스님의 한마디'로 마무리했다. 그런데 이번 장은 특별한 초대 손님을 모신다. 바로 소류 스님의 첫 번째 명상 스승인 수미 런던이다. 대학 2학년 때부터 동료 학생들에게 명상을 가르친 그녀는 자신과 소류 스님이 배운 불교 종파에 관한 이야기를 들려줄 것이다.

그 학생들 중 한 명이 당시 대학 1학년생이던 틸 스콧이다(그렇다, 성과 이름이 바뀐 것 같지만 틸 스콧이 맞다). 이 이야기에서 내게 가장 영감을 주는 부분은 틸이 더 자란 뒤에 이 책의 공저자인 '소류 포올'이 되었다는 점이다. 소류 스님은 대학 시절 수미 런던이 그에게 다르마를 가르쳐 주었다는 데 고마워하며 지금도 매일 그녀가 있는 방향으로 절을 올린다.

아래는 수미 런던의 말이다.

대학에서 명상을 가르치던 첫해에 처음 보는 1학년 학생이 자주 얼굴을 보였다. 어느 날 아침, 명상실에 들어가 절을 하는 나를 보고는 그 학생(틸)이 이렇게 물었다.

"왜 그렇게 자주 절을 해요?"

약간은 조롱기가 섞인 말투였다.

"상대를 존중하는 마음을 보이고, 나를 낮추기 위해서예요."

내가 대답했다.

그러자 그가 다시 물었다.

"명상하러 오면서 옷은 또 왜 그렇게 잘 차려입고 왔어요?"

나는 내가 옷을 잘 차려입었다고 생각하지 않았지만 틸이 입은 때 묻은 트레이닝복 바지와 티셔츠보다 '좋은' 옷임은 분명했다.

"존중심을 보이기 위해서죠. 이 수행이 고귀하고 중요하다는 걸 사람들에게 알려 주기 위해서입니다."

"선생님이 절을 하는 거나 옷을 말끔하게 차려입는 게 내겐 모두 허영처럼 보여요."

그가 말했다.

"중요한 건 내면이라고요."

내가 말했다.

"맞아요. 내면이 더 중요하죠. 그렇지만 외면은 내면의 태도가 겉으로 드러난 겁니다. 그 반대도 마찬가지고요."

틸은 내 대답에 만족하지 않는 것 같았다.

다음 해에 틸은 일본으로 건너가 서양인을 반기는 어느 사원에서 임제종을 공부하기 시작했다. 이후 미국으로 돌아온 틸은 내게 이렇게 말했다.

"절하는 게 왜 그렇게 중요한지 이제 알겠어요. 사실 절은 수행의 핵심이에요. 절을 하면 모든 걸 이룰 수 있죠."

그는 이제 소박한 옷차림을 하고 있었다. 그렇지만 단정하고 깨끗한 옷이었다.

1년 뒤 그는 대학을 자퇴하고 다시 사원으로 돌아가 계를 받고 스님이 되었다. 내가 대학을 졸업한 뒤 소류는 대학에 재등록을 했는데, 내가 그의 방을 찾아간 적이 있었다. 방에는 책상과 노트북 컴퓨터, 단정하게 다려놓은 승복을 제외하고는 아무것도 없었다. 당시 나는 화두선을 해 본 적이 없었던 터라 그것이 어떻게 깨달음으로 이어지는지 알지 못했다. 그렇지만 '틸'이 '소류'(틸의 법명)로 바뀐 것을 보고는, 즉 그가 깐깐한 지식인에서 따뜻한 연민심과 배려심의 승려로 변한 것을 보고는 화두선이 불교의 다른 수행법과 마찬가지로 효과적인 수행법이라는 것을 알았다. 어떤 방법으로 수행하느냐가 아니라 수행을 한다는 사실 자체가 중요하다는 것을 나는 소류에게 배웠다.

17장

'불교인'이 되기 위해
'불교인'이 될 필요는 없다

불교의 놀라운 포용성

와서 보라

다르마를 전하는 것과 관련한 불교의 입장은 빠알리어 에히빠시꼬(ehipassiko)로 간단히 요약할 수 있다. '와서 보라'는 의미이다. 불교는 신앙 전통이 아니라 증거를 중심으로 하는 통찰 전통이다. 이런 이유로 붓다는 우리에게 '믿으라'고 하지 않았다. 대신 직접 '와서 보라'고 하였다. 그런 다음 어떻게 할지 스스로 결정하라고 하였다.

소류 스님과 나는 이 책이 당신으로 하여금 불교를 스스로 직접 보는 데 도움이 되었기를 바란다. 우리 두 사람의 역할은 그저 '문을 여는 것'이 아닐까 생각한다. 다르마는 귀한 보물과 같아서 관대한 왕이라면 모든 보물을 사람들에게 나눠 줄 것이다. 마찬가지로 다르마도 아무 조건 없이 누구든 자유롭게 가져갈 수 있는 보물이다. 하지만 사람들은 다르마의 보물 창고로 들어가는 문이 어디에 있는지 잘 모른다. 우리 두 저자의 역할은 그 문이 어디에 있는지 알려 주고 열어 주는 것이다. 우리는 당신이 다르마라는 보물을 직접 보고, 당신이 원하는 것, 당신에게 적합한 것이라면 무엇이든 가져가도록 초대한다. 우리는 당신에게 보물을 얼마나 많이 가져갈지 알려 주지 않을 것이다. 우리가 할 일은 단지 보물 창고로 들어가는 문을 열어 주는 것뿐이다. 가르침으로 들어가는 문을 불교에서는 '다르마의 문'이라고 한다.

세 가지 이야기로 이 책을 마무리하려고 한다.

불교인이 되기보다 붓다가 되어라

첫 번째 이야기는 개종 이야기다.

붓다 당시에 자이나교에서 유명한 재가 신자 우빨리가 살았다 (15장에서 본 이발사 우빨리와 다른 사람이다. 이름은 모름지기 '소류 포올'이나 '차드 멩 탄'처럼 좀 고유해야 하거늘). 우빨리는 붓다와 논쟁을 벌이던 중 마지막에 이르러 붓다에게 큰 감화를 받아 붓다의 재가 신자가 되기를 청했다. "오늘부터 붓다께서 저를 붓다에게 평생 귀의하는 재가 신자로 기억해 주시기를 바랍니다."

붓다가 어떻게 답했을까? 정중히 거절하면서 우빨리에게 이렇게 말했다. "당신처럼 유명한 사람은 신중하게 생각해 본 뒤에 행동해야 합니다."

우빨리는 붓다의 대답에 더 큰 감화를 받아 이렇게 말했다. "만약 다른 전통의 스승이 나를 제자로 얻었다면 '우빨리가 나의 제자가 되었다!'라고 적힌 현수막을 들고 나란다 전역을 돌아다닐 것입니다.

그러나 당신은 나에게 먼저 신중하게 생각해 보라고 말했습니다. 당신의 대답이 더 없이 기쁘고 만족스럽습니다." 그러면서 다시 한 번 붓다의 제자가 되기를 청했다.

이번에는 붓다가 한 가지 조건을 달았다. "그대의 가문은 오랫동안 자이나교의 후원자였습니다. 나의 제자가 된다 해도 자이나교를 계속해서 후원하기 바랍니다."

이에 우빨리는 더욱 크게 감화를 받아 이렇게 말했다. "다른 스승들이라면 자신에게만 후원하라고 했을 것입니다. 그런데 당신은 자이나교를 계속 후원하라고 말하는군요. 당신의 대답이 더욱 기쁘고 만족스럽습니다." 그러면서 붓다가 단 조건을 받아들인 뒤 세 번째로 붓다의 제자가 되기를 청했다. 그때서야 붓다는 그를 제자로 받아들였다.[1]

나는 우빨리의 이야기에 끌렸다. 이 이야기가 전하는 바는, 불교는 종교 통계 조사에서 '불교' 란에 체크하는 사람이 늘어나는 데 크게 관심이 없다는 사실이다. 불교에서 우리가 진정으로 원하는 바는 모든 사람을 그들 자신에게 가장 효과적인 방법으로 돕는 것이다. 그 방법이 '불교인'이 되는 것이면 우리는 그가 불교인이 되도록 장려할 것이다. 만약 그 종교의 지도자가 이런 태도를 취한다면 그는 나의 인정을 받을 것이다. 그런데 하물며 그 종교의 창시자가 그런 입장을 취한다는 것은 내게 커다란 경외감을 불러일으킨다. 이런 이유로 많은 불교 스승들은 사람들이 자신을 불교인으로 생각하면서 동시에 다른 종교를 따르는 것에 개의치 않는다.

분명하게 해둘 것은, 우리가 불교를 널리 공유하는 것을 중요시하지 않는 것이 아니란 점이다. 다만 우리는 열린 태도로, 즉 열린 가슴과 열린 마음으로 사람들과 불교를 공유하고자 한다.[2]

이런 태도와 관련해 '불교도, 불교인, 불자(Buddhist)'라는 말의 정의를 살펴보는 것도 도움이 되겠다. 보통은 불·법·승 삼보에 귀의하는 사람을 '불자'로 정의한다.[3] 이때 '귀의한다'는 것은 비가 억수같이 쏟아질 때 가까운 호텔 로비에 몸을 피하는 것처럼 그곳에서 쉼터를 찾는다는 의미다. 삼보에 정식으로 귀의하고자 한다면 정해진 의례를 올림으로써 자신을 '불자'로 칭할 수 있다. 그런데 열대 지방에서 자란 나의 경우, 네 번째 귀의처가 있으니, 바로 에어컨이다. 그래서 나는 '삼귀의가 아니라 그보다 33퍼센트 많은 사귀의를 한다'고 농담을 던지고는 한다.

어쨌거나 '불교인'을 '삼보에 귀의하는 사람'으로 정의하면 좋은 점은, 당신이 불교인이 되었다고 해서 다른 종교를 따를 수 없는 것이 아니란 점이다(그 종교에서 당신이 삼보에 귀의하는 것을 괜찮다고 하는 한). 그리고 불교와 다른 종교의 가르침이 충돌하는 경우에 당신은 어느 쪽이 진실인지 탐구하도록 초대받는다. 진실은 어느 한쪽일 수도 있고, 양쪽 모두일 수도 있으며, 양쪽 다 아닐 수도 있다. 어쨌거나 불교는 국가가 다양한 시민성을 인정하듯이 포용적인 태도를 취한다.

'불교인'의 또 다른 정의는 '사성제를 이해하고 팔정도를 적극 실천하는 사람'이다. 내가 보기에는 이 정의가 더 유용하고 실제적이다. 이 정의는 불교인이 되어도 얼마든지 다른 종교를 따를 수 있다는 의미이다.

불교인이 된 어느 미국인 여성의 이야기를 들었다. 그녀는 보수적인 기독교 집안에서 자랐는데 그녀가 불교인이 되었다는 소식에 가족 모임이 열릴 때면 매번 불편한 분위기가 역력했다. 시간이 지난 뒤 그녀는 불교인처럼 행동하기를 그만두고 붓다처럼 행동하기로 했다. 그리고 그것은 효과가 있었다. 가족들은 그녀가 '불교인'이 되는 것은 싫어했지만 '붓다'처럼 행동하는 것을 보자 기뻐했다.

그러니 친구들이여, '불교인'이 되려고 애쓰지 말고 '붓다'가 되기 위해 노력하라. 주변에서 '불자'로 불리고 싶지 않으면 당신이 가진 기존의 종교 신앙에서 (당신이 종교를 가지고 있다면) 진리를 구해도 괜찮다. 기독교 신앙을 가진 나의 많은 친구들은 불교 공부와 수행이 그들이 더 훌륭한 기독교인이 되는 데 도움이 되었다고 말한다. 심지어 신학자 폴 니터는 이 주제에 관한 책을 쓰기도 했다. 제목도 멋지다. 『붓다가 아니었다면 나는 기독교인이 되지 못했을 것이다(Without Buddha I Could Not Be a Christian)』.[4]

소류 스님은 아시아에 사는 동안 놀랍고도 감동적인 경험을 했다. 앞서 말했듯이 스님은 미국의 기독교 집안에서 자랐다. 기독교인이 되면 두 가지를 해야 했다. 1) 자신을 기독교인으로 여길 것, 2) 정해진 일련의 신앙을 철저히 지킬 것. 그런데 동양의 불교인들은 이 두 가지와 정반대의 행동을 하는 보고 스님은 큰 영감을 받았다고 했다. 우선 겸손한 태도를 지닌 동양의 불교인들은 자신을 '불교인'이라고 여기지 않았다. 그들에게 있어 '불교인'이란 수행이 매우 깊으며 높은 도덕적 기준을 준수해야 하는 존재다. 스님이 보기에 그들은 충분히 수행이 깊고 높은 도덕적 기준에 따라 살고 있었다. 하지만 겸손한 그들은 자신들이 그러지 못하다고 했다. 둘째, 동양의 불교인들에게 중요한 것은 신앙이 아니라 수행과 도덕적 행동이라는 점이다.

소류 스님은 중요한 건 종교적 정체성과 신앙이 아니란 걸 알고 크게 깨달은 바가 있었다. 중요한 것은 실천 수행이다. 동양의 불교인들은 그에게 영감을 주었고, 그 영감은 지금까지도 계속 살아 있다. 이것이 소류 스님이 현재 주지가 된 연유다. 그는 신도들에게 불교인이 된다는 것은 '불자'의 이름표를 다는 것이 아니라 실천 수행에 관한 것이라고 늘 상기시킨다.

달라이 라마는 사람들을 불교로 개종시키는 것은 자신이 원하는 바가 아니라고 자주 말한다. '그렇다면 당신의 종교가 무엇이냐'는 질문에 달라이 라마는 이렇게 말했다. "저의 진짜 종교는 친절입니다."[5]

그대가 누구이든, 미스터 붓다

두 번째 이야기는 붓다가 깨달음을 얻고 얼마 지나지 않았을 때였다. 그때만 해도 제자가 없었던 붓다는 이전에 함께 수행한 다섯 동료들에게 법을 설하기 위해 그들이 머물고 있는 곳을 알고는 걸음을 옮기고 있었다. 길을 가던 중에 붓다는 자신의 첫 제자가 될 수도 있었던 사람을 만났다(그러나 결국 그는 제자가 되지 않았다).

우루웰라와 베나레스의 길 중간에서 붓다는 우빠까라는 남자를 만났다. 우빠까는 붓다의 모습을 보자마자 감동을 받고는 붓다를 멈춰 세우고 이렇게 물었다. "친구여, 그대의 용모는 평온하고, 안색은 더 없이 깨끗하고 밝구려. 그대의 스승은 누구이며, 그는 어떤 법을 가르치오?" 붓다가 대답했다. "나에게는 스승이 없소. 나는 홀로 완전한 깨달음을 얻었다오." 우빠까는 조금은 비꼬듯이 말했다. "그것이 진실이라면 그대는 우주의 승리자(anantajina, 영적으로 완벽한 자)와 다름없구려." 붓다가 대답했다. "그러합니다." 우빠까가 말했다. "그렇군요."

우빠까는 고개를 흔들었다. 그리고 두 사람은 각자 가던 길을 갔다.[6]

이 이야기에서 눈에 띄는 부분은 앞서 말한 '에히빠시꼬', 즉 '와서 보라'는 정신에 충실하게 붓다가 우빠까를 조금도 설득하지 않았다는 점이다. 붓다는 우빠까가 가던 길을 가도록 그냥 두었다. 하지만 걱정은 말라. 결국 우빠까는 붓다의 말의 참뜻을 깨닫고는 그의 제자가 되었으니까. 그와 비슷한 이야기는 또 있다.

깨달음을 얻은 직후 붓다는 길을 가던 중 어떤 남자를 지난다. 밝게 빛나는 붓다의 비범한 용모와 고요한 분위기에 감동받은 남자는 가던 길을 멈추고 붓다에게 물었다.

"친구여, 그대는 누구인가? 천상의 존재인가 아니면 신인가?"

"아니오."

"그러면 마술사 또는 요술사인가?"

"아니오."

"그러면 그대는 사람인가?"

"그것도 아니오."

"친구여, 그러면 그대는 누구인가?"

붓다가 대답했다. "나는 깨어난 자라오."[7]

눈에 낀 티끌

마지막 이야기는 붓다가 세상에 다르마, 즉 법을 가르치겠다고 결심하는 장면이다.

붓다는 깨달음을 얻은 뒤 몇 주 동안 열반의 행복감을 느끼며 홀로 머물렀다. 우루웰라의 나무 아래 앉아 붓다는 자신이 발견한 이 법은 매우 심오해 이해하기 어렵다고 생각했다. 그리고 그것을 설명하는 것은 더 어려운 일이라고 생각했다. 더욱이 사람들은 탐욕과 성냄에 빠져 있고, 그들의 마음은 어리석음에 가려 있다. 설령 법을 가르친다고 해도 이해하지 못할 것이니 그것은 붓다에게 '성가시고 곤란한 일'일 뿐이다. 이렇게 생각한 붓다는 법을 가르치지 않는 쪽으로 마음이 기울고 있었다.

그때 사함빠띠 범천이 붓다의 이런 생각을 알아보고는 커다란 걱정이 생겼다.[8] 그는 생각했다. "완전한 깨달음을 얻은 붓다께서 법을 가르치지 않는다면 세상은 도탄에 빠질 것이다." 사함빠띠 범천은 범천계에서 내려와 붓다 앞에 모습을 나타냈다. 가사를 한쪽 어깨 위로 올리고 오른쪽 무릎을 땅에 꿇은 채 두 손을 합장해 붓다에게 예를 올린 뒤 말했다. "세존이시여. 부디 법을 설해 주십시오. 눈에 낀 티끌이 적은 이들이 있습니다. 그들은 법의 가르침을 이해할 것입니다!" 그러면서 이렇게 덧붙였다. "이제 세존께서는 바위산 높은 곳에 우뚝 솟은 봉우리처럼 슬픔에서 벗어나셨습니다. 그곳에서 사람들을 내려다보십시오. 아직도 슬픔에 힘겨워하고, 태어남과 늙음으로 고통스러워하는 사람들이 있습니다. 그러니 부디 법을 펼쳐 주십시오! 법을 이해하는 자들이 분명히 있을 것입니다."

붓다는 사함빠띠 범천의 부탁을 이해하고는 모든 존재에 대한 대연민심을 통해 세상을 '붓다의 눈'으로 둘러보았다. 눈에 낀 티끌이 많은 이들도 있었지만, 티끌이 적은 이들도 있었다. 이를 본 붓다는 법을 가르치기로 결심한다. 그러면서 사함빠띠 범천에게 다음의 게송으로 선언한다.

불사(不死, 열반)로 향하는 문이 활짝 열렸다네!
귀 있는 자, 법을 들으라. 기존의 믿음에서 자유로워질지니.

사함빠띠 범천은 법을 가르쳐달라는 자신의 부탁을 붓다가 받아들이는 것을 보고는 절을 올리고 예를 표한 뒤 시계 방향으로 세 바퀴 붓다의 주위를 돈 다음 모습을 감추었다.[9]
소류 스님과 나는 눈에 티끌이 적게 낀 사람이 (당신을 포함해) 세상에 수십억 명은 있다고 생각한다. 우리의 작업이 당신에게 도움이 되었기를 바란다.
친구여, 당신의 눈에 낀 티끌이 이내 완전히 없어지기를.

에
필
로
그

멩의 에필로그 – 당신의 그늘이 무척 좋아요

싯닷타는 아들 라훌라가 태어난 직후 깨달음을 추구하고자 집을 나섰다. 6년간 열심히 노력한 끝에 그는 완전한 깨달음을 얻어 붓다가 된다. 그로부터 1년 뒤 집으로 돌아오자 라훌라는 벌써 7살이 되어 있었다.

붓다가 자신이 살던 궁에 가까이 다가오자 라훌라의 어머니인 야소다라 왕비가 멀리서 걸어오는 붓다를 가리키며 아들에게 말했다. "저분이 네 아버지란다. 가서 인사드리렴."

라훌라는 붓다에게 달려가 그의 곁에서 함께 걸었다. 무더운 날 라훌라는 붓다가 드리운 그늘에서 걸을 수 있어 좋았다. 잠시 뒤 어린 라훌라가 붓다를 올려다보고 미소를 지으며 이렇게 말했다. "아버지 그늘이 무척 좋아요."

라훌라의 마지막 말은 내게 큰 울림을 준다. 내가 바라는 것을 완벽하게 상징하는 비유로 보이기 때문이다. 내가 정말로 원하는 것은 붓다의 그늘 아래서 걷는 것뿐이다.

붓다에게 이렇게 말하고 싶다. "사랑스러운 어르신, 그늘을 만들어줘서 고맙습니다."

소류의 에필로그 – 우리 스스로 그늘을 만들어야 합니다

내가 라훌라 나이였을 때, 아버지의 그늘 아래 걸었던 라훌라처럼 그늘을 드리워 주는 사람이 주변에 아무도 없었다.

1980년대 초반에 사람들은 지구상의 생명체를 마구 죽이고 있었다. 더욱이 살아 있는 생명체를 파괴하는 탐욕과 증오의 크기도 점점 커지고 있었다. 실제로 이전 수십 년부터 그러했지만, 이제는 나 같은 어린아이도 그것을 눈치챌 정도로 상황은 악화되고 있었다.

나는 누구도 이 문제를 진지하게 다루지 않았다는 사실을 알고는 누군가 나서야만 한다고 생각했다. 그것은 나였다. 내가 나서야 했다. 그 생각으로 나는 오랜 시간 힘들어했다.

지구를 파괴하는 인간들을 어떻게 해야 할까 고민하는 과정에서 불교를 공부하겠다는 생각은 한 번도 한 적이 없었다. 심지어 남에게 불교를 가르친다는 생각은 더욱 하지 않았다. 큰 규모의 비영리단체를 만들어 볼까 생각했다. 아니면 기업가가 되어 세상의 문제를 해결할 기술을 발명할까도 생각했다. 그것도 아니면 정치인이 되어 세상을 구하고 사람들을 행복하게 하는 정책을 세워 볼까 궁리했다. 그러나 이런 직업들로는 실제로 문제를 해결할 수 없다는 것을 알게 되었다.

그래서 이 분야에서 훌륭한 성과를 거둔 이를 찾아보았다. 알아본 바에 의하면 인류가 스스로를 비참하게 만들고 세상을 파괴하는 것을 막는 데 가장 큰 공을 세운 인물은 붓다였다. 이 분야에서 가장 효과를 낸 전통이 불교라는 사실도 알았다. 붓다는 가장 중요한 정보를 발견했다. 그 정보란 사람들의 괴로움을 해결하고, 사람들을 편안하게 하는 방법이었다. 이에 나는 그의 가르침을 배우고 그가 전한 수행법을 실천하러 나섰다. 나는 이 배움과 수행이야말로 지구상 생명체를 파괴하는 역사로부터 지구상 생명체를 번영시키는 역사로 이동하는 시작점이라고 생각했다. 수많은 중생에게 한량없는 이익을 베풀어 준 붓다에게 감사한다. 그러나 붓다조차 우리의 문제를 대신 해결해 주지는 못한다. 수천 년이 지난 오늘, 우리들 각자는 자신만의 실존적 위기에 맞닥뜨렸다. 붓다는 길을 보여주었을 뿐, 그 길을 걸어가는 것은 우리들 각자의 몫이다. 구체적으로는 자신의 마음을 다루는 문제를 말한다. 마음을 다루는 작업이 중요한 이유는, 오늘날 발생한 주요 위기는 어느 것 하나, 인간의 마음에서 비롯하지 않은 것이 없기 때문이다.

붓다는 인간의 마음이 세상에서 가장 해로운 것이라고 했다. 또 바로 이어서, 인간의 마음은 세상에서 가장 유익한 것이라고도 말했다.[1] 만약 우리의 마음이 탐욕과 성냄, 어리석음에 빠져 있다면 마음은 세상에서 가장 해로운 것이 된다. 그런 마음은 모든 사람을 죽일 수도 있다. 그러나 마음을 적절히 훈련한다면, 즉 도덕적 선택을 내리는 법을 알고 영적인 경이로움과 행복에 드는 법을 알며 태어남과 죽음을 넘어서는 통찰을 얻을 수 있다면 마음은 세상에서 가장 유익하고 놀라우며 가장 아름답고 선하며 가장 진실한 무엇이 된다. 그런 마음은 모든 사람을 구제할 수 있다.

오늘날 우리가 세상에 일으킨 문제들은 너무나 거대하고 심각하며 해결이 쉽지 않은 문제들이다. 그런 만큼 오늘날의 문제를 해결할 수 있다면 역사상 가장 위대한 사람이라고 할 것이다. 그리고 그것은 우리들 각자가 될 수 있다. 지금은 우리들 각자가 역사상 가장 위대한 사람이 되어야 하는 때다.

붓다가 펼쳐 놓은 길을 우리가 걸어갈 수 있기를. 그 길을 마지막까지 충실히 걸어갈 수 있기를. 그 길을 넘어갈 수 있기를. 그리고 모든 살아 있는 존재들을 위하여 그 길을 걸어가기를.

감
사
의
말

멩

소류 스님과 나는 누구보다 먼저 붓다에게 감사하고 싶다. 우리 삶에서 가장 중요한 분이며 아마도 인류 역사상 가장 중요한 분이기 때문이다. 그는 우리에게 세상에서 가장 귀한 선물을 주었다. 다르마, 즉 법(法)이라는 선물이다. 그리고 자신의 천재성을 발휘해 누구나 쉽게 이해할 수 있고 실천 가능한 형태로 법을 전했다.

내 안에 선한 자질이 존재한다면 그것은 모두 붓다 덕분이다. 붓다는 내가 가장 좋아하는 아버지이자 스승이다. 지금까지 그랬고 앞으로도 그럴 것이다. 붓다에게 고마운 마음을 갖지 않고 지내는 날이 하루도 없었다. 일상의 매 순간 경험하는 모든 일에서 이 감사의 마음이 계속 커지기를 열망한다.

나의 삶을 붓다와 다르마에 바칠 것을 맹세한다. 이 책을 소류 스님과 함께 쓴 것이 그 맹세를 일부 실천하는 일이 되리라. 또 이 책이 많은 사람에게 도움이 되기를 바란다. 그리고 이 책을 쓴 것으로 내가 죽으면 붓다의 그늘에 들어갈 자격이 생기기를 바란다.

소류 스님과 나는 붓다의 가르침과 계율을 전해 준 수많은 세대의 스님들에게 감사한다. 마하까사빠, 아난다, 우빨리 등이 그들이다.

또 14대 달라이 라마에게도 감사를 드린다. 그는 우리 두 저자와 이 책에 개인적으로 특별한 축복을 빌어 주었다. 달라이 라마는 오늘날 살아 있는 사람 가운데, 세상에 도움을 주는 훌륭한 수행승이란 어떤 사람인가에 관하여 가장 큰 영감을 주는 분이다. 그가 우리에게 보내는 사랑과 포용은 매우 인상적이다. 그가 보내 준 개인적 축복이 우리 두 사람에게 얼마나 큰 의미를 갖는지 말로는 다 표현할 수 없다.

또 쇼도 하라다 로시 선사에게도 개인적으로 감사를 표하고 싶다. 나는 그를 직접 만난 적은 없지만, 그는 소류 스님의 주 스승이며, 그가 없었다면 소류 스님도 없었을 것이고, 소류 스님이 없었으면 이 책도 세상에 나오지 못했을 것이다. 물론 나의 스승이자 형제이며 친구인 소류 포올 스님에게 커다란 감사를 느끼는 것은 두말할 필요가 없다. 그가 없었다면 이 책을 결코 쓸 수 없었을 것이다.

그리고 이 책을 쓰는 데 실제적으로 가장 중요한 도움을 주었던 분에게 감사를 드려야 한다. 바로 빅쿠 보디이다. 초기불교에 관하여 우리 시대 가장 위대한 학자 중 한 분인 스님은 방대한 빠알리 니까야를 엄밀한 연구를 통해 영어로 번역하여 권위 있는 작품으로 재탄생시켰다. 스님은 시간을 내어 이 책의 원고를 몸소 살피는 수고를 마다하지 않으셨다. 스님이 무척 바쁘신 줄 우리는 잘 알고 있다. 게다가 건강도 좋지 않으신 중에 우리를 위해 원고를 리뷰해 주신 데 감사를 드린다. 스님은 이 책의 원고를 두 차례 읽으신 뒤 이렇게 말씀하셨다. "초기불교의 가르침을 충실히 소개하였다고 보입니다." 우와. 스님의 말을 듣고 나는 흥분이 가라앉지 않았다. 대학 시절 세계적으로 유명한, 그러나 매우 엄한 교수님의 수업을 듣고 나서 낙제를 면할 학점만 받으면 좋겠다고 생각하던 중에 A를 받은 것과 마찬가지였다. 그보다 행복할 수 없었다.

그 밖에 원고를 읽어 주고 바꿔야 할 부분을 지적해 주며 격려를 아끼지 않은 불교 스승들에게도 감사를 표하고 싶다. 빅쿠 수자토, 아날라요 스님, 붓다락키따 스님 그리고 텐진 최상, 베리 커진, 툽덴 담초 라마, 그리고 로시 조안 할리팩스, 미산 스님, 잭 콘필드, 트루디 굿맨이 그들이다.

또한 이 책을 집필하고 출판하는 데 한 팀이 되어 도움을 준 분들에게도 감사를 드리고 싶다. 먼저 편집 고문인 코 카이 신이 있다. 그녀가 없었다면 소류 스님과 나는 이 책의 편집과 출판 작업을 제대로 하지 못했을 것이다. 또 멋진 그림을 그려 준 재능 있는 일러스트레이터 콜린 고와 객원 일러스트레이터 나탈리 창과 앤절린 탄에게도 고마움을 표한다. 그 밖에 우리의 출판팀에 속하신 분들, 특히 리사 주니가, 랄프 파울러, 타냐 폭스, 비앙카 팔, 레베카 로운, 할 클리포드, 마크 차이드에게 감사를 드린다.

또 많은 친구들이 초기 상태의 원고를 검토하면서(어떤 이는 여러 번 검토하면서) 도움이 되는 많은 조언과 커다란 격려를 해 주었다. 톰 두터미, 휴안 응구엔, 리치 화, 네빈 아마라수리야, 키미코 보쿠라, 유정은, 모제스 모한, 응 이 시엔, 돈 이글, 케이트 컴보, 브랜디 브라운,

장지은, 앤절라 호, 그리고 스테파니 테이드가 그들이다.

바쁜 공인임에도 시간을 들여 원고를 읽어 주고 추천사를 써 주신 분들도 있다. 책의 맨 앞 추천사 란에 그분들의 이름이 적혀 있지만 여기서는 특히 두 분과 관련한 이야기를 들려주고 싶다. 야콥 이브라힘과 로렌스 프리먼 신부가 그들이다. 야콥은 싱가포르에서 유명한 무슬림 지도자이다. 실제로 싱가포르 무슬림 부장관을 지내기도 하였다. 야콥과 나는 친한 친구 사이인데 그가 명상을 진지하게 배우고 싶다며 내게 연락을 해 왔다. 그런데 당시 나는 미국에 있어 내가 사랑하고 신뢰하는 명상 지도자 한 분을 소개해 줬다. 그분은 나보다 싱가포르를 더 자주 찾는 분이기도 해서 그를 추천한 것이다. 그의 이름은 로렌스 프리먼 신부였다. 야콥과 프리먼 신부 모두 나의 제안에 흔쾌히 동의하였다. 뒤에 돌아보니 그 일에는 무척 큰 의미가 있었다. 저명한 무슬림 지도자가 나 같은 불교인에게 영적인 조언을 구한다. 그 불교인은 유명한 기독교 지도자를 무슬림 지도자에게 추천한다. 그리고 세 사람 모두 그 일을 세상에서 가장 자연스러운 일로 여긴다. 친구들이여, 이것이 명상 수행이 가진 힘이 아닐까. 명상 수행은 세상에 평화와 조화를 가져온다. 앞으로 내가 살아 있는 동안 세계 종교가 평화를 이룬다면, 그리고 그 일에 관해 글을 쓸 수 있는 영광이 내게 주어진다면 단연코 이 이야기를 맨 앞에 쓸 것이다.

마지막으로 우리 가족에게 고마움을 전하고 싶다. 부모님은 내게 무한한 사랑을 베풀어 주었다. 백 년 동안 업고 다녀도 부모의 은혜를 다 갚지 못할 것이다. 부모에게 진 빚을 조금이라도 갚을 수 있는 방법은 다르마를 선물하는 것이 아닐까 생각한다. 그 빚을 갚는 데

이 책이 작은 선불금이라도 되었으면 하는 바람이다. 아내 신디와 딸 엔젤에게도 고마움을 전한다. 이 쓸모없는 늙은이를 지금까지 집에 보관해 주었으니 말이다. 사실 왜 아직도 나를 '보관 중'인지 잘 모른다. 아마도 특별히 잘생긴 나의 외모 때문이리라.

그 밖에 내가 고마움의 빚을 진 모든 분에게 다음의 시로 조금이나마 빚을 갚고 싶다(실은 돈이 안 든다는 게 주된 이유다). 다른 책에서도 그렇게 해 봤는데 누구도 불평하지 않더라.

가자, 저 피안의 세계로 가자.
제한된 마음을 넘어
모두 함께 저 피안의 세계로 가자.
오, 깨달음이여, 축복이어라!●

● 『반야심경』의 마지막 구절. 산스크리트로 'Gate, gate. Paragate. Parasamgate. Bodhi svaha(아제 아제 바라아제 바라승아제 모지 사바하)'!

소류

존경과 감사의 마음으로 붓다에게 경의를 표한다. 붓다에게 존경의 마음을 갖는 이유는 그가 형상, 선호, 정보, 지능, 의식을 넘어 깨달음으로 가는 길을 발견했기 때문이다. 붓다에게 감사의 마음을 품는 이유는 형상, 선호, 정보, 지능, 의식 속에서 깨달음으로 가는 길을 발견했기 때문이다.

다음으로 우리는 존경과 감사의 마음으로 다르마에 경의를 표한다. 다르마에 존경의 마음을 갖는 이유는 다르마가 시공간의 제약을 받지 않기 때문이다. 다르마에 감사의 마음을 품는 이유는 다르마가 어디에나 있어, 지금 이 순간 이 장소에서도 우리의 삶을 다르마에 바칠 수 있기 때문이다.

다음으로 우리는 존경과 감사의 마음으로 승가에 경의를 표한다. 승가에 존경의 마음을 갖는 이유는 승가가 세상의 온갖 방해에도 불구하고 붓다 다르마, 즉 불법(佛法)의 빛이 오늘까지 생생히 살아 있도록 보전해 왔기 때문이다. 승가에 감사의 마음을 품는 이유는 세상에 복을 짓는 고귀한 작업에 우리가 동참할 수 있도록 해 주기 때문이다.

나의 스승들에게도 감사를 표한다. 우선 나에게 진리를 믿게 해 주신 타이겐 쇼도 하라다 로시 선사가 있다. 그리고 반떼 보디담마 스님은 나 자신을 믿게 해 주셨다. 또 도류 젠지, 티에리 보나베세, 제이크 아그나, 짐 브루책, 톰 크로스, 수미 런던도 계시다. 그리고 지금은 돌아가신 피스 필그림도 빼놓을 수 없다. 그녀는 내가 다른 길을 걸을 수 있다고 믿게 하셨다. 미스 그레이스는 나를 이끌어 준 상담사로, 내가 볼 수 있는 것보다 더 큰 것을 보도록 격려해 주셨다.

수행의 길에서 오랜 시간 함께해 주신 모든 분들에게 감사드린다. 적절한 환경에서 참된 사람들과 참된 길을 걷는 것은 내게 커다란 기쁨이다. 이때 우리의 관계는 진정한 관계가 된다. 이런 관계라면 어떤 것이든 신성한 관계다.

나의 친구이자 형제인 멩에게 고마움을 표한다. 이 책이 탄생하는 데 있어 다르마에 대한 멩의 헌신은 단지 책에 실린 글보다 훨씬 중요한 역할을 했다. 멩의 유려한 말 덕분에 나의 수행 경험을 더 잘 표현할 수 있었다. 그것에 고마움을 전한다. 무엇보다 빼놓을 수 없이 중요한 것은, 멩이 지금껏 줄곧 나의 진실한 친구가 되어 주어 감사하다는 것이다.

그리고 멩이 말했듯 우리 두 저자와 이 책에 개인적 축복을 보내주신 14대 달라이 라마 성하에게 감사드린다. 달라이 라마가 축복을 보내주셨을 때, 책이라는 형태로 세상에 다르마를 전하려는 우리의 계획이 마침내 실현되었음을 알았다.

마지막으로 부모님에게 감사드린다. 부모님은 내게 다른 사람을 돌보는 법, 옳은 일을 위해 희생하는 법, 내 마음과 다른 사람이 뭐라고 하든 상관없이 나의 진실성을 유지하는 법을 가르쳐 주셨다. 또 완벽하지 않더라도 해야 하는 일을 해내는 법, 나의 삶을 세상에 바치는 법을 가르쳐 주셨다.

마지막으로, 내가 지금 쉬고 있는 이 호흡에 감사한다.

이제부터 무엇을?

친구들이여, 이 책을 즐겁게 읽었길 바란다. 명상을 하는 기본적인 방법을 알고 싶다면 우리 저자의 웹사이트 Buddhism.net을 방문하라. 함께 수행할 수행 공동체나 스승을 찾고 있다면 세계 각지의 수행 공동체와 명상 지도자의 목록을 Buddhism.net에 올려두었으니 참고하기 바란다. 불교에 관해 더 알고 싶다면 Buddhism.net에 권장 도서 목록을 올려놓았다. 그곳에서 만나자.

주

- 참고 자료의 출간 연도를 가능한 정확히 제시하려 했으나 원문의 출판사가 불분명한 경우도 간혹 있으니 양해 바란다.
- 기재된 책 가운데 국내에 번역된 책은 우리말 제목을 병기하였다. - 편집자

프롤로그

1. Noah Shachtman, "In Silicon Valley, Meditation Is No Fad. It Could Make Your Career." *Wired*, https://www.wired.com/2013/06/meditation-mindfulness-silicon-valley/2013.
2. 이 책에서 '달라이 라마'는 별도의 언급이 없으면 14대 달라이 라마를 가리킨다.

1장

1. The Dalai Lama, *The Universe in a Single Atom*(New York: Harmony Publishing, 2006).
2. "Buddhism Is a Science of the Mind," November 6, 2006, https://www.dalailama.com/news/2006/buddhism-is-a-science-of-the-mind-dalai-lama.
3. 맛지마 니까야 7. 경전의 정확한 표현은 이렇다. "지금 여기에서 볼 수 있는 것, 바로 효과를 나타내며, 조사해 보라고 권할 만한 것, 적절한 것, 현명한 자는 이것을 스스로 경험한다네."
4. 14장 참조.
5. 맛지마 니까야 22.

6. 족첸 폰롭 린포체의 주장은 다음을 참조하라.
https://www.lionsroar.com/is-buddhism-a-religion-november-2013/.
7. Ajahn Brahmavaṃso Mahāthera, "Buddhism, the Only Real Science," *Lanka Daily News* (Colombo), March 28, 2007.
8. Robin Sacredfire, *The Ultimate Book of Powerful Quotations: 510 Quotes about Wisdom, Love and Success* (New York: 22 Lions Bookstore, 2018).
9. Walpola Rahula, *What the Buddha Taught* (New York: Grove Press, 1974).
10. Shravasti Dhammika, *Praised by the Wise* (Singapore: Buddhist Research Society, 1987).
11. 『법구경』 1.

2장

1. 붓다의 전기에 관해 전해오는 권위 있는 자료는 기원전 5세기 초기 자료를 바탕으로 작성된 『니다나까타(Nidānakathā)』라는 주석서이다. 우리 두 저자는 이 주석서를 바탕으로, 다음의 권위 있는 자료를 참고해 붓다 이야기를 전하려 한다. Nārada Mahāthera, *The Buddha and His Teachings*, Fourth Edition (Kuala Lumpur, Malaysia: Buddhist Missionary Society, 1988).
2. 빠알리어로는 싯닷타(Siddhattha), 산스크리트로는 싯다르타(Siddhārtha).
3. 〈날라까의 경(Nalaka Sutta)〉 (『숫따니빠따』 3.11).
4. 빠알리어로 고따마(Gotama), 산스크리트로 가우타마(Gautama).
5. 〈초전법륜경(Dhammacakkappavattana Sutta)〉 (쌍윳따 니까야 56.11).
6. 〈편안함 경(Sukhamala Sutta)〉 (앙굿따라 니까야 3.38).
7. 『본생담(Jataka)』 75. 이 이야기는 조금씩 다른 버전이 존재한다. 이를테면 어느 버전에서는 싯닷타가 하루에 네 가지 광경을 모두 목격했다고 이야기하는가 하면, 어느 버전은 여러 날에 걸쳐 네 광경을 보았다고 한다. 또 어떤 버전에서는 아버지 왕이 무던히 애를 썼음에도 싯닷타가 거리의 고통을 목격하는 것을 막지 못했다고 이야기한다. 그렇지만 어느 경우든 싯닷타가 네 가지 광경을 목격함으로써 인간의 근본적 괴로움에 대해 알게 되었고, 이로써 출가하기로 결심한 사실에는 변함이 없다.

8. 맛지마 니까야 26.

9. 맛지마 니까야 26. 붓다는 이것을 "저속한 탐색(ignoble search)"이라고 부른다.

10. 싯닷타가 두 스승에게 배움을 얻는 이야기는 맛지마 니까야 26에 나온다.

11. 맛지마 니까야 26.

12. 맛지마 니까야 26.

13. 맛지마 니까야 36. 싯닷타의 극단적 고행 실험과 깨달음에 관한 이야기는(모든 인용구를 포함해), 마라가 등장하는 신비적 이야기를 제외하고 모두 맛지마 니까야 36에서 따왔다.

14. 맛지마 니까야 12.

15. 소류 스님과 나는 이 글을 쓸 때는 몰랐는데 나중에 다음 사실을 알게 되었다. 즉 중세의 주석서 『니다나까타』에 기록된 신비적 이야기에 따르면, 싯닷타가 스스로를 혹사할 때 사라졌던 '위대한 성인의 32가지 상'이 이때 다시 나타났다고 한다.

16. 마하보디 사원 근처에 수자타를 기념하는 탑이 있는데, 그 시기가 기원전 2세기경으로 거슬러 올라간다. 이것은 경전이 처음으로 문자로 기록되기 이전이다. 다음 자료를 참조. David Geary, Matthew R. Sayers, and Abhishek Singh Amar, *Cross-disciplinary Perspectives on a Contested Buddhist Site: Bodh Gaya Jataka* (New York: Routledge, 2012).

17. 헤네폴라 구나라타나 스님은 「테라와다불교 명상의 선정(The Jhanas in Theravada Buddhist Meditation)」 (*Access to Insight*(BCBS Edition), November 30, 2013, http://www.accesstoinsight.org/lib/authors/gunaratana/wheel351.html)에서 이렇게 말한다. "평온(사마타) 명상은 불교와 비불교 수행법에 모두 있지만, 통찰 명상은 붓다의 고유한 발견으로, 어디에서도 찾아볼 수 없다." 월폴라 라훌라(Walpola Rahula) 스님도 자신의 저서 『붓다가 가르친 것(What the Buddha Taught)』에서 이와 비슷하게 붓다가 통찰 명상을 발견했다고 하면서 그것을 '불교의 가장 본질적인 명상'이라고 말한다.

18. Bhikkhu Bodhi, "On Translating 'Buddha'," *Journal of the Oxford Centre for Buddhist Studies 19* (2020): 52-78.

19. 이 내용은 빠알리 경전에는 없으며 『니다나까타』에 나온다.

20. 열 가지 바라밀(십바라밀)이란 보시, 지계, 출리, 지혜, 정진, 인욕, 진실, 결심, 자애, 평정심이다.

21. 전통적으로 붓다는 열 가지의 별칭이 있다.
22. 붓다의 첫 7주간의 깨달음 이야기는 테라와다 율장 칸다까(Khandhaka) 1에 모두 나온다.
23. 쌍윳따 니까야 6.1; 맛지마 니까야 26.
24. 〈초전법륜경〉(쌍윳따 니까야 56.11).

3장

1. 중국의 작가이자 역사가인 장홍제(张宏杰)는 『백가강단(百家讲坛)』에서 건륭황제의 멋진 삶을 23개의 강의에서 전한다. 강의 제목은 "成败论乾隆". 유튜브에서 시청할 수 있다. https://www.youtube.com/watch?v=34OilrHUEPM.
2. 이것은 흔히 보이는 설명이다. 가령 아날라요 스님의 다음 책에도 그런 설명이 나온다. 『염처경: 깨달음으로 가는 직접적인 길(Satipatthana: The Direct Path to Realization)』(Cambridge, England: Windhorse Publications, 2003)에서 Du는 '어려움' 또는 '나쁨'을 의미하며 akkha는 '바퀴 축'을 의미한다. 그러나 빅쿠 보디는 이것이 문자 그대로의 의미라기보다 『청정도론(清淨道論, Visuddhimagga)』에서 어원을 재미로 분석한 것에 가깝다고 한다.
3. http://www.leighb.com/bummer.htm.
4. 집착의 대상이 되는 다섯 가지 무더기, 즉 오온을 빠알리어로 빤쭈빠다나칸다(pañcupādānakkhandhā)라고 한다.
5. 빠알리어로 각각 이렇게 부른다. 루빠(rūpa), 웨다나(vedanā), 산냐(saññā), 상카라(saṅkhāra), 윈냐나(viññāṇa) '무더기'에 해당하는 빠알리어는 칸다(khanda)이다.
6. 더 정확히 말하면 형상은 물질을 말하는데, 대개 우리는 자신의 몸을 일종의 물질로 생각한다.
7. 쌍윳따 니까야 22.79.
8. 쌍윳따 니까야 22.79.
9. 오온에 관한 아잔 브람 스님의 설명은 다음을 참조. https://www.youtube.com/watch?v=5VTzlXna8I0.

10. 맛지마 니까야 43.

11. 쌍윳따 니까야 22.60.

12. 쌍윳따 니까야 22.85.

4장

1. 개인적으로는 딴하(taṇhā)의 번역어로 '목마름(thirst)'이 '갈애(craving)'보다 낫다고 생각한다. 왜냐하면 'thirst'란 단어는 'craving'에 없는 절박감과 강박, 괴로움의 느낌을 표현하기 때문이다. 그러나 영어로 craving이라는 번역어가 이미 정착되어 있으므로 그대로 쓴다(투덜투덜투덜…).

2. 맛지마 니까야 126.

3. 빠알리어로 각각 까마-딴하(kama-taṇhā), 바와-딴하(bhava-taṇhā), 위바와-딴하(vibhava-taṇhā)라고 한다.

4. 맛지마 니까야 75.

5. 쌍윳따 니까야 35.243. 쌍윳따 니까야 35.232.

6. 나의 다음 책. *Search Inside Yourself*(서치 인사이드) (San Francisco: HarperOne, 2012).

7. "The Thirty-One Planes of Existence," edited by Access to Insight, BCBS Edition, November 30, 2013, http://www.accesstoinsight.org/ptf/dhamma/sagga/loka.html. 31개의 존재계 가운데 26개가 천상계이다.

8. 이것은 지옥에 관한 한 가지 관점일 뿐이다. 경전에는 서로 다른 이름을 가진 다양한 유형의 지옥이 등장한다. 이름만 다를 뿐 같은 지옥으로 볼 수도 있고, 서로 다른 종류의 지옥으로 볼 수도 있다. 어느 경우든 이 구분은 불교 수행의 맥락에서 그리 중요한 것은 아니다.

9. 예컨대 디가 니까야 1에서 붓다는 한 영역이 수축되고 다른 영역이 팽창한 뒤 또 다른 영역이 탄생하는 것에 대해 이야기한다.

10. 경전이 아니라 대중 설화에 나오는 이야기다.

11. Thanissaro Bhikkhu, *Samsara*. Access to Insight, BCBS Edition, 2010, http://www.accesstoinsight.org/lib/authors/thanissaro/samsara.html.

12. Jeff Wilson, *Saṃsāra and Rebirth* (Oxford Bibliographies, 2021). DOI:10.1093/OBO/9780195393521-0141.

13. 맛지마 니까야 22.

14. 『이띠웃따까(Itivuttaka, 如是語經)』 2.22.

15. 〈포말경(Pheṇapiṇḍūpama Sutta)〉 (쌍윳따 니까야 22.95).

16. 〈무아의 특징 경(Anatta-lakkhana Sutta, 無我相經)〉 (쌍윳따 니까야 22.59).

17. 더 공식적으로 말하면 '적극적 과정이 지속되는 (물질적) 토대'를 말한다. 빠알리경전협회(The Pali Text Society)의 다음 자료 참조. *The Pali Text Society's Pali-English Dictionary* (Chipstead, Surrey, United Kingdom: Pali Text Society, 1921–1925).

18. Richard Gombrich, *How Buddhism Began* (불교는 어떻게 시작되었는가?) (New York: Routledge, 2011).

19. 디가 니까야 29 외 여러 곳.

20. 앙굿따라 니까야 1.49.

21. '고통을 쌓아 간다'는 이런 관점은 중국의 불교 고승들이 칸다(khanda)를 온(蘊), 즉 무더기로 번역한 데서 힌트를 얻을 수 있다.

22. Ben Johnson, *The Great Horse Manure Crisis of 1894*, Historic UK, https://www.historic-uk.com/HistoryUK/HistoryofBritain/Great-Horse-Manure-Crisis-of-1894/.

5장

1. 이 이야기는 19세기 불교 승려인 실라짜라 비구(Silacara Bhikkhu)가 처음으로 한 이야기다. 다음 책에 실려 있다. *The Buddha and His Teachings* by Nārada Mahāthera.

2. 〈초전법륜경〉 (쌍윳따 니까야 56.11).

3. 빠알리어로 닙바나(nibbana).

4. 맛지마 니까야 26.

5. Stephen Hawking, *A Brief History of Time*(시간의 역사) (New York: Bantam Books, 1998).

6. Nyanatiloka Bhikkhu, *Buddhist Dictionary*, fourth edition (Kandy, Sri Lanka: Buddhist Publication Society, 1980).

7. 경전 여러 곳에서 갈망이 사라진 상태를 열반과 동의어로 사용하고 있다. 예컨대 다음의 경전이다. 맛지마 니까야 64, 앙굿따라 니까야 3.32, 쌍윳따 니까야 43.14 – 43.

8. 앙굿따라 니까야 3.55.

9. 쌍윳따 니까야 35.28.

10. 재미있는 사실은 처음에 기네스 기록이 처음에 맥주 회사 기네스의 판촉 행사의 일환이었다는 점이다. 다음을 참조. Laurie L. Dove, "Ridiculous History: How an Irish Beer Became an Authority on World Records," https://history.howstuffworks.com/history-vs-myth/are-guinness-book-world-records-beer-company-related.htm.

11. 한 예로 쌍윳따 니까야 35.29.

12. 맛지마 니까야 22.

13. 〈왓차곳따 불 경(Aggivacchagotta Sutta)〉 (맛지마 니까야 72).

14. 쌍윳따 니까야 12.15.

15. Thich Nhat Hanh, *The Heart of the Buddha's Teachings*(틱낫한 불교) (New York: Harmony, 1999).

16. Nārada Mahāthera, *The Buddha and His Teachings*. 빠라야나(parāyana), 따나(tāna), 께왈라(kevala), 아마따(amata)의 빠알리어 번역은 소류 스님, 나머지는 나라다(Nārada) 스님의 번역이다.

17. 『우다나(Udāna)』 8.3.

18. 『우다나』 8.1.

19. 『이띠웃따까』 2.16.

20. 맛지마 니까야 64.

21. 앙굿따라 니까야 6.46.

22. 맛지마 니까야 75.

23. 앙굿따라 니까야 10.13.

24. 빅쿠 보디의 번역.

25. 빠알리어로 숫다와사(suddhāvāsa)라고 한다.

26. 맛지마 니까야 11 외 여러 곳.

27. 아누룻다의 이야기는 다음에서 가져왔다. Nyanaponika and Hellmuth Hecker, *Great Disciples of the Buddha* (Somersville, Massachusetts: Wisdom Publications, 2003).

28. 맛지마 니까야 32.

29. 앙굿따라 니까야 3.130.

30. 쌍윳따 니까야 55.5.

6장

1. 『법구경』 183, 나라다 마하테라(Nārada Mahāthera)의 번역. 붓다의 말 가운데 가장 많이 인용되는 구절이다. 그럴 만도 하다.

2. 붓다의 말을 그대로 옮기면 다음과 같다. "수행승들이여, 이것이 고통의 소멸로 이끄는 길이라는 고귀한 진리이다. 그것은 여덟 가지 길(팔정도)이다. 즉 바른 견해, 바른 의도, … 바른 삼매이다." (쌍윳따 니까야 56.11).

3. 첫 설법에서 붓다는 팔정도의 제목만을 제시한 채 각각의 상세한 내용은 전하지 않았다. 그러나 이후의 여러 설법에서 팔정도의 내용을 상세히 설했다. 그중에서 내가 가장 좋아하는 경전은 〈분석경(Magga-Vibhaṅga Sutta, 道分別經)〉(쌍윳따 니까야 45.8)이다. 이 경전에서 붓다는 팔정도를 쉽게 이해하고 기억하도록 간결하면서도 실제적인 도움이 되도록 어느 정도 자세히 설명하고 있다. 이 장의 내용은 주로 이 경전에 근거한다.

4. 맛지마 니까야 117.

5. 쌍윳따 니까야 45.8.

6. 〈바른 견해 경(Sammā-diṭṭhi Sutta)〉(맛지마 니까야 9).

7. 〈범망경(Brahmajāla Sutta)〉(디가 니까야 1).

8. 쌍윳따 니까야 45.8.

9. 〈두 가지 사유 경(Dvedhāvitakka Sutta)〉 (맛지마 니까야 19).

10. '불교적 꿈'에 관한 소류 스님의 시각은 상까빠(saṅkappa)라는 단어의 어원에 근거하고 있다. '상까빠'는 '창조하다', '만들다'라는 의미의 까뻬띠(kappeti)와 관련이 있다.

11. 쌍윳따 니까야 45.8.

12. 맛지마 니까야 58.

13. 쌍윳따 니까야 45.8.

14. 빠알리어로 빤짜실라(pañcasīla).

15. 〈담미까의 경(Dhammika Sutta)〉 (『숫따니빠따』 2.14).

16. 앙굿따라 니까야 8.39.

17. Barbara O'Brien, "Thich Nhat Hanh's Five Mindfulness Trainings," *Learn Religions*, updated February 10, 2019, https://www.learnreligions.com/thich-nhat-hanhs-five-mindfulness-trainings-449601.

18. 앙굿따라 니까야 5.213.

19. 앙굿따라 니까야 5.171.

20. 『법구경』 290 구절을 아잔 무닌도가 해석한 것으로 원문은 이렇다. "적은 행복을 내려놓고 큰 행복을 실현할 수 있다면, 현명한 이는 더 큰 행복을 위해 적은 행복을 내려놓는다."

21. 앙굿따라 니까야 5.177.

22. 디가 니까야 2.

23. 쌍윳따 니까야 45.8.

24. 앙굿따라 니까야 2.19.

25. 디가 니까야 16, 디가 니까야 29.

26. 빠알리어로 보디빠키야 담마(bodhipakkhiyā dhamma)라고 한다. 깨달음으로 이끄는 법이라는 뜻이다. 그것은 다음과 같다. 네 가지 마음챙김의 확립(사념처), 네 가지 바른 노력(사정근), 네 가지 성취 수단(사여의족), 다섯 가지 마음의 기능(오근), 다섯 가지 힘(오력), 일곱 가지 깨달음의 구성 요소(칠각지), 여덟 가지 고귀한 길(팔정도). 휴.

27. 노력은 마음챙김의 네 가지 확립에 들어가지 않지만 붓다는

신(身)·수(修)·심(心)·법(法) 각각의 수행을 '열심히' 하라고 명시적으로 반복해 말했다.

28. 쌍윳따 니까야 47.20.
29. 〈원함 경(Ākaṅkha Sutta)〉 (앙굿따라 니까야 10.71).
30. 〈사마타 경(Samatha Sutta)〉 (앙굿따라 니까야 10.54).
31. 앙굿따라 니까야 4.93.
32. 쌍윳따 니까야 45.8.
33. 쌍윳따 니까야 45.8.

7장

1. 쌍윳따 니까야 46.53.
2. Bhikkhu Bodhi, "What Does Mindfulness Really Mean? A Canonical Perspective," *Contemporary Buddhism* 12 (2011): 19 – 39, DOI:10.1080/14639947.2011.56 4813, p. 22. 이번 섹션은 빅쿠 보디의 광범위한 논문을 많이 참조했다.
3. 예컨대 쌍윳따 니까야 48.9에는 마음챙김을 '깨어 있음' 그리고 '오래전의 말과 행동을 기억하는 능력'으로 정의하고 있다.
4. Bhikkhu Bodhi, *The Middle Length Discourses of the Buddha* (Somersville, Massachusetts: Wisdom Publications, 1995).
5. Bodhi, "What Does Mindfulness Really Mean," p. 22.
6. Bodhi, "What Does Mindfulness Really Mean," p. 21.
7. *The Pali Text Society's Pali-English Dictionary* (Chipstead, Surrey, United Kingdom: Pali Text Society, 1921 – 1925).
8. 쌍윳따 니까야 54.13에서 붓다는 '몸, 감각, 마음, 법을 반복 관찰함으로써 마음챙김이라는 깨달음 요소를 계발하고 채울 수 있다'고 가르쳤다.
9. 『무애해도(無礙解道, Paṭisambhidāmagga)』 1.1에 이렇게 나와 있다. "마음챙김은 우빠타나로서 직접적으로 아는 것이다."
10. 맛지마 니까야 117.

11. 빅쿠 보디는 다음 글에서 이 점을 매우 능숙하게 강조한다. "What Does Mindfulness Really Mean".
12. 〈염처경(念處經, Satipaṭṭhāna Sutta)〉 (맛지마 니까야 10).
    〈대념처경(大念處經, Mahasatipaṭṭhāna Sutta)〉 (디가 니까야 22)에도 기록되어 있는데, 〈대념처경〉이 〈염처경〉과 차이 나는 부분은 사성제에 관해 더 자세히 설명한다는 점이다.
13. 빠알리어로 아따삐(ātāpī), 삼빠자냐(sampajañña), 위네야 아비자도마나사(vineyya abhijjhādomanassa).
14. 쌍윳따 니까야 16.2.
15. 쌍윳따 니까야 47.35.
16. 빅쿠 냐나몰리의 맛지마 니까야 10 번역.
17. 빅쿠 수자토의 맛지마 니까야 10 번역.
18. Dalai Lama and Thubten Chodron, *Following in the Buddha's Footsteps* (Somersville, Massachusetts: Wisdom Publications, 2019).
19. 아잔 브람은 다음 책에서도 동일한 주장을 한다. *Mindfulness, Bliss and Beyond*(놓아버리기) (Somersville, Massachusetts: Wisdom Publications, 2006).
20. 예컨대 Bhante Gunaratana in *Mindfulness in Plain English*(위빠사나 명상) (Somersville, Massachusetts: Wisdom Publications, 2011).
21. 앙굿따라 니까야 1.575.
22. 〈들숨 날숨에 대한 마음챙김 경(Ānāpānassati Sutta)〉 (맛지마 니까야 118).
23. 『법구경』 147. 이 이야기는 경전에 나오지 않으며, 5세기 붓다고사의 법구경 주석서에 나오는 내용이다.
24. 맛지마 니까야 137.
25. 쌍윳따 니까야 36.3. 또한 쌍윳따 니까야 36.5.
26. 쌍윳따 니까야 36.5.
27. 다음 16가지의 정신적 상태가 있는데, 그 의미에 관하여 현대의 불교 교사들 사이에 완전한 합의가 되어 있지는 않다. 1)-2) 탐욕에 영향받는 (또는 받지 않는) 마음 상태, 3)-4) 증오에 영향받는 (또는 받지 않는) 마음 상태 5)-6),

어리석음에 영향받는 (또는 받지 않는) 마음 상태, 7) 위축된 마음 상태, 8) 산만한 마음 상태, 9) 기쁜 마음 상태, 10) 기쁘지 않은 상태, 11) 뛰어나지 않은 마음 상태, 12) 뛰어난 마음 상태, 13) 집중된 마음 상태, 14) 집중되지 않은 마음 상태, 15) 번뇌에서 벗어난 마음 상태, 16) 번뇌에서 벗어나지 못한 마음 상태.

28. 앙굿따라 니까야 10.51.
29. 특히 마노(mano), 즉 생각과 관련한 마음의 측면을 가리킨다.
30. 쌍윳따 니까야 46.5.
31. Anālayo, *Satipatthana: The Direct Path to Realization*(Satipatthana 깨달음에 이르는 알아차림 명상 수행) (Cambridge, England: Windhorse Publications, 2004).
32. 무상의 직접 경험(aniccānupassī) → 탐욕이 떨어져 나감(virāgānupassī) → 탐욕이 그침(nirodhānupassī) → 내려놓음(paṭinissaggānupassī)으로 이어지는 연쇄 과정은 매우 중요해 초기 경전의 여러 곳에 자주 등장한다.
33. 빠알리어로 각각 까마찬다(kāmacchanda), 비야빠다(vyāpāda 또는 byāpāda), 티나-밋다(thīna-middha), 웃다차-꾸꿋차(uddhacca-kukkucca), 위치끼차(vicikicchā).
34. Ajahn Brahm, *The Five Hindrances*, Buddhist Society of Western Australia newsletter, April, 1999, https://www.budsas.org/ebud/ebmed051.htm.
35. Bhikkhu Bodhi, *Comprehensive Manual of Abhidhamma* (Kandy, Sri Lanka: Buddhist Publication Society, 1993).
36. Bodhi, *Comprehensive Manual of Abhidhamma*.
37. 『이띠웃따까』 42.
38. 소류 스님이 선호하는 번역어는 히리는 '도덕적 부끄러움', 옷땁빠는 '도덕적 두려움', 즉 '잘못된 행위에 대한 두려움'이다. 다소 도발적이지만 정확한 이 번역은, 사람들이 부끄러움과 두려움을 긍정적인 감정으로 경험하지 않는다는 사실을 일깨운다. 그렇지만 부끄러움과 두려움을 수행의 길을 걸어가는 데 필요한 동력으로 삼을 수 있다.
39. 앙굿따라 니까야 10.76.
40. 9장의 '삼보(세 가지 보배)' 참조.

41. Bodhi, *Comprehensive Manual of Abhidhamma*.

42. Brahm, *The Five Hindrances*.

43. 이 관점은 중세 불교 주석서인 『사랏탑빠까시니(Sāratthappakāsinī, 相應部註)』에 나온다.

44. 쌍윳따 니까야 46.39.

45. 디가 니까야 2. 원 경전에서는 다섯 장애에 대한 각각의 비유를 들면서도 각각의 비유를 다섯 가지 장애와 명시적으로 연결시키지는 않는다. 명시적 연결은 후대 중세의 주석서에 나타난다.

46. 앙굿따라 니까야 10.103.

47. 맛지마 니까야 117.

48. 6장 참고.

8장

1. 다음에서 인용. Yuval Harari, *Sapiens: A Brief History of Humankind*(사피엔스) (New York: Random House, 2015). 안토니 반 리우벤호크에 관한 더 자세한 이야기는 다음을 참조. https://www.famousscientists.org/antonie-van-leeuwenhoek/.

2. 〈다섯 가지 구성 요소 경(Pañcaṅgika Sutta)〉 (앙굿따라 니까야 5.28).

3. 맛지마 니까야 139.

4. 『우다나』 7.9.

5. 맛지마 니까야 78.

6. 맛지마 니까야 25.

7. 쌍윳따 니까야 9.39.

8. 앙굿따라 니까야 4.36.

9. 목욕에 대한 비유는 빠알리 니까야에는 나오지 않으며, 중국의 아함경에 나온다.

10. 맛지마 니까야 79.

11. 맛지마 니까야 139.
12. 〈법탑경(法塔經, Dhammacetiya Sutta)〉(맛지마 니까야 89).
13. 〈깐다라까 경(Kandaraka Sutta)〉(맛지마 니까야 51).
14. 6장 참조.
15. Anālayo, *Mindfulness of Breathing*(호흡 마음챙김 명상) (Cambridge, England: Windhorse Publications, 2019).
16. 앙굿따라 니까야 9.34.
17. 〈정신경(淨信經, Pāsādika Sutta)〉(디가 니까야 29).
18. 족쇄에 관해서는 5장 참조.
19. 맛지마 니까야 138.
20. 앙굿따라 니까야 4.169.
21. 〈앗타까나가라 경(Aṭṭhakanāgara Sutta)〉(맛지마 니까야 52).
22. 앙굿따라 니까야 6.60.

9장

1. 〈초전법륜경(Dhammacakkappavattana Sutta)〉(쌍윳따 니까야 56.11).
2. 〈위대한 마흔 가지 경(Mahā Cattārīsaka Sutta)〉(맛지마 니까야 117).
3. 빠알리어로 실라(sīla), 삼매(samādhi), 빤냐(paññā).
4. 빠알리어로 띠식카(tisikkhā).
5. 〈대반열반경(大般涅槃經, Mahāparinibbāna Sutta)〉(디가 니까야 16).
6. 맛지마 니까야 44.
7. 앙굿따라 니까야 5.35.
8. 〈기반경(Upanisa Sutta)〉(쌍윳따 니까야 12.23).
9. 『화엄경(華嚴經, Avataṃsaka Sūtra)』. 이 내용은 2부 26장 십지품(十地品)에 나온다.

10. 앙굿따라 니까야 5.47.

11. 또 다른 예로 앙굿따라 니까야 4.55, 5.40, 5.63, 5.64, 8.25.

12. 앙굿따라 니까야 4.61. 붓다는 '버림의 기쁨'과 '나누어 주는 데 헌신하는 것'을 '베풂을 성취한 상태'의 두 가지 특성으로 든다.

13. 빠알리어와 산스크리트로 빠라미따(paramita).

14. 바라밀에 관한 가르침은 붓다 이후에 생겨났다. 테라와다불교는 십바라밀을 가르치며, 대승불교는 육바라밀을 가르친다. 육바라밀은 베풂(보시), 지계, 인욕, 정진, 선정, 지혜의 여섯 가지 바라밀이다.

15. 앙굿따라 니까야 3.95, 3.124 외.

16. 빠알리어로 상가하왓투(saṅgahavatthu, 四攝法). '다른 사람을 품어 아는 네 가지 방법'으로 아름답게 번역하기도 한다.

17. 앙굿따라 니까야 4.32. 다음도 참조. 앙굿따라 니까야 8.24.

18. 다양한 불교 종파에 관해서는 16장 참조.

19. 쌍윳따 니까야 45.2.

20. 쌍윳따 니까야 45.49, 45.56.

21. 앙굿따라 니까야 9.1.

22. 맛지마 니까야 110. '믿음이 있고, 잘못된 행위에 대한 부끄러움과 두려움이 있으며' 부분을 내가 '계율을 잘 지키고'로 간단히 요약했다.

23. 물론 좋은 친구는 '결코 당신을 포기하지 않으며, 실망시키지 않으며, 돌아서 당신을 저버리지 않는다'.

24. 앙굿따라 니까야 7.36, 7.37. 붓다는 이 두 경전에서 좋은 친구의 열네 가지 자질을 든다. 내가 그중에서 편의상 몇 가지로 추렸다.

25. 앙굿따라 니까야 9.3.

26. 앙굿따라 니까야 4.95.

27. 빠알리어로 압빠만냐(appamaññā). 디가 니까야 33에 무량심에 대한 언급이 나온다.

28. 빠알리어로 이 네 가지는 각각 멧따(mettā), 까루나(karuṇā), 무디따(muditā), 우뻭카(upekkhā)이다.

29. 맛지마 니까야 52.

30. 쌍윳따 니까야 47.19.

31. 맛지마 니까야 117.

32. 『숫따니빠따』 2.4에서 붓다는 부모님을 모시는 것이 가장 큰 축복 가운데 하나라고 말한다.

10장

1. 빠알리어로 야타부따(yathābhūta). 이와 관련된 빠알리어로 냐다닷사나(ñāṇadassana)도 있는데 '앎과 통찰'이라는 의미다.

2. 쌍윳따 니까야 46.55.

3. 쌍윳따 니까야 46.55.

4. 앙굿따라 니까야 10.61.

5. 쌍윳따 니까야 22.126. 다음도 참고. 쌍윳따 니까야 22.17.

6. 『법구경』 277 – 79.

7. 『유가사지론(瑜伽師地論, Yogācarabhūmi-Śāstra)』 46품에 '四种法嗢拖南(네 가지의 다르마 우다나(감흥어))'로 언급되어 있다. 한자로는 "一切諸行皆是無常, 一切諸行皆悉是苦, 一切諸法皆無有我, 涅槃寂靜".

8. 쌍윳따 니까야 45.165.

9. 빠알리어로는 각각 둑카-둑카(dukkha-dukkhatā), 상카라-둑카(saṅkhāra-dukkhatā), 위빠리나마-둑카(viparinama-dukkhatā)이다.

10. Bhikkhu Bodhi, Anicca Vata Sankhara, *Access to Insight*, BCBS Edition, June 16, 2011, https://www.accesstoinsight.org/lib/authors/bodhi/bps-essay_43.html.

11. 나는 스님의 번역에 상당 부분 동의한다. 초기 중국의 불교 선사들은 '상카라'를 행(行)으로 번역했는데, 이것은 주로 '움직이다'는 뜻이지만 종종 '요소'를 의미하기도 한다. 가령 고대 중국에서는 쇠, 나무, 물, 불, 흙을 '오행(五行)'이라고 했다. 이것으로 볼 때 고대 중국의 선사들은 상카라가 지닌 '과정'으로서의 측면을 강조하고 싶었던 것 같다. 그렇지만 '형성 작용'이라는

번역어가 가장 흔히 사용되므로 이 책에서도 그것을 사용하기로 한다.

12. 『청정도론』, XVI 34 – 35.
13. 쌍윳따 니까야 36.6.
14. Dalai Lama, *The Four Noble Truths*(달라이 라마 사성제) (London: Thorsons Publishers, 1998).
15. 3장 참조.
16. 이 이야기는 테라와다 율장 칸다까 1.23에 나온다.
17. 소류 스님의 번역.
18. 앙굿따라 니까야 6.63.
19. 맛지마 니까야 135.
20. 앙굿따라 니까야 3.100.
21. 맛지마 니까야 135.
22. 맛지마 니까야 136.
23. 앙굿따라 니까야 4.77.
24. 이 스승들의 가르침은 모두 디가 니까야 2에 언급되어 있다.
25. 『밀린다왕문경(Milindapañha)』 8.
26. 『밀린다왕문경』 3.2.1. 리즈 데이비스(T. W. Rhys Davids)의 번역. 의미를 명확하게 하기 위해 내가 약간 수정을 가했다.
27. 맛지마 니까야 115, 빅쿠 보디의 번역.
28. 붓다는 이 장에서 인용한 쌍윳따 니까야 12.2에서 각각의 연결 고리에 대해 매우 간결하고 유용한 정의를 내렸다.
29. 맛지마 니까야 38.
30. 예컨대 디가 니까야 15에서 붓다는 명색이 의식이 일어나는 조건으로 작용한다고 말하며, 맛지마 니까야 109에서는 의식이 명색의 조건이 된다고 말한다.
31. 쌍윳따 니까야 12.2.
32. 엔지니어라면 이것에 대해 '주기를 가진 방향 그래프'라고 더 정확히 부를

것이다.

33. 예컨대 앙굿따라 니까야 10.61과 10.62에서 붓다는 다섯 가지 장애를 '무지의 먹이'라고 부른다.

34. 예컨대 쌍윳따 니까야 12.43에는 다양한 연기의 연결 고리를 언급하고 있지만, 그중에서도 '갈애가 남김없이 사라지고 멈추는 것'을 괴로움을 끝내는 첫 번째 단계로 꼽는다.

35. 『숫따니빠따』 3.12.

36. 쌍윳따 니까야 36.1. 빅쿠 보디의 번역. 단 내가 이 책의 나머지 부분과 일관성 유지를 위해 '느낌(feeling)'을 '감각(sensation)'으로, '비구(bhikkhus)'를 '수행승(monks)'으로 바꿨다.

37. 맛지마 니까야 28.

38. 여기서 산스크리트와 빠알리어를 모두 사용한 이유는 이 책의 대부분을 구성하는 초기불교의 가르침은 대부분 빠알리어로 보존되어 있는 반면, 『중론』과 같은 후기 불교의 가르침은 대부분 산스크리트로 보존되어 있기 때문이다.

39. 『법구경』 279.

40. 맛지마 니까야 43.

41. 이 문장은 『중론』 2장을 요약한 것이다. 2장 전체를 직접 읽어 보길 권한다.

42. 『중론』 3.

43. 『중론』 10.

44. 『중론』 18. 제이 가필드(Jay Garfield)의 번역으로 필자가 약간 수정.

45. 『중론』 18.

46. Leigh Brasington, "Emptiness and Freedom," *Insight Journal*, winter 2010, https://www.buddhistinquiry.org/article/emptiness-and-freedom/.

47. 쌍윳따 니까야 20.7 외 여러 곳.

48. 『중론』 24. 제이 가필드의 번역.

49. 앙굿따라 니까야 2.24.

50. 쌍윳따 니까야 12.15.

51. 디가 니까야 9.

52. 『중론』 18. 소류 스님은 반농담으로 이렇게 말한다. "나는 이 시에 완전히 동의하지는 않습니다. 그렇다고 내가 나가르주나에 동의하지 않는 것은 아닙니다. 만약 나가르주나가 이 시에 완전히 동의한다면 시를 쓰지 못했을 겁니다."

53. "無老死, 亦無老死盡". 『반야바라밀다심경(般若波羅蜜多心經, Prajñāpāramitāhṛdaya)』에서 인용. 이 경전은 흔히 『반야심경』으로 알려져 있다.

11장

1. 쌍윳따 니까야 55.5에서 수다원이 팔정도라는 흐름, 즉 수행에 들어감을 말하고 있다. 쌍윳따 니까야 55.38에서는 깨달음의 과정을 빗물이 개울, 시내, 강, 바다로 흘러가는 것에 비유한다. 쌍윳따 니까야 46.1은 깨달음의 과정을 신비의 뱀이 호수에서 개울로, 강으로, 바다로 나아가면서 점점 커져 가는 것에 비유한다.

2. 쌍윳따 니까야 56.51.

3. 이 목록은 중세 텍스트인 맛지마 니까야 주석서(Aṭṭhakathā)의 맛지마 니까야 7에 대한 주석에 나온다.

4. 『법구경』 178.

5. 빠알리어로 사까야-디티(sakkāya-diṭṭhi)라고 한다. '자신의 몸으로서 존재한다' 또는 '자신의 몸을 가지고 있다'고 보는 관점을 말한다('sa'는 '자신의', 'kāya'는 '몸', 'diṭṭhi'는 '견해'를 의미한다). 그래서 때로 '몸을 가지고 있다는 견해(embodiment view)', 즉 '유신견(有身見)'으로 번역하기도 한다. 그러나 유신견은 '몸'에만 한정되는 것은 아니다. 다음을 참조. Bhikkhu Ñāṇamoli, *The Life of the Buddha: According to the Pali Canon* (Onalaska, Washington: Pariyatti Publishing, 2003).

6. 쌍윳따 니까야 22.82, 맛지마 니까야 44, 맛지마 니까야 109.

7. 빠알리어로 위찌낏차(vicikicchā).

8. Nyanatiloka Mahāthera, *Buddhist Dictionary* (Kandy, Sri Lanka: Buddhist Publication Society, 1980).

9. 빅쿠 보디의 번역. 빠알리어로 실라바따-빠라마사(sīlabbata-parāmāsa).

10. 맛지마 니까야 7.

11. Nyanatiloka Mahāthera, *Fundamentals of Buddhism*, Wheel Publication no. 394/396 (Kandy, Sri Lanka: Buddhist Publication Society, 1994). 이 인용문은 『숫따니빠따』 2.2.11에 근거.

12. 맛지마 니까야 57.

13. 쌍윳따 니까야 12.68.

14. 『청정도론』 22.126-27.

15. 맛지마 니까야 주석서 『빠빤짜수다니(Papancasudani)』에서 47번 경의 주석에 보인다.

16. 맛지마 니까야 56.

17. 『우다나』 1.10.

12장

1. 9장 참조.

2. 앙굿따라 니까야 3.13. 이것은 붓다의 비유 중 내가 가장 좋아하는 비유다.

3. 더닝 크루거 효과(Dunning-Kruger effect)라고도 한다.

4. 맛지마 니까야 19.

5. 4장 참조.

6. 11장 참조.

7. 10장 참조.

8. 쌍윳따 니까야 22.95. 10장 참조.

9. 예컨대 다음을 참조. 맛지마 니까야 43, 쌍윳따 니까야 41.7.

10. 8장 참조.

13장

1. 빠라지까(pārājika)라고 하며, 문자 그대로의 의미는 '패배'라는 뜻이다. 수행승이 이 중 하나라도 어기면 그는 '패배한' 것으로 간주되며 즉각 승단을 떠나야 한다.

2. 테라와다 율장 칸다까 15.

3. 중국 불교에서 전해오는 전설에 따르면 붓다가 입멸하기 전에 몇몇 아라한에게 모든 중생의 이익을 위해 윤회 세계에 계속 남도록 청했다고 한다. 삔돌라는 그중 가장 처음이었다.

4. 데와닷따의 이야기는 테라와다 율장 칸다까 17에 나온다.

5. 〈께왓다 경(Kevaddha Sutta)〉 (디가 니까야 11).

6. 테라와다 율장 두 번째 수행 규칙(Vin iii 41).

7. 쌍윳따 니까야 1.52.

8. 쌍윳따 니까야 2.9.

9. 앙굿따라 니까야 6.10.

10. 이 이야기는 디가 니까야 11에 나온다.

11. 모리스 월시(Maurice Walshe)의 번역. 소류 스님이 살짝 편집.

12. 대부분 번역자들은 '아우소(āvuso)'를 '친구'로 번역하지만 빅쿠 수자토는 '존자(尊者, reverend)'로 번역한다. 왜냐하면 'ayu'는 '나이'를 의미하며, 이것으로 볼 때 'āvuso'는 친구를 높여 부르는 존칭이라는 것이다. 나 같은 중국인이 친구를 높여 부를 때 '老陈'이나 '老王'으로 부르는 것과 비슷하다.

13. 디가 니까야 1.

14. 맛지마 니까야 101에서 특히 붓다는 이렇게 농담을 한다. "만약 존재들이 뛰어난 신의 창조적 행동에 따라 기쁨이나 고통을 경험한다면, 분명히 그 고행자들은 나쁜 신에 의해 창조된 것이다. … 한편 여래는 뛰어난 신에 의해 창조되었음이 분명하다. 그런 이유로 여래는 지금 번뇌에서 벗어난 지극한 기쁨을 느낀다."

15. 맛지마 니까야 32.

16. 쌍윳따 니까야 56.31.

17. 메리엄-웹스터 사전 등의 정의.

18. 『불설관무량수불경(佛說觀無量壽佛經, Amitāyurdhyāna Sūtra)』. 죽음에 임한 이에게 들려 주는 구체적인 구절은 다음과 같다. '충만한 가슴으로, 방해받지 않는 목소리로, 나무아미타불을 열 번 외라(如是至心, 令聲不絶, 具足十念, 稱南無阿彌陀佛).'

19. 디가 니까야 16.

20. 주로 다음 책에서 인용. Nyanaponika and Hellmuth Hecker, *Great Disciples of the Buddha* (Somersville, Massachusetts: Wisdom Publications, 2003).

21. 앙굿따라 니까야 2.33.

22. 원문은 '방문에 기대어 서 있었다.'

14장

1. "First There Is a Mountain (Then There Is No Mountain)." Tricycle, fall 2008, https://tricycle.org/magazine/first-there-mountain-then-there-no-mountain/.

2. *The Dalai Lama: Scientist* (Arvada, Colorado: PeaceJam Foundation, 2019).

3. 앙굿따라 니까야 3.65.

4. 한역 아함경(15장 참조)에서 붓다는 깔라마족 사람들에게 자신의 말을 그냥 믿으라고 말한다. 이것은 아함경이 니까야와 일치하지 않는 매우 드문 사례 중 하나다. 어느 것이 옳은가? 다행히도 붓다가 제자들에게 자신을 면밀히 조사해 보라고 권하는, 훨씬 중요한 〈위망사까 경(Vīmaṁsaka Sutta, 검증자 경)〉에서는 아함경과 니까야가 일치한다. 붓다는 어디에서나 탐구 조사의 중요성을 반복해 강조하는데, 이로써 나는 니까야 판본의 정확성에 대한 확신이 생겼다.

5. Śrīmahābālatantrarāja tantra.

6. 맛지마 니까야 47.

7. Yuval Noah Harari, *Sapiens: A Brief History of Humankind* (New York: Random House, 2015), Chapter 15.

8. 맛지마 니까야 63.

9. 앙굿따라 니까야 4.257.

10. 맛지마 니까야 22.

11. 〈청정한 것에 대한 여덟 게송의 경(Suddhaṭṭhaka Sutta)〉(『숫따니빠타』4.4, verse 8).

12. 〈최상에 대한 여덟 게송의 경(Paramaṭṭhaka Sutta)〉(『숫따니빠타』4.5, verse 7).

13. 〈큰 배열의 경(Mahāviyūha Sutta)〉(『숫따니빠타』4.13, verse 17).

15장

1. 디가 니까야 16.

2. 디가 니까야 16에서 (그대로 인용하지 않고) 편집.

3. 빅쿠 수자토의 번역, https://suttacentral.net/dn16/en/sujato.

4. 모리스 월시의 번역. 소류 스님은 문자적 의미에서는 조금 멀지만 좀 더 읽기 쉬운 번역을 다음처럼 했다. "형성되는 모든 것은 부서지게 마련, 그것은 깨달음이라는 당신의 목표를 긴급하게 그러나 진실하게 실현시킨다."

5. 아난다와 마하까사빠의 이야기는 주로 다음에서 가져왔다. Nyanaponika and Hecker, *Great Disciples of the Buddha* (Somersville, Massachusetts: Wisdom Publications, 2003).

6. 디가 니까야 16.

7. 앙굿따라 니까야 3.78.

8. 앙굿따라 니까야 1.191.

9. 쌍윳따 니까야 16.5.

10. 앙굿따라 니까야 1.244.

11. 서기 5세기의 마하왐사(Mahāvaṃsa)에 기록.

12. 우빨리 이야기는 테라와다 율장 칸다까 17에 나온다. 이야기의 일부가 다음 책에도 나온다. Nyanaponika and Hecker, *Great Disciples of the Buddha*.

13. *The Pali Text Society's Pali-English Dictionary* (Chipstead, Surrey, United Kingdom: Pali Text Society, 1921–1925).

14. 앙굿따라 니까야 1.24.

15. 테라와다 율장 칸다까 21.

16. 빅쿠 보디에 따르면 학자들이 널리 받아들이는 날짜로 계산하면, 붓다는 기원전 420년경에 입멸했으며, 경전은 기원전 1세기에 기록되었다.

17. Richard Gombrich, *What the Buddha Thought*(곰브리치의 불교 강의) (Sheffield, England: Oxford Centre for Buddhist Studies Monographs: Equinox, 2009).

18. 재미있는 사실 하나. 기네스북 세계 기록 1985년판에 따르면, 어느 미얀마 승려가 1974년 5월 미얀마 양곤에서 "16,000페이지의 불교 경전을 순전히 기억만으로 암송하였다".

19. Nārada Mahāthera, *A Manual of Buddhism*(쉽게, 깊이 읽는 불교입문) (Kuala Lumpur, Malaysia: The Buddhist Missionary Society, 1992).

20. 빠알리 모음집을 아가마(Āgama)로 부르는 경우도 있어, '아함'이라는 말이 반드시 한역 경전만 가리키는 것은 아니다. 하지만 사람들은 편의상 빨리어 모음집을 '니까야'로, 한역 경전은 '아함'으로 약칭한다.

21. Bhikkhu Sujato and Bhikkhu Brahmali, *The Authenticity of the Early Buddhist Texts* (Kandy, Sri Lanka: Buddhist Publication Society, 2014), p. 90.

22. 중아함경(中阿含經, Madhyama Āgama) 81.

23. 앙굿따라 니까야 7.61.

24. Sujato and Brahmali, *The Authenticity of the Early Buddhist Texts*.

25. Sujato and Brahmali, *The Authenticity of the Early Buddhist Texts*, p. 4.

26. 앙굿따라 니까야 9.3.

27. 맛지마 니까야 128.

28. 맛지마 니까야 1.

29. 디가 니까야 3, 쌍윳따 니까야 7.3, 쌍윳따 니까야 7.9.

30. 맛지마 니까야 65.

31. 맛지마 니까야 53.

32. 앙굿따라 니까야 8.86.

33. 쌍윳따 니까야 3.13.

34. 테라와다 율장 ii 289 – 90.

16장

1. 대화 내용은 다음 책에 나와 있다. *Meeting of Minds: A Dialogue on Tibetan and Chinese Buddhism* (Taipei, Taiwan: Dharma Drum Publications, 1999). 안타깝게도 책에서는 두 고승 사이의 농담과 정감 어린 대화가 삭제되었다. 중국어 자막이 달린 편집 동영상을 시청할 수 있는 유튜브 주소는 다음과 같다. https://www.youtube.com/watch?v=_1-qqCT38q4.

2. (원서의) "Theravada, Mahayana, and Vajrayana"를 "Theravāda, Mahāyāna, and Vajrayāna"로 적지 않은 이유는 가능한 한 영어 단어를 사용하기 위해서다. 메리엄-웹스터 영어사전은 이 단어들을 장음 등의 발음 기호 없이 실음으로써 영어 단어로 간주한다(이는 오류가 아니라 특징이다).(한국어 번역은 무관하다-옮긴이)

3. Charles S. Prebish, *Buddhism: A Modern Perspective* (State College: Pennsylvania State University, 1975).

4. 중국어로 "阿毘達磨大毘婆沙論".

5. Janos Harmatta, et al., *History of Civilizations of Central Asia: Volume II* (Paris, France: Unesco Publishing, 1994).

6. K. L. Dhammajoti, "Sarvāstivāda Abhidharma," *Oxford Research Encyclopedias* (2020), https://doi.org/10.1093/acrefore/9780199340378.013.682.

7. Andrew Buncombe, "Oldest University on Earth Is Reborn after 800 Years," *The Independent*, October 23, 2011.

8. "Tibetan Buddhism Tradition Is True Nalanda Tradition: Dalai Lama," *Hindustan Times*, February 18, 2021.

9. Bhikkhu Sujato, *Sects and Sectarianism* (Bundanoon, NSW, Australia: Santipada, 2012).

10. 이 목록은 월폴라 라홀라 스님의 다음 글에 근거한다. "Theravada – Mahayana Buddhism," in *Gems of Buddhist Wisdom* (Kuala Lumpur, Malaysia: Buddhist Missionary Society, 1983).

11. 『우다나』 5.5, 앙굿따라 니까야 8.19.

12. 『금강경(金剛經)』. 정식 제목은 금강반야바라밀다경(金剛般若波羅蜜多經, Vajracchedikā Prajñāpāramitā).

13. 안다, 친구여. 요즘은 배스킨라빈스의 아이스크림 종류가 31가지가 넘는다는 사실을.

17장

1. 맛지마 니까야 56.
2. 안다, 이 점에서 소류 스님과 내가 그리 모범적이지 않음을.
3. 9장 참조.
4. Paul F. Knitter, *Without Buddha I Could Not Be a Christian*(붓다 없이 나는 그리스도인일 수 없었다) (London, England: Oneworld Academic, 2013).
5. Dalai Lama, *Kindness, Clarity, and Insight*(마음) (Ithaca, New York: Snow Lion Publications, 1984).
6. 맛지마 니까야 26.
7. Joseph Goldstein and Jack Kornfield, *Seeking the Heart of Wisdom* (Boulder, Colorado: Shambhala, 2001). 이 이야기는 앙굿따라 니까야 4.36에 근거.
8. 만약 내가 그 정도 높은 신이었다면 "오, 신이시여(Oh my God)."라는 말 대신 "오, 나의 자아여(Oh my Self)."라고 말했을 것이다.
9. 쌍윳따 니까야 6.1, 맛지마 니까야 26.

에필로그

1. 앙굿따라 니까야 1.27 – 30.

**불교를
알면
삶이
자유롭다**

이해하고 실천하면 행복해지는 마음의 지혜

2024년 9월 30일 초판 1쇄 발행

지은이 차드 멩 탄, 소류 포올 • 옮긴이 이재석
발행인 박상근(至弘) • 편집인 류지호 • 편집이사 양동민
책임편집 김재호 • 편집 양민호, 김소영, 최호승, 하다해, 정유리
디자인 쿠담디자인 • 제작 김명환 • 마케팅 김대현, 이선호 • 관리 윤정안
콘텐츠국 유권준, 김대우, 김희준
펴낸 곳 불광출판사 (03169) 서울시 종로구 사직로10길 17 인왕빌딩 301호
           대표전화 02) 420-3200 편집부 02) 420-3300 팩시밀리 02) 420-3400
           출판등록 제300-2009-130호(1979. 10. 10.)

ISBN 979-11-7261-054-8 (03150)

값 25,000원

잘못된 책은 구입하신 서점에서 바꾸어 드립니다.
독자의 의견을 기다립니다. www.bulkwang.co.kr
불광출판사는 (주)불광미디어의 단행본 브랜드입니다.